Walder/Hansjakob · Kriminalistisches Denken

Grundlagen
Die Schriftenreihe der „Kriminalistik“

Band 41

Kriminalistisches Denken

begründet von

Prof. em. Dr. iur. Hans Walder †

fortgeführt von

Dr. iur. Thomas Hansjakob

8., überarbeitete Auflage

Kriminalistik Verlag
Heidelberg

Prof. Dr. iur. Hans Walder (1920–2005) war ab 1949 Bezirksanwalt und ab 1954 Staatsanwalt im Kanton Zürich. 1964 habilitierte er zum Thema „Vernehmung des Beschuldigten“; 1967 wurde er Professor für Straf- und Strafprozessrecht an der Universität Bern. 1968 bis 1974 war er als Bundesanwalt oberster Ankläger der Schweiz; anschließend lehrte er weiter an der Universität Bern. Er verstarb im Januar 2005 an seinem Wohnort in Seftigen. Er hatte diese Arbeit von der 1. bis zur 6. Auflage betreut.

Dr. iur. et lic. oec. Thomas Hansjakob (geb. 1956) war ab 1988 kantonaler Untersuchungsrichter, leitet seit 2004 als Staatsanwalt das regionale Untersuchungsamt und seit 2007 als Erster Staatsanwalt die Staatsanwaltschaft St. Gallen. Er ist im Nebenamt stellvertretender Eidg. Untersuchungsrichter. Er übernahm Ende 2004 die Betreuung der 7. Auflage, zu der Hans Walder noch wichtige Impulse geben konnte, deren Drucklegung er aber nicht mehr erlebt hat. (www.hansjakob.ch)

Bibliografische Information der Deutschen Nationalbibliothek
Die Deutsche Nationalbibliothek verzeichnet diese Publikation in der Deutschen Nationalbibliografie; detaillierte bibliografische Daten sind im Internet über <http://dnb.d-nb.de> abrufbar.

Bei der Herstellung des Werkes haben wir uns zukunftsbewusst für umweltverträgliche und wiederverwertbare Materialien entschieden. Der Inhalt ist auf elementar chlorfreiem Papier gedruckt.

ISBN 978-3-7832-0803-0

E-Mail: kundenbetreuung@hjr-verlag.de
Telefon: +49 89/2183-7928
Telefax: +49 89/2183-7620

www.kriminalistik-verlag.de
www.hjr-verlag.de

Satz: Gottemeyer, Rot
Druck: Druckerei C.H. Beck, Nördlingen

„Die plumpe Entschuldigung, das brutale Auf-die-Schulter-Klopfen – was soll so eine Lösung? Hingegen die rasche Folgerung, die raffinierte Falle, das scharfsinnige Erfassen künftiger Ereignisse, die triumphale Bestätigung kühner Hypothesen – ist das nicht der Stolz und die Rechtfertigung unseres Lebenswerkes?“

(Sherlock Holmes
in Sir Arthur Conan Doyles
„*The Valley of Fear*“)

„Es ist für mich angenehm festzustellen, Watson, dass Sie bei der Aufzeichnung unserer Fälle … nicht so sehr den vielen causes célèbres und sensationellen Gerichtsfällen den Vorzug gegeben haben, in denen ich figurierte, sondern denen, die an sich unbedeutend waren, welche aber die Anwendung jener Fähigkeiten der Deduktion und der logischen Synthese erlaubten, die ich zu meinem speziellen Arbeitsgebiet gemacht habe.“

(Sherlock Holmes
in Sir Arthur Conan Doyles
„*The Adventure of the Copper Beeches*“)

Vorwort

In der 8. Auflage wurden vorwiegend neue Entwicklungen in der Beweisführung berücksichtigt. Zusätzlich wurden die Ausführungen zur Wahrscheinlichkeitsrechnung ergänzt und teilweise korrigiert.

Wichtige Impulse verdanke ich der Zürcher Kriminalistin Prof. Dr. *Henriette Haas*, die vor allem im Bereich des strukturierten Beobachtens kriminalistisch relevanter Vorgänge forscht. Eine Fülle von Anregungen habe ich der Dissertation „Kognitive Täuschungen vor Gericht“ von *Mark Daniel Schweizer* entnommen, der den Juristen wesentliche Ergebnisse der amerikanischen rechtspsychologischen Forschung erschlossen hat. Ich danke meiner Schwester *Margot Hansjakob* für die kritische Durchsicht des Manuskripts; als Sozialarbeiterin hat sie mir den Blick auf den Text aus einer andern Perspektive ermöglicht.

Auf Literaturverzeichnisse und -zitate habe ich weiterhin verzichtet, weil dieses Büchlein als Einstieg in die Problematik des kriminalistischen Denkens gedacht ist und nicht als wissenschaftliche Analyse des Stoffes, und weil die Literaturrecherche mittlerweile dank Internet schneller, einfacher und aktueller geworden ist.

St. Gallen, im Juli 2009 *Thomas Hansjakob*

Vorwort zur 7. Auflage

Als ich mich am 15. Dezember 2004 mit Prof. *Walder* traf, um die gemeinsamen Arbeiten zur Vorbereitung der 7. Auflage seines Standardwerkes zu besprechen, fand ich ihn bei bester geistiger Gesundheit und sprühend von Ideen vor. Er hatte genaue Vorstellungen davon, welche Teile des Buches in welcher Hinsicht überarbeitet werden müssten. Nur wenige Wochen später erreichte mich die Nachricht von seinem Tod am 7. Januar 2005.

Ich habe mich bemüht, sein Werk in der 7. Auflage ganz in seinem Sinn zu aktualisieren; viele Impulse zu den vorgenommenen Ergänzungen stammen noch von ihm. Trotzdem habe ich mich entschieden, die Systematik etwas gründlicher anzupassen, insbesondere durch mehr Zwischentitel etwas mehr zu strukturieren, ohne inhaltlich Wesentliches wegzulassen. Der neue Aufbau soll die Benutzerfreundlichkeit verbessern. Das Literaturverzeichnis habe ich nicht mehr aktualisiert, sondern weggelassen, weil der Zugang zur Literatur heute einfach ist. Dagegen habe ich ein Stichwortverzeichnis eingefügt, welches das Nachschlagen erleichtert. Ich habe mich entschieden, gewisse illustrative Beispiele von Prof. *Walder* im Buch zu belassen, auch wenn sie nicht mehr der aktuellen Kriminalitätslage entsprechen; andere Beispiele, die wegen der neuen Möglichkeiten der Beweisführung überholt sind, habe ich angepasst.

Mein Dank gebührt der Familie von Prof. *Walder*, die mein Vorhaben unterstützt hat, und dem Verlag, der für die nötige Kontinuität sorgte. Meinen Kolleginnen und Kollegen vom kantonalen Untersuchungsamt (allen voran Untersuchungsrichter *Christoph Ill*) und vom regionalen Untersuchungsamt St. Gallen verdanke ich zahlreiche Hinweise aus der Praxis.

St. Gallen, Ende 2005 *Thomas Hansjakob*

Vorwort zur 6. Auflage

Das vorliegende Buch soll knapp, jedoch umfassend in das kriminalistische Denken und Arbeiten einführen, d.h. das schrittweise Vorgehen bei der Lösung von Kriminalfällen darstellen, vom Verdacht bis zum Beweis von Tat und Täterschaft – oder bis zur Erkenntnis, dass ein Straftatbestand nicht oder nicht sicher erfüllt ist, ein Verdächtiger nicht überführt oder ein Täter nicht gefunden werden kann.

Beim kriminalistischen Denken und Arbeiten geht es einerseits um die Klärung von Taten und um die Beantwortung der Frage, wer so gehandelt habe, kurz um die Erforschung tatsächlicher Dinge und Zusammenhänge. Doch nicht alle Handlungen interessieren. Von Bedeutung sind grundsätzlich nur diejenigen, welche möglicherweise zu einer staatlichen Strafe oder zu einer vom Strafrecht vorgesehenen Maßnahme führen, also einen Straftatbestand erfüllen oder erfüllen könnten. Bleibt die Klärung des in Frage stehenden Sachverhaltes unsicher, so kann und darf eine Verurteilung nicht statthaben, oder ergibt sich, dass keine Strafbestimmung eingreift, so ist jede weitere Nachforschung müßig.

Es ist nicht immer einfach, Geschehenes genau zu rekonstruieren. Es gehört der Vergangenheit an, und was bleibt, sind Erinnerungen oder Spuren und manchmal auch davon nur Vages. Zeugen, Beschuldigte und Auskunftspersonen können von Wahrnehmungen berichten, die sie gemacht haben. Spuren erlauben allenfalls Rückschlüsse auf die Tat und die Täterschaft. Doch, wie findet man diese Informationen, wie nützt man sie und wie beurteilt man sie kritisch?

Ziel ist es, die „materielle Wahrheit" zu finden, allerdings nicht um jeden Preis, sondern im Rahmen des Gesetzes. Im Rechtsstaat ist Wahrheitserforschung nicht immer das Höchste. Das Gesetz kennt im Interesse besonders schützenswerter „Dinge" des Einzelnen und der Gemeinschaft Grenzen: Es gibt Zeugnisverweigerungsrechte, Beschlagnahmeverbote, Verwertungsverbote und andere einschränkende Regeln, welche den Beweis einer Straftat allenfalls scheitern lassen.

Die Frage, wie man allgemein Probleme löse und wie man dabei, unter Einhaltung bestimmter Regeln, methodisch vorgehen soll, enthält an sich schon viel Spannendes. Kriminalfälle zu lösen, kann geradezu faszinierend sein. Das wissen nicht nur die „wirklichen" Kriminalisten, sondern auch die Kriminalroman-Schriftsteller und ihre Leser. Und obwohl das Lösen der betreffenden Probleme im kriminalistischen Bereich lernbar ist und es viele Könner gibt, wird jeder neue Fall zur spannenden Herausforderung. Das mag mit ein Grund sein, weshalb das Buch „Kriminalistisches Denken" eine so wohlwollende Aufnahme gefunden hat und nun in 6. Auflage erscheinen darf.

Der ganze Text der 5. Auflage ist überarbeitet und vielfach ergänzt worden. Die Schaffung so genannter „Täterprofile" und die „Rasterfahndung" wurden neu und kritisch erörtert. Die Datenbeschaffung über das Internet, ein bisher allgemein vernachlässigtes Gebiet, fand eine kurze Darstellung. Die Ausführungen zum so genannten „DNA-Profil" sind ergänzt worden. Die Darstellung des Indizienbeweises ist erweitert und seine Beweiskraft durchschaubar gemacht worden.

Kriminalistisches Denken ist international. Man kann darüber schreiben, ohne allzu sehr auf eine nationale Gesetzgebung Bezug zu nehmen. Daher „verstehen" sich die Kriminalisten der ganzen Welt.

Seftigen/Bern, im Herbst 2002 *Hans Walder*

Inhaltsübersicht

Inhaltsverzeichnis

Erster Teil: Aufgabe und Mittel

1. Einleitung

1.1 Über das kriminalistische Denken

Die vorliegende Arbeit befasst sich mit den Überlegungen und Denkleistungen, welche nötig sind, um eine vermutete Straftat aufzuklären oder nachzuweisen, dass keine Straftat begangen wurde. Diese Tätigkeit sei kurz **kriminalistisches Denken** genannt.

Das kriminalistische Denken gehört, wenn man es im System der Kriminalwissenschaften einordnet, zur **Kriminaltaktik**, zur Lehre vom richtigen und zweckmäßigen Vorgehen bei der Aufklärung von Verbrechen. Die Frage liegt nahe, ob sich denn dieses Denken vom problemlösenden Forschen eines Mathematikers, eines Naturwissenschaftlers, eines Historikers u.s.w. überhaupt unterscheide und einer besonderen Darstellung bedürfe. Man kann die Frage bejahen. Zwar gleicht die Tätigkeit in wichtigen, mehr allgemeinen Zügen dem theoretischen und praktischen Denken, wie es in vielen Wissensgebieten zur Erforschung der Wahrheit erforderlich ist. Unter gewissen Gesichtspunkten ist es aber anderer Art, und es rechtfertigt sich daher, über das kriminalistische Denken und seine Besonderheiten nachzudenken.

Denken kann man lernen und üben, auch kriminalistisches Denken; Forschungen haben gezeigt, dass die Anwendung gewisser Techniken bei der Lösung von Straffällen zu deutlich besseren Ergebnissen führt. Es reicht im Normalfall aus, die traditionellen Techniken der Beweiserhebung Schritt für Schritt anzuwenden. Gerade die modernen Beweiserhebungen (DNA-Analysen und andere Techniken der Spurenauswertung; Überwachungen des Fernmeldeverkehrs; Auswertungen technischer Aufzeichnungsgeräte) führen in vielen Fällen zu einer klaren Beweislage. Ob man eine Lösung auf diesem Wege finden werde, ist allerdings nicht sicher. Schwierigkeiten entstehen dann, wenn das Schema nicht ausreicht. Immerhin: Die saubere und möglichst vollständige Anwendung der verschiedenen Techniken der Beweiserhebung ist auch in schwierigen Fällen eine notwendige Basis. Bisweilen sind allerdings speziellere und weiterführende Überlegungen notwendig. Wie dann vorzugehen ist, lernt man an ausgesuchten Fällen des Alltags, deren Lösung nicht gerade auf der Hand liegt; man sieht dann oft, dass scheinbar harmlose Kleinigkeiten übersehen oder ungewöhnliche, nicht ins Bild passende Einzelheiten zu wenig genau hinterfragt wurden. Die Feinheiten derartiger Kriminalfälle übersteigen oft diejenigen eines Kapitalverbrechens. Man muss sie nur sehen können und erkennen wollen. Ein außerordentlich hoher Deliktsbetrag weist nicht immer auf die Geschicklichkeit des Täters hin, sondern ist oft nur Ausdruck der Naivität oder Sorglosigkeit des Opfers und der Frechheit des Täters.

In vielen Menschen steckt ein Detektiv, wenn es um die Suche nach der Lösung von Kriminalfällen geht, welche die Öffentlichkeit interessieren; sie beobachten, verdächtigen und versuchen, Verstecktes zutage zu fördern, originelle Vermutungen anzustellen, rätselhafte Vorgänge aufzuklären, ihren Scharfsinn zu demonstrieren. **Kriminalist** wird ein „Detektiv" aber erst dann, wenn er diese Arbeiten methodisch und im Dienste der Strafrechtspflege betreibt. Methodisches Denken und Handeln ist allerdings selbst bei Leuten vom Fach keine Selbstverständlichkeit. Daher ließ wohl auch *Edgar Allan Poe* seinen Roman-Helden *Auguste Dupin* von der Pariser Polizei boshaft sagen (er hätte dies ebenso von einigen anderen Polizeieinheiten oder Untersuchungsbeamten behaupten können): „There is no method in their proceedings, ..." („Es ist keine Methode in ihrem Vorgehen, ...").

Tatsächlich werden, wenn eine schwere Straftat vermutet wird und aufzuklären ist, oft einfach die üblichen Ermittlungshandlungen ergriffen, bei einem schweren Fall sogar Maßnahmen auf breitester Basis, ohne diese aber der konkreten Aufgabe hinreichend anzupassen. Es wird einfach Material gesammelt, ohne tiefer nachzudenken, wie man es vervollständigen sollte und welche Folgerungen man daraus ziehen müsste. Wenn auch solch unstrukturiertes Suchen bisweilen zum Erfolg führt, so ändert dies doch nichts am Umstand, dass die Lösung dann eher der einfachen Struktur des Falles zu verdanken ist als dem kriminalistischen Denken, obwohl natürlich auch in üblichen Methoden der Beweiserhebung, etwa den Bearbeitungsschemata oder Checklisten für die Bearbeitung bestimmter Arten von Straftaten, ein Stück (fremdes) kriminalistisches Denken steckt. Sobald man sich aber bei der Lektüre eines Schemas zu fragen beginnt, **warum** dieser oder jener Punkt zu klären sei, fängt man an, ins kriminalistische Wissen einzusteigen und Vorgegebenes zu vertiefen.

Das eigentliche kriminalistische Denken beginnt jedoch mit Wahrnehmungen und Feststellungen über Vorgänge, von denen man vermutet, dass hinter ihnen eine Straftat steckt, kurz mit einem **Verdacht**. Getrieben von der dringendsten oder angeregt durch eine eher vage Vermutung, dass eine Straftat vorliege, ist die Aufgabe erst dann erledigt, wenn die Tat nachgewiesen und der Täter überführt und verurteilt worden ist – oder wenn sich der Verdacht als unbegründet herausgestellt hat oder der Fall schlicht unlösbar bleibt.

Ausgeklammert wird in diesem Büchlein die Frage, welchen Wert kriminalistisches Denken im Bereich der **Kriminalprognose** und **Verbrechensbekämpfung** haben könnte. Die Forderung von *Ralph Berthel*, kriminalistisches Denken (in dieser Hinsicht) neu zu denken, wird also (vorerst) noch nicht aufgenommen.

1.2 Der Aufbau dieser Arbeit

Das vorliegende Buch befasst sich allen Aspekten des kriminalistischen Denkens. In einem ersten Teil wird die Frage vertieft, worin denn überhaupt die **kriminalistische Aufgabe** bestehe (Ziff. 2). Dann werden die **Mittel** beschrieben, welche dem Kriminalisten zur Verfügung stehen (Ziff. 3).

Im zweiten Teil wird die **Methode des kriminalistischen Denkens** untersucht. Es ist zunächst vom Anlass kriminalistischen Handelns, vom **Verdacht**, zu sprechen (Ziff. 4), dann von den **Ausgangsdaten**, also von eigenen Wahrnehmungen, von Feststellungen anderer (Ziff. 5). Es geht im nächsten Schritt um das **Ordnen** und kritische **Sichten** der Daten (Ziff. 6) und um die Frage, ob zur Lösung eines Falles **genügend Daten** vorliegen (Ziff. 7) bzw. wie vorzugehen ist, um **fehlende Daten** zu beschaffen (Ziff. 8). Liegen genügend Daten vor, ohne dass der Fall bereits gelöst ist, ist zu überlegen, wie man zu brauchbaren **Hypothesen** kommt (Ziff. 9), sie überprüft und Folgerungen daraus zieht, allenfalls aber auch, was die Gründe für **Zweifel** sein können (Ziff. 10). Erst der **Beweis**, wie er im dritten Teil der Arbeit erörtert wird, bringt das kriminalistische Denken zum Abschluss (Ziff. 11). Die Überlegungen zum kriminalistischen Denken wären unvollständig, wenn man sich unter dem Titel **„Fehler und abschließende Bemerkungen“** (Ziff. 12) nicht mit Irrtümern und damit zusammenhängenden Erkenntnissen beschäftigen würde.

Was in diesem Buch gesagt wird, ist für den erfahrenen Kriminalisten nicht neu. Jeder, der mit Strafuntersuchungen zu tun hat, ist schon auf die zu besprechenden Probleme gestoßen, und er hat sie vielleicht gleich, ähnlich oder besser gelöst oder einfach ignoriert. Der Versuch, einige grundsätzliche Erkenntnisse zu klären und systematisch zu ordnen, dürfte aber auch auf den Spezialisten einen gewissen Reiz ausüben. Dem noch nicht so Erfahrenen wird demgegenüber gezeigt, dass das kriminalistische Denken keine erstaunliche Kunst, sondern eine lernbare Methode ist.

Um die entwickelten Gedanken zu untermauern, verwendete Professor Walder schon ab der ersten Auflage dieses Werks häufig Sätze aus Kriminalromanen. Das mag heute etwas antiquiert wirken. Allerdings haben gute Autoren, vor allem *Edgar Allan Poe* und *Sir Conan Doyle,* zum Thema „Kriminalistisches Denken" überraschenderweise gewichtigere Dinge gesagt als viele der echten Kriminalisten. Aus Respekt vor ihnen, aber auch vor Professor Walder, bleiben diese Zitate deshalb auch in der vorliegenden Auflage erhalten; allerdings werden sie nicht aus der neueren Literatur ergänzt, weil mir schlichtweg die Übersicht darüber fehlt.

1.3 Gute Kriminalisten

Wenn im Buch fast ausschließlich vom kriminalistischen Denken die Rede sein wird, so sei als Vorbemerkung gesagt, dass gute **Beobachtungsgabe**, ein **gutes Gedächtnis,** scharfsinniges und konsequentes Denken, rege **Phantasie** und Selbstkritik für die kriminalistische Arbeit **nicht** genügen. Man darf nicht glauben, das Lösen einer Aufgabe sei nur Sache des Intellekts. Der Kriminalist muss nicht nur alle diese Verstandesgaben besitzen. Er sollte auch Optimist mit rascher **Auffassungsgabe** sein, **Entschlusskraft** und **Hartnäckigkeit**, aber auch **Beweglichkeit** und **Geduld** besitzen. Die vielen Juristen angeborene Sturheit, verbunden mit einer nötigen Dosis Ehrgeiz, führt nur dann weiter, wenn sie nicht in der Unfähigkeit mündet, eigene Zwischenergebnisse zu hinterfragen und notfalls wieder zu verwerfen.

Zum guten Kriminalisten gehört auch der unerschütterliche Wille, seine Fähigkeiten und sein Wissen nur für das **Recht** und für die **Wahrheit** einzusetzen; Ziel seiner Arbeit ist es nicht, jeden Verdächtigen mit allen Mitteln zu überführen, sondern die Schuldigen von den

Unschuldigen zu unterscheiden. Auf diesem Weg darf der Pfad des rechtlich Zulässigen nie verlassen werden – wer als Strafrechtler von den Rechtsuntergebenen die Einhaltung der Gesetze einfordert und Verstöße dagegen ahndet oder einer Ahndung zuführt, der darf sich selbst nicht über die Rahmenbedingungen hinweg setzen, die ihm der Gesetzgeber für sein eigenes Handeln vorgibt. Das mag bisweilen ärgerlich sein, weil der Hochseilakt des Gesetzgebers, den Ausgleich zwischen staatlichem Strafverfolgungsinteresse und persönlicher Freiheit des Bürgers zu finden, nicht immer gelingt. Wer aber meint, er könne im Interesse der Wahrheitsfindung abwägen, ob die Einhaltung gewisser strafprozessualer Vorschriften im konkreten Fall angebracht sei oder nicht, der treibt nicht Strafverfolgung, sondern Inquisition, und sollte sich deshalb einen andern Beruf suchen. „Justice should not only be done, but should manifestly and undoubtedly be seen to be done.“ (*Lord Hewart Gordon*)

Auch der hartnäckige Gewohnheitsdelinquent wird möglicherweise einen Funken Einsicht zeigen, wenn er in einem korrekten Verfahren überführt wurde; zumindest wird er aber einen gewissen Respekt vor denjenigen Personen haben, die zu seiner Verurteilung beigetragen haben. Beruht der Schuldspruch dagegen auf unerlaubten Tricks in der Untersuchung, etwa der falschen (und nicht nachvollziehbaren, weil nicht protokollierten) Behauptung des Ermittlers, der Mittäter habe gestanden, dann wird auch der überführte Schuldige am Schluss kaum das Gefühl haben, ihm **geschehe** eigentlich **Recht**.

Von dieser Regel gibt es kaum je Ausnahmen. Immerhin: Ein mutmaßlicher Kokainkurier war einerseits von seinen Lieferanten, anderseits aber auch vom Abnehmer belastet worden, eine Kokainlieferung von Zürich nach Bregenz ausgeführt zu haben; die Fahrt ließ sich anhand eines Einreisestempels im Reisepass, aber auch aufgrund der Hotelkontrolle in Bregenz nachvollziehen, und die Aussagen der Belastungspersonen waren damit objektiviert. Der Kurier hatte einen mutmaßlichen Komplizen, dessen Rolle beim fraglichen Transport allerdings nie geklärt werden konnte, weil beide Beteiligten dazu keine Aussagen machten. Nachdem das Urteil (drei Jahre Freiheitsstrafe) verkündet worden war, sagte mir der Verurteilte bei der Verabschiedung im Vorraum des Gerichtssaals: „Verdient habe ich es ja schon, aber nicht *dafür* …“

Schließlich ist es notwendig, dass der Kriminalist **menschlich** ist und es in jeder Lage auch bleibt. Wenn er schon im Namen der strafenden Gerechtigkeit handelt, dann soll er auch versuchen, Vorbild zu sein. Menschlicher Umgang gewinnt vor allem dann große praktische Bedeutung, wenn es gilt, in einer Vernehmung brauchbare Angaben zu erhalten. Einem ehrgeizigen, kühlen Taktiker wird sich der Täter selten öffnen. Nur derjenige hat gewöhnlich Erfolg, von dem der Beschuldigte ein gewisses menschliches Verständnis erhoffen darf.

Kurz, der Kriminalist sollte ein Übermensch sein, und das für ein sehr bescheidenes Gehalt.

2. Die kriminalistische Aufgabe

2.1 Allgemeine Überlegungen

Kriminalistisches Arbeiten ist Wahrheitserforschung. *Blaise Pascal* hat vor mehr als 300 Jahren geschrieben: „Man kann bei der Erforschung der Wahrheit drei hauptsächliche Aufgaben haben: erstens, die Wahrheit zu entdecken, wenn man sie sucht, dann sie zu beweisen, wenn man sie besitzt, und schließlich, sie vom Falschen zu sondern, wenn man sie prüft."

Auch die Aufgabe des Kriminalisten lässt sich gleich beschreiben: Sie besteht entsprechend darin,

1. **Verbrechen zu erkennen** oder den Verdacht auf das Vorliegen eines Verbrechens zu begründen, d.h. für alle Verbrechenselemente Hinweise oder Beweismittel zu suchen und Hypothesen über Tatverlauf und Täterschaft zu entwickeln,
2. die betreffenden **Beweise** in kriminalistisch und juristisch einwandfreier Weise **zu erbringen** und
3. die **Beweise kritisch zu prüfen** oder eben zu zeigen, dass die für eine Überführung des Beschuldigten notwendigen Voraussetzungen im gegebenen Fall nicht oder nicht vollständig erfüllt sind.

Mitunter hat man auch gewisse Hilfstatsachen zu belegen, die keine Verbrechenselemente sind, z.B. die Glaubhaftigkeit der Aussagen eines Alibizeugen. Über solche Indizienbeweise wird noch zu sprechen sein.

Mit dieser Umschreibung der kriminalistischen Aufgabe ist, wenn auch noch sehr abstrakt, dargestellt, was getan werden muss. Immerhin sei nochmals betont: Die Wahrheitserforschung im Strafprozess ist nach unserer Rechtsordnung **nicht** der höchste Wert. Verfassung und Gesetz kennen verschiedene **Beschränkungen** zugunsten anderer Werte, welche allenfalls der Aufklärung einer vermuteten Straftat entgegenstehen: z.B. ein Zeugnisverweigerungsrecht, ein Verwertungsverbot.

Schon das **Aufspüren** von Verbrechen und das Suchen von Beweismöglichkeiten stellen mitunter höchste Anforderungen. Man fragt etwa: Könnte dieses oder jenes Ereignis ein Verbrechen sein, oder gibt es dafür eine harmlose Erklärung? Wer hat als Zeuge allenfalls Beobachtungen gemacht, und können seine Aussagen weiterhelfen? Woher stammt das am Tatort zurückgebliebene Werkzeug? Wie konnte der Täter ins Tatort-Haus gelangen? Wohin könnte er seine Beute gebracht haben? Man stellt Mutmaßungen an, sucht nach bestätigenden Tatsachen – ohne Erfolg. Man stellt neue Vermutungen an, prüft wieder nach, und vielleicht stellt sich nun ein Erfolg ein. Ratlosigkeit und Resignation helfen nicht weiter; bei sorgfältiger Analyse fehlt es nie an Umständen und Zusammenhängen, die vermutet werden können und geprüft werden sollten. Ein Kriminalist ohne Einfälle ist eine traurige Figur.

Einen Hinweis zu sehen oder ein Beweismittel aufzuspüren, kann in einem bestimmten Fall den anderen Teil der kriminalistischen Aufgabe, die Beweisführung, völlig in den Schatten stellen. Ist der richtige Ausgangspunkt erst einmal gefunden, so ist die nachfolgende Beweisführung oft spielend leicht. Es kann aber auch der andere Fall vorliegen: Ein Verbrechensverdacht kann sich geradezu aufdrängen, und es sind offenbar **zu viele Hinweise** und scheinbare Beweismittel vorhanden, zum Teil solche, die nur verwirren. Man denke an mehrere einander widersprechende Zeugenaussagen. Der richtige Einstieg besteht dann vor allem in der Klärung, welche Daten (Tatsachen und Zusammenhänge) für die Beweisführung allein bedeutsam sind.

2.2 Der Umfang der Beweisführung

2.2.1 Allgemeine Grundsätze

Welcher Art sind die Umstände, für welche Beweismittel oder Hinweise gesucht und die schließlich bewiesen werden sollten? Welche Einzelfragen hat man letztlich zu beantworten, wenn es darum geht, ein mögliches Verbrechen aufzuklären und den Täter einer gerechten Beurteilung zuzuführen?

Ausgehend von der heute geltenden Dogmatik der Verbrechenslehre, die zwischen Tatbestandsmäßigkeit, Rechtswidrigkeit und Schuld unterscheidet, können sieben Einzelfragen unterschieden werden, nämlich:

1. Liegt ein Sachverhalt vor, der den **objektiven Tatbestand** einer Strafbestimmung erfüllt?
2. Wer hat sich so verhalten? Wer ist der **Täter** (und wie kann er der Strafverfolgung zugeführt werden)?
3. Ist auch ein entsprechender **subjektiver Tatbestand** erfüllt? Hat der Täter vorsätzlich oder fahrlässig gehandelt und sind die zusätzlich erforderlichen subjektiven Merkmale (z.B. Gewinnsucht) gegeben?
4. Ist das Täterverhalten **rechtswidrig** oder greifen vielleicht Rechtfertigungsgründe ein (z.B. Notwehr)?
5. Handelte der Täter **schuldhaft** oder liegen Schuldaufhebungsgründe (z.B. Zurechnungsunfähigkeit) vor?
6. Sind **strafzumessungsrelevante Umstände** strafschärfend bzw. straferhöhend oder strafmildernd bzw. strafmindernd zu berücksichtigen?
7. Sind die **weiteren Voraussetzungen** der Strafbarkeit erfüllt: objektive Strafbarkeitsbedingungen, keine Verjährung u.s.w.? Sind auch die Prozessvoraussetzungen (z.B. Verhandlungsfähigkeit des Beschuldigten) gegeben?

Ziel der kriminalistischen Aufgabe ist es, diese sieben Fragen zu beantworten und die Antworten zu beweisen oder eben zu zeigen, dass bestimmte Fragen nicht beantwortet werden können bzw. welche Entlastungsmomente bestehen. Die aufgelisteten Fragen sind nach wie vor viel zu abstrakt, um im Einzelfall handeln und entscheiden zu können. Sie müssen daher weiter konkretisiert werden, indem man verschiedene **Deliktsarten** unterscheidet: vollendetes vorsätzliches Begehungsdelikt, versuchtes Begehungsdelikt, fahrlässiges Begehungsdelikt, echtes und unechtes Unterlassungsdelikt u.s.w.; denn bei allen diesen Kategorien strafbaren Handelns gibt es besondere Beweisschwierigkeiten, an die von Anfang an gedacht werden sollte.

2.2.2 Das vollendete vorsätzliche Begehungsdelikt

Beim **voll verwirklichten vorsätzlichen Begehungsdelikt**, etwa bei einem Diebstahl durch (aktives) Wegnehmen einer fremden Sache, ist die Ausführungshandlung, ein vom Willen getragenes Verhalten eines Menschen, mit allen im gesetzlichen Tatbestand genannten **objektiven Merkmalen** zu beweisen: beim Diebstahl die bewegliche Sache, ihre Fremdheit und dass sie weggenommen wurde. Zum Beweis des objektiven Tatbestandes gehört natürlich auch der Nachweis der Täterschaft. Soweit es das Gesetz (in anderen Tatbeständen) voraussetzt, muss ferner gezeigt werden, dass der Täter die besonderen Eigenschaften besaß, das spezielle Tatwerkzeug (z.B. eine Waffe) verwendete, in der umschriebenen Situation gehandelt hat und dass eine bestimmte Folge (ein Erfolg) eingetreten ist, etwa eine Verletzung des Opfers. Zum objektiven Tatbestand sind auch gewisse innere Merkmale zu zählen, etwa die bereits erwähnte Fremdheit einer Sache oder die Unwahrheit einer Aussage.

Die Fremdheit einer Sache für den Täter kann man durch die Erklärung des bisherigen Inhabers untermauern. Auch andere prozessuale Beweismittel werden nützlich sein, etwa ein Kaufvertrag, der den Eigentumserwerb beurkundet. Bisweilen kommt der Strafverfolger nicht darum herum, sich zum Beweis solcher Verhältnisse gründlich in andere Rechtsgebiete einzuarbeiten, im Beispiel etwa in die Frage, wann Eigentum von einer Person auf die andere übergeht. Schlecht beraten ist unter Umständen, wer sich auf den äußeren Anschein oder auch bloß auf die Auffassung des Täters verlässt: Der Umstand, dass er eine Sache, die er sich angeeignet hat, für fremd hält, begründet nur den subjektiven, nicht aber den gedanklich vorher zu beweisenden objektiven Tatbestand.

Geldwäsche nach § 261 des deutschen StGB setzt voraus, dass die gewaschenen Gelder aus einer bestimmten Straftat stammen. Der Umstand, dass aus dem Verhalten des Täters geschlossen werden muss, er habe angenommen, das Geld stamme aus einer Straftat, oder sogar sein diesbezügliches Geständnis helfen bei der Beantwortung der Frage nach der Strafbarkeit der Vortat nicht weiter: Es ist zu beweisen, dass die Gelder tatsächlich aus einer relevanten Straftat stammen – oft die Hauptschwierigkeit beim Beweis internationaler Geldwäscherei, wenn rechtshilfeweise im Ausland Beweise für diese Vortat erhoben werden müssen, die auch nach unserem Rechtsverständnis diese Vortat ohne Zweifel beweisen. Zwar ist noch nichts verloren, wenn dieser Beweis nicht gelingt (es könnte sich auch um einen untauglichen Versuch der Geldwäsche handeln); der objektive Tatbestand ist dann aber jedenfalls nicht erfüllt.

Bei komplizierteren Tatbeständen bestehen zwischen den einzelnen Tatbestandsmerkmalen Beziehungen: Es müssen z.B. alle Merkmale erfüllt sein oder wenigstens eines von mehreren; sie müssen allenfalls in bestimmter Reihenfolge verwirklicht worden sein; es hat zwischen ihnen ein Kausalzusammenhang zu bestehen, etwa beim Betrug. Es sind dann auch diese Beziehungen zu beweisen.

Der häufigste praktische Fehler beim Beweis des objektiven Tatbestandes besteht darin, dass sich der Kriminalist nicht von Anfang an Rechenschaft darüber gibt, welche **Umstände** er im Bezug auf welchen Tatbestand **zu beweisen** hat, dass er also das Programm zur Prüfung der objektiven Tatbestandsmerkmale nicht von Anfang an festlegt und dann konsequent abarbeitet.

Die Abgrenzung zwischen Diebstahl und Veruntreuung z.B. hängt davon ab, welche Beziehung der Täter zum Vermögenswert hat, über den er verfügt; es ist also zum Beispiel zu beweisen, ob eine Kasse, die aus einem Geschäft verschwand, dem mutmaßlichen Täter (mit) anvertraut war oder ob er fremden Gewahrsam brechen musste; diese Abgrenzung ist nur möglich, wenn relativ subtile Abklärungen über die Aufgabenbereiche des Beschuldigten gemacht werden.

Der **subjektive Tatbestand** umfasst den Tätervorsatz und die etwaigen weiteren psychischen Voraussetzungen, zum Beispiel die in gewissen Fällen erforderliche Bereicherungsabsicht. Es muss beim Vorsatzdelikt nachgewiesen werden, der Täter habe alle objektiven Tatbestandsmerkmale mit Wissen und Willen verwirklicht, allenfalls auch, er habe eine bestimmte Absicht oder Gesinnung gehabt.

Andererseits enthalten einige wenige Tatbestände objektive Merkmale, die vom Tätervorsatz **nicht** erfasst werden müssen; es genügt, dass sie objektiv gegeben sind. Man spricht von **objektiven Strafbarkeitsbedingungen**, z.B. Tod oder schwere Verletzung eines Menschen bei einer Schlägerei.

Die Verwirklichung der objektiven und subjektiven Tatbestandsmerkmale schafft die **Tatbestandsmäßigkeit** des Handelns. Sie indiziert auch die **Rechtswidrigkeit,** wenn nicht ein Rechtfertigungsgrund eingreift, der Täter also zum Beispiel in einer Notstandssituation gehandelt oder das Opfer auf zu beachtende Weise in die Tat eingewilligt hat. Dogmatisch erfolgt die Prüfung der Rechtswidrigkeit erst, wenn objektiver und subjektiver Tatbestand bewiesen sind; der kluge Ermittler wird allerdings schon bei der Abklärung des Grundsachverhaltes überlegen, ob Umstände vorliegen könnten, welche rechtfertigend wirken würden, und er wird diese Umstände frühzeitig ausschließen, um zu verhindern, dass der überführte Täter schlussendlich als letzte Verteidigungslinie Rechtfertigungsgründe geltend macht.

Wer vorerst behauptet, eine Messerstecherei nur als Zuschauer verfolgt zu haben, wird sich später, wenn an seinem Messer die DNA des Opfers nachgewiesen wird, nicht mehr auf Notwehr berufen können, wenn er schon vorher gefragt worden war, ob denn das Opfer jemanden angegriffen oder sich passiv verhalten habe.

Die **Schuld** (oder Vorwerfbarkeit) ist belegt, wenn das zu beurteilende tatbestandsmäßige und rechtswidrige Verhalten von einem zurechnungsfähigen Täter an den Tag gelegt worden ist und keine Schuldaufhebungsgründe (z.B. kein entschuldbarer Irrtum über die Rechtswidrigkeit der Tat) gegeben sind. Gewisse Entschuldigungsgründe können auch nur eine Herabsetzung der Schuld statt einer vollen Schuldaufhebung herbeiführen. Zurechnungsfähigkeit wird grundsätzlich vorausgesetzt. Nur wenn Zweifel auftauchen, hat man entsprechende (ärztliche) Untersuchungen in Auftrag zu geben. Allerdings ist besonders darauf zu achten, dass das Gutachten nur von bewiesenen Umständen ausgeht oder zumindest Vorbehalte macht, wenn die Schlussfolgerungen nur auf den Angaben des Begutachteten beruhen. Das setzt voraus, dass der Auftrag zum Gutachten erst erteilt wird, wenn die Untersuchung abgeschlossen ist und dem Gutachter die wichtigsten Akten über das Untersuchungsergebnis übergeben werden können; dieses Vorgehen gerät allerdings oft in Konflikt mit dem Beschleunigungsgebot.

2.2.3 Das versuchte Begehungsdelikt

Beim **versuchten Begehungsdelikt** braucht der Täter nicht alle objektiven Tatbestandsmerkmale erfüllt zu haben. Mitunter dürfen sogar Handlungen als Versuch geahndet werden, die **vor** der Verwirklichung eines Tatbestandsmerkmales liegen. Es genügt, wenn sich der deliktische Wille und eine sofortige Tatbereitschaft in gefährlich enger Beziehung zur Tatsituation manifestiert haben, wenn der Täter also zur Tat **ansetzte**, beispielsweise an der fremden Türe mit einem Brecheisen hantierte.

Die Schwierigkeiten der **Beweisführung** liegen im wesentlichen bei zwei Fragen: Es muss einerseits möglichst gründlich und umfassend nachgewiesen werden, welche **konkreten Schritte** der Täter in objektiver Hinsicht unternahm, um die Tat begehen zu können; es ist zum Beispiel nachzuweisen, dass der Täter das Brecheisen oder die Gesichtsmaske erst kurz vor der Tatbegehung beschaffte. Anderseits muss subjektiv der Nachweis erbracht werden, dass er dies wirklich **im Hinblick auf das geplante Delikt** tat (wobei dieser Beweis umso leichter zu erbringen ist, je zahlreicher die bewiesenen Vorbereitungsschritte sind, die vernünftigerweise nur im Hinblick auf die Tat unternommen wurden).

Ein Mörder hatte seine Exfrau vor ihrer Wohnung zur Rede gestellt und dann vorerst zu erschießen versucht; als die Pistole klemmte, traktierte er sie mit einem selbst mitgebrachten Messer. Für den Beweis der subjektiven Tatbestandselemente des Mordes war der Nachweis des Umstandes von hervorragender Bedeutung, dass der Täter erst in den Tagen vor der Tat nicht nur die Pistole, sondern auch das benützte Messer (an sich ein normales Küchenmesser) gekauft hatte.

2.2.4 Das fahrlässige Begehungsdelikt

Das **fahrlässige Begehungsdelikt** – ein Automobilist schneidet etwa eine unübersichtliche Kurve, stößt mit einem entgegenkommenden Fahrzeug zusammen und verletzt jemanden – macht folgende Beweisschritte erforderlich: Der Tatbestand ist erfüllt, wenn die Handlung eine ungewollte, aber vorwerfbare Verletzung (allenfalls Gefährdung) des Rechtsgutes zur Folge hatte. Zu beweisen sind: die **Voraussehbarkeit der Verletzung** (Gefährdung) und der Kausalverlauf (Erkennbarkeit der Gefahr). Der Täter hätte sich sodann in der gegebenen Situation in einer bestimmten Weise verhalten sollen, um die drohende Verletzung (Gefährdung) zu vermeiden. Doch nicht alles, was voraussehbar ist, zählt. Gewisse Risiken gehören zum Leben. Sozial angemessenes Verhalten begründet im Allgemeinen keine Fahrlässigkeit (erlaubtes Risiko, Vertrauensgrundsatz im Straßenverkehr). Auch sind nicht immer alle denkbaren Vorsichtsmaßnahmen zu treffen, sondern nur die konkret zumutbaren.

Die Rechtswidrigkeit ergibt sich endgültig aus dem **Fehlen von Rechtfertigungsgründen**. Die Teilnahme an einem Kampf in einer groben Sportart wie Boxen oder Eishockey kann nicht anders gedeutet werden, als dass die Teilnehmer übliche, vom Widersacher ohne Vorsatz oder im Rahmen der Kampfregeln verübte Körperverletzungen in Kauf zu nehmen bereit waren.

Die Schuld muss beim Fahrlässigkeitsdelikt durch Folgendes erstellt werden: Der Täter hätte die Verletzung (Gefährdung) voraussehen und vermeiden können; dabei kommt es auch auf seinen physischen und psychischen Zustand und die diesbezüglichen Fähigkeiten an. Die Verletzung der Sorgfaltspflicht darf ihm in der betreffenden Situation auch zum Vorwurf gemacht werden. Es gab keine unverschuldete heftige Erregung, keine starke Übermüdung, die den Täter entlasten würde; es fehlte nicht an einer genügenden Ausbildung im betreffenden Tätigkeitsbereich. Der Täter war nicht veranlasst, die verletzende oder gefährliche Handlung unbedingt vorzunehmen.

Ist der Täter von seinem Handeln, das **unmittelbar** zum Erfolg führte, zu entlasten, so ist zu prüfen: Hat er allenfalls eine Aufgabe übernommen, welcher er, wie er **vorher** hätte erkennen können, nicht gewachsen war?

Fahrlässigkeiten, die **in großen Betrieben** begangen worden sind, bedürfen besonderer Überlegungen und Klärungen, denn es herrscht Arbeitsteilung, innerhalb welcher nicht selten niemand verantwortlich sein will. Grundsätzlich ist beim obersten Chef oder Management mit der Prüfung zu beginnen: Haben die Genannten **selber** im Sinne der oben aufgeführten Kriterien fahrlässig gehandelt, indem sie z.B. anordneten, die zumutbare Kontrolle einer bestimmten Gefahrenquelle (etwa aus Kostengründen) einzustellen, was dann zum Unglück führte? Ist dies oder Ähnliches nicht der Fall, so ist zu prüfen:

- Hat das Management den richtigen (nicht fahrlässig einen fachlich ungeeigneten und nun in das fahrlässige Geschehen verwickelten) Untergebenen **gewählt?**
- Hat es ihn richtig (z.B. mit einem materiell vollständigen Pflichtenheft) **instruiert**?
- Hat es ihn genügend (zumindest stichprobenweise) in seiner Tätigkeit **kontrolliert**?

Wahl, Instruktion und Kontrolle kann das Management zu seiner Entlastung allerdings anderen übertragen haben, sofern es deren Kompetenz (ohne Fahrlässigkeit) geprüft hat.

Gleich ist auf der nächsten Stufe der Betriebshierarchie vorzugehen: Gab es dort eine eigene Fahrlässigkeit oder war allenfalls die Wahl, Instruktion und Kontrolle des Untergebenen (fahrlässig) ungenügend? Selbstredend darf neben dem fahrlässig handelnden Vorgesetzten auch der unmittelbar handelnde Untergebene strafrechtlich verantwortlich gemacht werden, wenn bei ihm die entsprechenden Fahrlässigkeitskriterien gegeben sind.

Besonders schwierig ist die **Beweisführung** im Grenzbereich von **bewusster Fahrlässigkeit oder Eventualvorsatz**. Die Problematik ist in den letzten Jahren vor allem nach Rowdy-Unfällen im Straßenverkehr diskutiert worden: Setzt sich derjenige, der sich mit einem andern Automobilisten ein Straßenrennen liefert und dann ins Schleudern gerät, worauf er den Tod eines Fußgängers verursacht, nur bewusst über die Straßenverkehrsregeln hinweg oder nimmt er innerlich in Kauf und akzeptiert er damit, dass er jemanden töten könnte? Die bekannte Frank'sche Formel (Was hätte der Täter getan, wenn er gewusst hätte, dass der Erfolg eintrete?) taugt als juristischer Überlegungsansatz, hilft aber bei der Beweisführung nicht weiter, weil kaum jemand im Nachhinein behaupten würde, er hätte gleich gehandelt, auch wenn er gewusst hätte, dass er den verpönten Erfolg verursache. Dass dies allenfalls trotzdem so war, ist aufgrund äußerer Umstände, welche Rückschlüsse auf den Willen des Täters zulassen, zu prüfen.

Nach einer Formel des Schweizerischen Bundesgerichtes ist zu beweisen, dass „sich dem Täter der Erfolg seines Verhaltens als so wahrscheinlich aufdrängte, dass sein Verhalten vernünftigerweise nur als Inkaufnahme dieses Erfolges ausgelegt werden kann". Auch diese Formulierung stellt aber klar, dass es nicht um den objektiven Nachweis geht, wie wahrscheinlich der eingetretene Erfolg war, sondern um die Frage, von welcher Wahrscheinlichkeit **der Täter** ausging, und dies wird bei der Beweisführung oft übersehen.

2.2.5 Das unechte Unterlassungsdelikt

Beim **echten Unterlassungsdelikt** besteht der Tatbestand in der Nichtvornahme einer (positiven) Handlung in einer bestimmten Situation, einer Handlung, die mit praktischer Sicherheit den Eintritt der Verletzung (oder Gefährdung) verhindert hätte. Man denke an die unterlassene Hilfe gegenüber einer Person in Lebensgefahr. Selbstverständlich liegt eine strafbare Unterlassung nur dann vor, wenn die beschuldigte Person fähig und in der Lage war, die erkennbare oder erkannte schlimme Folge auf zumutbare Weise abzuwenden. Rechtswidrigkeit und Schuld sind wie beim Begehungsdelikt anzugehen und zu beweisen.

Das **unechte vorsätzliche Unterlassungsdelikt** – z.B. das absichtliche Ertrinken lassen eines Kindes in der Badewanne durch die eigene Mutter – ist wie folgt zu erhärten: Zur Erfüllung des Tatbestandes gehört das Beweisen der Tatsituation und des eingetretenen tatbeständlichen Erfolges, ferner die Tatsache, dass gerade der Täter die Rechtspflicht gehabt hätte, den Erfolg abzuwenden, was sich aus seiner Garantenstellung aus Gesetz, Vertrag oder anderen rechtlich verpflichtenden Umständen ergibt. Zu zeigen ist im Weiteren, dass der Garant nichts Ernsthaftes unternommen hat, um den Erfolg zu vereiteln, obwohl er ihn mit an Sicherheit grenzender Wahrscheinlichkeit hätte verhindern können. Der Beschuldigte muss schließlich vorausgesehen haben, was sich Schlimmes ereignen könnte, wie es zu verhindern sei und dass er einzugreifen habe, und er muss sich trotzdem entschieden haben, nichts zu tun.

Die übrigen Verbrechenselemente enthalten keine besonderen Probleme.

Bei der **Beweisführung** gibt es in der Regel zwei Schwerpunkte: Einerseits ist zu beweisen, dass die Unterlassung kausal für den Eintritt des Erfolgs war, dass also der Täter den Erfolgseintritt hätte verhindern können. Anderseits sind die Umstände zu klären, welche die Garantenstellung begründen.

Das **unechte fahrlässige** Unterlassungsdelikt – z.B. das sorglose Nichtzudecken oder Nichtmarkieren einer Grube, so dass nachts jemand hinein stürzt und sich verletzt – führt im Prinzip zu den gleichen Beweisschritten wie beim unechten vorsätzlichen Unterlassungsdelikt. Es sind im Bearbeitungsschema lediglich die Vorsatzelemente durch solche der Fahrlässigkeit zu ersetzen.

2.2.6 Die Beteiligung mehrerer Personen

Bei **Mittäterschaft** ist zu beachten, dass jeder der Täter auch für die (Teil-)Handlungen der andern verantwortlich wird, welche diese im Rahmen des gemeinsamen Planes verübt haben. Neben dem gemeinsamen Plan ist auch jede planmäßige und planwidrige Teilhandlung der Mitwirkenden zu beweisen, und es gilt dann für alle: Wer vom Plan auch noch in andere strafbare Handlungen abweicht, den trifft dafür alleinige Schuld.

Auch in diesem Zusammenhang liegt die Schwierigkeit der **Beweisführung** darin, dass es auf das Wissen und Wollen der Mittäter ankommt, die im Nachhinein kaum zu dem stehen werden, was von Anfang an vereinbart war. Die Frage, ob dem Fahrer des Fluchtwagens anzurechnen ist, dass der Haupttäter in der Bank geschossen hat, wird kaum durch Befragung des Fahrers selbst geklärt werden können. Es ist also besonders sorgfältig Beweis dazu zu führen, wer zu welchem Zeitpunkt was wusste, und inwiefern aus diesem Wissen auf das Wollen geschlossen werden kann.

Der **mittelbare Täter** hat für all das einzustehen, was das von ihm benützte menschliche Werkzeug getan hat und tun sollte. Zuerst ist das Verhalten des unmittelbar Handelnden, des Werkzeuges, zu beweisen, dann muss bewiesen werden, dass nicht das Werkzeug der wirkliche Täter sei, sondern der mittelbar Wirkende.

Bei **Anstiftung und Gehilfenschaft** ist zuerst das Verhalten des Haupttäters darzutun, dann die Anstiftung bzw. die Gehilfenschaft, weil Letztere akzessorische Delikte, also vom Hauptdelikt abhängig sind. Gleiches gilt für den Mittäter, der zwar den gemeinsamen Tatentschluss mitträgt, jedoch nur vorbereitend oder unterstützend mitgewirkt hat. Eine **Ausnahme** macht der **Anstiftungsversuch** zu einer schweren Straftat; eine Haupttat eines andern braucht es dann nicht zu geben.

2.2.7 Der Beweis strafzumessungsrelevanter Faktoren

Gewisse Umstände sind nach Gesetz **straferhöhend, strafschärfend, strafmindernd oder strafmildernd** zu berücksichtigen. Es handelt sich um Tatsachen, die in der Person des Täters, seinem Entwicklungsstand, der früheren und jetzigen Umwelt und in der Tatsituation liegen, eventuell aus sonstigen Umständen hervorgehen: z.B. schlechte Erziehung oder Ausbildung im Zusammenhang mit der ausgeübten Aufgabe, Reizung durch das Opfer, Rückfall, Konkurrenz mit anderen Straftaten. Die erwähnten Tatsachen sind für die Bestimmung der Schwere der Tat, der Schuld, für die Wahl der Strafart oder Maßnahme, die Strafzumessung, den bedingten Strafvollzug bzw. die bedingte Entlassung aus dem Straf- oder Maßnahmenvollzug bedeutsam. Oft wird zu diesen Umständen nicht **sauber Beweis geführt**; insbesondere bei der Abklärung der persönlichen Verhältnisse verlässt man sich zu oft auf ungeprüfte Angaben des Beschuldigten und macht damit seine gründlichen Anstrengungen im Bezug auf den Nachweis des Tatbestandes auf Umwegen wieder zunichte.

Es macht wenig Sinn, großen Aufwand für die Abklärung eines Straßenverkehrsdeliktes aufzuwenden, um Täterschaft und Schuld genau dokumentieren zu können, was dann zu einer gerechten Festlegung der **Anzahl** der Tagessätze führt, wenn man sich anderseits auf die ungeprüften Angaben des Beschuldigten über seine finanzielle Situation verlässt und damit in Kauf nimmt, dass bei der Bemessung der **Höhe** des Tagessatzes von falschen Voraussetzungen ausgegangen wird.

2.2.8 Der Beweis der Strafbarkeitsbedingungen

Schließlich sind alle objektiven und formellen Voraussetzungen klarzustellen: **Strafbarkeitsbedingungen** (etwa die Konkurseröffnung bei entsprechenden Straftaten), **Prozessvoraussetzungen** (wie z.B. Strafantrag, die noch nicht eingetretene Verfolgungsverjährung).

2.2.9 Schlussfolgerungen

Die kriminalistische Aufgabe besteht also wie erwähnt in der Beantwortung der näher ausgeführten Fragen und im Beweis der Antworten auf jede einzelne relevante Frage. Jedes Weniger bedeutet Unvollkommenheit und birgt Gefahren in sich. Das erkennt man sofort, wenn man sich fragt, was vom Beschuldigten und seinem Verteidiger alles erfolgreich bestritten werden könnte: Sie erklären vielleicht, der äußere Vorgang habe sich in bedeutsamen Punkten anders abgespielt; sie können geltend machen, ein anderer sei der Täter; sie stellen vielleicht in Abrede, dass die subjektiven Tatbestandselemente erfüllt seien; sie erheben die Einrede der Verjährung u.s.w. Es kommt gar nicht selten vor, dass ein anfänglich Geständiger den Vernehmenden dazu verführt, die Vernehmung sehr summarisch zu gestalten und zu protokollieren. Widerruft dann der Beschuldigte seine Aussagen später in einem Punkte, so ist es in der Regel schwieriger, die Wahrheit nachträglich noch zu beweisen.

Dem kann man vorbeugen, indem man an alle oben erwähnten Fragen denkt, sich wichtige Einzelfragen mehrmals beantworten lässt und Fragen und Antworten entsprechend protokolliert. Natürlich wird man sich in der Praxis nicht stur an die durch die **Dogmatik** vorgegebene **Reihenfolge** der erwähnten Fragen oder an die noch darzustellenden Befragungsschemata halten müssen. In der kriminalistischen Praxis geht vieles Hand in Hand, und gerade bei nicht geständigen Tätern empfiehlt es sich, die zu beantwortenden Sachfragen nicht in der chronologischen Reihenfolge und die zu beantwortenden Rechtsfragen nicht in der dogmatisch richtigen Reihenfolge abzuarbeiten. Ein lügender Täter wird es ungleich schwerer haben, wenn er eine erfundene Geschichte nicht chronologisch, sondern bruchstückhaft erzählen und dabei darauf achten muss, dass die Bruchstücke am Schluss doch irgendwie zusammen passen. Wer eine Tat abstreitet, wird sich nicht darauf berufen, dass er das vorgeworfene Verhalten nicht für strafbar gehalten habe; dass kein Verbotsirrtum vorliegt, lässt sich also in dieser Phase leicht klären, obwohl sie dogmatisch erst später zu stellen wäre.

Die Frage nach dem äußeren Verhalten kann mitunter kaum von subjektiven Momenten getrennt werden, die Frage nach einem allfälligen Rechtfertigungsgrund wird allenfalls mit der Vernehmung zum subjektiven Tatbestand verbunden. Die auf den ersten Blick etwas pedantisch anmutende Aufspaltung der kriminalistischen Aufgabe in sieben rechtlich bedeutsame Fragenkomplexe sollte gerade deshalb von Nutzen sein, weil nicht nur der Befragte, sondern auch der Befrager die Übersicht zu verlieren droht, wenn er aus taktischen Gründen von der äußeren Systematik abweicht.

Die Dogmatik sollte nicht dazu führen, dass man bei der Vernehmung des Beschuldigten **Tatbestandsmerkmale abfragt**; der Befragte soll nicht erklären, ob er „aus niedrigen Beweggründen" (§ 211 des deutschen StGB) bzw. „besonders skrupellos" (Art. 112 des Schweizer StGB) gehandelt hat, sondern er soll schlicht erklären, was er sich bei der Tat **gedacht hat**, oder es sollen (noch besser) die objektiven Tatumstände so gründlich abgeklärt werden, dass sich schon aus dem Vorgehen des Täters ergibt, was er sich dabei **gedacht haben muss**. Nicht der Beschuldigte, sondern der Richter entscheidet, ob die Tatbestandsmerkmale erfüllt sind; dem Beschuldigten ist deshalb nur der Sachverhalt vorzuhalten. Erst in der Schlussvernehmung gibt man ihm dann bekannt, welche rechtliche Subsumtion man vorzunehmen gedenkt, und dazu kann er (im Sinne des rechtlichen Gehörs) noch Stellung nehmen – sind aber die Umstände des Sachverhaltes umfassend abgeklärt und nachgewiesen, dann ist die Frage nach der Stellungnahme zur Erfüllung des Tatbestandes oft nur noch eine rhetorische.

Vereinigt man die vielen Fragen wieder etwas, so lässt sich kurz sagen: **Ziel** der kriminalistischen Aufgabe ist vor allem die Lösung zweier Probleme:

- Wie beweist man die **Tat** (mit allen ihren Teilfragen)?
- Wie beweist man die **Täterschaft**?

Die kriminalistische Aufgabe zeigt in dieser Hinsicht große Ähnlichkeit mit derjenigen des Mathematikers, geht es doch in der Mathematik einerseits um Beweisaufgaben (Beweis oder Widerlegung von Behauptungen über „Tatsachen" oder Zusammenhänge) und andererseits um Bestimmungsaufgaben (Suchen und Festlegen von „Dingen", z.B. die Unbekannte x einer Gleichung zu eruieren).

2.3 Überlegungen zur zu erwartenden Beweislage

Um das Hauptproblem möglichst klar herausstellen zu können, ist von einer weiteren Aufgabe bisher nur andeutungsweise gesprochen worden. Man muss im Strafprozess bekanntlich **Beweismittel** einsetzen, und es stellt sich nicht selten die Frage, ob die betreffenden Mittel hinreichend **beweiskräftig**, ob z.B. die Aussagen eines Zeugen glaubhaft seien. Man hat daher oft die weitere Aufgabe zu lösen, ein Beweismittel als beweiskräftig darzutun, indem man über den Zeugen einen Leumundsbericht erhebt und, wenn Letzterer auch noch angefochten werden sollte, dessen Richtigkeit etwa mit weiteren Zeugen belegt. Die Beweisführung mit Hilfstatsachen kann theoretisch ins Unendliche fortgesetzt werden, praktisch findet sie aber jeweils einen sinnvollen Abschluss.

Wenn auch die kriminalistische Aufgabe letztlich in der Beantwortung der sieben Fragenkomplexe und im Beweis der Antworten ihre Lösung findet, so ist es doch keineswegs so, dass sich das Denken mit den in Betracht gezogenen Verbrechenselementen begnügen könnte. Bevor man einen Beweis antreten kann, muss man Möglichkeiten der Beweisführung ausloten, zuerst eine Hypothese (einen Verdacht) formulieren und die notwendigen Beweismittel oder Anzeichen finden.

Zur Beantwortung der Frage nach den zu erwartenden Beweismitteln bzw. nach den **Beweisschwierigkeiten** ist es hilfreich, wenn der Kriminalist sich vorerst überlegt, mit welcher **Art von Delikt** er es zu tun hat. Die folgende Unterteilung der Delikte hat zum Ziel, Kategorien zu bilden, welche vergleichbare Beweisprobleme stellen.

2.3.1 Täter-Opfer-Delikte

In der Praxis hat man es in vielen Fällen mit den klassischen Delikten zu tun, bei denen dem **Täter** ein **Opfer** gegenüber steht. Der Grund für die Strafbarkeit liegt bei diesen Delikten darin, dass die Interessen des Opfers in einer bestimmten Konstellation auch strafrechtlich geschützt werden sollen.

Im Bezug auf die Beweisführung zeichnen sich Täter-Opfer-Delikte dadurch aus, dass das Opfer an der **Aufklärung der Straftat** in der Regel ein **Interesse** hat. Die Frage ist dann nur noch, inwieweit das Opfer zur Aufklärung der Straftat tatsächlich beitragen kann. Dabei spielt eine wesentliche Rolle, ob das Opfer bei der Tatbegehung direkt anwesend war (wie dies beispielsweise bei der Vergewaltigung der Fall ist) und damit aus unmittelbarer eigener Wahrnehmung weiß, wie sich die Tat abgespielt hat. Bei dieser Konstellation ist wiederum zu unterscheiden, ob das Opfer den Täter kennt oder nicht; selbst wenn es ihn nicht kennt, wird es in der Regel in der Lage sein, den Täter zumindest zu beschreiben.

Dass das Opfer an der Aufklärung der Straftat ein Interesse hat, heißt allerdings noch lange nicht, dass es deshalb eine **objektive Schilderung** über die Straftat geben wird. Gerade Opfer, die direkt mit dem Täter konfrontiert werden, werden oft bewusst oder unbewusst unter- oder übertreiben, weil sie von der Tat stark betroffen sind.

Unbewusste **Verfälschungen** können für den Täter belastend oder entlastend sein. Es ist beispielsweise bekannt, dass Opfer von Vergewaltigungen die Dauer der Vergewaltigung oft wesentlich überschätzen, weil es in ihrer Wahrnehmung ewig dauert, bis der Täter endlich wieder von ihnen ablässt. Es gibt aber auch Verfälschungen in die andere Richtung: Unter dem Stockholm-Syndrom etwa versteht man den Umstand, dass Opfer von Entführungen sich mit zunehmender Dauer der Entführung mit ihren Tätern identifizieren, sich ihre Ziele zu eigen machen und im Nachhinein die Umstände der Entführung wesentlich weniger dramatisch darstellen, als sie es in Wirklichkeit waren.

Bewusste **Übertreibungen** kommen etwa dann vor, wenn das Opfer davon ausgeht, der Täter werde ohnehin keine gerechte Strafe bekommen, und wenn es deshalb die Tatbegehung dramatisiert.

Damit ist zum Beispiel zu rechnen, wenn von einer Personengruppe vorerst sehr bedrohliche verbale Gewalt ausgeht, der dann nur geringfügige physische Gewalt folgt; die Opfer fühlen sich in dieser Situation stark bedroht, ohne dass augenfällige Beweise dieser Bedrohung vorliegen, und werden dies möglicherweise zu kompensieren versuchen, indem sie die physische Gewalt dramatisieren.

Auch bewusste **Untertreibungen** kommen (allerdings selten) vor, wenn das Opfer die Straftat selbst nicht als so dramatisch empfindet, wie die Gesellschaft sie wertet. Das Opfer wird dann versuchen, den Täter eher zu entlasten und den Ablauf der Tat zu banalisieren.

Das kommt etwa vor, wenn es um sexuelle Beziehungen mit älteren Kindern geht, welche sich gegen die Zumutungen oft gar nicht zur Wehr setzen wollten; das Gesetz schützt allerdings solche Opfer auch (und zu Recht) gegen ihren Willen.

In besonderem Maß mit Verfälschungen zu rechnen ist, wenn sich Opfer und Täter **kennen**. Auch dieser Umstand kann sich in beide Richtungen auswirken, wobei oft nicht zum Voraus absehbar ist, was eher erwartet werden muss.

Auch in diesem Zusammenhang sind sexuelle Übergriffe besonders heikel: Kinder etwa können einerseits die Tendenz haben, solche Übergriffe zu verharmlosen, weil sie (oft aufgrund einer Androhung des Täters) befürchten, die Familie werde auseinander fallen, wenn die Sache herauskomme. Auf der anderen Seite besteht auch die Gefahr, dass solche Übergriffe nachträglich dramatisiert werden, damit der Täter der nach Auffassung des Opfers gerechten Strafe zugeführt wird und das Opfer möglichst lange Ruhe vor ihm hat.

Es ist immer auch zu überlegen, ob Anhaltspunkte dafür bestehen, dass das Opfer sich vom ihm bekannten Täter **fürchtet** und insbesondere annimmt, der Täter könnte sich an ihm rächen, wenn die Wahrheit bekannt werde. Solche Konstellationen sind regelmäßig bei kindlichen Opfern von sexuellen Übergriffen, aber beispielsweise auch in kriminellen Milieus zu erwarten.

Bekannt ist zum Beispiel, dass der Nachweis der Zuhälterei (oder Förderung der Prostitution) kaum je zu erbringen ist, indem auf die Aussagen der ausgenützten Prostituierten abgestellt wird. Zu groß ist in diesem Milieu die Angst vor Rache, und dieser Angst können Strafverfolgungsbehörden in der Regel wenig entgegensetzen, weil auch sie letztlich die Opfer kaum auf Dauer schützen können.

Rezepte dafür, wie solche Verfälschungen der Beweisführung erkannt werden, bietet die Lehre von der Beurteilung der **Glaubhaftigkeit**. Sie hat in den letzten Jahren vor allem die Alltagsweisheit widerlegt, dass es in erster Linie auf die **Glaubwürdigkeit** (also der Frage, ob eine **Person** im Allgemeinen die Wahrheit sage oder nicht) ankomme, denn niemand lügt immer, und niemand sagt immer die Wahrheit. Abgestellt wird heute im Wesentlichen auf die Glaubhaftigkeit der einzelnen **Aussage**, denn nach der Undeutsch-Hypothese (benannt nach dem deutschen Aussagepsychologen Udo Undeutsch) unterscheiden sich wahre und gelogene Aussagen strukturell, sodass aufgrund bestimmter Kriterien (z.B. Unmittelbarkeit, Farbigkeit, Lebendigkeit, Detailreichtum) relativ zuverlässig aus der Aussage selbst (und nicht aufgrund der Beurteilung der Person) gesagt werden kann, ob sie zutreffend sei oder nicht.

Zusammenfassend kann also festgehalten werden, dass bei Täter-Opfer-Delikten in der Regel das Opfer wesentlichen Aufschluss über die Straftat geben kann und will. Es ist aber zu bedenken, dass zahlreiche Umstände zu einer Verfälschung der Aussagen des Opfers führen können.

2.3.2 Delikte mit beidseitiger Täterschaft

Die Delikte mit **beidseitiger Täterschaft** zeichnen sich dadurch aus, dass sich nicht Täter und Opfer gegenüberstehen, sondern dass an der Tat mehrere Personen beteiligt sind, die sich alle strafbar machen. Das gilt etwa im Drogenhandel, aber auch im Verhältnis zwischen Dieb und Hehler oder zwischen Vermögensdelinquent und Geldwäscher. Die Schwierigkeit bei der Beweisführung in dieser Deliktskategorie liegt darin, dass **keiner** der direkt an der Tat Beteiligten ein **Interesse an deren Aufklärung** hat. Der Beweis kann deshalb oft nur über Zeugen (falls überhaupt solche vorhanden sind) oder über Sachbeweise geführt werden.

Kriminalistisch interessant ist allerdings gerade bei dieser Deliktskategorie die Frage, ob es in der konkreten Konstellation einen Täter gibt, der, wenn ihm die Tat nachgewiesen wird, eher bereit sein wird, auch seine Mittäter preiszugeben. Das ist praktisch häufig der Fall, wenn die Tatschwere nicht bei allen Tatbeteiligten die gleiche ist. Dieser Umstand sollte bei der Planung der Beweisführung von Anfang an in Betracht gezogen werden, indem man sich vorerst vor allem darauf konzentriert, denjenigen zu überführen, der weniger schwer delinquiert hat.

Im **Drogengeschäft** etwa kann häufig beobachtet werden, dass der Produzent, wenn er überführt wird, bereit ist, die Händler zu nennen; auch der erwischte Drogenkurier wird oft ein Interesse daran haben, seinen Auftraggeber preiszugeben. **Geldwäscher** werden sich vorerst hüten, ihre Auftraggeber zu verraten, weil sie davon ausgehen, dass die Vortat möglicherweise nicht bewiesen werden kann; ist die Vortat allerdings einmal konkretisiert, dann sind Geldwäscher häufig bereit, darüber umfassend Aufschluss zu geben, weil sie davon ausgehen, dass sie die Verantwortung damit mindestens teilweise auf den Vortäter abschieben können. Ähnliche Mechanismen sind im Bereich der **Korruptionsdelikte** zu beobachten: Dort sind es in der Regel die aktiv Bestechenden, welche schließlich umfassend aussagen und damit zur Überführung der Bestochenen beitragen, weil sie davon ausgehen, dass sie sich jedenfalls im Gegensatz zum Bestochenen nicht direkt durch die Straftat bereichert haben.

Bei Delikten mit beidseitiger Täterschaft ist immer davon auszugehen, dass die Verdächtigen **kollusionsbereit** sein werden; das erschwert auf der einen Seite die Beweisführung, auf der andern Seite fällt es bei schweren Delikten leichter, die Kollusionsgefahr und damit das Vorliegen eines Haftgrundes zu begründen.

2.3.3 Geplante und spontane Straftaten

Schon zu Beginn der Arbeit an der Aufklärung einer Straftat sollte man sich fragen, ob man es mit einer **geplanten** oder mit einer **spontan begangenen** Straftat zu tun hat. Spontane Straftaten zeichnen sich dadurch aus, dass der Täter im **Vorfeld** der Straftat **Spuren** hinterlassen hat; im weiteren hat er nicht zum Voraus planen können, in welcher Weise er die Spuren der Tat im Nachhinein beseitigen kann. Wer seinen Kontrahenten im Streit spontan tötet, hat vorher nicht darauf geachtet, dass er auf dem Weg zum Tatort nicht beobachtet wird, und er hat möglicherweise Spuren gelegt, die er nach der Begehung der Tat nicht mehr in kurzer Zeit beseitigen kann. Wenn immer also am Tatort festgestellt wird, dass nach der Tat eiligst Spuren beseitigt wurden, die man auch hätte vermeiden können, dann ist zu erwarten, dass der Täter auch vor der Tatbegehung bereits Spuren gesetzt hat.

Wer dagegen eine Straftat zum Vornherein plant, wird Spuren der Tat nur beseitigen müssen, wenn sie nicht von vornherein zu **verhindern** waren. Er wird auch die Möglichkeit nutzen, falsche Spuren zu legen und sich etwa ein Alibi zu beschaffen.

Zur Prüfung der Frage, ob es sich um eine geplante oder um eine spontane Straftat handelt, ist oft die Überlegung nützlich, ob der Täter nur das getan hat, was für den Erfolg der Straftat wirklich nötig war, oder ob er „überschießend" handelte (was auf eine spontane Straftat im Affekt hindeutet). Allerdings muss man berücksichtigen, dass es Tätertypen gibt, die (vor allem, wenn sie in Gruppen auftreten) regelmäßig mehr tun, als zum Erreichen des vordergründigen Ziels nötig wäre.

So kommt es bei jugendlichen Räubern nicht selten vor, dass sie auf die Opfer noch dann sinnlose Gewalt ausüben, wenn sie die Beute längst gesichert haben.

Leider gibt es zunehmend Mischformen zwischen geplanten und spontanen Delikten: Hooligans etwa, aber auch andere jugendliche Gewalttäter, ziehen oft mit dem Plan los, sich in Schlägereien verwickeln zu lassen, ohne dass es dafür einen konkreten Anlass gibt. Typisch für eine solche Art der Deliktsbegehung ist, dass sie eher bei **Tätergruppen** vorkommt, aber nicht ausschließlich: Gerade Sexualdelinquenten ziehen oft los, um eine Gelegenheit für eine Straftat zu suchen, die sie dann aber nur ausführen, wenn sich die günstige Gelegenheit auch tatsächlich ergibt. Immerhin ist bei solchen Konstellationen damit zu rechnen, dass die Täter zwar versuchen, sich durch geeignete Mittel, etwa durch Maskierung, zu tarnen; Spuren auf dem Weg zum Tatort lassen sich aber doch nicht vermeiden, weil dieser Tatort eben spontan gewählt wird.

Besonders aussagekräftig sind Veränderungen, die der Täter nach der Tat am Tatort vornimmt. Man unterscheidet folgende Phänomene:

- **Undoing:** der Täter versucht, eine Tat damit ungeschehen zu machen oder zumindest emotional etwas zur Wiedergutmachung zu tun. Man sieht das bisweilen bei Tötungsdelikten: Dem Opfer werden die Hände gefaltet, es wird mit Blumen geschmückt oder zumindest zugedeckt. Das deutet darauf hin, dass das Opfer für den Täter von besonderer Bedeutung war und dass man deshalb von einer längeren Beziehung von Opfer und Täter ausgehen kann. Es kann auch darauf hindeuten, dass die Tat ungeplant eskaliert ist.
- **Staging:** Der Täter inszeniert nachträglich den Tatort, um von einer dem Opfer nahe stehenden Person abzulenken. Diese Form der Tatortveränderung ist allerdings in der Regel schwer zu erkennen. Sie deutet auf eine geplante Tat hin.

- **Posing:** Der Täter legt sein Opfer in einer entwürdigenden Art und Weise ab, was auf eine besondere Form der psychischen Störung des Täters hinweist.
- **Depersonalisierung:** Der Täter verdrängt die Opferidentität, indem er beispielsweise das Gesicht des Opfers abdeckt. Das kann verschiedene Ursachen haben: Möglicherweise will sich der Täter eine Projektionsfläche für seine Phantasie schaffen, vielleicht kennt er aber das Opfer im Gegenteil sehr gut und versucht, dies durch Depersonalisierung zu überspielen.

2.3.4 Straftaten zur Erzielung von Gewinnen und zur Vermeidung von Verlusten

Neue Untersuchungen von *Amos Tversky* und *Daniel Kahneman* (die im deutschen Sprachraum durch *Mark Daniel Schweizer* bekannt gemacht wurden) zeigen, dass das Risikoverhalten von Menschen sich in Situationen, wo es um die Realisierung von Gewinnen geht, vom Verhalten in Situationen unterscheidet, bei denen es um die Vermeidung von Verlusten geht. *Tversky/Kahneman* zeigen das an folgendem Experiment:

Wenn Sie die Wahl zwischen den Optionen
(1) sicherer Gewinn von € 240,–,
(2) eine Chance von 25 % auf einen Gewinn von € 1000,– und eine Chance von 75 %, nichts zu gewinnen,
welche würden Sie wählen? 84 % der Versuchspersonen wählten den sicheren Gewinn, obwohl bei der Wahl der unsicheren Variante der durchschnittliche Gewinn höher gewesen wäre.

Wenn Sie aber die Wahl haben zwischen den Optionen
(1) sicherer Verlust von € 750–-,
(2) eine Chance von 75 %, € 1000,– zu verlieren und eine Chance von 25 %, nichts zu verlieren,
welche würden Sie nun wählen? Interessanterweise entscheiden sich 87 % der Versuchspersonen hier für die riskantere Variante. Menschen sind also offenbar risikogeneigter, wenn es um die Vermeidung von Verlusten geht, als wenn es um die Realisierung von Gewinnen geht.

Das Ergebnis des Experimentes leuchtet ein, weil es für die meisten Menschen nachvollziehbar ist. Für die kriminalistische Praxis würde dies aber bedeuten: Wer ein Delikt begeht, um einen Gewinn zu realisieren, der wird weniger hohe Risiken eingehen als derjenige, der ein Delikt begeht, um einen Verlust zu vermeiden. Es wäre also zu erwarten, dass im ersten Fall weniger Spuren hinterlassen werden, im zweiten Fall dagegen mehr. Meine Erfahrung im Bereich von Vermögensdelikten bestätigt diese Vermutung: Wer beispielsweise zur Steigerung seiner Gewinne im Rahmen seiner Berufstätigkeit als Vermögensverwalter Geldwäscherei betreibt, wird dies vorsichtiger tun als derjenige, der sich auf Geldwäscherei einlässt, weil seine legalen Geschäfte schlecht laufen und er auf diese Weise seine Gesellschaft retten will.

2.4 Überlegungen zur Methode der Beweisführung

2.4.1 Allgemeine Überlegungen

Das Problem, wie man methodisch und richtig vorgehen soll, um die Lösung einer Aufgabe, im vorliegenden Zusammenhang einen Beweis, zu finden, ist uralt. Überlegungen dazu findet man bereits bei *Euklid,* dem Verfasser der berühmten „Elemente" (Geometrie), bei *Apollonius aus Perga,* bei *Aristäus dem Älteren* und *Papus Alexandrinus.* In neuerer Zeit waren es vor allem *Descartes, Leibniz* und *Bolzano,* die sich mit der **Methode des Findens von Lösungen** auseinandergesetzt haben. Besonders Letzterer hat sich in seinem Werk „Wissenschaftslehre", der „Erfindungskunst" (der Kunst, neue Wahrheiten aufzufinden) gewidmet. In jüngster Zeit war es *Polya.* Es wird dabei zwischen zwei Lösungstypen unterschieden, zwischen Heuristiken und Algorithmen. Eine **Heuristik** führt nur **möglicherweise** zu einer Lösung; ein **Algorithmus** dagegen **sicher.** Alle Kriminalistik ist **vorerst** Heuristik, und es sind vor allem die **kriminaltaktischen** Werke, welche die entsprechenden Regeln angehen.

Um Verbrechen zu erkennen und aufzudecken, sind **alle** Tatsachen bedeutsam, die mit einer möglichen Straftat zusammenhängen und einen Hinweis oder gar den Schlüssel zur Aufklärung des Falles liefern können. Der Kriminalist, der noch die Lösung sucht, hat sich das verbrechensverdächtige Ereignis in der ganzen Breite, in allen Erscheinungen und denkbaren Zusammenhängen vorzustellen. Das Verbrechen ist in diesem Moment nicht nur eine „enge" juristische Angelegenheit mit den entsprechen Fragen; es ist vielmehr eine Erscheinung im Leben des Einzelnen und im Leben der Gesellschaft.

Als Ereignis **im Leben eines Einzelnen** ist es nichts anderes als die Verhaltensweise eines Menschen, eines Menschen bestimmter Art in einer konkreten Situation. Man sagt auch, das Verbrechen sei das Produkt einer gewissen Täterpersönlichkeit in einer geeigneten Tatumwelt. Das **Verbrechen** ist somit keine isolierte Erscheinung, sondern steht immer **in Beziehung** zu einer Person, zum Täter zur Zeit der Tat und zu einer Tatsituation, wie sie der Täter gesehen hat.

2.4.2 Von der Tatsituation zum Tätertyp

Zur **Tatsituation** gehören die örtliche und zeitliche Umwelt, das Opfer (wenn es ein Opfer gibt), die Tatmittel und andere Gegebenheiten. Dabei ist immer die Sicht des Täters bedeutsam, die der wirklichen Tatsituation nicht entsprechen muss. So kann sich etwa der Auftragsmörder irren und die falsche Person töten.

Es ist Aufgabe der Kriminologie und der Psychologie, **Zusammenhänge** zwischen **Tätertypen** und **Tatsituationen** aufzuhellen. Da es nicht unendlich viele Straftatbestände, Tätertypen und Arten von Tatsituationen gibt, und es zwischen ihnen erkennbare und erkannte Beziehungen gibt, kann man diesen Umstand kriminalistisch ausnützen. Sind Deliktsart und Tatsituation bekannt, so lässt sich oft auf den Tätertyp schließen. Nach einem vermuteten Raub darf man beispielsweise, da der Räubertypus sehr einheitlich ist, mit großer Wahrscheinlichkeit einen Menschen als Täter in Betracht ziehen, der sich durch eine überdurchschnittliche Angriffigkeit und durch ein deutliches Machtbedürfnis auszeichnet. Unter vielen Verdächtigen lassen sich also mit den Mitteln der Psychologie und der Kriminologie (mit Zurückhaltung und nicht endgültig!) diejenigen **ausscheiden**, die nicht fähig wären, einen typischen Raub zu begehen. Andererseits sind diejenigen besonders **verdächtig**, welche die genannten psychischen Voraussetzungen besitzen. Hat man einmal einen Verdächtigen gefunden, lassen sich oft dessen psychische Merkmale erkennen, die bei der betreffenden Straftat vorauszusetzen sind. In der Durchführung psychologischer Experimente zur Persönlichkeitserforschung ist man aber im Ermittlungsverfahren sehr eingeschränkt. Der Täter ist ja auch nicht verpflichtet, sich solchen Experimenten zu unterziehen. Es bleibt also nur die Beobachtung und die Umfeldabklärung.

Was grundsätzlich für den Räuber gilt, trifft ähnlich für viele andere Typen von Delinquenten zu: Auch sie besitzen spezifische psychische

Merkmale. Darauf basiert die Konstruktionen von **Täterprofilen**, auf deren Bedeutung später zurückzukommen ist.

Doch auch die **Tatsituation** kann aufschlussreich sein. Ort und Zeit des verbrecherischen Vorganges, die Zielrichtung der Tat u.s.w. vermögen Hinweise auf die Täterschaft zu geben. Wer wusste von der Möglichkeit, am Tatort Geld zu stehlen? Wem war bekannt, dass zum Tatzeitpunkt niemand zu Hause war? Mitunter zeigt die Lebensgeschichte des ermordeten Opfers, wer als Täter in Betracht zu ziehen ist, etwa dann, wenn es sich wahrscheinlich um ein Beziehungsdelikt handelt, der Täter also ein Angehöriger, Verwandter oder enger Bekannter des Opfers sein dürfte.

Delikte sind sodann **soziale Erscheinungen** und damit als Massenphänomene statistisch erfassbar. Ihre wissenschaftliche Bearbeitung ist eine der Aufgaben der Kriminologie. Die Ergebnisse sind wiederum kriminalistisch verwertbar. Man weiß aufgrund von Statistiken z.B., dass bei (vorsätzlicher) Brandstiftung in etwa 40 % der Fälle der Täter der Eigentümer des zerstörten Objektes oder ein Angehöriger des Eigentümers ist, in 22 % der Fälle ein Angestellter, in 16 % der Fälle der Mieter oder Pächter. Das führt dazu, den Täter in erster Linie unter den Eigentümern, Angehörigen, Mietern u.s.w. zu suchen. Im Weiteren weiß man, dass Brandstifter häufig auch andere Straftaten begehen, und zwar vor allem Eigentums- und Gewaltdelikte; man wird also nach Vorbestraften suchen können. Schließlich ist aus amerikanischen Untersuchungen bekannt, dass 70 % der Brandstifter das Feuer im Umkreis von wenigen Kilometern zu ihrem Wohnort legen; das wird also eine vorerst kleinräumige Suche nach dem Täter empfehlen. Hat man dagegen von einer vermutlich fahrlässig verursachten Feuersbrunst auszugehen, so könnte man mangels anderer Anhaltspunkte vor allem an Kinder denken, die mit Feuer gespielt haben. *Raphael Humbel* hat errechnet, dass die Täter bei vorsätzlichen Tötungsdelikten zu 40 % aus Familie und Verwandtschaft, zu 19 % aus dem Kollegen- und Bekanntenkreis oder aus der Nachbarschaft des Opfers fanden; in 36 % der Fälle konnte keine bekannte Beziehung zwischen Opfer und Täter hergestellt werden. Wenn man zusätzlich berücksichtigt, dass 89 % der Täter männlich und (in der Schweiz) 60 % der Täter Ausländer sind, gibt dies wertvolle Hinweise darauf, wo die Suche nach dem Täter am meisten Erfolg verspricht. Bei Vergewaltigungen sind die Zahlen noch deutlicher: 47 % der Täter stammen aus Familie oder Verwandtschaft und 29 % aus dem

Bekanntenkreis oder der Nachbarschaft, in 4 % der Fälle bestand eine berufliche Beziehung.

Ansatzpunkt solcher statistischer Betrachtungen ist allerdings oft das **Motiv**: Die Statistik der Brandstiftungen liefert die genannten Zahlen, weil sie die Motivlage widerspiegelt; ist aufgrund der Tatumstände von vornherein klar, dass ein anderes Motiv im Vordergrund steht, helfen solche Statistiken nur bedingt weiter, um im konkreten Fall die Wahrscheinlichkeit bestimmter Hypothesen zu begründen.

Psychologie und Kriminologie zeigen also Tatsachen und Zusammenhänge, die fahndungs- und beweistechnisch verwertet werden können. Die Forschungen beziehen sich aber oft auf isolierte Probleme oder auf gerade öffentlich diskutierte umstrittene Phänomene; es wäre wahrscheinlich günstig, systematisch und übersichtlich für alle Tatkategorien darzustellen, welche Täterkategorien besonders häufig sind, um zu besseren Ergebnissen zu kommen. Allerdings müsste berücksichtigt werden, dass solche Typisierungen von Tätern auch kulturabhängig sind: Eine amerikanische Statistik über das Profil der Verfasser von Erpresserbriefen wird sich nicht ohne weiteres auf europäische Verhältnisse übertragen lassen.

2.4.3 Das Umfeld der Tat

Das Verbrechen im kriminalistischen Sinne ist ein **strafbares Verhalten,** das zu einer bestimmten Zeit und an einem bestimmten Ort an den Tag gelegt worden ist. Mitunter wird es an verschiedenen Orten und zu verschiedenen Zeiten ausgeführt. Das Verbrechen ist nicht einfach ein Diebstahl, eine Brandstiftung u.s.w., wie es das Strafgesetzbuch abstrakt umschreibt, sondern ein ganz konkreter Lebenssachverhalt **mit vielen Einzelheiten,** Besonderheiten oder Spuren davon**.** Zu denken ist zum Beispiel an die Art und Weise der Ausführung, die Anwendung besonderer Werkzeuge. Alle diese Einzelheiten können auf bestimmte Täter weisen oder bestimmte Personen als Täter ausschließen.

Das kriminalistisch relevante Verhalten erschöpft sich im Übrigen nicht nur in der deliktischen Handlung als solcher, es hat regelmäßig

- eine **Vorgeschichte**,
- eine gewisse **Breite**, Nebenerscheinungen und -ereignisse sowie
- **Nachwirkungen** und Folgen.

Die **Vorgeschichte** beginnt mit dem ersten Gedanken des späteren Täters an das Delikt. Zwar kann auch der Kriminalist nur selten Gedanken lesen, der Täter zeichnet aber solche Überlegungen mitunter auf oder teilt sie andern mit. Viele Straftaten verlangen sodann Vorbereitungen: Zuerst muss zum Beispiel ein Schlüssel beschafft werden, bevor man ihn einsetzen kann; der Tatort ist zuerst auszukundschaften, das Opfer soll beobachtet werden. Die Vorbereitungen können beim Zufalls- oder Gelegenheitsverbrechen allerdings auf ein Minimum zusammenschrumpfen. Man kann daher nicht immer mit einer Vorgeschichte rechnen; wo sie aber besteht, kann sie wertvolle Hinweise auf Tat und Täter, insbesondere auf seine Motive, geben.

Zur **Breite** einer Straftat gehört etwa die Tatsache, dass möglicherweise nicht nur an einer Stelle gehandelt worden ist und Spuren zu finden sind. Das tote Opfer wurde vielleicht vom aufschlussreichen Tatort weggebracht. Es kann auch an einem zweiten Ort ein Ablenkungsmanöver inszeniert worden sein, um leichter an die Beute heran zu kommen oder die Polizei dort zu beschäftigen. Denkbar ist ferner, dass das Verbrechen mit einem anderen zusammenhängt, dass es Mitwisser gibt u.s.w. Kriminalistisch interessant ist in diesem Zusammenhang, dass der Täter sich beim Verwischen von Spuren oft aufs Kerngeschehen beschränkt, sei es aus Zeitgründen oder weil er nicht daran denkt, auch Spuren von Nebenumständen zu beseitigen. Wird mit einer gewissen Breite nach zu erwartenden Spuren gesucht, wird man deshalb häufig eher fündig, als wenn man sich ebenfalls aufs Kerngeschehen beschränkt.

Zu den **Nachwirkungen** und Folgen gehören nicht nur das Verstecken oder Absetzen der Beute und das Verwischen von Spuren, sondern bisweilen auch Veränderungen des Aussehens des Täters, dessen Schuldgefühle oder Angst vor Entdeckung, seine Flucht. Interessant für den Kriminalisten ist der Umstand, dass der Täter mit zunehmender Dauer unvorsichtiger werden wird; tauchen Schmuck von erheblichem Wert oder bekannte Kunstwerke in den Wochen nach dem Diebstahl nicht auf, könnte es sich lohnen, nach Monaten nochmals zu überprüfen, ob die Ware irgendwo angeboten wird.

Eine umfassende Betrachtungsweise des Verdachtsfalles führt fast immer zu indizierenden Tatsachen oder Zusammenhängen. Der Kriminalist sollte daher eigenes und fremdes Erfahrungswissen berücksichtigen und seine Suche von Anfang an auf die ganze Breite und Dauer des Verbrechensvorganges ausdehnen.

Die geschilderte Haltung gibt, nebenbei bemerkt, auch die richtige Einstellung gegenüber Ansprüchen der **Parapsychologie**. Einige Astrologen, Hellseher oder Pendler glauben, für normale Menschen noch nicht durchschautes Geschehen, z.B. ein noch nicht geklärtes Verbrechen, anhand anderer Ereignisse (Bewegung der Planeten, mediale Einfälle, Pendelausschläge) aufdecken zu können. In den weitaus meisten Fällen erweisen sich die Behauptungen solcher Wunderleute aber als falsch und die Treffer, wenn man sie statistisch erfasst, als zufällig. Man sollte solchen Hellsehern trotzdem nicht völlig abweisend gegenüberstehen, denn Menschen, die sich erfolgreich als Astrologen, Hellseher oder Pendler betätigen, verfügen bisweilen über ein überdurchschnittlich gutes (aber durchaus natürliches) Ahnungsvermögen, außergewöhnliche Einfühlungsgabe, eine gute Intuition und ähnliche Eigenschaften. Diese Qualitäten befähigen sie, Tatsachen und Zusammenhänge zu vermuten, auf die der gewöhnlich Sterbliche nicht so leicht und rasch kommt. In dieser Hinsicht (und nur in dieser) können solche Leute auch dem Kriminalisten mit Hinweisen helfen. Es wäre deshalb falsch, nicht näher begründete, aber doch nicht völlig abwegige Behauptungen solcher Leute nicht kritisch zu prüfen, denn dadurch identifiziert man sich noch lange nicht mit ihrer Wissenschaft, sondern prüft nur eine Tathypothese auf deren Folgerichtigkeit. Im übrigen kann man es sich bei Schwerstkriminalität in der heutigen medialen Gesellschaft gar nicht leisten, solche Hinweise überhaupt nicht zu überprüfen – wären sie nämlich zufällig richtig, würde man sich im Nachhinein dem nur schwer zu begegnenden Vorwurf aussetzen, einem zutreffenden Hinweis nicht nachgegangen zu sein.

Nach dem Verschwinden der 5-jährigen Ylenia im Sommer 2007 in Appenzell gingen etwa 20 Hinweise von Pendlern und Hellsehern ein, wo das Mädchen versteckt sein könnte, meist begleitet mit dem Hinweis dieser Leute auf ihre früheren Erfolge in anderer Sache. Die Leiche des Mädchens wurde schließlich aufgefunden, und es ergab sich, dass der Täter das Kind noch am Tag der Entführung umgebracht und dort vergraben hatte. Keiner der Pendler und Hellseher hatte einen Tipp abgegeben, der mit der Realität auch nur annähernd zu tun hatte, was allerdings in der Öffentlichkeit nicht wahrgenommen wurde – ein Grund dafür, dass sich solche Leute immer mit ihren angeblichen, zufälligen Erfolgen brüsten können, denn ihre Misserfolge bleiben normalerweise im Verborgenen.

Der Fall zeigt übrigens auch, dass man die Nachwirkungen einer Tat von vornherein in seine Taktik einbeziehen sollte: Der Täter hatte das Mädchen begraben und dann in der Nähe Selbstmord begangen; es war nahe liegend, dass man in den ersten Tagen nach dem Delikt besonders gründlich in der näheren Umgebung der Täterleiche suchte, zumal sich die Erkenntnis verdichtete, dass dieser Tote tatsächlich mit dem Verschwinden von Ylenia zu tun hatte. Den späteren Fundort der Kindsleiche suchte man bereits in den Tagen nach dem Delikt ab, ohne fündig zu werden. Dass ein Passant die Leiche Wochen später dann doch noch fand, war auf den Umstand zurückzuführen, dass wilde Tiere mittlerweile nach der Leiche gegraben und sie deshalb teilweise offen gelegt hatten; deshalb war sie in den Tagen nach der Tat zunächst übersehen, dann aber von einem Passanten aufgefunden worden.

Zusammenfassend lässt sich somit sagen: Als Kriminalist, der eine mögliche Straftat aufdecken soll, Hinweise und Beweismittel suchen will, hat man sich die Tat in allen ihren Zusammenhängen und in ihrer ganzen Ausdehnung vorzustellen, denn irgendeine Tatsache der Vorgeschichte, irgendeine Einzelheit des Verbrechensablaufes, irgendein zeitgleiches Geschehen, irgendeine Folge der Tat kann weiterhelfen. Der ganze zweite Teil dieses Buches wird sich daher dem kriminalistischen Suchen, Herausfinden und Aufdecken widmen. Man kann die betreffende Tätigkeit als **heuristische Kriminalistik** bezeichnen, denn Heuristik nennt man ja jede Kunst des planmäßigen Suchens nach einer (neuen) Wahrheit, wobei es ums **Suchen,** nicht unbedingt ums Finden geht: Ob man auf eine Lösung stößt, ist nicht sicher.

Bei aller Achtung vor heuristischem Vorgehen im Strafverfahren darf man aber das kriminalistische Ziel, die Beweisführung von Tat und Täterschaft, nicht außer Acht lassen. Letztere könnte man als **syllogistische Kriminalistik** bezeichnen. **Syllogistik** heißt die Lehre vom logischen Schließen und Beweisen. Sie hat vor allem den Beweis des Verbrechens mit allen seinen Elementen im Auge und stellt deshalb die sieben Fragen: Liegt ein objektiver Tatbestand vor? Wer hat sich so verhalten? Ist auch ein entsprechender subjektiver Tatbestand erfüllt? Bestanden Rechtfertigungsgründe? Gab und gibt es Schuldaufhebungsgründe? Lagen oder liegen besondere schulderhöhende oder schuldmindernde Tatsachen vor? Sind die weiteren Voraussetzungen einer Verfolgung und Bestrafung gegeben?

Dabei ist folgendes zu beachten: Einige Elemente des verbrecherischen Vorganges wird man **direkt beweisen** können, z.B. durch eine DNA-Spur, die beweist, dass der Täter das Deliktsgut in der Hand gehabt hat oder sich am Tatort befand. Diesem direkten Beweis stehen **Hinweise**, Indizien, oder Anzeichen gegenüber, also **Tatsachen,** die **nur indirekt** auf eine Tat (und ihre Elemente) oder die Täterschaft hindeuten. Auch sie, oft **Hilfstatsachen** genannt, sind syllogistisch höchst bedeutsam, wenn direkte Beweise fehlen oder nicht ausreichend zum Beweis der Täterschaft sind. Sie lassen sich allenfalls zu einem Indizienbeweis bündeln, oder es kann sein, dass die Indizien die Qualität eines Beweismittels untermauern.

3. Die Mittel

3.1 Einleitende Überlegungen

Zur Lösung der kriminalistischen Aufgabe bedient man sich bestimmter Mittel. Es sind aber lange nicht alle Instrumente, die zum Erfolg führen könnten, nach Grundgesetz (Verfassung), Gesetz oder Dienstanweisung zulässig. Welche Ermittlungsinstrumente und Vorgehensweisen erlaubt und welche verboten sind, kann man in drei Maximen zusammenfassen, die eine gewisse Allgemeingültigkeit haben und lauten:

- Nichts **Unrechtes**, Unmenschliches oder Unanständiges tun.
- Nichts tun, was zu etwas **Falschem** führen könnte.
- Nichts tun, was dem Ansehen **der Strafrechtspflege** schadet.

Es genügt allerdings nicht, sich an diese Maximen zu halten; für die Betroffenen und die Öffentlichkeit muss dies auch deutlich erkennbar sein: „Justice should not only be done, but should manifestly and undoubtedly be seen to be done.“ (*Lord Hewart Gordon*)

3.2 Die Mittel zur Erkennung von Delikten

Die Mittel, die ein Verbrechen erkennen oder vermuten bzw. Indizien oder Beweismittel finden lassen, sind die Folgenden:

1. der **Verdacht**;
2. eigene **Wahrnehmungen**, Feststellungen anderer und Registrierungen hinsichtlich von Verbrechen oder über Dinge, die mit einer Straftat im Zusammenhang stehen oder stehen können, kurz die zweckdienlichen Daten;
3. **Lebenserfahrung**, Wahrheiten des täglichen Lebens;
4. Sätze der **Tatsachenwissenschaften**, etwa der Physik, der Chemie, der Biologie, der Medizin, der Psychologie;

5. **experimentelle und statistische Wahrheiten**;
6. Sätze der **Logik** und der mathematischen Wissenszweige;
7. Die **Fantasie**, die Intuition (in einem gewissen Sinne gehört auch der Verdacht zu ihr).

Während man die Mittel der **kriminalistischen Heuristik** wohl vollständig aufzählen kann, ist eine vollständige Liste der konkreten Anlässe, die zur Klärung eines Kriminalfalles führen können, praktisch nicht darstellbar. Unbekannt viele und verschiedenartigste Tatsachen und Umstände können auf die richtige Fährte und zum Beweis von Tat und Täterschaft führen: ein Verdacht, der an uns herangetragen worden ist; das wiederholte sorgfältige Studium der bisherigen Akten, das zu einem Einfall führt; ein Augenschein, der irgendeine Möglichkeit oder Unmöglichkeit zeigt; eine mikroskopisch-kleine Spur; eine Effekten- oder Hausdurchsuchung beim Verdächtigen; eine nur vage Vermutung; ein unterstelltes Tatmotiv; eine Zeitungsmeldung; ein Umstand im Lebenslauf des Verdächtigen oder des Opfers; ein früherer ähnlicher Fall oder eine Duplizität der Fälle; die Diskussion der Sache mit einem Kollegen; Widersprüche in den Aussagen eines Befragten; ein Fahndungsersuchen einer anderen Dienststelle; das Modus-operandi-Register; das merkwürdige Benehmen des Anzeigeerstatters u.s.w.

Ein Verdächtiger, der wegen eines Diebstahls und Verdunkelungsgefahr in Haft genommen werden musste, ließ bei der Vernehmung zweimal die Bemerkung fallen, seine Unschuld werde sich bestimmt noch erweisen. Die Sicherheit, mit der er dies vorbrachte, und das Vertrauen in die Strafverfolgungsbehörden, welches er damit unterstellte, waren auffällig. Da der Betreffende seinem psychologischen Typus nach zu ausgefallenen Manövern neigte, war irgendeine Überraschung zu erwarten. Diese stellte sich nach kurzem in Form eines Briefes ein, in welchem ein fremder Mann, der wohl seinen angeblichen Namen, nicht aber seine Adresse nannte, ein „Geständnis“ ablegte: Er, der Briefschreiber, habe den in Frage stehenden Diebstahl begangen und er wolle nicht, dass allenfalls ein Unschuldiger für ihn büßen müsse. Aus der Überzeugung, dass der Inhaftierte den Geständnis-Brief vor seiner erwarteten Festnahme in Auftrag gegeben habe, wurde der Eingang des Briefes gegenüber dem Beschuldigten vorerst nicht erwähnt. Erwartungsgemäß wurde er zusehends nervöser. Als er erneut erklärte, seine Unschuld werde sich schon noch erweisen, wurde ihm erwidert, ob er auf den von ihm in Auftrag gegebenen Brief warte und ob er sich von diesem Trick wirklich etwas verspreche. Durch den Vorhalt überrascht und in wenig aussichtsreicher Lage legte der Inhaftierte nun ein volles Geständnis ab. Er hatte tatsächlich befreundeten Leuten den Auftrag erteilt, den Brief abzusenden, wenn er demnächst inhaftiert werden sollte. Der Verdächtige hatte aber durch seine auffällige Bemerkung, die nicht zu seiner sonstigen Einstellung passte, seinen Täuschungsversuch verraten, und die Konfrontation mit dieser Tatsache führte rasch zu einem glaubhaften Geständnis.

Es gibt, wie bereits bemerkt, unzählbar viele Anlässe, welche plötzlich einen Lösungsweg andeuten, etwa eine ahnungslose Frage der Ehefrau, der man vom Fall erzählt hat, die Rekonstruktion der Ereignisse, psychologische Überlegungen zu den möglichen Tatmotiven, eine unvorsichtige Bemerkung des Verteidigers (der allenfalls mehr weiß); ein anonymer Brief (Anlass zu einer Untersuchung gegen den Giftmörder *Dr. Pritchard* gab ein anonymes Schreiben), ein vom Täter am Tatort zurückgelassener Gegenstand, ein plausibles Gerücht, eine Deduktion aufgrund vorhandener Daten und Erfahrungswissen, Spuren, die der Täter irreführend gelegt hat, die aber durchschaut und als falsch erkannt worden sind; die Aufzählung könnte fortgesetzt werden.

3.3 Die Mittel zum Beweis von Delikten

Die syllogistischen Mittel, die eigentlichen Beweismittel des Strafprozesses, scheinen, wenn man sie den heuristischen gegenüberstellt, zuerst ganz anderer Art zu sein. Das scheint aber nur so; in Wahrheit bestehen viele Übereinstimmungen. Zu den eigentlichen Beweismitteln zählen die Strafprozessordnungen gewöhnlich die Folgenden:

1. (überzeugende) **Geständnisse**,
2. (glaubhafte) **Zeugenaussagen**,
3. **Augenscheine**,
4. (unverdächtige) **Urkunden**,
5. **Beweisgegenstände**,
6. **Indizien**, die aber selber auf Zeugenaussagen, Urkunden etc. gründen,
7. (überzeugende) **Gutachten**.

Es ist leicht zu sehen, dass die Beweismittel unter Ziffer 1) bis 6) im Wesentlichen die Daten zu liefern haben, von denen bereits bei der Aufzählung der heuristischen Mittel die Rede war. Sie sind die Beweismittel für Tatsachen, die durch eigene oder fremde Wahrnehmungen erhoben worden sind und meistens weiterhin festgestellt werden können. Der Inhalt glaubhafter Geständnisse, Zeugnisse etc. gilt eben als strafprozessualer Beweis oder Beleg für den Inhalt der betreffenden Aussagen. Nur wenn triftige Gründe gegen die Wahrheit solcher Feststellungen sprechen, versagen sie als Beweismittel. Zwar ist der Richter nach moderner Auffassung in der Würdigung der Beweise **frei**; er wird aber nicht ohne Willkür ein unverdächtiges Beweismittel und dessen Inhalt verwerfen dürfen.

Die strafprozessuale Beweisführung muss aber noch von weiteren Mitteln Gebrauch machen; die aufgezählten reichen nicht in jedem Fall aus. So werden allenfalls zusätzlich erforderlich:

8. **Erfahrungswissen** des Alltags,
9. **Sätze der Tatsachenwissenschaften**,
10. **experimentelle und statistische Wahrheiten,**
11. Sätze der **Logik** und der **mathematischen Wissenszweige**.

Bis zu einem gewissen Grad können die Sätze der Tatsachenwissenschaften, die experimentellen und statistischen Wahrheiten, die Sätze der Logik und diejenigen der mathematischer Wissenszweige im Beweismittel der Expertise (in einem Gutachten) zutage treten. Es ist aber keineswegs so, dass jede Anwendung einer dem Gericht bekannten Erfahrungswahrheit, jede Benützung einer wissenschaftlichen Erkenntnis, jedes vom Richter durchgeführte Experiment, jede logische Ableitung oder Berechnung der Bestätigung eines Gutachters bedarf. Man muss daher diese weiteren, von den Strafprozessordnungen meist nicht genannten Beweismittel 8) bis 11) zusätzlich erwähnen.

Um spätere Ausführungen nicht mit üppigen Erklärungen belasten zu müssen, werden bereits nachstehend einige allgemeine Überlegungen im Zusammenhang mit den Mitteln der Heuristik und Syllogistik eingeführt. Zuerst soll auf das Wahrnehmen, Feststellen etc. eingegangen werden, dann auf das Erfahrungswissen und die Sätze der Tatsachenwissenschaften. Dem fügen sich Ausführungen zu den experimentellen und statistischen Wahrheiten an. Schließlich ist von den Sätzen der Logik, von mathematischen Bereichen und von der Rolle des Zufalls die Rede.

3.4 Systematisches Beobachten

Jedes Verbrechen ist, wie wiederholt erwähnt, das Verhalten eines Menschen in einer bestimmten, von ihm so gesehenen Situation. Sein Tun oder Unterlassen steht auch meistens mit anderen Tatsachen in

Beziehung. Alle diese Tatsachen und Zusammenhänge sind prinzipiell **wahrnehmbar**.

Das Wahrnehmen ist vorerst ein bloßes Aufnehmen von Reizen, ein durch die Sinne vermitteltes Empfinden, z.B. ein mehr oder weniger passives Sehen. Da man Reize kaum vollständig erfassen und festhalten kann, wird regelmäßig ein Teil von ihnen aufgrund bisheriger Erfahrungen herausgefiltert und als belanglos ausgeschieden. Man wendet also seine Aufmerksamkeit vorübergehend nur einem Teil des Wahrnehmbaren zu, nimmt nur von ihm Notiz. Für den Sehsinn bedeutet das: Man beginnt zu **beobachten.**

Im nächsten Schritt wird man sich bewusst, welche Bestandteile der beobachtete Gegenstand enthält. Dabei ist unter Bestandteil alles zu verstehen, von dem etwas ausgesagt werden kann: das Ding ist z.B. braun, „hundeähnlich", sich fortbewegend. Erfahrungen erlauben Einordnungen der Dinge unter Begriffe oder ein verstehendes Erfassen auf andere Weise. Das Erkennen von Dingen allein ist jedoch nicht hinreichend; man muss auch die Beziehungen erfassen, in denen die einen zu einem bestimmten Zeitpunkt zu anderen Dingen stehen. Die bloße Feststellung, dass am Tatort ein blutiges Messer gefunden worden sei, genügt daher nicht. Man muss auch sagen, an welcher Stelle es gelegen, in welchen Beziehungen es zu anderen Sachen gestanden hat. Da man ohne Hilfsmittel nicht immer alle Dinge und Zusammenhänge erfassen und beschreiben kann, bedient man sich gerne der Fotografie oder einer Video-Aufzeichnung, die oft jede Beschreibung übertrifft. Auch solche technischen Aufzeichnungen ersetzen aber die persönliche Tatortkenntnis nicht, denn es kann mit normalen Mitteln nie alles dokumentiert werden, sondern nur das, was der Dokumentierende für wesentlich hält, und aus einer Dokumentation ergibt sich nie der gleich klare Eindruck wie derjenige, der durch eigenes Beobachten entsteht.

Es ist zwar heute leicht möglich, einen bestimmten Tatort mit Hilfe einer automatischen Kamera, die an einer bestimmten Stelle montiert wird und sich dann einmal um die eigene Achse dreht, so zu dokumentieren, dass im Nachhinein im Computer eine dreidimensionale Rekonstruktion möglich ist und beispielsweise auch exakte Messungen von Distanzen möglich sind. Die Dokumentation umfasst aber einerseits nur das, was optisch in Erscheinung tritt; anderseits werden immer gewisse Gegenstände andere verdecken, so dass es letztlich von der Erfahrung des Fotografen abhängt, dass die Kameraposition so gewählt wird, dass alle relevanten Gegenstände tatsächlich erfasst werden. Das Problem lässt sich zwar entschärfen, indem man die automatische Kamera an mehreren Standorten laufen lässt; auch auf diese Weise lassen sich aber nie alle „Schatten" beseitigen.

Eine Beschreibung ist **vollkommen**, wenn sie alle Dinge des von ihr anvisierten Teiles einer Situation aufgezählt und wenn sie alle Eigenschaften und Beziehungen formuliert hat. Zu diesem Zweck müssen meistens Unterteilungen getroffen werden. Selbstverständlich sollen auch die Teile mit ihren Umgebungen in Zusammenhang gebracht werden. Konkret gesprochen: Es gibt nicht nur das Zimmer, in dem der Ermordete gefunden wurde und das bis in die Einzelheiten dokumentiert werden soll; der betreffende Raum steht meistens mit anderen Räumlichkeiten in Beziehung und befindet sich z.B. im 2. Stockwerk eines Hauses, das seinerseits wieder bestimmte Eigenschaften und Beziehungen zu anderen Objekten hat. Eine wirklich vollkommene Beschreibung irgendeines „Weltausschnittes", z.B. eines Tatortes, ist indessen gar nicht möglich – und auch nicht unbedingt nötig. Selbst in einem kleinen Weltausschnitt gibt es zu viele Dinge, Eigenschaften und Beziehungen.

Schon an einem relativ einfachen Gegenstand der Geometrie, einer Kugel, lässt sich eine Vielzahl von Eigenschaften ausmachen. Man glaubt, wenn man etwa vier genannt hat, alles beschrieben zu haben. Dem ist aber nicht so: Die Kugel besitzt konstanten Abstand von ihrem Mittelpunkt, ihre Umrisse und ebenen Schnitte sind Kreise, sie hat gleich bleibende Breite, sie besitzt einen konstanten Umfang, sie hat unter allen Körpern gleichen Volumens die kleinste Oberfläche, sie hat unter allen Körpern gleicher Oberfläche das größte Volumen, sie besitzt gleich bleibende mittlere Krümmung u.s.w. Die Kugel in der Wirklichkeit zeigt daneben noch zahlreiche nicht-geometrische Eigenschaften: Gewicht, Härte, Farbe, Temperatur, elektrostatische und chemische Eigenschaften.

Welche Besonderheiten zeichnen das kriminalistische Wahrnehmen oder Beobachten aus? Die Schweizer Kriminologin und Psychologin *Henriette Haas* hat dazu (in Krim 2003 Seite 93ff.) ein interessantes Schema vorgestellt und später weiter entwickelt. Sie nennt folgende Regeln des **systematischen Beobachtens**:

3.4.1 Wahrnehmen durch Vergleich mit Modellen

Der erste Schritt einer geplanten Beobachtung besteht im **Wahrnehmen**. Um die Besonderheit eines Gegenstandes erfassen zu können, ist es erforderlich, ihn mit Modellen, Standards oder ähnlichen Fällen zu vergleichen; nur auf diese Weise entsteht eine Aktivität, die auf sich selbst zurückwirkt und sich dadurch verbessert, und nur auf diese Weise kann die Zahl der zu erfassenden Daten reduziert werden.

In der Kriminalistik gilt es also, den beobachteten Gegenstand mit Modellen zu vergleichen, deren Authentizität außer Zweifel steht. Die zu analysierende Urkunde zum Beispiel wird also mit echten Urkunden verglichen. Dabei stellt sich oft heraus, dass sich nicht auf Anhieb zu erklärende strukturelle und inhaltliche Differenzen zu Originalen ergeben.

Im von *Henriette Haas* gewählten Beispiel der Anthrax-Briefe (vgl. www.fbi.gov/pressrel/pressrel01/102301.htm) deutete der Text der Briefe auf eine Urheberschaft der Al Kaida hin; der Vergleich mit authentischen Briefen von Al Kaida ergab allerdings, dass die knappen Formulierungen in den Anthrax-Briefen überhaupt nicht den weitschweifigen Erklärungen in Bekennerschreiben von Al Kaida entsprachen.

Dieser Vergleich ist allerdings nur sinnvoll, wenn man auf eine genügend **große Zahl von Modellen** zurückgreifen kann. Weil das Wissen über Kriminalfälle nicht gerade Allgemeingut ist, erklärt dieser systematische Denkansatz, wieso in der Kriminalistik eine große Erfahrung durch nichts zu ersetzen ist, und wieso es deshalb so wichtig wäre, dass die Arbeit an schwierigen Kriminalfällen immer **in Gruppen** erfolgen sollte: Weil die Gruppe eben auf mehr Erfahrungen zurückgreifen kann als der Einzelne.

Dieses Denken in Modellen erklärt, wieso die Beschreibung eines kriminalistisch bedeutsamen Gegenstandes unvollständig sein darf. Es genügt, wenn sie im Hinblick auf die konkrete Aufgabe vollständig ist. Der Kriminalist hat die Frage zu beantworten: Was ist an Tatsachen und Umständen von Bedeutung, die jene sieben Beweisfragen (Ist der objektive Tatbestand erfüllt? Ist der subjektive Tatbestand erfüllt? u.s.w.) zu beantworten erlauben? Es geht um direkte und hinweisende Feststellungen zu den genannten Fragen. Vorsichtshalber wird er **auch das** ermitteln, was von Bedeutung werden **könnte**, vor allem, wenn Gefahr besteht, es lasse sich zu einem späteren Zeitpunkt nicht mehr oder nicht mehr so leicht feststellen; was dazu gehört, zeigt der Vergleich mit Modellen, also mit **ähnlichen Kriminalfällen**. Die Versuchung, unvollständig zu bleiben, ist natürlich in Fällen, die scheinbar klar liegen, besonders groß. Um nicht grobe Fehler zu begehen, empfiehlt es sich, die Ermittlungen eines bestimmten Falles über ein **Bearbeitungsschema** vorzunehmen. Eine Zusammenstellung darüber, welche Feststellungen im Allgemeinen, etwa bei einer vermutlich vorsätzlichen Tötung mit einer Leiche mit Schussverletzung in einem Zimmer, bei einem Brandfall u.s.w., getroffen werden sollen, kann vorbereitet oder in kriminaltaktischen Büchern und Zeitschriften nachgelesen werden. Sie finden sich oft auch im Internet. Am Tatort sind dann einfach die vorgeschriebenen Punkte zu beantworten. Die Gefahr, dass irgendeine wichtige Beobachtung in der Hitze des Gefechtes vergessen wird, dürfte dann klein sein. Selbstverständlich zeigt allerdings jeder Fall viele Besonderheiten, die man nicht voraussehen und in ein Schema aufnehmen kann, die man aber ebenso festhalten muss; das spricht indessen nicht gegen die Anwendung allgemeiner Bearbeitungsschemata.

Bei schweren **Verkehrsunfällen** wird man vor allem zu folgenden Punkten Feststellungen treffen oder Erhebungen einleiten müssen: Bezeichnung der in Frage kommenden Straftaten (z.B. fahrlässige Körperverletzung) – Personalien der am Unfall beteiligten Personen (Fahrzeuglenker, Wageninsassen, Opfer, sonstige Beteiligte) – Art der Verletzung des oder der Geschädigten (eventuell Abschrift der späteren ärztlichen Zeugnisse) – Art der Sachschäden – Personalien allfälliger Zeugen – Ort und Zeit des Unfalles – Zeit der Unfallmeldung und Personalien des Anzeigeerstatters – Zeitpunkt und Situation (z.B. Lage der beteiligten Fahrzeuge) beim Eintreffen des rapportierenden Beamten (samt Nennung der Funktionäre, die sich ebenfalls am Unfallort eingefunden haben) – Beschreibung des Unfallortes – Sicherung der Spuren am Boden und an den Fahrzeugen – Skizze mit Maßzahlen, allenfalls fotografische oder fotogrammetrische Aufnahmen – Beschaffenheit und Zustand der Fahrbahn (z.B. 6 Meter breite Asphaltstraße, regennass) – Beleuchtungs- und Witterungsverhältnisse am Unfallort zur Zeit des Eintreffens des Rapportierenden am Ort – Straßensignalisationen – Verfassung und Verhalten des Wagenlenkers und weiterer Beteiligter (Vermerk, ob und gegenüber welchen Personen eine Blutprobe angeordnet worden sei) – Kontrolle der Führer- und Fahrzeugausweise – Beschreibung und, soweit möglich, Kontrolle des Fahrzeuges, wie es vorgefunden wurde (Welcher Gang eingeschaltet, Lenkmechanismus, Bremsen, Beleuchtung und Bereifung in Ordnung? Kilometerstand?) – bestehende Versicherungen – Entgegennahme der Aussagen der Beteiligten und Zeugen in getrennten Befragungen – Besonderheiten, die vom Schema nicht erfasst werden (z.B. des Fahrzeuginhaltes).

Manche Daten muss man **suchen**. Der Kriminalist *Bertillon* soll einmal gesagt haben: „Man sieht nur das, was man betrachtet, und man betrachtet nur das, was man im Sinn hat." Neben dem Augenfälligen ist auch nach dem Naheliegenden, Wahrscheinlichen und Möglichen zu suchen. Ein Bearbeitungsschema erleichtert das.

3.4.2 Formale und inhaltliche Aspekte trennen

In einem zweiten Schritt empfiehlt es sich, den Beobachtungsgegenstand in seine kleinsten Einheiten, die **Zeichen**, zu unterteilen und dann formale und inhaltliche Aspekte des beobachteten Zeichens konsequent zu trennen und separat zu analysieren. Gilt es also beispielsweise, einen Erpresserbrief zu analysieren, dann sollen zuerst die **äußerlichen Merkmale** des Briefes, z.B. die Art des Papiers, der Frankatur, aber auch der Gliederung des Briefes beschrieben werden. Es kann dann untersucht werden, was sich daraus über die Herkunft des Briefes sagen lässt. Erst danach wird der Brief auch **inhaltlich** analysiert. Oft ergeben sich bereits bei dieser systematischen Analyse weit mehr Erkenntnisse, als auf den ersten Blick zu erwarten war.

In den letzten Jahren wurden mehrere so genannte „Federal Reserve Boxes" zum Kauf angeboten, die angeblich Wertschriften der Federal Reserve aus dem Jahr 1937 mit Milliardenwerten enthielten. Die Anbieter behaupteten, diese Wertpapiere habe die Federal Reserve herausgegeben, um Reparationszahlungen nach dem ersten Weltkrieg zu finanzieren; in der Bilanz der Federal Reserve seien diese Wertpapiere immer noch als Passiven aufgeführt. Die Federal Reserve habe deshalb in den letzten Jahren begonnen, diese Wertpapiere zu 1 % des Nominalwertes wieder zurückzukaufen, um ihre Bilanz zu verbessern. Die angebotenen Wertpapiere waren auf Pergamentpapier gedruckt und mit Maschinenöl getränkt; sie befanden sich in einem Aluminiumkoffer, der mit Gips überzogen war; in diesen Gips waren das Wappen der Federal Reserve und eine angeblich fortlaufende Nummer geprägt; das Ganze war dunkelbraun lackiert, ausgesprochen schwer und sah nach einem massiven Metallkoffer aus. Schon die Untersuchung der verwendeten Materialien ergab, dass die Boxen frühestens etwa 1990 hergestellt worden sein konnten, sodass schon feststand, dass die enthaltenen Urkunden unmöglich aus dem Jahr 1937 stammen konnten, bevor man sich überhaupt mit deren Inhalt befasste (vgl. dazu www.federalreserve.gov/boarddocs/srletters/2003/sr0314.htm).

3.4.3 Zerlegen des Objektes in die funktionalen Elemente seiner Struktur

In einem dritten Schritt folgt die **strukturelle Analyse**: Der Gegenstand wird nach funktionalen Bestandteilen strukturiert, diese Teile werden separat analysiert. Im Erpresserbrief werden also beispielsweise der Brief und der Briefumschlag separat untersucht, und zwar jeweils nach den üblichen Bestandteilen, also im Brief nach Datum, (vorhandener oder fehlender) Anrede, Haupttext, Grußformel und Unterschrift; der Umschlag kann strukturell nach inhaltlichen Kriterien aufgeteilt werden in Absender- und Empfängeradresse, nach formalen Kriterien in Umschlag, Inhaltsbestandteilen und Frankatur.

An den Anthrax-Briefen war zum Beispiel auffällig, dass der Verfasser beim Schreiben Kapitälchen benützte, also eine Schreibweise, die entweder auf Kenntnisse im Druckerhandwerk oder auf fortgeschrittene Computer-Erfahrung hinweisen.

3.4.4 Ungereimtheiten, Widersprüche, Zufälle

In einem vierten Schritt wird besonderes Schwergewicht auf Ungereimtheiten, Widersprüche, Irrtümer und Zufälle gelegt; diese werden genau analysiert. Dieser Schritt ist besonders wichtig, um **Fehlerquellen** zu eliminieren. Kriminalisten machen nämlich in der Regel genau dann die entscheidenden Fehler, wenn sie im Interesse eines „klaren" Resultates Umstände ignorieren, die sich mit ihrer Hypothese nicht vereinbaren lassen. Das bedeutet nicht, dass Ungereimtheiten immer dazu führen müssen, eine bestimmte Hypothese aufzugeben; möglicherweise sind sie auch nur ein Indiz dafür, dass der Täter die Ermittler bewusst in die Irre führen will und deshalb **künstliche Zeichen** setzt. Gerade die Ungereimtheiten sind deshalb möglicherweise der Schlüssel zu einer erfolgreichen Arbeit des Kriminalisten; *Henriette Haas* nennt die vierte Regel deshalb die **Holmes'sche Regel** (anspielend auf Sherlock Holmes).

Der Verfasser der Anthrax-Briefe riet den Empfängern, Penicillin bereit zu halten; allerdings schrieb er das Wort falsch. Von jemandem, der mit Anthrax umgehen kann, ist zu erwarten, dass er sehr gründliche chemische und pharmazeutische Kenntnisse hat und deshalb keine solchen Orthografie-Fehler machen würde; möglicherweise wollte aber der Verfasser bewusst nur eine falsche Spur legen.

3.4.5 Fehlende Zeichen

Fünftens wird schließlich besonderes Augenmerk auf **fehlende Zeichen** gesetzt, also auf Umstände, die im Vergleich mit Modellen, also mit ähnlichen Beobachtungsgegenständen, im vorliegenden Fall fehlen. Das kann allenfalls zur Erkenntnis führen, dass man das falsche Modell zum Vergleich hinzugezogen hat. *Norby* erklärt dazu: „Absence of proof is not proof of absence, but the absence of a sign can itself be a sign."

Man sollte sich also nicht nur auf das konzentrieren, was man wahrnehmen konnte, sondern insbesondere auch auf das, was man suchte, aber nicht fand: Es wurden (beispielsweise) keine Blutspuren gefunden. Ein solches Vorgehen ist nötig, weil Beschreibungen nie vollständig sind und deshalb aus dem Fehlen entsprechender positiver Feststellungen nicht sicher abzuleiten ist, dies oder jenes sei nicht der Fall gewesen. Wichtig ist also gerade für eine Analyse im Nachhinein, dass am Tatort sauber dokumentiert wird, was fehlt, obwohl es zu erwarten wäre; sonst kann man bei späterem Aktenstudium nicht mehr nachvollziehen, ob ein bestimmtes Zeichen nun tatsächlich fehlte oder ob man nur nicht danach gesucht hat. Das setzt allerdings voraus, dass man genügend Modelle kennt, denn nur so weiß man, was eigentlich zu erwarten wäre.

Wenn die gerichtsmedizinische Untersuchung der im Bett gefundenen Leiche ergibt, dass sie an der Überdosis eines Schlafmittels gestorben ist, müsste man im Nachhinein nicht nur wissen, ob auf dem Nachttisch eine leere Packung dieses Medikamentes lag; wenn dies nicht der Fall ist, könnte der Verstorbene diese leere Packung auch in den Medikamentenschrank im Badezimmer zurückgelegt oder in den Abfalleimer in der Küche geworfen haben. Ersteres lässt sich vielleicht auch noch nach zwei Wochen überprüfen, das zweite vielleicht nicht mehr, weil der stinkende Abfall bereits entsorgt wurde.

Es genügt allerdings nicht, wenn nur rapportiert wird, an der Waffe seien keine Fingerabdruckspuren gefunden worden. Man sollte präzisieren, weshalb keine gefunden wurden und gesichert werden konnten, denn es sind verschiedene Möglichkeiten denkbar: Die Waffe weist keine glatten Flächen auf; sie ist verrostet; sie weist zwar glatte Flächen auf, zeigte aber (zufällig) keine Abdrücke; sie ist deutlich blank gerieben worden, um Spuren zu beseitigen.

Fehlende Zeichen sind oft leicht zu erkennen: Fehlen der Wasserleiche die Anzeichen des Ertrinkungstodes in der Lunge, ist sofort klar, dass sie bereits tot war, als sie ins Wasser geriet; das Modell „Ertrinkungstod" hilft dann bei der weiteren Untersuchung nicht weiter. Das bedeutet allerdings noch nicht, dass ein Verbrechen vorliegen muss – es wäre z.B. auch an einen tödlichen Unfall zu denken, nach dem die Leiche ins Wasser rutschte.

Das Beispiel zeigt, dass es sich beim systematischen Beobachten um einen **Regelkreis** handelt; anhand bestimmter Modelle wird der Gegenstand systematisch analysiert, und Ungereimtheiten oder fehlende Zeichen können dann dazu führen, dass man andere Modelle zum Vergleich heranziehen muss. In sehr unklaren Kriminalfällen wird man sich deshalb mit Vorteil bei der formalen und inhaltlichen Beobachtung und Analyse der beobachteten Gegenstände von Modellen möglichst lösen, um die Eigenschaften des Gegenstandes vollständig erfassen zu können; man erspart es sich damit möglicherweise, eine größere Zahl von unpassenden Modellen überprüfen zu müssen.

3.5 Grenzen der Wahrnehmung

3.5.1 Die menschlichen Sinne

Die **Leistungsfähigkeit unserer Sinne** ist in verschiedener Hinsicht **begrenzt.** Das unbewaffnete Auge kann zwei Striche von $^1/_{40}$ Millimeter Abstand aus einer Entfernung von 10 Zentimetern gerade noch unterscheiden, bei einem kleineren Abstand nicht mehr. Es sieht nur elektromagnetische Wellen von 800 bis auf 390 Millionstel Millimeter. Seine Lichtempfindlichkeit wird von Digital-Fotoapparaten und Nachtsichtgeräten übertroffen. Das Gehör nimmt nur Geräusche oder Töne wahr, die über dem Schwellenwert liegen; es vermittelt nur akustische Wellen von ca. 15 bis ca. 16 000 Schwingungen pro Sekunde, tiefere oder höhere Töne verarbeitet es nicht mehr. Es registriert immerhin unter günstigen Bedingungen Intervalle von $^1/_{100}$ Sekunde. Der Wärmesinn des Menschen empfindet bestenfalls Temperaturunterschiede von ca. $^1/_5$ Grad Celsius. Ähnliche Begrenzungen gelten für den Tastsinn (z.B. hinsichtlich von Gewichtsunterschieden) sowie für den Geruch- und Geschmacksinn. Immerhin ist die Nase ein sehr feines Instrument, ein Analysator par excellence. Der Geruchsinn empfindet z.B. noch 0,0005 Gramm Merkaptan als Gestank. Alkohol vermag die Nase noch in einer 24000fachen Verdünnung wahrzunehmen, nicht so die Zunge. Leider wird der Geruchsinn viel zu wenig eingesetzt und geübt. Eine Hundenase wird man allerdings nie erreichen.

In einem Haus brannte es plötzlich, aller Wahrscheinlichkeit nach infolge unvorsichtigen Fortwerfens eines noch glimmenden Zigarettenstummels. Keiner der in Frage kommenden Personen wollte in der kritischen Zeit oder danach geraucht haben. Der mit der Klärung des Falles betraute Beamte veranlasste nun jeden am Tatort Anwesenden, ihn anzuhauchen. (Was man als Kriminalist nicht alles auf sich nehmen muss!) Der Raucher wurde so rasch gefunden, und er war dann auch, wie man herausfand, der Täter.

3.5.2 Technische Hilfsmittel

Die Begrenztheit der „unbewaffneten" menschlichen Sinne ist gerade im Hinblick auf die Kriminaltechnik besonders bedeutsam. Die Fälle sind nicht selten, in denen man einer Straftat nur deshalb auf die Spur kommen oder einen Beweis führen konnte, weil man auf Tatsachen zurückgriff, die **jenseits der normalen Wahrnehmungsfähigkeit** des Menschen liegen. Das für das unbewaffnete Auge harmlos erscheinende Schriftstück zeigt erst unter einer starken Vergrößerung oder mit Spezialbeleuchtung charakteristische Rasurspuren. Die Tatsache, dass zwei Projektile aus derselben Waffe abgefeuert wurden, ist nur unter dem Vergleichsmikroskop erkennbar. Will man daher möglichst vollständig wahrnehmen, muss man allenfalls die Empfindlichkeit und das Differenzierungsvermögen der Sinne mit Instrumenten verbessern oder den Bereich der Sinne durch besondere Mittel ausdehnen, sinnlich nicht Wahrnehmbares in Wahrnehmbares umwandeln.

Das beschränkte Empfindungs- und Unterscheidungsvermögen der Sinne verbessert man mit Geräten der Tatsachenwissenschaften: Mikroskop, Elektronenmikroskop, optische Filter zur Absorption bestimmter Farben, Mikromessungen in Bezug auf Länge, Gewicht und Zeit. Reagenzien dienen zum Nachweis bestimmter Stoffe, Gaschromatographen zur Feststellung von Komponenten einer Substanz. Methoden der Medizin ermöglichen die Eruierung der Todesursache oder der Verwandtschaft oder Identität, verfeinerte Beobachtungsmethoden der Psychologie dienen dazu, Schuld- oder Lügensymptome erkennen zu können. Ein typischer Fall besserer Differenzierungsmöglichkeit der Sinne ist die Benützung infraroten oder ultravioletten Lichtes zum Entdecken von Fälschungen (etwa einer nachgeahmten Banknote). Oder es wird, weil die Sinne versagen, ein Minensuchgerät eingesetzt, um einen vermutlich vergrabenen metallenen Gegenstand zu finden. Das Gerät erzeugt elektromagnetische Felder, die, durch nahes Metall verändert, in wahrnehmbare optische Anzeigen oder Pfeiftöne umgewandelt werden.

3.5.3 Objektivierung von Beobachtungen

Viele scheinbar reine Beobachtungen enthalten **subjektive Folgerungen oder Schätzungen**, müssen also kritisch überprüft werden. Ein Zeuge sagt z.B. aus, er habe in der Dämmerung einen Menschen hinter einem Baum gesehen. In Wahrheit hat er vielleicht nur einen menschenähnlichen Schatten beobachtet und daraus fälschlich auf einen Menschen geschlossen.

Man sollte deshalb immer versuchen, das Wahrgenommene zu **objektivieren.** Entdeckt man in Tatortnähe ein verlassenes Auto, so wird man seine Kühlwassertemperatur prüfen, um Rückschlüsse darauf ziehen zu können, wann der Motor abgestellt wurde. Die Feststellung, das Kühlwasser sei noch ziemlich warm gewesen, ist wenig objektiv. Führt man kein Thermometer mit sich und fehlt auch der Zündungsschlüssel, mit welchem man eine dem Fahrzeug eigene Temperaturanzeige hätte aktivieren können, so prüft man mit der Hand. Das Wasser siedet (auf Meereshöhe) bei 100 Grad Celsius; es gefriert bei 0 Grad. Dazwischen gibt es noch einen ohne Hilfsmittel bestimmbaren kritischen Punkt: die 60-Grad-Grenze. Einen 60 Grad Celsius heißen Gegenstand kann man gerade noch anfassen und festhalten, ohne sich die Finger zu verbrennen. Ähnliches gilt für andere Wahrnehmungen. Eine Stoppspur ist nicht einfach sehr lang, sondern z.B. genau 15,25 Meter. Ein Kleid ist nicht einfach rot, sondern die Farbe hat einen bestimmten Wert auf der offiziellen RAL-Farbskala. Erklärt ein Zeuge, ein Abstand habe so und so viele Meter betragen, tut man gut daran, sich die Distanz an irgendwelchen Objekten tatsächlich zeigen zu lassen, um dann eine Messung vorzunehmen. Geschwindigkeitsschätzungen im Straßenverkehr sind in der Regel sehr fragwürdig, weil sie nicht nur von der tatsächlich gefahrenen Geschwindigkeit, sondern auch vom Lärm, den das Auto verursacht (und damit vom Gang, der eingelegt ist), und sogar von der Wagenfarbe beeinflusst werden. Nur wenig zuverlässiger ist es, dem Zeugen unter gleichen Bedingungen mit einem gleichen Fahrzeug verschiedene Geschwindigkeiten zu demonstrieren, damit er die Richtige bezeichnen kann.

Meistens ist man bei Ermittlungen auf **Wahrnehmungen anderer** angewiesen und kann diese nicht durch eigene ersetzen. Die Bedingungen, unter denen z.B. ein Zeuge Feststellungen gemacht haben will, sind indessen nicht immer die besten. Es ist auch denkbar, dass die Beobachtungen zwar gut waren, dass sie jedoch im Zeitpunkt der

Vernehmung ungenau reproduziert oder schlecht ausgedrückt werden. An vielen Stellen des Wahrnehmungsprozesses und der sprachlichen Wiedergabe können sich Fehler einschleichen, die man kennen und mit denen man rechnen muss.

3.5.4 Dokumentation von Wahrnehmungen

Anstatt selber Wahrnehmungen zu machen und darüber zu berichten, kann man Tatsachen allenfalls mit Mitteln der Spurensicherung **abbilden**, etwa durch Fotografie, durch Zeichnung (Skizze), Einstäuben von Fingerabdrücken und Abzug mit Klebestreifen oder durch Ausgießen einer Druckspur. Besonders wichtig ist heute noch die Fotografie, zunehmend auch der Einsatz von Videokameras. Sie konservieren optisch alles, was man wahrnehmen kann, und oft noch viel mehr.

Als man einmal den Reisepass eines Verdächtigen fotokopierte, um seine Ein- und Ausreisen aktenmäßig zu belegen, entdeckte man in den Kopien (!) plötzlich schwache Schriftspuren anderer Personalien, Spuren, die man vorher von bloßem Auge im Original nicht gesehen hatte.

Fotografien können aber ausnahmsweise auch täuschen, etwa bei Verwendung falscher Objektive, d.h. mit Brennweiten, die unwirkliche Distanzen vortäuschen.

Man kann eine Tatsache, z.B. eine Spur, mitunter auch in natura **sichern** und zum Augenscheinsobjekt machen, indem die am Tatort zurückgebliebene Werkzeugspur aus ihrer Umgebung herausgelöst wird. Ebenso sichert man ganze Gegenstände, die zum Beweis dienen: instrumenta et producta sceleris, d.h. die Mittel, die zum Verbrechen dienten oder die Produkte, welche aus ihm hervorgegangen sind. Man denke an eine Pistolenkugel, welche irgendwo stecken geblieben ist, und an die entsprechende Hülse. Sie erlauben es, die darauf gestützten Feststellungen jederzeit neu zu machen. Dabei ist frühzeitig an die Identifikation des Beweisstückes im späteren Verfahren und an die so genannte **Kette der Obhut** zu denken. Man muss dem Gericht beweisen können, dass das betreffende Objekt am Tatort gesichert worden ist und dass ein Austausch oder eine Veränderung ausgeschlossen sind.

Früher war es üblich, an einem solchen Gegenstand ein persönliches Zeichen anzubringen; auf Beweisstücken wurden Kleber mit Nummern angebracht, Schriftstücke wurden direkt nummeriert. Heute ist man vorsichtiger und vermeidet es, das Spurenbild zu verletzen. Jedenfalls ist aber das Objekt bis zur Vorlage in der Gerichtsverhandlung unter Verschluss aufzubewahren.

3.6 Systematisches Registrieren

Zwischen Wahrnehmung und späterer mündlicher Wiedergabe oder schriftlicher Fixierung, z.B. in einem Rapport, steht das **Sich-Merken und -Einprägen** des Beobachteten. Letzteres kann dann mehr oder weniger gut wieder aus dem Gedächtnis hervorgeholt werden. Je rascher die Tatsachen und Umstände etwa schriftlich, vielleicht auch nur stichwortartig, festgehalten werden, umso besser lassen sie sich später wieder sprachlich wiedergeben. Auch unter diesem Gesichtspunkt sind Fotografie und Video ideal: Sie fixieren das Beobachtete auf lange Zeit und begehen keine Erinnerungsfehler. Systematisch und wiederholt gemachte Feststellungen, die einen Sachbereich betreffen, können zu Verzeichnissen und Registern zusammengefügt werden.

Nicht gleichgültig ist, wie man seine Feststellungen und die Wahrnehmungen anderer darstellt, um sie **verwertbar** zu halten. Die natürliche Weise einer Darstellung, Optisches entsprechend optisch, Akustisches entsprechend akustisch festzuhalten, ist nicht immer die beste. Gewisse Feststellungen lassen sich ohnehin nicht auf ähnliche Weise sichern, etwa die Temperatur des Kühlwassers eines Autos, der Reibungskoeffizient eines Straßenbelages, Zeitlupen- oder Zeitraffer-Darstellungen bestimmter Vorgänge sind mitunter aufschlussreicher. Vielleicht ist mit einer Zeittafel der wichtigsten Geschehnisse, d.h. mit einer zeitraffenden optischen Übersicht, besser zu arbeiten. Verwickelte Rechtsverhältnisse lassen sich meistens nur anhand eines Beziehungsschemas überblicken.

3.7 Nützliche Datenquellen

In der heutigen Informationsgesellschaft stellt sich oft nicht mehr die Frage, ob nützliche Informationen vorhanden wären, sondern es geht nur noch darum, wo diese Informationen abgerufen werden können. Das **Internet** hat auch den Kriminalisten Möglichkeiten eröffnet, rasch zu wichtigen Informationen zu kommen, die früher mühsam von Hand zusammengesucht werden mussten. Allerdings ist gerade das Internet sehr schnelllebig; die im Folgenden genannten Links könnten deshalb schon bald überholt sein. Über die großen Suchmaschinen (www.google.de oder de.yahoo.com) kommt man aber in der Regel rasch zu funktionierenden Links. Zu beachten ist allerdings immer, dass auch die perfekt durchgestylte Internetseite nicht für die Richtigkeit der Inhalte garantiert.

Es ist beispielsweise bekannt, dass es zu vielen betrügerischen Anlagemodellen Internet-Seiten gibt, die scheinbar seriös darüber berichten, warum solche Modelle tatsächlich funktionieren (und warum dies von offizieller Seite bestritten wird). Gerade betrügerische Anlagemodelle mit „Medium Term Notes" oder mit „geleasten" Bankgarantien funktionieren oft nur so gut, weil die Urheber behaupten, die Grossbanken würden die Existenz dieser Modelle bestreiten, um ihre Kunden nicht an den riesigen Gewinnen aus solchen Modellen beteiligen zu müssen. Zum Beweis, dass die Modelle eben doch existierten, wird auf entsprechende Internet-Seiten verwiesen, in denen „aufgedeckt" wird, dass die Grossbanken solche Anlagen bewusst nicht an Kunden vermitteln, um die Gewinne selbst einstreichen zu können. Diese Internet-Seiten gehören allerdings zum betrügerischen System.

Immerhin sind Daten aus dem Internet oft zuverlässiger, als zu erwarten wäre. Die Internet-Plattform Wikipedia zum Beispiel enthält eine Fülle von Informationen, die von Laienautoren eingespiesen wurden; trotzdem ist die Qualität der Einträge in der Regel so gut, dass zumindest das erste Recherchieren meistens zum richtigen Ziel führt.

3.7.1 Polizeiliche täter- und deliktbezogene Datenbanken

Viele Tatsachen, die Kriminalisten interessieren, werden von **Strafverfolgungs- und Strafvollzugsorganen** unter verschiedenen Gesichtspunkten planmäßig **aufgezeichnet** und festgehalten. Gemeint sind die **Verzeichnisse, Registraturen und Dateien** der genannten Organe. Wenn nachfolgend wiederholt von Dateien die Rede ist, so sind immer sowohl einfache Verzeichnisse, kleine und große Karteien wie auch Dateien der elektronischen Datenverarbeitung gemeint. **Sie sind das große Gedächtnis und Nachschlagewerk des Kriminalisten**. Es ist gut, sich immer wieder bewusst zu machen, was diese Dateien alles enthalten, um von ihnen erfolgreich Gebrauch machen zu können. Beschränkungen der Datenverwendung gibt es nur in seltenen

Fällen, da diese Daten gerade für die Zwecke der Strafverfolgung erhoben werden.

Heute sind folgende systematisch geführten überregionalen Dateien von zentraler Bedeutung:

- Die Datei der **Personalien** von Straftätern, die auch die Fotografien verdächtiger oder überführter Personen umfasst. Wichtig sind heute vor allem die **INPOL-Daten** und das **SIS** (Schengener Informationssystem).
- Die in diese Systeme integrierten **Fotos** dienten früher nur dazu, von namentlich bekannten Personen ein Bild beschaffen und zu Ermittlungszwecken Fotowahlkonfrontationen durchführen zu können. Die moderne EDV-Technik könnte diesen Sammlungen allerdings in nächster Zukunft eine wesentlich größere Bedeutung geben. Es werden nämlich zur Zeit Systeme entwickelt, die es ermöglichen, anhand von Videoaufnahmen von Personen deren Gesicht nach bestimmten Kriterien zu vermessen; diese Daten können dann elektronisch gespeichert und mit andern Bilderdaten verglichen werden. Solche Systeme der **Bildidentifikation** funktionieren bereits an Flughafenzöllen; Kameras erfassen dort bei der Einreise automatisch die Gesichter der Passagiere und vergleichen sie mit einer Datenbank von Personen, denen die Einreise verweigert wurde. Die Systeme sind mittlerweile sehr zuverlässig; sie lassen sich beispielsweise durch falsche Bärte oder Sonnenbrillen nicht mehr täuschen. Die Technologie ermöglichte den Nachweis, dass der irakische Diktator Saddam Hussein bei öffentlichen Auftritten mehrere Doppelgänger einsetzte, die mit Hilfe dieser Systeme zuverlässig untereinander und von Hussein selbst unterschieden werden konnten. Das Problem liegt zur Zeit noch darin, dass jeder Entwickler ein eigenes, meist geheim gehaltenes System verwendet, um Gesichter zu vermessen und diese Daten zu speichern, sodass nur die Dateien von Geräten des gleichen Herstellers miteinander verglichen werden können. Wie bei DNA-Datenbanken dürfte es allerdings nur eine Frage der Zeit sein, bis sich ein bestimmtes System durchgesetzt hat. Ist das einmal der Fall, dann könnten wohl auch die vorhandenen Sammlungen von Fotografien elektronisch nacherfasst werden. Die Technologie entwickelt sich rasch weiter; zum aktuellen Stand gibt die Internetseite www.bildidentifikation.de Auskunft.

- Neben dem Gesichtsbild können übrigens auch andere Daten für die Identifikation von Personen herangezogen werden; man spricht in diesem Zusammenhang von **biometrischen Daten**. Sehr gut differenzierend sind zum Beispiel Irismuster, Ohrformen, aber auch die seit langem bekannten Fingerabdrücke. Die Einführung **biometrischer Pässe** wird dazu führen, dass weltweit einheitliche Standards für die Erfassung und Speicherung biometrischer Daten geschaffen werden müssen, was auch der Kriminalistik dienen wird.
- Die Finger- und Handflächenabdruck-Sammlung (**Daktyloskopie**). Sie enthält einerseits das Zehnfingerabdruck-Register in kodierter Zusammenstellung, ferner die Einfingerabdruck-Sammlung sowie die Handflächenabdrucke erkannter oder vermuteter Rechtsbrecher, nun eine Angelegenheit der elektronischen Datenerfassung und -verarbeitung. Anderseits umfasst sie eine Datei von Fingerabdruckspuren, die von Tatorten stammen. Die Abdrücke werden „maschinell" gelesen, aufbewahrt und gegebenenfalls identifiziert. Die Sammlung der noch nicht einer Person zugeordneten Abdrücke kann hinzugefügt werden. Fingerabdruckdateien werden heute zentral geführt, was eine rasche Verarbeitung, aber auch eine sekundenschnelle Abfrage ermöglicht. Die heutigen AFIS-Systeme (Automated Fingerprint Identificaton System) sind auch international kompatibel.
- Die **DNA-Datenbank**, die Sammlung von „genetischen Fingerabdrücken" zur Identifizierung einer Person aufgrund ihres Erbgutes. Auch sie ist unterteilt in eine Sammlung von DNA-Daten identifizierter verdächtiger oder überführter Personen und in eine Sammlung nicht zugeordneter Tatortspuren. Die Erstellung dieser Sammlung ist meistens rechtlich eng geregelt, und zwar in Deutschland neuerdings in § 81e ff. StPO und in der Schweiz im DNA-Gesetz. Es gibt zwar noch verschiedene Systeme der Erfassung von DNA-Daten, sie sind aber mittlerweile kompatibel, sodass DNA-Profile ohne weiteres international ausgetauscht werden können. Von Straftätern dürfen nur die Angaben über nicht-codierende Elemente der DNA gespeichert werden; aus diesen Daten lässt sich über die Person, beispielsweise über Geschlecht, Hautfarbe, Krankheiten etc., nichts ableiten. Umstritten ist noch, ob diese Beschränkungen auch für Tatortspuren gelten (vgl. dazu Ziff. 3.9.5).

- Das **Strafregister**, das in jedem Land geführt wird und die Angaben zu Verurteilungen von Personen (mindestens bei schwereren Straftaten) enthält. Die Einsicht in das Strafregister ist gesetzlich eng geregelt und normalerweise nur im Rahmen eines Strafverfahrens möglich, wobei nur nach Personen, nicht aber nach Delikten gesucht werden kann. Getrennt vom Strafregister werden allenfalls Daten über Straßenverkehrsdelinquenten geführt, und zwar in Deutschland in der Flensburger Datei und in der Schweiz im ADMAS-Register (Register über die Administrativmaßnahmen im Straßenverkehr). Diese Datenbanken stehen auch außerhalb von Strafverfahren zur Verfügung, enthalten aber keine Angaben über genaue Deliktsdaten, sondern nur über Sanktionen.
- Datenbanken über **Schusswaffen**, die in jedem Land zentral geführt werden (in Deutschland beim Bundeskriminalamt, in der Schweiz aus historischen Gründen bei der Zürcher Polizei). Waffen, die im Rahmen von Strafverfahren sichergestellt werden, werden zur Erfassung in der Datenbank beschossen; die Geschoss-Spuren können dann mit vorhandenen Daten über Geschosse verglichen werden, welche im Rahmen von Delikten untersucht wurden.
- Eine internationale Schwerverbrecher-Datei, Violent Crime Linkage Analysis System (**ViCLAS**), wird in Deutschland seit 2000 betrieben. Sie geht von der Erfahrung aus, dass Gewalttäter oft mehrere Delikte begehen, zwischen denen jeweils Gemeinsamkeiten bestehen. Ziel des ViCLAS-Systems ist es, solche Gemeinsamkeiten systematisch zu erfassen, um Tatzusammenhänge zu erkennen; es geht vor allem um Gewaltdelikte mit sexuellem Hintergrund. Das System wurde in Kanada entwickelt, wird aber in Deutschland und in der Schweiz mittlerweile ebenfalls mit Erfolg angewendet.
- Die **Personenfahndungs-Datei**. Sie enthält die Namen gesuchter Personen, z.B. den (mutmaßlichen) Täter, die Art der Straftat, Zeitpunkt und Ort der Begehung, die ausschreibende Behörde, den Grund der Ausschreibung und die bearbeitende Behörde. Eine **europäische** Fahndungsdatei (elektronischer Art) ist im Schengener Informationssystem (SIS) verwirklicht worden.
- Die **Sachfahndungs-Datei**. Sie enthält Fahndungsvermerke von verschwundenen Sachen mit einigem Wert.
- Die **Gefangenen-Datei**. In ihr werden alle Personen verzeichnet, die in Untersuchungshaft sitzen, eine Strafe verbüßen oder einer

Freiheitsentziehenden Maßnahme ausgesetzt sind, möglichst mit Vermerken über erteilte Ausgänge und Urlaube.
- Nicht im direkten Zusammenhang mit Strafverfahren, sondern im Bezug auf **Asylverfahren** werden die Daten mittlerweile europäisch im EURODAC geführt; es enthält Daten über Asylbewerber, über Ausländer, welche die EU-Außengrenzen illegal überschritten haben oder sich illegal in einem Mitgliedstaat aufgehalten haben.

Daneben existieren bei jeder Polizei- und Justizbehörde Datenbanken, welche nur die regional erfassten Informationen enthalten und deshalb oft auch nicht untereinander abgeglichen werden können. Dazu gehören etwa:
- Die Datei der **ungeklärten Straftaten**, der Delikte mit noch unbekannter Täterschaft.
- Das Verzeichnis von **Tatortspuren**, die noch nicht einem Täter oder seinen Mitteln zugeordnet werden konnten: Lippen- und Ohrabdrücke, Bissspuren, Fuß- und Schuhsohlenabdrücke, Pneu- und andere Fahrzeugspuren, Splitter, Werkzeugspuren, zurückgelassene Kleider oder Effekten, Faserspuren u.s.w., des mutmaßlichen Täters, Bodenproben zu Vergleichszwecken. Nur die DNA- und Fingerabdruckspuren werden zentral erfasst.
- Das Verzeichnis **anonymer und pseudonymer Briefe** im Zusammenhang mit Straftaten.
- Vorübergehende Register in Bezug auf durchgeführte **Kontrollen** von Personen, Fahrzeugen etc.
- Andere der Polizei übertragene Register, z.B. der **Waffentrag-Bewilligung**en und die **Vermissten-Datei**, Letztere mit Personalien und Signalement der vermissten Person, deren DNA, Zähnestatus, besondere Merkmale, Kleidung und weiteren sachdienlichen Angaben.

Oft kann es sinnvoll sein, Spuren mit vorhandenen **Mustersammlungen** zu vergleichen. Jeder kriminaltechnische Dienst besitzt zu diesem Zweck mehr oder weniger systematische Sammlungen von Vergleichstücken. Zum Teil haben solche Sammlungen mittlerweile überregionale Bedeutung errungen, weil sie systematisch ausgebaut wurden. Einige Beispiele:
- Die **LUNA-Datei** (Leuchtendatei für Unfallnachforschungen) ist eine deutsche Sammlung von Daten über lichttechnische Einrichtungen und Außenspiegel von Motorfahrzeugen. Sie ermöglicht es,

Glasspuren nach Verkehrsunfällen oder Verbrechen einem bestimmten Fahrzeugtyp zuzuordnen.

- **Geldfälschungen** werden in Europa grenzübergreifend systematisch erfasst und analysiert; auf diese Weise ist es möglich, Falschgeld, das aus der gleichen Produktion stammt, zu identifizieren.
- Die sog. **Haas-Atlanten,** das System **DRUIDE** und das vom Bundeskriminalamt verwendete AKIM (Automatische Klassifizierung und Identifizierung von **Maschinenschriften**) ermöglichen es, Schriften von EDV-Druckern und Schreibmaschinen zu bestimmen und auf den verwendeten Druckertyp zu schließen. Das computerbasierte System FISH (Forensisches InformationsSystem Handschriften) dient zur Klassifizierung und zum Merkmalsvergleich von **Handschriften**.
- In der Schweiz werden bei der Analyse von **Betäubungsmitteln** regelmäßig auch die Reinheitsgrade und die enthaltenen **Verschnittstoffe** ausgewiesen. Das ermöglicht es, Zusammenhänge zwischen verschiedenen Sicherstellungen von identischen Betäubungsmittel-Gemischen zu erkennen (vgl. www.sgrm.ch).

Die modernen polizeilichen Datenverarbeitungssysteme ermöglichen mittlerweile rasches Suchen, auch wenn sie nicht direkt miteinander verbunden sind. Der Trend geht hin zu einheitlichen Systemen, die von verschiedenen Polizeibehörden benützt und im Einzelfall gegenseitig zugänglich gemacht werden können. So werden in der Schweiz Transkriptionen von Telefongesprächen mittlerweile zwar von jedem Polizeikorps selbst erfasst, aber auf einem zentralen System. Werden Tatzusammenhänge entdeckt und sind die gesetzlichen Voraussetzungen erfüllt, ist es damit auf einfache Weise möglich, solche Datenbanken gemeinsam zu nutzen.

Ein **Datenvergleich** der manchenorts zum Teil noch getrennten **polizeilichen** Dateien via Computer, etwa aufgrund eines Bündels von Eigenschaften und Beziehungen des gesuchten Täters, ist, von wenigen Ausnahmen abgesehen, grundsätzlich zulässig. Man spricht von **polizeiinternem Datenabgleich**. Die Mitbenützung **nicht-polizeilicher Dateien** mit Angaben über Personen zum Datenabgleich kann einer besonderen rechtlichen Regelung unterstehen; so sind beispielsweise Rasterfahndungen in Deutschland in § 98a ff. StPO nur unter gewissen Voraussetzungen zulässig.

3.7.2 Personenbezogene staatliche oder halbstaatliche Datenbanken

Eine Übersicht über die Verzeichnisse, Register, Dateien, die **nicht von Strafverfolgungsorganen** geführt werden, ist der Natur der Sache nach unvollständig. Es kann immerhin nachstehende, orientierende Aufzählung gegeben werden. Dabei ist zu beachten: Ob die genannten Datenquellen für die Ermittlungsorgane ohne weiteres zugänglich seien oder ob sie, weil personenbezogen, in irgendeiner Form absoluten oder relativen „Datenschutz" genießen (etwa die Daten eines Spitals, solche eines Rechtsanwaltes bzw. die Kundendatei eines Versandhauses etc.), ist später zu erörtern.

Für den Kriminalisten wichtig sind etwa folgende Datenbanken:

- Die Daten über geführte **Telefongespräche**; sie werden in Deutschland Rahmen- oder Nutzungsdaten und in der Schweiz rückwirkende Randdaten genannt. Telefonanbieterinnen speichern aus Gründen der Rechnungsstellung sämtliche Daten über die von ihren Kunden geführten Gespräche. Diese Daten stehen den Strafverfolgungsbehörden zur Verfügung. In Deutschland können die Daten gestützt auf § 90 des Telekommunikationsgesetzes von den Strafverfolgungs- oder direkt von den Polizeibehörden erhoben werden und sind sechs Monate rückwirkend vorhanden. In der Schweiz muss die Datenerhebung gestützt auf das Bundesgesetz über die Überwachung des Post- und Fernmeldeverkehrs durch die Staatsanwaltschaft erfolgen; es ist die Genehmigung einer richterlichen Behörde erforderlich, und die Daten werden nur ediert, wenn es um die Aufklärung von bestimmten (Katalog-)Straftaten geht; die Daten sind ebenfalls für 6 Monate rückwirkend verfügbar. Interessant an diesen Daten ist oft nicht nur, mit wem der Verdächtige telefonische Kontakte unterhält, sondern vor allem auch, wo er sich befindet, was sich aus dem Standort des Mobiltelefons während des Gespräches ergibt. (Näheres zur Fernmeldeüberwachung siehe Ziff. 8.5.1.)
- Das Absteigen von In- und Ausländern in Hotels oder auf Campingplätzen kann aufgrund der **Hotelmeldescheine** und anderer Einträge erfasst werden. (Das Hotelbulletin, das der Gast normalerweise selber ausfüllen muss, vermittelt gleichzeitig eine **Schriftprobe** der betreffenden Person.) Hotelkontrollen werden in jüngster Zeit nicht mehr überall konsequent geführt, was an sich bedauerlich ist, weil die Daten von den Hotels für die Rechnungsstellung

ohnehin erhoben werden und deshalb die elektronische Erfassung, Übermittlung an die Polizei und dortige Auswertung nicht sehr aufwändig wäre und schon früher oft wichtige Hinweise gab. Im Zeitalter hoher Mobilität wären solche Daten noch wertvoller. Dem Missbrauch solcher Daten könnte vorgebeugt werden, indem enge gesetzliche Schranken für den Zugriff auf die Dateien geschaffen würden.

- Im **Schwerverkehr** werden heute die Routen von Warentransporten registriert. Die Maut-Erfassungsgeräte in Deutschland übermitteln die Daten an die Firma TollCollect, welche die Routen rekonstruieren kann (allerdings nach neuster Praxis nicht berechtigt ist, diese Daten den Strafverfolgungsbehörden zur Verfügung zu stellen). In der Schweiz werden die Daten zur Erhebung der LSVA (leistungsabhängige Schwerverkehrsabgabe) erfasst; auch auf diese Wege können Warentransporte im Nachhinein nachvollzogen werden.
- Die **Zivilstandsämter oder Einwohnerkontrollämter** informieren über Geburt, Heirat und Tod einer Person.
- Die **Steuerämter** geben (unter Umständen) Auskunft über die erfassten Einkommens- und Vermögensverhältnisse einer Person; ferner besitzen sie oft auch Geschäftsunterlagen des Steuerpflichtigen.
- Die **Betreibungsämter** führen Register über Betreibungen, Pfändungen u.s.w.
- Das **Passbüro** führt ein Verzeichnis der ausgestellten Pässe und besitzt Fotos der Passinhaber. In einem Raubüberfall musste angenommen werden, der Täter sei ins Ausland geflohen. Eine Sichtung der Passbilder der kurz vor und nach der Tat im fraglichen „Einzugsgebiet" ausgestellten Pässe durch den Überfallenen führte rasch zur Identifizierung des Täters.
- Das **Ausländerregister** (in Deutschland AZR – Ausländerzentralregister, in der Schweiz ZAR – zentrales Ausländerregister) enthält Personalien und allenfalls auch Fingerabdrücke von Ausländern, insbesondere von Asylbewerbern.
- Die **Amtsstellen, die sich mit der Alters- und Hinterbliebenen-Versicherung befassen** (in Deutschland die Arbeitsämter und Krankenkassen), können allenfalls über den derzeitigen Arbeitsplatz einer Person Auskunft erteilen.
- Wichtig sind auch die Dateien und Akten der **Vormundschaftsbehörden, Arbeits- und Fürsorgeämter.** Aber eben: In allen diesen

Fällen ist zu prüfen, ob einer Auskunft nicht Regeln des Datenschutzes entgegenstehen.

- Auf **Notariaten und Grundbuchämtern** erfährt man, wer Eigentümer einer bestimmten Liegenschaft ist, von den Handänderungen in Bezug auf das Grundstück, Einzelheiten über Bürgschaften, Gesellschaftsgründungen und so weiter.
- Die **Baubewilligungsbehörden** besitzen zu jeder Liegenschaft detaillierte Pläne, welche insbesondere bei der Vorbereitung von Hausdurchsuchungen und Verhaftungen von Straftätern, bei denen mit Gegenwehr zu rechnen ist, sehr nützlich sind.
- Ferner findet man beim **Handelsregister** Daten, die im betreffenden Straffall wichtig sein können. (Kostenpflichtigen) Zugriff auf das European Business Register findet man über www.ebr.inpi.fr. In Deutschland ist der (private und kostenpflichtige) Dufa-Index (www.dufa-index.de) nützlich, aber auch das offizielle Handels-, Genossenschafts- und Partnerschaftsregister, das zu einem großen Teil bereits elektronisch zur Verfügung steht (www.handelsregister.de), sowie andere Firmendatenbanken (kostenlos z.B. www.abconline.de oder www.firmendatenbank.de oder www.unternehmensregister.de). In der Schweiz erhält man über den zentralen Firmenindex (http://zefix.admin.ch) gratis Zugriff auf die Basisdaten aller in der Schweiz domizilierten Firmen; die Handelsregistereinträge finden sich unter www.shab.ch. In Liechtenstein finden sich die Daten unter www.oera.li.
- **Zollbehörden** sowie **Import- und Ausfuhr-Kontrollstellen** können über Importe und Exporte sowie Geldtransaktionen Aufschluss geben.
- Öffentliche und private **Anstalten und Spitäler** führen Listen über ihre Klientschaft bzw. Patienten; solche Listen sind jedoch in Anbetracht des ärztlichen Geheimnisses nicht ohne weiteres zugänglich. Zunehmend besitzen Spitäler von ihren Patienten auch Asservate wie Blut- oder Gewebeproben, welche nützlich sein können, wenn es von einer Person eine DNA-Probe zu erheben gilt, die mit einer andern Probe (etwa einer nicht identifizierten Leiche) verglichen werden sollen.
- **Schulen und Hochschulen, private Lehrinstitute** besitzen Verzeichnisse der Lehrer, Schüler und Studenten, **Veranstalter von Kursen** besitzen Listen von Kursteilnehmern (wer hat wen so kennen gelernt?).

- **Bibliotheken** arbeiten meistens mit Leserkarten und können sagen, wer was ausgeliehen hat, etwa, dass sich der Verdächtige ein Buch über Gifte geben ließ.
- **Vereine** sind fast immer in der Lage, eine Liste der jetzigen und ehemaligen Mitglieder vorzulegen; in vielen Fällen finden sich solche Listen sogar im Internet.

Viele Tätigkeiten, Verhältnisse oder Veranstaltungen bedürfen einer **Polizeierlaubnis, eines Patentes**, einer **Konzession bzw. werden besteuert**. Deshalb werden die entsprechenden Daten von staatlichen Stellen erhoben und gespeichert. Wichtig sind zum Beispiel:

- Die Daten der Straßenverkehrsämter bzw. das Kraftfahrtbundesamt, welche über polizeiliche **Kontrollschilder und die betreffenden Fahrzeuge**, ferner über die **Halter** der Verkehrsmittel und die **Führerausweise** Auskunft erteilen können.
- Der Betrieb von **Taxis** bedarf meistens einer Konzession, Taxifahrer haben die einzelnen Kundenfahrten aufzuzeichnen.

Für den Kriminalisten nützlich sind insbesondere Daten über gefahrenträchtige bewilligungspflichtige Geschäfte.

- In der Schweiz führt etwa die Eidg. Finanzmarktaufsicht eine Liste der bewilligten **Banken** (http://www.finma.ch/D/BEAUFSICHTIGTE/Seiten/bewilligungstraeger.aspx).
- Das Schweizer Bundesamt für Kommunikation veröffentlicht Listen im Zusammenhang mit dem **Fernmeldeverkehr**, etwa die Liste der Fernmeldedienstanbieter oder Übersichtskarten der Standorte von Sendeanlagen für die Mobiltelefonie (www.bakom.ch).

3.7.3 Personenbezogene private Datenbanken

Private Unternehmungen führen eine **Geschäftskontrolle, Kunden- und Material-Listen.** Viele dieser Daten sind auch für Zwecke der Strafverfolgung außerordentlich nützlich. Das gilt etwa für folgende Daten:

- Die **Kontendaten**, welche die Banken über ihre Kunden führen, geben einerseits Auskunft über die finanziellen Verhältnisse. Sie ermöglichen es aber auch, Geldflüsse zu rekonstruieren. Nicht zuletzt sind sie oft auch interessant, weil sie beweisen, wann sich der Kunde wo aufgehalten hat, indem Ort, Datum und Uhrzeit von Kontenbezügen und von Einzahlungen erfasst werden, und zwar auch dann, wenn die Bezüge und Einlagen an Automaten erfolgen. Bei Automatenbezügen liegen im übrigen in vielen Fällen Bilder vor, die allerdings nur für sehr kurze Zeit (höchstens wenige Tage) gespeichert werden, in dieser Frist aber die Überprüfung erlauben, wer einen bestimmten Automatenbezug getätigt hat.

- Die Daten von **Kreditkarten**unternehmen zeigen nicht nur, welche Güter der Kunde bezogen hat, sondern sie ermöglichen es insbesondere auch, Aufenthaltsorte zu ermitteln, z.B. Daten von Auslandreisen zu rekonstruieren.
- Um sich gegenüber **Mehrfachverschuldungen** abzusichern, betreiben Banken gemeinsame Informationssysteme, welche ausweisen, welche Personen bei welchen Banken Darlehen oder Kredite aufgenommen haben. In der Schweiz betreibt die Informationsstelle für Konsumkredite (IKO, www.iko-info.ch) einen solchen Dienst. Nachdem eine hohe Verschuldung oft das Motiv für ein Vermögensdelikt ist, sind solche Daten nützlich.
- Im Kampf gegen Versicherungsbetrüger sind auch Versicherungen dazu übergegangen, gemeinsame Datenbanken über **Schadenfälle** zu führen, aus denen sich etwa ergibt, welche Versicherungsleistungen Automobilisten bei verschiedenen Versicherungen beansprucht haben. In der Schweiz wird dieses Register vom Schweiz. Versicherungsverband in Zürich geführt.
- Viele größere Warenhausketten geben mittlerweile eigene **Kundenkarten** heraus, die mit besonderen Rabatten verbunden sind. Die Daten der Inhaber solcher Kundenkarten zeigen nicht nur ihr Konsummuster, sondern ermöglichen ebenfalls, Aufenthaltsorte zu bestimmten Zeiten zu ermitteln. Selbst Kunden ohne Kundenkarte können allenfalls identifiziert werden, wenn sie die Ware mit der Bancomat- oder Kreditkarte bezahlen.
- In **Fabriken** und anderen **Unternehmungen** lassen sich Verzeichnisse oder Karten über jetzige und frühere Arbeitnehmer einsehen, im Zusammenhang mit dem Wohnort einer Person, mit Lohnzahlungen, Ferien und Krankheitstagen. Besonders nützlich für Zwecke der Strafverfolgung sind die heute üblichen Unterlagen über die Erfassung von Arbeitszeiten, besonders in Firmen mit flexibler Arbeitszeit; allerdings ist daran zu denken, dass solche Daten oft relativ einfach manipuliert werden können, so dass zum Beispiel Alibis, die nur auf Arbeitszeit-Erfassungen beruhen, nicht unbedingt zu überzeugen brauchen.
- Zu denken ist ferner daran, dass viele Dienstleistungsbetriebe Kundenkarten herausgeben, die mit einem **Bild** des Karteninha-

bers versehen sind. Solche Bilder werden heute üblicherweise elektronisch gespeichert. Diese Bilder-Datenbanken, etwa von Verkehrsbetrieben, enthalten oft aktuellere Bilder als diejenigen, welche in polizeieigenen Datenbanken vorhanden sind. In der Schweiz ist etwa bekannt, dass viele Asylbewerber ein Halbtax-Abonnement der Schweizerischen Bundesbahnen besitzen, das eine aktuelle Fotografie enthält. Zu beachten ist allerdings, dass diese Abonnemente im Voraus bezahlt werden müssen und die SBB deshalb nicht auf die richtigen Personalien der Inhaber der Abonnemente angewiesen sind; auf diese Weise erhalten viele Asylbewerber einen Ausweis mit falschen Personalien, der fälschlicherweise von Laien (und bisweilen auch von Polizisten) als zumindest halbamtliches Dokument verstanden und als Beweis für die Identität des Inhabers interpretiert wird.

3.7.4 Weitere nützliche Datenquellen

Das Internet enthält eine Fülle von Informationen, welche für den Kriminalisten bedeutsam sein können. Die nachfolgende Übersicht gibt nur einen groben Überblick über die oft benützen Quellen; wer andere Daten sucht, wird meistens über Suchmaschinen rasch fündig.

Folgende Informationen sind je nach Sachlage interessant:

- **Geografische Daten** sind in großer Fülle vorhanden. Geht es um Ortspläne, hilft in der Regel die Homepage der betreffenden Gemeinde weiter, und zwar gerade bei kleineren Gemeinden, für die das Kartenmaterial im Handel nicht oder nicht kurzfristig verfügbar ist. Nicht im Internet, aber auf CD erhältlich ist für die Schweiz das Twixtel, das die Daten von Telefonabonnenten enthält, wobei aber die gefundenen Adressen auch gleich auf einer Karte abgebildet werden können. Das Twixtel ermöglicht es sogar, zu jedem Haus eine Liste der **Hausbewohner** (welche einen registrierten Telefonanschluss besitzen) auszudrucken (Bestellungen über www.twixtel.ch). **Reiserouten** können auch über Landesgrenzen mit detaillierten Angaben abgerufen werden unter www.de.map24.com; auf diese Weise können Angaben von Verdächtigen über die von ihnen benützten Routen und die dafür aufgewendete Zeit sehr rasch und einfach überprüft werden. Geht es nicht um Straßenpläne, sondern um die topografischen Gegebenheiten, hilft http://earth.google.com weiter, wo **Luftbilder** in immer besserer Auflösung abgerufen werden können. Weitere Links zu Luftbildern finden sich unter www.mygeo.info/luftbilder.html. Wer wissen will, welche **Uhrzeit** an einem bestimmten Ort gilt, findet diese Angaben unter www.timeanddate.com.

- **Meteorologische Daten** können auf einfache Weise ermittelt werden. In Deutschland bietet www.wetteronline.de die umfangreichsten aktuellen Daten. Die Seite www.meteoarchiv.de liefert kostenpflichtige historische Wetterdaten. In der Schweiz sind die aktuellen Daten über www.meteoschweiz.ch abrufbar; auf Bestellung erhalten Behörden auch historische Wetterdaten.
- **Adressbücher**, die Telefon- und Telefaxbücher, Verzeichnisse von E-Mail-Adressen, Branchenregister, so genannte Ragionenbücher, Verzeichnisse der Berufstätigen (Branchenregister, Gelbe Seiten) und Bücher vom Typ „Who is who?“ („Wer ist wer?“) bieten eine Fülle von Informationen über **Personen**. Solche Verzeichnisse sind insbesondere seit der Privatisierung des Fernmeldeverkehrs nicht mehr immer vollständig. Zudem haben **Telefonbücher** in vielen Ländern den Nachteil, dass nur ausgehend von Namen nach Nummern gesucht werden kann, während die Zuordnung von Nummern zu Personen oft nicht möglich ist. Das gilt etwa für das deutsche Telefonbuch (www.dastelefonbuch.de oder www.teleauskunft.de), nicht aber für das schweizerische (http://tel.search.ch oder www.directories.ch), das die Suche in beiden Richtungen erlaubt. Ein praktisches Internetportal für Telefon- und Mailverzeichnisse auf der ganzen Welt ist www.infobel.com. **Auslandvorwahlen** sind abrufbar unter www.auslandsvorwahl.info, und zwar in beiden Richtungen: Es lässt sich einerseits ermitteln, welche Vorwahl ein bestimmtes Gebiet besitzt, anderseits aber auch, zu welchem Gebiet eine Vorwahl gehört. Informationen über die örtliche Zuteilung von Telefonnummern, aber auch von IMEI-Nummern (den Gerätenummern von Mobiltelefonen) finden sich auf www.numberingplans.com.
- Manchmal interessiert, wer hinter einer **Internet-Adresse** steht. Informationen darüber sind über www.whois.com oder über www.numberingplans.com erhältlich, Informationen über Standorte von IP-Adressen liefert www.utrace.de. Angaben über Halter von Domains finden sich unter www.checkdomain.com.
- **Fahrpläne** der Eisenbahnen, Busse, Schiffe sowie des Luftverkehrs stehen im Internet beinahe vollständig zur Verfügung (z.B. www.deutschebahn.com; www.sbb.ch; www.lufthansa.com).

- **Wirtschaftsdaten** sind im Internet in großer Fülle vorhanden. Genannt sei hier nur eine Adresse, die Umrechnungstabellen für zahlreiche **Währungen** und sogar die **historischen Kurse** für über 100 Währungen enthält (www.oanda.com).
- Speziell für Juristen interessante **Berechnungstabellen** finden sich unter www.annotext.de/tools; dort können etwa Blutalkohol- oder Bremswegberechnungen oder Zinsrechnungen abgerufen werden, aber auch Umrechnungen für verschiedenste Längen-, Flächen-, Gewichts- oder Temperatur-Maßeinheiten. Noch detailliertere Bremswegberechnungen sind möglich unter *www.internetratgeber-recht.de/Verkehrsrecht/Rechner/rechner-bremsweg.htm.*
- Daten über den durchschnittlichen **Reinheitsgrad von Drogen** (in der Schweiz) finden sich unter www.sgrm.ch, der Homepage der Schweiz. Gesellschaft für Rechtsmedizin.
- Angaben über **Konsumgüter** finden sich auf den Homepages der jeweiligen Hersteller. Wer vollständige Angaben über sämtliche wichtigen technischen Daten von Automobilen sucht, wird im bekannten, jährlich zum Genfer Autosalon erscheinenden Katalog der Schweizer Automobil Revue (www.automobil-revue.ch) fündig, der mittlerweile auch elektronisch vorliegt, aber kostenpflichtig ist.
- Das Bundeskriminalamt führt eine Datenbank regionaler **Umgangssprachen** (DRUGS), die zur forensischen Sprechererkennung dient.
- Für **Übersetzungen** aus anderen Sprachen stehen im Internet mehrere Dienste gratis zur Verfügung. Gerade wenn es sich um ganze Fachtexte handelt, sind die Resultate zwar in der Regel recht bescheiden, aber ausreichend, um sich einen ersten Überblick über den möglichen Inhalt fremdsprachiger Texte zu verschaffen. Nützlich sind etwa die Seiten www.reverso.net oder www.freetranslation.com oder translate.google.de, wo ganze Webseiten übersetzt werden können. Für Fachbegriffe gibt es spezielle Register; beispielsweise werden in der Datenbank der Europäischen Kommission (http://iate.europa.eu/iatediff) juristische Fachwörter in den EU-Sprachen erklärt und übersetzt. Aus der Banksprache sei www.swift.com erwähnt, der Zugriff auf ein Verzeichnis der SWIFT-Codes gibt.

Bei Sicherstellungen und Hausdurchsuchungen wird immer noch zu oft vergessen, dass **elektronische Geräte** heute eine Fülle von Daten speichern, die auch für den Kriminalisten von höchstem Interesse sein können. Ein paar Beispiele:

- **Fixtelefone** enthalten heute standardmäßig einen Speicher für die zuletzt gewählten Nummern, zumindest für die allerletzte. Es können aber bei modernen Apparaten auch Telefonnummern von häufigen Gesprächspartnern abgespeichert werden. Die neusten Telefone zeigen auch Anrufe in Abwesenheit an.
- **Mobiltelefone** zeigen zumindest die letzten zehn ausgehenden und eingehenden Anrufe, aber auch die letzten zehn nicht beantworteten Anrufe an. Es kann also ermittelt werden, mit wem ein Verdächtiger zuletzt Kontakt hatte und wer ihn vergeblich zu erreichen versuchte. Es können im Übrigen heute fast unbegrenzte Telefonbucheinträge gemacht werden, häufig ist auch eine Agendafunktion vorhanden, die es ermöglicht, Termine einzutragen. Es ist immer daran zu denken, dass sich ein Teil dieser Informationen auf der SIM-Karte, der größte Teil aber meistens auf dem lokalen Speicher des Gerätes befinden. Wird die SIM-Karte dem Gerät entnommen, dann gehen bei einigen Herstellern gewisse Daten verloren; sichergestellte Mobiltelefone sollten deshalb keinesfalls ausgeschaltet und geöffnet werden, bevor der Speicher abgerufen ist. Viele Handy-Nutzer machen von der Möglichkeit Gebrauch, nicht beantwortete Anrufe auf eine elektronische Combox umzuleiten; je nach anwendbarem Prozessrecht kann diese Combox allerdings oft nur mit richterlicher Bewilligung abgerufen werden.
- **Computer** speichern eine Fülle von Daten, die sichtbar gemacht werden können. Neben den vom Benutzer abgespeicherten Daten finden sich auch solche, die das System von sich aus aufzeichnet, z.B. über die zuletzt angewählten Internetseiten; es kann sogar angezeigt werden, nach welchen Begriffen zuletzt mit Suchmaschinen gesucht wurde. Von jeder Internet-Session werden zahlreiche so genannte Temporary Internet Files angelegt, die ohne weiteres wieder sichtbar gemacht werden können. Spezialisten sind zudem in der Lage, auch gelöschte Daten wieder sichtbar zu machen, weil der Löschbefehl die Daten in der Regel nicht entfernt, sondern nur zum Löschen markiert; diese Markierung kann wieder entfernt werden. Nur sehr geübte Computer-Anwender verwischen solche Spuren, indem sie temporäre Files löschen und gelöschte Daten überschreiben; das deutet dann allerdings zumindest darauf hin, dass sie etwas zu verstecken haben könnten.

- Viele Autos sind heute mit **Navigationssystemen** ausgerüstet. Wird ein Automobilist kontrolliert, der das Navigationssystem in Betrieb hat, kann damit geprüft werden, wohin der Kontrollierte fahren will. Es lassen sich aber auch die Daten über früher eingegebene Reiseziele und -routen abrufen. Neuere elektronische Schließ-Systeme speichern teilweise, wann und bei welchem Kilometerstand das Fahrzeug mit welchem Schlüssel betrieben wurde.
- Mietwagenfirmen und Taxizentralen rüsten ihre Fahrzeuge mittlerweile zum Teil mit **GPS-Systemen** aus, um zu wissen, wo sich die Autos befinden. Solche Daten werden bisweilen gespeichert, meist allerdings nur für kurze Zeit. Sie sind dann aber ausgesprochen genau und ermöglichen ein lückenloses Bewegungsbild.

Nicht zu vergessen ist, dass sich im Internet zahlreiche Seiten finden, welche entweder **Anleitungen zu Straftaten** geben oder vor bestimmten **Straftaten warnen**. Solche Inhalte wechseln allerdings oft rasch, sodass es entsprechende Seiten sofort zu dokumentieren gilt. (Es wird an dieser Stelle wegen des raschen Wechsels solcher Seiten darauf verzichtet, Fundstellen zu nennen.)

Ein besonders schreckliches Beispiel für eine Anleitung zum Selbstmord aus dem Internet wurde in Krim 2001 Seite 429 geschildert: In einem Wald fand sich ein verunfalltes Fahrzeug, dessen Fahrer zwar angegurtet am Steuer saß, sein Kopf war allerdings völlig abgetrennt und vorerst nicht auffindbar; er wurde dann in 100 m Entfernung vom Fahrzeug entdeckt. Es ergab sich schließlich, dass der Mann ein 90 m langes Seil an einem Baum verknotet, das andere Ende durch die offene Heckklappe ins Fahrzeug geführt und um seinen Hals gebunden hatte; dann war er losgefahren. Die Beschreibung dieser Selbstmordmethode fand sich im Internet.

3.7.5 Zur Frage der Verfügbarkeit von Daten für Zwecke der Strafverfolgung

Wie bereits angedeutet, sind **nicht alle diese Quellen** den Ermittlungsorganen **ohne weiteres zugänglich.**

Eine **erste Barriere** bildet der **Bezug** zu einer verfolgten, gesetzlich umschriebenen **Straftat.** Es dürfen nämlich nur so weit Daten erhoben und Ermittlungen vorgenommen werden, als noch ein **sinnvoller Bezug zur verfolgten Tat bzw. zum möglichen Täter oder Teilnehmer** besteht. Die (prozessual korrekt geführte) Ermittlungshandlung sollte nach kriminalistischer Erfahrung zur Klärung einer vermuteten

Straftat führen oder dazu beitragen. Ins Blinde zu ermitteln ist unzulässig. Richtet sich die Untersuchungshandlung gegen eine bestimmte Person, so muss gegenüber dieser zudem ein konkreter Verdacht bestehen.

Es ist sodann darauf zu achten, dass bestimmte Daten nicht oder nicht ohne weiteres ermittelt werden dürfen: Es besteht allenfalls ein **Beweisthemaverbot**, etwa gegenüber einem Staats- oder Amtsgeheimnis (für das keine Offenbarungsgenehmigung vorliegt). Zudem können gewisse Daten z.B. durch Befragung bestimmter Personen nicht erhoben werden, nur allenfalls auf andere Weise; es besteht ein so genanntes **Beweismittelverbot**, vor allem als Zeugnisverweigerungsrecht einer Person. In einigen Fällen ist die Methode der Beweiserhebung verboten, es liegt also ein **Beweismethodenverbot** vor; es darf z.B. der Beschuldigte nicht durch Folter oder psychischen Druck zu Aussagen gezwungen werden. Schließlich gibt es Vorschriften, wonach nur eine bestimmte Person die betreffenden Daten beschaffen darf, also ein **relatives Beweisverbot** zu beachten ist; eine Blutprobe beispielsweise ist dem vermutlich angetrunkenen Beschuldigten vom **Arzt** zu entnehmen.

Will man mit einem **personenbezogenen** Merkmalskomplex (Raster) auf ganze nicht polizeiliche Datensammlungen greifen, um mögliche Verdächtige herauszufiltern, dann ist die spezielle Gesetzgebung zur **Rasterfahndung** zu beachten. In Deutschland darf nach § 98a StPO mit fremden personenbezogenen Dateien nur gerastert werden, wenn ein Anfangsverdacht, d.h. zureichende tatsächliche Anhaltspunkte auf ein im Gesetz besonders genanntes Verbrechen (gegen den Staat oder im Bereich der organisierten Kriminalität) besteht, eine andere Fahndungsmethode erheblich weniger Erfolg verspricht und die in Frage stehende Rasterfahndung (im Regelfall) vom Richter genehmigt worden ist.

3.8 Alltägliche Erfahrungen

Bevor nun die Methodik der Verbrechensaufdeckung in Angriff genommen werden kann, sind noch einige Dinge zu erörtern, die als heuristische bzw. syllogistische Mittel der Kriminalistik erwähnt worden sind: die Lebenserfahrungen, die Sätze der Tatsachenwissenschaften, experimentelle und statistische Wahrheiten sowie die Sätze der Logik und der mathematischen Wissenszweige. Auch sie dienen dem kriminalistischen Suchen und Beweisen, und ihre Darstellung ist nicht ganz so trocken wie die Aufzählung der Informationsquellen.

Viele kriminalistische Überlegungen beim Suchen nach einer Lösung und bei der Beweisführung müssen neben den Daten, die den konkreten Fall betreffen, von Wahrheiten und Wahrscheinlichkeiten Gebrauch machen, die man zur **Lebenserfahrung** zählt. Die Feststellung, dass die angeblich vergewaltigte Frau trotz vollem Bewusstsein nicht geschrieen, den Täter nicht geschlagen und nicht gekratzt hat, erlaubt an sich noch keine Folgerung. Erst wenn der Satz der Lebenserfahrung dazu kommt, dass sich jemand, der angegriffen wird und sich in höchster Not befindet, normalerweise wehrt, den (unbewaffneten) Angreifer schlägt, beißt, kratzt, schreit und andere zu Hilfe ruft, lässt sich ableiten: Das passive Verhalten war nicht normal, widerspricht der Erfahrung; es begründet die Vermutung, das Opfer sei dem Angriff nicht oder nicht ganz ablehnend gegenüber gestanden, oder aber der Angriff sei derart heftig gewesen, dass das Opfer jeden Widerstand als zwecklos empfunden habe.

Die in diesem Zusammenhang interessierenden Erfahrungssätze bestehen größtenteils aus Kenntnissen über Verhaltensweisen und Reaktionen, die Menschen in bestimmten Situationen (mit einer gewissen Wahrscheinlichkeit) an den Tag legen. Verhaltensmuster dieser Art ergeben sich aus einfühlbaren Motiven, aus allgemeinmenschlichen Gewohnheiten, aus Anstandsregeln, aus (bekannten) spezifischen Reaktionsweisen der in Frage stehenden Personen u.s.w. Sie erlauben, zusammen mit den die Situation bestimmenden Daten, nicht nur Abweichungen von den Regeln allenfalls als mögliche Straftaten zu deuten oder gar zu beweisen, sondern helfen gelegentlich auch, Beweismittel zu bewerten, z.B. die Glaubhaftigkeit einer Zeugenaussage.

Solche Verhaltensregeln sind allerdings oft sehr stark kulturell geprägt, sodass man bei der Interpretation von Verhaltensweisen unbedingt den kulturellen Kontext beachten muss: Es ist etwa offensichtlich, dass eine türkische Jugendliche sich ihrem Vater gegenüber in der Regel anders verhält als eine junge Deutsche; wie sich eine junge Somalierin in der gleichen Situation verhält, müsste wahrscheinlich genauer geprüft werden.

Die Zahl der so dienlichen Erfahrungswahrheiten und -wahrscheinlichkeiten ist sehr groß, und es kann sich nur darum handeln, einige wenige aufzuführen. Beispiele solcher Verhaltensregeln sind:

- Wenn eine eher ärmlich gekleidete Person einen **neuen Apparat billig** zum Kauf anbietet, dann erkundigt man sich gewöhnlich nach der Herkunft des Gegenstandes. Wer das nicht tut, setzt sich dem Verdacht aus, er habe hinsichtlich der Verfügungsberechtigung des Anbieters gewisse Bedenken gehabt, jedoch lieber nichts Genaueres wissen wollen und die mögliche dubiose Herkunft des Objektes in Kauf genommen.
- Wer von jemandem der **Fälschung** (oder eines anderen schwerwiegenden Deliktes) beschuldigt wird, pflegt im Allgemeinen sofort heftig zu reagieren und die Anschuldigung zurückzuweisen, wenn er sich nichts vorzuwerfen hat. Schluckt er die Bezichtigung wortlos, dann hat er zumindest den Schein wider sich, der schwere Vorwurf entspreche der Wahrheit und er könne sich nicht verteidigen.
- Wer in einer Reihe von Geschäften immer auf schriftliche Fixierung der Abmachungen und auf Belegen bestanden hat, hinsichtlich einer umstrittenen Transaktion aber **keine Beweisurkunden** besitzt, muss damit rechnen, dass am Abschluss eben dieses Geschäftes gezweifelt wird.
- Wer über seine Geschäfte sauber Buch führt, eine bestimmte Zahlung aber **nicht verbucht**, der muss sich die Frage gefallen lassen, ob sie einen dubiosen Hintergrund habe. Wenn in einem Großkonzern Know-how auf allen entscheidenden Gebieten vorhanden ist, aber trotzdem an Firmen, die sich nicht ohne weiteres identifizieren lassen, hohe Beraterhonorare bezahlt werden, ohne dass die Beratungsleistungen auf Anhieb sauber dokumentiert werden können, dann weckt dies den Verdacht, es könnten Schmiergelder geflossen sein.
- Man dringt im Allgemeinen nicht lautlos in eine **fremde Wohnung** ein, sondern läutet, tritt, wenn niemand antwortet, allenfalls durch die offen stehende Tür in den Korridor ein und ruft. Erscheint niemand, so verlässt man das Haus sofort wieder. Wer trotzdem ein Zimmer betritt, hat die Vermutung wider sich, dass seine Absicht (je nach den weiteren Umständen) auf Diebstahl gerichtet war. Ergreift er gar die Flucht, wenn jemand erscheint, so ist das geradezu ein Schuldindiz.

- Wenn ein Mann im Freien das **Wasser löst** und sich dabei von den in der Nähe spielenden Kindern nicht abwendet, weckt er den Verdacht, er habe sich den Kindern aus sexuellen Motiven zeigen wollen oder aus den gleichen Gründen ein Gesehenwerden in Kauf genommen.
- In **Selbstbedienungs-Läden** gilt die Verhaltensregel, Gegenstände, die man kaufen will, nicht vor der Bezahlung einzustecken, sondern in einem Tragkorb oder Wagen **offen** bis zur Kasse mitzuführen. Wer das nicht tut, macht sich verdächtig, die Ware stehlen zu wollen.

3.9 Sätze der Tatsachenwissenschaften

Wahrnehmungen und Feststellungen allein genügen nicht immer, um einen Vorgang als kriminalistisch bedeutsam, als Fahndungsindiz oder als Teil eines Beweises von Tat und Täterschaft zu erkennen. Oft muss man neben den alltäglichen Erfahrungen auch Wahrheiten bestimmter Wissenschaften heranziehen, um eine Tatsache kriminalistisch zu bewerten.

Die Beobachtung, dass der (echte) Fingerabdruck am Tatort in 22 Merkmalen mit denjenigen eines Fingers des Verdächtigen übereinstimmt, beweist erst dann die Identität von Abdruck und Spurengeber, wenn ein wissenschaftlicher Satz besteht, der etwa lautet: Es gibt keine zwei Menschen mit denselben Fingerabdrücken. Eventuell (wenn nur wenige übereinstimmende Merkmale gefunden wurden): Die Wahrscheinlichkeit, dass der gefundene Fingerabdruck mit z.B. nur 7 Merkmalen nicht vom Beschuldigten stammt, beträgt 30 %. Die Biologie, die Medizin und kriminalistische Erfahrungen garantieren solche allgemeinen Sätze. Jede Beweisführung aufgrund eines Fingerabdruckes oder einer DNA-Spur macht daher nicht nur von den festgestellten Merkmalen Gebrauch; sie benützt ausdrücklich oder stillschweigend auch die erwähnten Erkenntnisse der Biologie etc.

Die meisten Tatsachenwissenschaften liefern solche kriminalistisch bedeutsamen Wahrheiten oder Wahrscheinlichkeiten. Doch ist es begreiflicherweise nicht möglich, sie alle aufzuzählen. Einige weitere Beispiele sollen genügen:

3.9.1 Physik

Die **Physik** stellt für kriminalistisch relevante Sachverhalte eine große Zahl von Formeln zur Verfügung. So lässt sich zum Beispiel die Ausgangsgeschwindigkeit eines Autos genau berechnen, wenn die Länge des Bremsweges und die mittlere Bremsverzögerung (die sich aufgrund der Bodenbeschaffenheit und des Gewichtes des Fahrzeuges recht genau abschätzen lässt) bekannt sind; elektronisch lässt sich diese Berechnung unter www.annotext.de/tools durchführen. Das ist vielleicht notwendig, um zu beweisen, dass der Lenker zu schnell gefahren ist und die Geschwindigkeit nicht den Verhältnissen angepasst hat.

Bei Raserunfällen ist die Analytik mittlerweile so weit, dass die Geschwindigkeiten der beteiligten Fahrzeuge oft anhand bestimmter Daten sehr genau berechnet werden kann. So untersuchen Unfallanalytiker besonders gerne „Flugunfälle“, also Unfälle, bei denen ein Auto durch die Luft fliegt, etwa weil es über eine Autobahnböschung gerät oder auch bloß durch eine Bordsteinkante abgehoben wird; weil Start- und Endpunkt der Flugbahn meistens genau bestimmbar sind, muss nur noch der Abflugwinkel ermittelt werden können, damit die Geschwindigkeit sehr genau errechnet werden kann.

Dass aus dem Weg, den ein Fahrzeug in einer bestimmten Zeit zurücklegt, seine Geschwindigkeit berechnet werden kann, gehört zum physikalischen Basiswissen; erst in den letzten Jahren hat man sich dieser einfachen Formel erinnert, um bei gefilmten Nachfahrmessungen im Straßenverkehr die Geschwindigkeit des Zielfahrzeuges sehr genau bestimmen zu können: Weil Videokameras pro Sekunde eine konstante Anzahl Bilder aufnehmen (meistens 25), lässt sich anhand von Fixpunkten am Straßenrand die Geschwindigkeit des Fahrzeuges sehr genau berechnen. Kommt das Sonnenlicht beispielsweise von der Seite, lässt sich der Standort des verfolgten Fahrzeuges auf einem Bild (Frame) anhand des Schattenwurfs auf den Fahrbahnrand auf wenige Zentimeter genau bestimmen; tut man das für zwei Video-Frames, die 50 Bilder oder 2 Sekunden auseinander liegen, und fährt das Auto mit 145 km/h (oder etwa 40 Metern pro Sekunde), dann ist die errechnete Geschwindigkeit schon genauer, als wenn man mit einem herkömmlichen Radar-Gerät messen würde (und eine Toleranz von ungefähr 5 % einrechnen müsste).

Viele andere physikalische Wahrheiten dienen anderen Beweisen, und es ist daher für den Kriminalisten wichtig, ein Handbuch der Physik zu besitzen.

3.9.2 Geografie

Mit **geographischem Wissen** kann man gegebenenfalls die Angaben eines Verdächtigen über seine Herkunft oder über einen angeblich eingeschlagenen Weg kontrollieren, d.h. feststellen, ob er echte Ortskenntnisse besitzt oder nur flunkert. Um sich Kenntnisse über **fremde Orte** anzueignen, ist das Internet ausgesprochen nützlich; es enthält nicht nur detaillierte Ortskarten, sondern auch Luftbilder und Routenplaner (siehe oben, 3.7.4).

3.9.3 Chemie

Die **Chemie** erlaubt z.B. festzustellen, ob eine Substanz ein Betäubungsmittel ist oder ein solches enthält, ob Nahrungsmittel verdorben sind, aus was sich angeblich harmlose Abfälle zusammensetzen, etwa ob Abwässer **Gifte** enthalten, und aus welchen Betrieben sie stammen dürften. In manchen Fällen gibt es einfache Tests, deren Ergebnisse natürlich noch von einem Experten bestätigt werden müssen. Wiederum werden Tatsachen mit wissenschaftlichen Sätzen zu Indizien oder Beweisen verwertet.

Neue chemische Analysemethoden können auch für die Zwecke der Strafverfolgung wertvoll sein. So ermöglicht etwa die **Stabil-Isotopenanalyse**, die ursprünglich vor allem den Archäologen dazu diente, Lebensräume früher lebender Menschen zu bestimmen, heute auch die **Herkunftsbestimmung** unbekannter Toter oder sogar von Handelswaren; letzteres leistet bei der Bekämpfung von Abgabe- und Subventionsbetrügen wertvolle Dienste. Die Isotopenanalyse nutzt den Umstand, dass das Verhältnis stabiler Isotopen einiger chemischer Elemente sich in verschiedenen Regionen der Welt markant unterscheidet. Das Problem besteht heute nur noch darin, dass Referenz-Datenbanken erst im Aufbau sind.

Bisweilen werden langjährige kriminologische Erfahrungstatsachen durch die technische Entwicklung überholt: *Michael Birkholz* hat nachgewiesen, dass auch Fahrzeuge mit Katalysator noch genügend giftige Abgase entwickeln, um Menschen töten zu können. Die Tatsache, dass die früher relativ häufigen Suizidfälle durch Verschließen des Garagentors und Laufenlassen des Automotors heute wesentlich seltener sind, hängt damit zusammen, dass die etwas andere Zusammensetzung der Abgase moderner Autos zu einem sehr qualvollen Tod führt.

3.9.4 Biologie

Die **Biologie** kann etwa über die Verbreitung gewisser **Mikroorganismen** Auskunft geben.

Aus dem Vierwaldstädtersee wurde die Leiche eines Menschen gezogen, einer Person, die ärztlichen Feststellungen nach ertränkt worden sein musste. Der Verdacht der Täterschaft richtete sich gegen einen bestimmten Mann, der jedoch die Anschuldigung bestritt. Am Mantel des Beschuldigten wurde eine relativ kleine Schmutzspur entdeckt und gesichert. *Prof. O. Jaag,* ein Biologe, konnte nun in diesem Schmutz zahlreiche, verschiedenartige Algen feststellen und daraus mit seinem Spezialwissen folgende Schlüsse ziehen: Der Schmutz stamme vom Ufer eines Flusses oder Sees, das stark besonnt und periodisch benetzt werde, wahrscheinlich von der Ufermauer eines Sees. Von allen Seen rund um Luzern komme wegen Fehlens einer bestimmten Algenart mit großer Wahrscheinlichkeit nur der Vierwaldstädtersee in Frage. Der Verdächtige, der bis dahin mit keiner Ufermauer am Vierwaldstädtersee in Berührung gekommen sein wollte, legte daraufhin ein Geständnis ab. Er hatte die Tat nahe bei einer stark besonnten Ufermauer am genannten See begangen.

Die forensische Entomologie, die sich vor allem mit der Verbreitung gewisser **Insekten auf Toten** beschäftigt, wird seit über 100 Jahren angewandt; mittlerweile ist sie so weit fortgeschritten, dass die Liegezeit von Leichen zuverlässig bestimmt werden kann.

3.9.5 Erbbiologie, insbesondere DNA

Die **Erbbiologie** lehrt unter anderem, dass jeder Mensch unveränderlich die Erbfaktoren seines Vaters oder seiner Mutter besitzt. Dadurch ist die Klärung einer Vaterschaft in den letzten zwanzig Jahren zu einem zuverlässig gelösten Problem geworden, während vorher dazu noch auf Umwegen Beweis geführt werden musste (der dann allenfalls sehr unzuverlässig war).

Eine für die Kriminalistik **epochale Entdeckung** der vergangenen Jahre ist die **DNA-Analyse**. Die Feststellung des genetischen Codes (des genetischen Profils oder genetischen Fingerabdruckes) eines Menschen erlaubt es, die **individuelle Herkunft** menschlicher Aussonderungen und Körperzellen zu bestimmen. Die **D**esoxyribo**nu**kleinsäure (DNS, gebräuchlich ist die englische Abkürzung DNA mit

A für acid, Säure) enthält verschlüsselt alle Erbanlagen eines Menschen. 90 % der DNA trägt allerdings keine solchen Informationen und wird deshalb als „nicht codierend" bezeichnet; auch die **nicht codierende DNA** ist nur bei eineiigen Zwillingen gleich. Sie ist datenschutzrechtlich so unbedenklich wie Fingerabdrücke, weil sie aus einem bloßen Zahlencode besteht, der über den Menschen genau so wenig aussagt wie die Papillarlinien der Fingerabdrücke. In Deutschland bestimmt § 81e StPO, dass aus der DNA nur das Geschlecht des Betroffenen bestimmt werden darf; das gilt (offenbar) nicht für Tatortspuren; auch in der Schweiz ist aufgrund des Wortlautes des Gesetzes nicht ganz klar, inwieweit die vorhandenen Spuren auch auf die codierenden Elemente der DNA ausgewertet werden dürfen.

In einem St. Galler Mordfall war bekannt, dass das Opfer Kontakte ins Thailänder Homosexuellen-Milieu gepflegt hatte; kurz vor der Tat war er für einige Wochen in Thailand gewesen. Die vorhandene Tatortspur hätte danach analysiert werden können, ob es sich beim Spurenverursacher um einen Asiaten handelte. Bei solchen Konstellationen ist nicht recht einzusehen, wieso nicht auch die codierenden Elemente einer Spur ausgewertet werden sollen, wenn dadurch der Tatverdacht auf gewisse Personengruppen eingeschränkt werden kann.

Die eigentliche Revolution in der DNA-Analytik begann mit der Einführung der Polymerase Chain Reaction, der so genannten PCR-Technik, die es erlaubt, kleinste Abschnitte des DNA-Fadens künstlich anzureichern und farblich zu markieren. Die Technik ist mittlerweile so weit entwickelt, dass schon aus der unvorstellbar **kleinen Menge** von 0,000000001 g Spurenmaterial die DNA bestimmt werden kann.

Während sich Fingerabdrücke mit wenig Routine oft vermeiden lassen, ist es beinahe unmöglich, biologische Spuren zu **verhindern**; insbesondere bei mechanischen Einwirkungen auf Sachen oder Personen, also beim Beschädigen von Gegenständen oder bei tätlichen Auseinandersetzungen mit Opfern können heute sehr häufig DNA-Spuren gesichert werden, und sei es bloß in Form von Speichel oder Schweiß.

Zur DNA-Bestimmung ist **zellkernhaltiges Material** erforderlich, also Blut, Speichel, Schweiß, Sperma, Vaginalsekret, Haare mit Haarwurzeln, Haut, Körpergewebe, Knochen, Urin. Sogar nicht zellkernhaltiges Material (z.B. Haare ohne Wurzel, Fingernägel) kann heute auf die sog. mitochondriale DNA untersucht werden; das ist die bevorzugte Methode bei fäulnisveränderten Leichen oder Skeletten, aber auch bei der Analyse von ausgefallenen Haaren des Täters, die am Tatort zurückbleiben (bei ausgerissenen Haaren kann meistens aus der Wurzel zellkernhaltiges Material gewonnen werden). Die DNA-Spuren-Analytik wird ständig verbessert; es ist zum Beispiel mittlerweile Erfolg versprechend, an den Würgemalen des Opfers (oder an den Textilien, welche die Würgemale abdeckten) nach Täter-DNA zu suchen.

Heute konzentriert sich die DNA-Spurensuche jeweils auf Spuren, die relativ eindeutig dem **Täter** zuzuordnen sind; es wird also zum Beispiel bei Einbrüchen nach DNA am Einstiegsort oder an zurückgelassenen Werkzeugen oder Zigarettenstummeln gesucht. Hat der als Mörder Verdächtigte vor oder nach der Tat beim Opfer an einem Trinkglas kleine Speichelspuren hinterlassen, so kann man sein Trinken aus dem Glas mit einer DNA-Analyse (und dann wohl auch seine Anwesenheit am Tatort) beweisen (wenn nicht das Glas nachträglich, etwa zur Irreführung, an den Tatort gebracht worden ist). Hat der Täter sein Opfer mit Klebband geknebelt oder gefesselt, so findet man am Klebband oft (auch) Hautzellen des Verdächtigen, was allenfalls seine Täterschaft zu beweisen erlaubt. Weitere Objekte, an denen man DNA-Spuren sichern kann, sind etwa Zahnbürsten, Kleidungsstücke, die Innenseite von Handschuhen oder Masken, Tatwerkzeuge, Schalthebel und Lenkrad bei Motorfahrzeugen u.s.w. Meistens sind daran verwertbare Schweißspuren, Speichelrückstände oder Hautschuppen zu finden.

Oft können **Spurenüberkreuzungen** nachgewiesen werden; es wird also nicht nur täterische DNA am Tatort oder beim Opfer, sondern auch Opfer-DNA beim Täter gesichert. Kriminalistisch wertvoll sind auch bloße Spur-Spur-Hits, also die Feststellung, dass die DNA, die bei zwei verschiedenen Verbrechen gesichert wurden, auf den gleichen Täter weisen; indirekt führen auch solche Erkenntnisse ab und zu zur Aufklärung von Straftaten.

Die neue Methode kann auch der **Entlastung** eines Verdächtigen dienen, und es sind Fälle unschuldig Verurteilter bekannt, die nach Jahren aufgrund einer DNA-Analyse, die zum Zeitpunkt der Verurteilung noch nicht bekannt war, freigesprochen wurden. Gerade in Fällen von Vergewaltigungen können Verdächtige nicht nur eindeutig überführt, sondern oft auch eindeutig entlastet werden.

Die **Anordnung** einer DNA-Untersuchung gegenüber einem Beschuldigten (oder einer anderen Person) ist gesetzlich geregelt (in Deutschland in § 81a und § 81e ff. der deutschen StPO, in der Schweiz in einem eigenen DNA-Gesetz). Vergleichsmuster liefert die DNA-Datenbank.

Die DNA-Analyse ist auch an einem **Tier** möglich, etwa zur Beantwortung der Frage, aus welchem Haushalt oder aus welcher Herde es stammt. Hundebisse können zuverlässig einem bestimmten Tier zugeordnet werden. Ferner ist die DNA von Pflanzen bestimmbar, um so zu klären, woher ein Holzsplitter oder ein Baumblatt stammt.

In Deutschland konnte 2004 ein Mord an einer Frau aufgeklärt werden, die 1998 etwa 100 km von ihrem Wohnort in einem Wald aufgefunden worden war. Der Ehemann geriet unter Tatverdacht, konnte aber die DNA-Spuren an der Leiche durch berechtigte Kontakte erklären; er behauptete, niemals in der Nähe des Tatortes gewesen zu sein. Überführt wurde er schließlich anhand eines Eichenblattes, das im Kofferraum seines Autos gefunden worden war; erst 2004 waren die erforderlichen Methoden validiert, um dieses Eichenblatt einer Eiche am Tatort zuzuordnen.

Ähnlich wie bei Fingerabdrücken gilt es bei DNA-Spuren, eine gewisse Zahl von Bestandteilen zu identifizieren und mit der DNA von Verdächtigen zu vergleichen. Allerdings muss mit **Wahrscheinlichkeiten** gerechnet werden, weil bestimmte Merkmale in bestimmten Populationen häufiger sind als in anderen. Mittlerweile ist die Methode allerdings so ausgereift, dass sich sogar aus Misch-Spuren oft eindeutige Ergebnisse ableiten lassen.

Es sind schon zahlreiche Verbrechen auf diesem Wege geklärt worden. So wurden etwa allein in Hessen im ersten Halbjahr 2004 über 600 Straftaten aufgrund eines **DNA-Hits** geklärt. In der Schweiz wurden im Jahr 2004 1500 Tatort-Fingerabdruckspuren, aber bereits 2700 Tatort-DNA-Spuren einem Täter zugeordnet, obwohl erst etwa 65 000 DNA-Profile von Personen im System verzeichnet waren. Schon heute werden rund doppelt so viele Straftaten mit DNA aufgeklärt als mit Fingerabdrücken. Die Zuwachsrate der Spur-Täter-Hits liegt bei DNA-Spuren in der Schweiz in den letzten Jahren bei etwa 25 % pro Jahr. Das Spektakuläre an diesen Erfolgen liegt im Umstand, dass es sich in vielen Fällen um Verbrechen handelt, die anders als mit DNA-Spuren überhaupt nie hätten geklärt werden können.

Am 24. April 1996 wurde in einer Spielhalle in Koblenz eine 21-jährige Aufsicht erwürgt und beraubt. Aus einem Aschenbecher beim Leichenfundort konnten zwei Zigarettenkippen gesichert werden; weil die Aschenbecher kurz vor der Tat geleert worden waren, konnte man von einem Tatzusammenhang ausgehen. Etwa 100 bekannte Spielhallennutzer wurden in der Folge zur DNA-Analyse aufgeboten; es konnte eine Übereinstimmung mit einem 24-jährigen Mann festgestellt werden, der nach seiner Festnahme ein umfassendes Geständnis ablegte und einen Mittäter belastete. Ohne DNA-Analyse wäre die Lösung dieses Falles nicht möglich gewesen, weil es keine andern Ermittlungsansätze gab.

Wie das Beispiel zeigt, nahm man bisweilen einer ganzen Reihe von Personen (etwa den männlichen Einwohnern eines Dorfes) Speichelproben ab, um den Täter zu entdecken, obwohl ein individuell-konkreter Tatverdacht nicht bestand. In der Schweiz enthält das neue DNA-Gesetz eine saubere Grundlage für solche Reihenuntersuchungen; in Deutschland ist sie mittlerweile nach § 81h StPO auch unter gewissen Voraussetzungen zulässig; in beiden Ländern ist eine richterliche Genehmigung erforderlich.

3.9.6 Medizin

Die **medizinische Wissenschaft** kann unter anderem sagen, mit welchem Gift jemand ermordet wurde, welche **Dosis** tödlich wirkt und wo der Stoff verwendet wird oder erhältlich ist. Das lässt den Kriminalisten vermuten, wo sich der Täter mit der tödlichen Substanz eingedeckt haben könnte, und vielleicht hat die Suche Erfolg. Aufgrund medizinischer Kenntnisse weiß der Kriminalist, auf welche Weise jemand eine andere Person mit HIV anzustecken vermag und auf welche Weise wahrscheinlich nicht. Anhand einer **Verletzung** kann der medizinische Experte oft sagen, mit welchem Instrument der Täter auf das Opfer eingeschlagen hat, und so zu einer gezielten Suche nach dem Tatwerkzeug Anlass geben. Die Rechtsmedizin ist in der Lage, aufgrund einer Blutentnahme und -untersuchung festzustellen, ob jemand (im Sinne des Gesetzes) angetrunken ein Motorfahrzeug geführt oder Betäubungsmittel konsumiert hat.

Auch in der forensischen Medizin hat der Einsatz von elektronischen Verfahren große Fortschritte gebracht. Unter dem Begriff **Virtopsy** (Virtual Autopsy, www.virtopsy.com) wurden beispielsweise dreidimensionale Dokumentations- und Analysemethoden entwickelt. So können Körperoberflächen und selbst ganze Körperteile, zum

Beispiel Beine mit Knochenbrüchen, nach Verletzungen so genau dokumentiert werden, dass auch später, wenn die Verletzungen längst abgeheilt sind (oder Verstorbene beerdigt oder kremiert wurden) noch überprüft werden kann, ob mutmaßliche Tatwerkzeuge oder Unfallabläufe zum Verletzungsbild passen. Durch Einsatz von Magnetresonanz (MRI) oder Computertomographie (CT) kann auf eine Autopsie allenfalls verzichtet werden, die Befunde können aber am Computer noch nach Monaten und Jahren dreidimensional reproduziert werden.

3.9.7 Psychologie

Die **Psychologie** und vor allem die **Kriminologie**, die beide das menschliche Verhalten und seine Ursachen aufzuhellen versuchen, haben viele kriminalistisch bedeutsamen Wahrheiten und Wahrscheinlichkeiten entdeckt. Das Zustandekommen einer Straftat setzt, wie schon mehrfach betont, immer einen bestimmt gearteten und entsprechend gestimmten Menschen in einer von ihm so und so gesehenen Situation voraus. Zum Beispiel kann nur ein sexuell besonders gearteter Mensch einen typischen Lustmord begehen. Wer die entsprechende Persönlichkeitsstruktur in einer Diagnose nicht zeigt, scheidet als möglicher Täter im Allgemeinen aus.

Kriminalstatistisch weiß man: Wenn eine Ehefrau vorsätzlich getötet wurde und ein Raub oder Sittlichkeitsdelikt ausscheidet, dann kommt in erster Linie der Ehemann, in zweiter Linie der jetzige oder frühere Geliebte der Getöteten als Täter in Frage. Die Nachforschungen werden sich also, wenn keine anderen Hinweise bestehen, in erster Linie auf die genannten Personen ausrichten.

Man weiß ferner aus statistischen Erhebungen: Anonyme Briefe mit sexuellem Inhalt stammen in mehr als 90 % der Fälle von Frauen. Diese kriminologische Wahrscheinlichkeit führt dazu, in entsprechenden Fahndungsfällen besonders Frauen im Umkreis des Briefempfängers unter die Lupe zu nehmen.

Ob eine Aussage mit bestimmten Besonderheiten und unter bestimmten Umständen irrig oder gar erlogen sei, lässt sich meistens nur aufgrund **aussagepsychologischer** Erkenntnisse beurteilen; die Forschung der letzten Jahre hat viel zur Objektivierung von Befunden (und zum Erkennen von Irrtümern) beigetragen, welche früher erfahrene Kriminalisten eher gefühlsmäßig stellten. Insbesondere die Glaubhaftigkeit von Kinderaussagen lässt sich heute relativ genau beurteilen.

Der Psychologie ist auch Folgendes zuzuordnen: Mitunter offenbart der Täter im Zusammenhang mit seinem strafbaren Verhalten ein allgemeines oder spezifisches Wissen, das sein Berufs- oder Beschäftigungsfeld offenbart oder gar auf seine **Identität** hinweist und die Fahndung dadurch eingrenzt. Es heißt dann etwa: Nur eine bestimmte Person oder Personengruppe konnte das wissen. Ähnliches gilt in Bezug auf Gewohnheiten, etwa Sprach- und Schreibgewohnheiten. Gestaltung, Stil oder Fehler in einem vom gesuchten Täter stammenden Schriftstück geben mitunter Hinweise auf seine Person.

Ein italienisches Ehepaar, das in der Schweiz arbeitete und sich über die Geburt des ersten Kindes freute, bekam einen Brief mit erpresserischem Inhalt. Der Verfasser verlangte eine größere Geldsumme und drohte, sonst werde dem Baby Schlimmes zustoßen. Die Ehefrau schlug vor, mit dem Kind zu ihren Eltern nach Italien zu reisen; dort sei man sicher. Inzwischen hatte sich die Polizei eingeschaltet, welche die Mutter mit Kind nach Italien abreisen ließ. Die Erpresserbriefe legte man einem Italienisch-Experten zur Begutachtung vor. Der Sachverständige erkannte Ausdrücke und Redewendungen, die vor allem in einer bestimmten italienischen Provinz verwendet würden. Also suchte man in einem größeren Umfeld der Erpressungsopfer ergebnislos nach Italienern aus der fraglichen Provinz, die sich in der Schweiz aufhielten. Als Mutter und Kind nach wenigen Wochen aus Italien zurückgekehrt waren, lagen die Akten auf dem Tisch eines anderen Untersuchungsbeamten. Ihm fiel auf, dass auch die erpresste Mutter aus jener Provinz stammte, auf die der Experte hingewiesen hatte. Konfrontiert mit dem Vorwurf, die Briefe selber verfasst zu haben, gestand die Italienerin die Tat. Sie hatte ihrem Gatten wiederholt vorgeschlagen, ihren Eltern das Großkind zu zeigen, was der Ehemann aus finanziellen Gründen ablehnte. Also habe sie auf Rat einer Freundin zum Mittel einer scheinbaren Erpressung gegriffen. Notgedrungen vor Gericht gestellt, fanden die Italienerin und ihre Beraterin dann (zu Recht) sehr milde Richter.

Relativ neu in der Kriminalistik ist die **Schriftpsychologie**, die aus der Analyse der Handschrift psychologische Erkenntnisse ableitet. Sie ist nicht zu verwechseln mit der Graphologie, welche vorgibt, aus dem Schriftbild die Persönlichkeit des Schreibers erfassen zu können, und deren Methode wissenschaftlichen Kriterien kaum genügt. Die Schriftpsychologie fußt dagegen auf fundierten Untersuchungen und erkennt beispielsweise den Einfluss von chronischem Alkoholismus, Parkinson und ähnlichen Krankheiten.

3.9.8. Wirtschaftswissenschaften

Schließlich wird man sich gegebenenfalls in die **Usanzen und Lehren der modernen Betriebswirtschaft, des Geschäftsverkehrs und der**

Buchführung zu vertiefen haben, um verwendbare Wahrheiten aufzustöbern. In den letzten Jahren hat sich die Erkenntnis durchgesetzt, dass die Bekämpfung der Wirtschaftskriminalität so schwierig ist, weil das nötige Know-how bei Strafverfolgern meist fehlt. Um komplizierte Anlagebetrüge, betrügerische Gewinnverschiebungen in Unternehmen oder Fälle von Geldwäscherei zu durchschauen und aufzuklären, benötigt man einerseits Fachleute, welche Bilanzen und Erfolgsrechnungen analysieren können und sich im Finanzverkehr auskennen, anderseits aber auch Juristen, die diesen Leuten erklären können, was es im Strafverfahren zu beweisen gilt.

3.10 Ad hoc erhobene experimentelle und statistische Wahrheiten

Die kriminalistische Praxis gibt nicht selten Probleme auf, die mit Hilfe von Lebenserfahrung oder von Wahrheiten der Tatsachenwissenschaften nicht oder nicht zuverlässig gelöst werden können. Die sich stellende Frage führt etwa auf Neuland eines Wissensgebietes, dorthin, wo noch kein Wissen oder kein sicheres Wissen besteht. Denkbar ist auch, dass eine zweckdienliche wissenschaftliche Ableitung nicht möglich ist, zu kompliziert oder zu ungenau wäre. Vielleicht möchte man auch wissenschaftliche Ableitungen oder Berechnungen unabhängig von bestehenden Sätzen der Tatsachenwissenschaften zusätzlich konkret nachprüfen.

Der Weg, solche Probleme einer Lösung zuzuführen, ist also, weitere Wahrheiten zu finden:

- **Experimente ad hoc**, Versuche, die auf den Fall zugeschnitten sind, also unter möglichst gleichen Bedingungen ablaufen und etwas kriminalistisch Bedeutsames bestätigen oder widerlegen.
- **Statistische Erhebungen**, welche die Wahrscheinlichkeit des Auftretens eines kriminalistisch erheblichen Ereignisses oder Merkmals erkennen lassen.

Experimente kann man in Gedanken (in Überlegungen) machen, wobei wohl auch Erfahrungen mitspielen. Versuche kann man ferner tatsächlich (in der physischen Wirklichkeit) durchführen. Letztere sind sicherer.

Ein Landwirt hatte mit einer Großbäckerei vereinbart, dass er dort Speiseabfälle abholen könne, um sie seinen Schweinen zu verfüttern. Eines Morgens holte er ein Fass mit Abfällen aus der Produktion von Cremeschnitten, die noch warm waren. Er parkierte seinen Lieferwagen mit offener Pritsche bei Schneefall vor seinem Bauernhof. Kurze Zeit später geriet das Fahrzeug in Brand. Versuche im Labor ergaben (eher überraschend), dass sich dort bei gleicher Konstellation der Zuckerguss im Fass selbst entzündete, obwohl das Fass von außen gekühlt wurde.

In einem anderen Brandfall wurde der Brandherd in einem Papierkorb lokalisiert. Die Vermutung lag nahe, ein Hausbewohner habe etwas Brennbares, ein noch glimmendes Streichholz oder eine nicht gelöschte Zigarette in den Korb geworfen, was die in Frage kommenden Personen bestritten. Eine wies immerhin darauf hin, sie habe eine Taschenlampen-Batterie (die praktisch leer gewesen sei) in den Papierkorb geworfen. Eine Zweite wollte in den Korb nur Papierschnitzel weggeworfen haben, eine Dritte, die Putzfrau, nur feine Stahlspäne. Ein Experiment konnte Aufschluss geben: Wurden die Elektroden einer Taschenlampen-Batterie, auch wenn sie nur noch ganz wenig Strom abgab, mit feiner Stahlwolle in Berührung gebracht, dann erhitzten sich einige Späne derart, dass sie Papierschnitzel, die sie berührten, in wenigen Sekunden entzünden konnten.

Brandursachen lassen sich, wie gezeigt, oft nur **experimentell** ermitteln. Die in diesem Zusammenhang zu besprechenden Versuche beschränken sich aber nicht nur auf die Aufdeckung und den Beweis solcher Ursachen. Man stellt im Allgemeinen keine physikalischen Überlegungen und Berechnungen an, wenn es um die Frage geht, ob ein beim Verdächtigen gefundener Schlüssel zu einem bestimmten Schloss passe. Man **probiert** den Schlüssel, indem man ihn ins Schloss steckt und dreht, d.h. man lässt das tatsächliche Experiment entscheiden. (Man könnte aber gegebenenfalls, bevor man den Schlüssel probiert, zuerst vorsichtig das Schloss demontieren und öffnen, um allfällige frische Sonderspuren eines verwendeten Nachschlüssels zu sichern.)

Auch die Frage, ob jemand trotz Dunkelheit, jedoch wegen des Mündungsblitzes einer bestimmten Waffe, eine Person aus gewisser Distanz habe erkennen können, lässt sich nur experimentell entscheiden. Gleiches gilt für Fälle, in denen jemand in der Nacht am Steuer seines Autos und bei beidseitiger Abblendung den Lenker eines entgegenkommenden Autos erkannt haben will.

Ein experimentelles Vorgehen liegt auch in der wichtigen **Wahl-Gegenüberstellung** zur Identifikation einer Person, ferner in der Prüfung eines Zeugen, ob er Distanzen oder andere Größen richtig schätzen könne, ob bei bestimmten Lichtverhältnissen Personen in bestimmter Entfernung überhaupt identifizierbar seien u.s.w.

Welches **Schmauch-Spurenbild** eine sichergestellte Faustfeuerwaffe an die feuernde Hand abgibt, muss ein Experiment zeigen. Ähnliches gilt für den Geschossvergleich: Praktisch kann nur ein Probeschuss, ein Experiment mit der betreffenden Waffe, Aufschluss geben. Die Drall-Spuren an der Probekugel werden mit denjenigen des Tatgeschosses verglichen.

Ob aus einem Glas **nach** der Fahrt wirklich zwei Schnäpse getrunken worden seien, wie ein des Angetrunkenseins verdächtiger Automobilist behauptete, obwohl Stunden nach dem angeblichen Trunk in einem Sprung des Glases noch **lebender** Schimmelpilz gefunden wurde, vermag nur das Experiment zu zeigen: Man füllt das Glas, wie es der Autofahrer gemacht haben will, mit zwei Schnäpsen auf, leert es und prüft dann, ob der Schimmel noch lebt.

Im Abschnitt „Sätze der Tatsachenwissenschaften" wurde gezeigt, wie aus einer Stoppspur und aufgrund weiterer Daten mit Erkenntnissen der Physik die Geschwindigkeit eines Fahrzeuges unmittelbar vor dem Stopp zu errechnen ist. Zum gleichen Resultat hätte man auch **experimentell** gelangen können. Es wäre einfach nötig gewesen, mit dem nämlichen Fahrzeug an Ort und Stelle und unter gleichen Bedingungen solange Bremsversuche durchzuführen, bis eine gleich lange Stoppspur erzielt worden wäre, immer unter Aufzeichnung der am (richtig gehenden) Tachometer angezeigten Geschwindigkeit vor dem Bremsen.

Wissenschaft und Experiment können sich nicht nur gegenseitig ersetzen; sie bestätigen sich mitunter auch gegenseitig – oder nicht. Im letztgenannten Fall entsteht ein Problem.

Die richtige Durchführung von Experimenten ist nicht so einfach, wie man auf den ersten Blick meinen könnte. Um die **Möglichkeit** einer Tatsache (eines Ereignisses unter bestimmten Bedingungen) darzutun, genügt im Allgemeinen ein Experiment, das „einschlägt", d.h. diese Möglichkeit verwirklicht. Schwieriger ist es, experimentell nachzuweisen, dass ein bestimmtes Ereignis unmöglich ist, denn streng genommen beweisen auch 1000 Experimente ohne Erfolg noch keineswegs, dass nicht der nächste Versuch die Verwirklichung gezeigt hätte. Alle Unmöglichkeits-Experimente vermitteln daher nur kleinere oder größere Wahrscheinlichkeiten (oder Unwahrscheinlichkeiten). Immer ist darauf zu achten, den Originalfall möglichst genau nachzubilden, denn man will ja mit dem Experiment oder einer Reihe von Experimenten etwas hinsichtlich des Originalfalles ableiten. Entspricht die Versuchsanordnung nicht genau dem Untersuchungsfall, dann hinkt der Vergleich. Einen dem Originalfall getreu nachgebildeten Versuch nennt man in der Kriminalistik **Rekonstruktion**.

3.11 Das Arbeiten mit statistischen Methoden

Es wurde (unter 2.4.2) bereits darauf hingewiesen, dass Statistiken dazu dienen können, die Frage zu beantworten, wo die Suche nach einem Täter am ehesten Erfolg verspricht: Tötungsdelikte sind beispielsweise in 63 % der Fälle Beziehungsdelikte. Hier geht es nun darum, den Beweiswert einzelner Indizien oder von Indizienbündeln mit statistischen Mitteln zu beschreiben.

Dass definitive Sicherheit bei der Würdigung eines Geschehens nie zu erreichen ist, gilt auch in Strafverfahren. Bloße **Wahrscheinlichkeit** genügt für eine Verurteilung nie, aber es ist auch keine absolute Sicherheit erforderlich. Die gängige Formel lautet, dass ein jeden **vernünftigen Zweifel** ausschließendes Urteil eines besonnenen und lebenserfahrenen Beobachters für die richterliche Überzeugung erforderlich, aber auch hinreichend ist.

Trotz dieser Ausgangslage hat sich das Denken in Wahrscheinlichkeiten und das Rechnen mit Kombinationen von Wahrscheinlichkeiten nur in einzelnen kriminalistischen Disziplinen durchgesetzt: Aus der Zahl der Individualisierungsmerkmale eines **Fingerabdrucks** lässt sich ableiten, wie hoch die Wahrscheinlichkeit ist, dass er einem bestimmten Verdächtigen zuzuordnen ist; zwei Fingerabdrücke, die in 12 Merkmalen übereinstimmen, stammen mit einer Wahrscheinlichkeit von etwa 0,00000006 (oder 1 zu 16-17 Millionen) nicht von der gleichen Person (oder, anders ausgedrückt, mit einer Wahrscheinlichkeit von 99,999994 % von der gleichen Person); deshalb geht man in Deutschland und in der Schweiz davon aus, dass bei 12 übereinstimmenden Merkmalen der Identitätsnachweis erbracht ist (in Dänemark genügen 10 Merkmale, in Italien werden 17 verlangt). Wenn 8 bis 11 Merkmale übereinstimmen, handelt es sich um einen Grenzfall, bei weniger als 8 übereinstimmenden Merkmalen ist das Beweismittel wertlos.

Dass es trotz solcher Werte Fahndungspannen gibt, zeigt das Beispiel des Anwaltes *Brandon Mayfield* aus Portland, der nach den Bombenanschlägen von Madrid im März 2004 in den USA verhaftet wurde, weil angeblich seine Fingerabdrücke auf einer Plastiktüte entdeckt worden waren, die Material für die Bomben von Madrid enthielt. *Mayfield* hatte einen Terrorverdächtigen in einem Sorgerechtsstreit vertreten. Es stellte sich dann allerdings heraus, dass die Fingerabdrücke in Wirklichkeit von einem Algerier stammten; offenbar waren die Muster nicht richtig ausgewertet worden. *Mayfield* konnte als unschuldig entlassen werden.

Erst in jüngster Zeit versucht man, bei Fingerabdrücken nicht nur bloße kombinatorische Wahrscheinlichkeiten zu errechnen, sondern **statistisch** zu erheben, welche Merkmale wie oft vorkommen; die Universität Lausanne führt unter *Prof. Christophe Champod* eine entsprechende Studie, die zum Ziel hat, die Auswertungen von Dakty-Fragmenten (also Spuren, die nur eine bisher ungenügende Anzahl von Übereinstimmungen enthalten) auf eine wissenschaftliche Basis zu stellen.

Ähnlich werden auch Ergebnisse von DNA-Analysen interpretiert; in diesem Bereich ist die statistische Verteilung bestimmter Merkmale gut erforscht. Man verlangt zum Identitätsnachweis eine Wahrscheinlichkeit von 99,999998 % (oder 1 zu 50 Millionen).

Solche Überlegungen lassen sich aber auch bei zahlreichen andern Konstellationen anstellen. Worum geht es? Die für den Schuldbeweis relevanten Tatsachen können unmittelbar rechtserheblich sein; das gilt für den Tod des Opfers bei Tötungsdelikten. Auf rechtserhebliche Tatsachen kann aber auch aufgrund von **Indizien** geschlossen werden, von denen jedes für sich die rechtserhebliche Tatsache nicht beweist, aber auf sie hindeutet. Zwei Methoden führen zu verwertbaren Ergebnissen: die Hochrechnung und die Wahrscheinlichkeitsrechnung.

3.11.1 Hochrechnungen

Bei **Hochrechnungen** geht es darum, aus stichprobenweise erhobenen Daten einer Teilmenge auf das Ganze zu schließen. Diese Methode führt zum richtigen Ergebnis, wenn die **Stichprobe repräsentativ** für das Ganze ist.

Um beispielsweise zu bestimmen, mit welcher Wahrscheinlichkeit verdächtige, für einen Indizienbeweis wichtige Merkmale, beispielsweise Schuhe mit einer bestimmten Profilsohle (ohne individuelle

Merkmale) in der Bevölkerung verbreitet sind, muss man besondere **statistische Erhebungen** durchführen. Feststellungen solcher Art beruhen auf vollständigen oder unvollständigen Auszählungen. Gerade Letztere, die unvollständigen, spielen eine wichtige Rolle. So zählt man etwa einen Teil des in Frage kommenden Materials aus und extrapoliert (schließt) auf das Ganze. Damit das Verfahren keine unerträglichen Fehler zeitigt, muss sich die Auszählung auf einen repräsentativen Teil erstrecken, d.h. der betreffende Teil sollte auslesefrei und groß genug sein. Um etwa festzustellen, wie häufig eine bestimmte Profilsohle am Schuhwerk der männlichen Bevölkerung einer Stadt zu finden sei, darf man bei der Auszählung nicht vorwiegend kaufmännische Angestellte in Betracht ziehen, denn es ist möglich, dass diese weniger häufig Schuhe mit solchen Sohlen kaufen und tragen als etwa Bauarbeiter. Nur wenn man alle Bevölkerungsteile und Beschäftigungsgruppen entsprechend berücksichtigt und prüft, wird man sagen können, ein auslesefreies Material verarbeitet zu haben. Und selbstredend darf man sich bei der Auszählung nicht nur auf etwa fünfzig Personen beschränken. Man läuft sonst Gefahr, dass die Zahlen infolge einer unglücklichen Streuung irreführen. Nur größere Zahlen verschaffen einigermaßen Sicherheit.

Um die Verteilung einer Profilsohle in einem vorgegebenen Gebiet festzustellen, bestände auch die Möglichkeit, anstelle einer unvollständigen Auszählung folgende Zahlen zu eruieren. Wie viele Männer kommen als Träger von Schuhen mit den entsprechenden Profilsohlen in Frage? Wie viele Schuhpaare mit derartigen Sohlen sind innerhalb der Lebensdauer solcher Schuhe in dem vorgegebenen Gebiet verkauft worden? Die Bruchzahl, gebildet aus der Anzahl von Männern im fraglichen Gebiet und den verkauften Schuhpaaren, gäbe einen Hinweis darauf, mit welcher Wahrscheinlichkeit ein Mann des Gebietes entsprechende Schuhe besitzt und trägt. Die geschilderte Berechnungsmethode enthält allerdings verschiedene Fehlermöglichkeiten. Es könnte, wie bereits erwähnt, so sein, dass bestimmte Berufsgruppen vermehrt Schuhe mit den betreffenden Profilsohlen tragen. Gehörte auch der Verdächtige zur genannten Gruppe, so wäre das nicht mehr so verdächtig. Einige Männer könnten auch mehrere Paare derselben Ausstattung besitzen. Das würde sich dann allerdings zu Gunsten des Verdächtigen auswirken.

Hochrechnungen sind heute in der Kriminalpraxis **eher akzeptiert** als Wahrscheinlichkeitsrechnungen, obwohl beide Methoden, wenn die Datenbasis stimmt, eigentlich zu gleich zuverlässigen Resultaten führen würden.

Beispielsweise beruhen die Berechnungen über den Reinheitsgrad von verkauften Drogen (und damit zur Frage, ob ein qualifizierter Fall des Drogenhandels vorliegt) immer auf Hochrechnungen: Es wird nie der gesamte sichergestellte Stoff analysiert, sondern es wird regelmäßig von Stichproben auf das Ganze geschlossen; liegen keine Stichproben vor, wird zum Teil sogar auf statistische Durchschnittswerte abgestellt, welche z.B. in der Schweiz systematisch erhoben und publiziert werden (www.sgrm.ch). Auch Gewinnberechnungen beruhen meistens auf diesem Verfahren: Man stellt die Frage, zu welchem Preis der Händler die Drogen üblicherweise verkauft habe, und multipliziert ihn mit der nachgewiesenen Verkaufsmenge; ob dieser Gewinn wirklich realisiert werden konnte (und sämtliche verkauften Drogen auch zum üblichen Preis bezahlt wurden), wird kaum je in Frage gestellt.

Statistische Erkenntnisse liegen auch den Täterprofilen zugrunde. Auf der Suche nach wahrscheinlichen Merkmalen des noch unbekannten Täters fragt man sich etwa: Welche Art Täter treten bei solchen Straftaten am häufigsten auf?

Ad hoc durchgeführte Experimente und statistische Erhebungen als Teile des Suchens und Beweisens stellen somit weitere Mittel kriminalistischen Denkens dar. Auf den eigentlichen Beweis durch Indizien ist später einzugehen.

3.11.2 Wahrscheinlichkeiten

Unter **Wahrscheinlichkeit** versteht man das Maß für die Häufigkeit bestimmter Ereignisse. Um die Wahrscheinlichkeit in Zahlen anzugeben, gibt es verschiedene Möglichkeiten. Wissenschaftler pflegen Zahlen zwischen 1 und 0 zu verwenden, wobei 1 die Gewissheit, 0 die Unmöglichkeit anzeigt. In der Praxis, auch der kriminalistischen, werden eher Prozent- oder Promillezahlen verwendet; der Wahrscheinlichkeit 1 entsprechen 100 %, der Wahrscheinlichkeit 0 entsprechen 0 %.

Diese Darstellung geht auf *Laplace* (1749–1827) zurück, der die Wahrscheinlichkeit für ein bestimmtes Ergebnis in einem Experiment in Fällen, wo jedes Elementarereignis die selbe Wahrscheinlichkeit besitzt, als die Zahl der günstigen Ergebnisse geteilt durch die Zahl der möglichen Ergebnisse definierte. Beispielsweise beträgt die Wahrscheinlichkeit, bei einem Wurf von zwei (regelmäßigen) Würfeln ein Paar (zwei gleiche Augenzahlen) zu werfen, $^{6}/_{36}$ oder

0,1666, weil 36 Ergebnisse möglich und gleich wahrscheinlich sind (1-1, 1-2, 1-3 …, 2-1, 2-2, 2-3, …), aber nur 6 günstig (1-1, 2-2, 3-3, 4-4, 5-5 und 6-6).

Die einfache Berechnung, die Zahl der günstigen Ereignisse zu ermitteln und durch die Zahl der möglichen zu teilen, um die Wahrscheinlichkeit zu erhalten, ist allerdings nur richtig, wenn alle **Einzelereignisse gleich wahrscheinlich** sind, wie dies bei einem nicht manipulierten Würfel der Fall ist. In der Kriminalistik hat man es selten mit einer begrenzten Zahl gleich wahrscheinlicher Einzelereignisse zu tun. Nützlich ist die Methode allenfalls, um bestimmte Ergebnisse zu verifizieren, indem man sie von Zufallsresultaten abgrenzt:

Wir fragen uns zum Beispiel, wie aussagekräftig es ist, wenn zwei Zeugen auf einem Fotobogen mit sechs Verdächtigen auf die gleiche Person tippen. Spontan würde man meinen, dass der Täter auf diese Weise praktisch überführt ist. Man könnte sich allerdings fragen, ob das Ergebnis auch zufällig zustande kommen könnte, wenn die beiden Zeugen in Wirklichkeit nichts gesehen haben und damit rein zufällig auf irgendeine Person auf der Liste tippen.

Die Wahrscheinlichkeit, dass der erste Zeuge auf eine bestimmte Person tippt, wenn er sie rein zufällig auswählt, ist $^1/_6$. Die Wahrscheinlichkeit, dass der zweite Zeuge auf die gleiche Person tippt, ist $^1/_6 \times {}^1/_6$ oder $^1/_{36}$ oder etwa 2,8 %. Die Wahrscheinlichkeit, dass die beiden Zeugen überhaupt auf die gleiche Person tippen (also beide auf die 1 oder auf die 2 oder auf die 3 u.s.w.), ist sogar $^1/_6$ oder 16,7 %. Was heißt das für die Aussagekraft von Fotowahlkonfrontationen?

Wenn die Polizei einen Fotobogen vorlegt, auf dem der Hauptverdächtige und fünf zufällig ausgewählte weitere Personen abgebildet sind, dann ist selbst bei zwei Zeugen, die gar nichts gesehen haben, die Wahrscheinlichkeit, dass sie zufällig auf den Hauptverdächtigen tippen, immerhin bei 2,8 %, oder anders gesagt: in einem von 36 Fällen würde dieses Resultat zustande kommen, ohne dass die beiden etwas gesehen haben.

Wenn die Polizei keinen Hauptverdächtigen hat und einen Fotobogen von Verdächtigen vorlegt, die schon ähnliche Delikte begangen haben (wie man das etwa nach Sexualdelikten zu tun pflegt), dann wäre die Wahrscheinlichkeit, dass zwei Zeugen, die in Wirklichkeit gar nichts gesehen haben, sich auf die gleiche Person einigen, sogar 16,7 %; bei dieser Konstellation ist also selbst die übereinstimmende Aussage von zwei Zeugen noch nicht besonders belastend.

Die Wahrscheinlichkeit solcher Zufallsergebnisse lässt sich vermindern, wenn man die Zahl der Varianten erhöht: Fotobogen mit

12 Personen sind bei dieser Konstellation nicht nur doppelt so gut, sondern sogar wesentlich besser: Die Wahrscheinlichkeit eines Zufallstreffers auf eine dieser Personen bei zwei Zeugen, die raten, ist zwar mit $^1/_{12}$ halb so groß wie auf Bogen mit 6 Personen; die Wahrscheinlichkeit, dass beide Zeugen auf den Hauptverdächtigen tippen, ist dagegen mit $^1/_{12} \times {}^1/_{12}$ oder $^1/_{144}$ bzw. 0,7 % bereits viermal kleiner als bei bloß sechs Bildern.

Nicht berücksichtigt ist bei diesen Berechnungen ein Umstand, den man nicht außer acht lassen sollte: Wenn ein Zeuge, der nichts gesehen hat, aus einem Fotobogen mit sechs Personen eine bestimmte Person auswählt, dann wird er dies nicht rein zufällig tun, sondern er wird wahrscheinlich diejenige Person nennen, der er (von der äußeren Erscheinung her) die Tat am ehesten zutraut; eine oder mehrere Personen auf der Liste werden also von Versuchspersonen eher ausgewählt werden als andere; das erhöht die Wahrscheinlichkeit von Zufallstreffern erheblich.

In der kriminalistischen Realität hat man es allerdings meistens nicht mit Einzelereignissen zu tun, die alle gleich wahrscheinlich sind. Es ist aber oft möglich, die Wahrscheinlichkeit eines bestimmten Ereignisses zumindest statistisch **grob abzuschätzen**. Wer auf diese Weise mit Wahrscheinlichkeiten rechnen will, wird zwar feststellen, dass oft eine genügende **Datenbasis** fehlt. Man wird mit Hilfe von **Hochrechnungen** entsprechende Wahrscheinlichkeiten in der Regel aus Stichproben errechnen können. Wenn es um körperliche Merkmale geht, dann helfen medizinische Statistiken weiter; für einzelne Merkmale liegen den Berufsverbänden, die sich damit beschäftigen, die nötigen Zahlen vor. Optiker z.B. wissen relativ genau, wie hoch der Anteil der Brillenträger in einer gewissen Bevölkerungsgruppe ist; weiß man genauer, und welche Art Brille es sich handelt (z.B. weil der Täter sie am Tatort verloren hat), dann kommt man zu allenfalls sehr differenzierenden Zahlen.

Unabhängige Einzelwahrscheinlichkeiten lassen sich kombinieren, indem die Einzelwahrscheinlichkeiten miteinander multipliziert werden. Wenn die Wahrscheinlichkeit, mit einem Wurf eine Sechs zu werfen, $^1/_6$ ist, dann ist die Wahrscheinlichkeit, mit zwei Würfen zwei Sechsen zu werfen, $^1/_6$ mal $^1/_6$ oder $^1/_{36}$. Wichtig ist allerdings, dass die einzelnen Wahrscheinlichkeiten, die man miteinander multipliziert, **wirklich** voneinander **unabhängig** sind. Wenn in einer gewissen Population der Anteil an Türken $^1/_{10}$ (10 %) beträgt und die Zahl der Träger eines Oberlippenbartes $^1/_4$ (25 %), dann heißt das nicht, dass der Anteil der Türken mit Oberlippenbart $^1/_{10} \times {}^1/_4$ oder $^1/_{40}$ (2,5 %) beträgt, weil das Merkmal „Türke" vom Merkmal „Träger eines Oberlippenbartes" nicht unabhängig ist – Türken tragen häufiger Oberlippenbärte als Westeuropäer. Dagegen dürften in der gleichen Population die Merkmale „blaue Augen" und „korpulent" unabhängig voneinander sein, weil Leute mit blauen Augen (wohl) nicht häufiger korpulent sind als Leute mit grünen Augen.

Hohe Wahrscheinlichkeiten durch Kombination von Einzelindizien resultieren einerseits dann, wenn die Zahl der Indizien hoch ist, anderseits aber auch dann, wenn die Wahrscheinlichkeit gewisser Einzelindizien besonders tief ist, diese Indizien also stark individualisierend wirken.

Der auf 180 cm groß und 30 bis 40 Jahre alt geschätzte Täter, der einen VW Golf fährt, dürfte sich ohne weitere Erkenntnisse kaum identifizieren lassen. Handelt es sich dagegen um einen 160 cm großen, unter 30 Jahre alten Bentley-Fahrer, dann wird dies erheblich einfacher sein.

Besonders Serientäter, die sich auf Zufälle berufen, lassen sich mit Hilfe der Wahrscheinlichkeitsrechnung leicht überführen, wie die folgenden von *Henriette Haas* geschilderten Beispiele zeigt:

Der Pechvogel:

Ein Rentner hatte innert 30 Monaten 22 Auffahrunfälle provoziert, um die Entschädigung der Haftpflichtversicherung der Unfallgegner zu kassieren. Er kaufte jeweils alte Autos und befuhr dann Kreuzungen aus derjenigen Richtung, aus der er keinen Vortritt hatte; er bremste genau in dem Moment brüsk, in dem der hinter ihm fahrende Automobilist davon ausging, der Vordermann werde in die Kreuzung einfahren, und selbst den Kopf drehte, um nach nahenden vortrittsberechtigten Autos Ausschau zu halten.

Schätzt man zurückhaltend, dass die Wahrscheinlichkeit, innert 30 Monaten unverschuldet in einen Auffahrunfall verwickelt zu werden, ½ oder 50 % beträgt (in Wirklichkeit ist sie wohl tiefer), dann ist die Wahrscheinlichkeit, in der gleichen Zeit 22 solcher Unfälle zu haben, $1{:}0{,}5^{22}$ oder 1:0,00000024. Damit ist mit 99,99999 % Wahrscheinlichkeit davon auszugehen, dass die Unfallserie eben nicht zufällig, sondern absichtlich passierte.

Der grabschende Arzt:

Fünf Patientinnen eines Orthopäden hatten Anzeige erstattet, weil er sie am Abend vor einer Knieoperation ausführlich an den Brüsten „untersucht" hatte, und zwar ohne Anwesenheit einer weiblichen Person. Er berief sich darauf, dass dies zur Infektionsabklärung nötig gewesen sei, und dass es sich in allen Fällen um einen Zufall gehandelt habe, dass keine weitere Frau bei der Untersuchung anwesend gewesen sei.

Fragt man, mit welcher Wahrscheinlichkeit vor einer Knieoperation eine Brustuntersuchung indiziert sei, und rechnet man hoch, wie hoch die Wahrscheinlichkeit im betroffenen Zeitraum war, dass diese Untersuchung bei fünf Frauen indiziert war, und schätzt man zusätzlich ab, wie oft bei einer Brustuntersuchung keine weitere Frau anwesend ist, und rechnet man diese Wahrscheinlichkeit wieder auf fünf Patientinnen hoch, dann lässt sich ohne weiteres sagen, dass es sich im vorliegenden Fall nicht um einen Zufall gehandelt haben kann.

Tätersignalemente sind oft auf den ersten Blick relativ unspezifisch; rechnet man allerdings einmal durch, wie viele Menschen auf ein solches Signalement wirklich passen, dann stellt sich oft heraus, dass Signalemente eigentlich zu zuverlässigen Identifikationen führen müssten.

Ein Täter, der in einem Einkaufszentrum nach Ladenschluss ein Restaurant in Brand gesteckt hatte und rasch flüchten musste, weil es für ihn unerwartet zu einer heftigen Explosion gekommen war, wurde von einer Überwachungskamera gefilmt. Sichtbar war ein Mann mittleren Alters mit Brille und Oberlippenbart, der eine schwarze Lederjacke, eine Baseball-Kappe und Turnschuhe einer bestimmten Marke trug und einen Geißfuss in der Hand hielt. Geht man davon aus, dass alle diese Merkmale von einander unabhängig sind (oder berücksichtigt man wie hier gewisse Abhängigkeiten), und trifft man vorsichtige Annahmen über die Häufigkeit der einzelnen Merkmale, kommt man etwa zu folgender Rechnung:

Element:	Anteil der Personen	
Mann	50 %	
mittleres Alter	50 %	
Brillenträger	70 %	(bei mittlerem Alter)
Oberlippenbart	50 %	(bei Männern)
Besitzer einer Lederjacke	70 %	
– davon schwarz	70 %	
Besitzer einer Baseballkappe	60 %	(bei mittlerem Alter)
Turnschuhe dieser Marke	5%	
Besitzer eines Geißfusses	3%	

Diese Berechnungsweise ist zwar grob vereinfachend (es könnte z.B. durchaus sein, dass die Merkmale „Besitz einer Lederjacke“ und „Besitz einer Baseball-Kappe“ nicht unabhängig voneinander sind). Das Endergebnis kann aber trotzdem zumindest eine gewisse Plausibilität für sich beanspruchen.

Der Anteil der Leute an der Gesamtbevölkerung, auf die jedes dieser Merkmale zutrifft, errechnet sich also aus der Multiplikation dieser Wahrscheinlichkeiten und beträgt 0,0038 Prozent. Von 100 000 Leuten besitzen also nur 4 gleichzeitig alle diese Eigenschaften.

Besonders interessant sind neben den eigentlichen Signalementsangaben weitere Eigenschaften der beschriebenen Person, die **stark**

individualisierend wirken. Sehr oft kann ein Zeuge etwa sagen, welches Fahrzeug der Täter benützt hat; sind die Automarke, der Typ und die Farbe eines Fahrzeuges bekannt, reicht dies zusammen mit dem Signalement oft zur Identifikation des Täters – weiß der Zeuge zusätzlich, dass das Fahrzeug ein nicht zur Region passendes Kennzeichen hatte, dann können Verdächtige meistens zweifelsfrei identifiziert werden.

Nach der Entführung eines Mädchens in Appenzell im Jahr 2007 fand man in etwa 40 km Entfernung in einem Wald einen Toten, der sich erschossen hatte; in der Nähe fand man dessen Fahrzeug, einen weißen Lieferwagen mit spanischen Kontrollschildern. Das Mädchen hatte man letztmals beim Schwimmbad Appenzell gesehen, und dort war einem Zeugen ein weißer Lieferwagen mit ausländischen Kontrollschildern aufgefallen. Der Zusammenhang zwischen dem Toten und dem entführten Kind war also nahe liegend und bestätigte sich in der Folge auch. Hätte er einen weißen PW mit Schweizer Kontrollschildern gefahren, dann hätte man den Zusammenhang wohl nicht so rasch erkannt – schon nur, weil dieses Auto auf dem Parkplatz des Schwimmbades nicht aufgefallen wäre.

Man sollte immer daran denken, dass Personen bestimmter Berufsgruppen wegen ihrer Ausbildung auf sehr besondere Merkmale achten; Textilverkäufer können die Kleidung, Schmuckverkäufer Uhren und Schmuck der Zielperson beschreiben.

Ein Kokainhändler, der zahlreiche Kleinabnehmer beliefert hatte, arbeitete als Automechaniker. Er konnte zwar seine Kunden zum Teil nur vage beschreiben, wusste aber von jedem genau, welchen Typ welcher Automarke, oft auch welchen Jahrgangs, er fuhr, er kannte auch die Farbe und er wies in den meisten Fällen auch auf Sonderzubehör, insbesondere auf den genauen Felgen- und Reifentyp, hin. Auf diese Weise gelang es, sämtliche Abnehmer zu identifizieren.

Gerichte verlangen oft – und zu Recht – sehr hohe Wahrscheinlichkeiten, wenn sich diese exakt berechnen lassen. Der deutsche Bundesgerichtshof hatte (in BGHSt 38, 320) ein Gutachten eines Sachverständigen zu bewerten, der zum Schluss kam, die Kombination dreier DNA-Merkmale komme nur bei 0,014 Prozent der Bevölkerung vor, deshalb könne mit einer Wahrscheinlichkeit von 99,986 Prozent gesagt werden, der Angeklagte sei der Täter. Der Bundesgerichtshof hielt dagegen, dass in einer Stadt wie Hannover mit 250 000 (männlichen) Einwohnern immerhin etwa 35 als Täter nicht ausgeschlossen werden könnten.

Wahrscheinlichkeitsrechnungen sind für Kriminalisten bestechend, weil sie oft zu guten Wahrscheinlichkeiten führen, wenn genügend Kriterien vorhanden sind, die man miteinander kombinieren kann. Man kann allerdings in diesem Zusammenhang auch eine Reihe logischer Fehler machen – siehe dazu die Beispiele zur Beweiskraft von Indizien in Kapitel 11.5.

3.12 Die Sätze der Logik

Das kriminalistische Denken ist streckenweise **logisches** Denken. Logisch denken bedeutet: ableiten, deduzieren, logisch schließen, folgern, begründen, beweisen. Dabei gebt es immer darum, aus der vorausgesetzten Wahrheit irgendwelcher Ausgangssätze p1, p2 … pn (Prämissen), und nur aus diesen, nach genauen Vorschriften die Wahrheit des Satzes q1 (der Folgerung) darzutun. Der Satz q1 ist dann und deshalb wahr, weil die Sätze p1, p2 … pn wahr sind.

Alles logische Arbeiten geschieht a priori, ohne dass man es nötig hätte, neben den Prämissen und den Vorschriften der Logik weitere Sätze als wahr anzunehmen. Man hat nicht etwa noch eine zusätzliche Beobachtung zu machen oder irgendeine Wahrheit der Tatsachenwissenschaften heranzuziehen, um zu dem logischen Schluss zu gelangen. Mit den Prämissen sind vielmehr **alle** Voraussetzungen genannt, und das Ableiten geschieht mit geschlossenen Augen, eben a priori. In der Praxis gehen aber Folgerungen nicht selten von versteckten (ungenannten) Prämissen aus und sind deshalb fehlerhaft.

Die Sätze und Regeln der Logik sind **formal**. Sie sehen vom besonderen Inhalt der jeweils verwendeten Prämissen ab und enthalten nur Variable (für welche man je nachdem ganze Aussagen, Subjekte und Prädikate einsetzen darf) und logische Konstante (wie „nicht“, und „oder“, „wenn … dann“, „alle“ u.s.w.). Sie nehmen allein auf die Struktur der Ausgangssätze und die der Folgerungen Bezug. Aus dem Ausgangssatz, dass es zu **zwei** Punkten höchstens **eine** Gerade gibt, die mit diesen Punkten zusammentrifft, kann man **folgern**, dass **zwei** Geraden in höchstens **einem** Punkt zusammentreffen. (Träfen sie in mehr als einem Punkt zusammen, also in wenigstens zwei, dann würde das dem Ausgangssatz widersprechen, wonach es zu zwei Punkten höchstens **eine** koinzidierende Gerade gibt.) Was von den Punkten und Geraden gilt, trifft auch auf andere strukturgleiche Aussagen über Gegebenheiten zu. Man könnte das mit Beispielen belegen.

Die logischen Sätze gelten immer; ihre Richtigkeit ist an ihnen selber erkennbar. Die Wahrheit des logischen Satzes „p und nicht-p ist falsch“ (es handelt sich um den Satz vom Widerspruch) liegt in seiner Zusammensetzung (und in der Definition der Konstanten). Sie ist von der Art „Das Runde ist nicht eckig.“ Der **nicht** zur Logik gehörende Satz „Das Bild an der Wand hängt schief“ ist demgegenüber nur aufgrund einer (zusätzlichen) Wahrnehmung der betreffenden Tatsache als wahr zu erkennen. Der erwähnte Satz könnte auch falsch sein, je nach der wahrgenommenen Gegebenheit.

Ein in unserem Zusammenhang wichtiger Logik-Satz lautet: „Von allen Sätzen p und von allen Sätzen q gilt: Wenn p das q zur Folge hat, dann hat das nicht-q das nicht-p zur Folge.“ Man kann irgendeinen wahren Satz von der Form „Wenn p, dann q“ in der erwähnten logischen Satz einsetzen und dann zum Satz übergehen „Wenn nicht-q, dann nicht-p“. Letzterer ist wahr, weil das p das q zur Folge hat. Am Beispiel: „p“ bedeute: „Eine Person ist durch Einatmen von CO (Kohlenmonoxid) zu Tode gekommen.“; „q“ bedeute: „Die Totenflecken der betreffenden Person sind von hellroter Farbe“. Die beiden Sätze können zu einer medizinischen Wahrheit verbunden werden: „Immer wenn eine Person durch Einatmen von CO zu Tode gekommen ist, dann sind die auftretenden Totenflecken von hellroter Farbe.“ Nur wenn man davon ausgehen darf, die genannte Wahrheit gelte ausnahmslos („**Immer wenn** ... “), so kann man schließen: „Wenn nicht-p, dann nicht-q “, d.h. „Wenn der Tote keine hellroten Totenflecken aufweist, dann ist er nicht durch Einatmen von CO zu Tode gekommen.“. Das ist eine selbstverständliche, weil logische Folgerung. Man spricht in diesem Zusammenhang auch von **Deduktion** oder streng logischem Folgern. (Übrigens: Hellrote Totenflecken können auch infolge Kälte und bei Vergiftung mit Blausäure entstehen.)

Der Satz „Wenn p, dann q, dann auch wenn q, dann p“ ist dagegen **kein** logisch richtiger Satz. Wenn ein Toter hellrote Totenflecken aufweist, kann man nicht (mit Sicherheit) schließen, er sei durch Einatmen von CO zu Tode gekommen. Man weiß denn auch, dass noch andere Ursachen zum erwähnten Erscheinungsbild führen. Ein anderes Beispiel soll das verdeutlichen: Aus dem Satz „Wenn es regnet, sind die Straßen nass“ kann man zwar logisch ableiten: „Wenn die Straßen nicht nass sind, dann regnet es nicht“. Es ist jedoch **kein** streng logisches Ableiten, wenn man vom Satz „Wenn es regnet, sind die Straßen nass" den Schluss ableitet: „Wenn die Straßen nass sind, dann regnet es", denn es könnte ja ein Spritzenwagen vorbeigefahren sein. Die Ableitung führt nur zu einer Möglichkeit, zu einer größeren oder kleinerer Wahrscheinlichkeit. Richtig wäre dagegen, aus dem Satz „Nur wenn es regnet, sind die Straßen nass" den Satz abzuleiten „Wenn die Straßen nass sind, regnet es" (Allerdings ist hier eben schon der Ausgangssatz falsch).

Dennoch wird die genannte Ableitung gerade auch in der Kriminalistik nicht selten angewendet, und besonders häufig ist sie in der politischen Diskussion, etwa in Form der folgenden **falschen** Argumente, die Mark Daniel Schweizer aufzählt:

- Praktisch alle jugendlichen Amokläufer spielten gewalttätige Videospiele; also führen gewalttätige Spiele zu Amokläufen.
- Der Anteil ausländischer Staatsangehöriger in Zürcher Haftanstalten beträgt etwa 75 %; also sind Ausländer krimineller als Schweizer.
- Fast alle Heroinkonsumenten konsumierten vorher Marihuana, also ist Marihuana eine Einstiegsdroge.

Man trifft einen Rückschluss von der Wirkung auf die Ursache, doch ist Letztere nicht die einzig denkbare, sonder nur eine Möglichkeit, und zwar vielleicht nicht einmal eine sehr wahrscheinliche. Diese Form des „Ableitens" nennt man **Abduktion** oder **Retroduktion**.

Nicht logisch ist es ferner, aufgrund einer Anzahl von Fällen, die bisher mit etwas zusammenhingen, in allen weiteren Fällen dieser Art auf die gleiche Verbindung zu schließen. Das kann zwar so sein, muss aber nicht. Wenn man eine Reihe von Einbrüchen eines Täters nach einem bestimmten Modus Operandi festgestellt hat, ist es nicht zwingend, dass ein weiterer Fall mit gleichem Modus vom gleichen Täter stammen muss. Doch kann dieses Schließen zu etwas Brauchbarem führen, zu einer guten Hypothese. Eine Verallgemeinerung der beschriebenen Art nennt man **Induktion**.

Die Beispiele zeigen, dass nicht alles streng logische Folgern einfach ist. Das logische Verhältnis zweier Sätze ist oft nicht ohne weiteres durchschaubar. Im Kapitel 7 werden komplizierter Deduktionen an kriminalistischen Aufgaben durchzuführen sein. Es sprengt im Übrigen den Rahmen dieses Buches, die logischen Wahrheiten und Regeln ausführlich darzustellen.

Obwohl die **Mathematik** unter gewissen Voraussetzungen aus der Logik und ihren Wahrheiten ableitbar ist, pflegt man sie als selbstständige Wissenschaft von der Logik zu trennen. Sie ist aber ein weiteres Instrument der Kriminalistik. Man errechnet mit ihr z.B. das Gewicht von beschlagnahmtem Rauschgift, das zulässige Gewicht für das Befahren einer Brücke und die Überschreitung dieses Gewichtes, ebenso die Tragkraft eines Krans, bevor er umstürzte, die Wahrscheinlichkeit der Identität zweier Fingerabdrücke bei nur sieben übereinstimmenden Merkmalen, den Blutalkohol-Wert zur Zeit der Auto-Fahrt des Angetrunkenen, den geldwerten Verlust einer Unternehmung, welche Opfer von Betrügereien geworden ist. Wird ein Fahrzeug zum Gebrauch entwendet und wieder zurückgebracht, dann kann man feststellen, wie viele Kilometer mit ihm illegal zurückgelegt worden sind, wenn der Besitzer den Kilometerstand **vor** der Entwendung angeben kann. Ein Kreis mit dem Radius „halber Wert der gefahrenen Kilometern" auf der Landkarte eingezeichnet, wird dann deutlich machen, wohin der Täter mit dem Wagen gelangt sein könnte. Sind Entwendungs- und Fundort des Wagens nicht identisch, so ist eine Ellipse zu konstruieren, deren Brennpunkte der Entwendungs- und der Fundort sind; die gefahrenen Kilometer bestimmen die beiden Radien, die Ellipse die Orte, wo sich der Täter mit dem Wagen aufgehalten haben kann.

Eine Behauptung oder Aussage, die sich auf Gegenwärtiges oder Vergangenes bezieht, ist wahr oder falsch. Ob sie wahr oder falsch ist, entscheidet man gewöhnlich durch Nachprüfung, z.B. durch eine Beobachtung. Wenn aber eine direkte Möglichkeit der Nachprüfung fehlt, kann man oft auf Tatsachen hinweisen, welche die Behauptung als wahrscheinlich oder unwahrscheinlich erkennen lassen. Dabei gibt es die verschiedensten Grade der Bewertung. So sagt man etwa, es sei ein Umstand aufgrund des damaligen Augenscheins **sicher** oder **gewiss**; der Autor des in Frage stehenden anonymen Briefes sei aus den und den Gründer **mit an Sicherheit grenzender Wahrscheinlichkeit** ein bestimmter Verdächtiger; es sei aus psychologischer Sicht **höchstwahrscheinlich**, dass der Verdächtige die Provokation mit einer Tätlichkeit beantwortet habe; **wahrscheinlich** finde man bei der Geliebten des Täters das Diebesgut u.s.w. Ähnliche Formulierung kennt man für das Unwahrscheinliche, das sehr Unwahrscheinliche und das Unmögliche.

3.13 Der Zufall

Ein heuristisches Mittel, das in diesem Zusammenhang genannt werden soll, ist sodann der Zufall, der zugunsten des Kriminalisten (Kommissar Zufall), aber auch zugunsten des Täters eine Rolle spielen kann. Streng genommen ist er gar kein „Mittel“, denn er lässt sich nicht handhaben. Man kann mit ihm nicht einmal rechnen. In einem geistreichen Kriminalfilm machte der Täter, der schließlich ganz zufällig verhaftet und überführt werden konnte, die Bemerkung: „Gegen alles Voraussehbare konnte ich mich wappnen, gegen den Zufall natürlich nicht.“ Da man also über den Zufall in keiner Weise verfügen kann (man darf in schwieriger Situation lediglich auf ihn hoffen), liegt er völlig außerhalb des kriminalistischen Denkens.

Man kann immerhin dem Zufall etwas nachhelfen, indem man ungelöste Fälle wenigstens sauber dokumentiert und dafür sorgt, dass diese Dokumentation über die Jahre zugänglich bleibt. Bisweilen werden neue Methoden entwickelt, die auch bei der Lösung alter Kriminalfälle weiterhelfen können (wenn sich die betroffenen Beamten daran erinnern, dass die neue Methode auch auf einen bestimmten alten Fall anwendbar wäre).

Mit Hilfe der DNA-Analyse konnten zahlreiche ungeklärte Straftaten nachträglich aufgeklärt werden; zumindest erhielten Beweisstücke eine neue Bedeutung, wie der Fall Ruth Steinmann zeigt: Das 12-jährige Mädchen war 1980 in einem Wald bei Zürich ermordet worden. Auf der Leiche wurde unter anderem ein fremdes Schamhaar gefunden. Mit den damaligen Mitteln konnte es nicht analysiert werden. 1989 wurde nach einem weiteren Mord an einem Kind Werner Ferrari verhaftet, der in der Folge die Tötung von vier Kindern zugab, nicht aber diejenige von Ruth Steinmann. Aufgrund des Modus operandi und weiterer Indizien wurde er auch für diese Tat im Jahr 1995 wegen fünffachen Mordes zu lebenslänglichem Zuchthaus verurteilt. Schon im Jahr 1990 war das Schamhaar in die USA geschickt worden, wo erste Erfahrungen mit DNA-Analysen bestanden; aus dem fraglichen Haar (ohne Wurzel) konnte aber damals noch keine DNA gewonnen werden. Dies war erst im Jahr 2001 möglich; es stellte sich heraus, dass die DNA nicht von Werner Ferrari stammte. Der Schuldspruch gegen Werner Ferrari im Fall Steinmann wurde deshalb im Jahr 2003 wieder aufgehoben. Ein weiterer Tatverdächtiger, der von der Presse ins Spiel gebracht worden war, mittlerweile aber bereits verstorben war, wurde 2004 exhumiert – auch von ihm stammte das Haar allerdings nicht.

Zweiter Teil: Die Methode

4. Der Verdacht

Alles kriminalistische Denken beginnt grundsätzlich mit einem **Verdacht**. Zwar gehen jedem Verdacht gewisse Wahrnehmungen und Arbeiten voraus. Diese liegen aber solange außerhalb des eigentlichen kriminalistischen Arbeitens, als kein Verdacht besteht. Verdacht hegen heißt, mehr oder anderes vermuten, als sich offen zeigt. Wenn der Kriminalist Verdacht schöpft, so bedeutet das, er vermutet, ein Ereignis könnte eine Straftat, eine bestimmte Person ein Straftäter sein. Der Verdacht kann auch darin bestehen, hinter einem scheinbar leichten Delikt ein schweres Verbrechen zu wähnen, in einem kleinen Delinquenten einen Schwerkriminellen zu sehen. In diesem Zusammenhang soll es aber nur um den Verdacht ganz zu Beginn der Ermittlungen gehen, um den so genannten **Anfangsverdacht** (dass überhaupt eine Straftat vorliege, allenfalls, dass eine bestimmte Person als Täter in Frage komme). Es geht also vorerst **nicht** um besondere Verdachtsmomente **während der Bearbeitung** eines Falles, etwa der Art, dass der Beschuldigte wahrscheinlich fliehen wolle, sodass eine Verhaftung wegen dringenden Tatverdachts und Fluchtgefahr notwendig sei.

Ausgangspunkt des Verdachtes ist das Nichtwissen. Wer also Verdachtslagen in alle Richtungen erkennen will, muss sich vorerst eingestehen können, dass er eben noch nicht weiß, wie die Lösung lautet. Je mehr die Kriminalistik verwissenschaftlicht wird, desto größer ist möglicherweise die Gefahr, dass Verdachtslagen falsch eingeschätzt werden – denn Wissenschaftler haben leider oft die Tendenz, neue Erkenntnisse oder Vermutungen wegzuerklären, statt zu erkennen, dass es sich lohnen würde, sich mit ihnen intensiver zu beschäftigen.

4.1 Die Intensität des Verdachtes

Ein Verdacht kann **verschieden intensiv** sein. Er kann vom vagen Gedanken an die bloße Möglichkeit bis zur (vorläufig unbewiesenen) Überzeugung, es sei eine Straftat begangen worden bzw. eine bestimmte Person sei ein Straftäter, die verschiedensten **Grade** besitzen. Wenn man z.B. eine Leiche mit einer Schussverletzung findet, jedoch weit und breit keine Waffe, so entsteht der dringendste Verdacht, es sei ein Verbrechen geschehen. Entdeckt man bei einer Feuersbrunst zwei oder gar drei Brandherde, so ergibt sich der deutliche Verdacht einer Brandstiftung. Hört man in der Nacht einen (einmaligen) Schrei, so kann man auch an die Möglichkeit eines Verbrechens denken, ohne dem vagen Verdacht eine Handlung folgen zu lassen. Man spricht je nachdem von einem nahen, entfernten, von einem Anfangsverdacht oder dringenden Verdacht.

Eine nur **vage Vermutung** schafft noch **keinen Anfangsverdacht**, der ein polizeiliches Eingreifen rechtfertigen könnte oder veranlassen müsste (wohl aber allenfalls wenige zurückhaltende und klärende Feststellungen). Als Anfangsverdacht genügt immerhin schon ein so genannter **einfacher Verdacht,** es sei eine Straftat verübt worden. Ein dringender Verdacht muss es nicht sein.

Dieser Anfangsverdacht, der die Eröffnung der Untersuchung ermöglicht, muss sich vorerst nur auf die **Straftat**, aber noch nicht notwendigerweise auf den **Straftäter** beziehen. Allerdings kommt es in der Praxis oft vor, dass Polizeibehörden den Anfangsverdacht nur auf den Täter beziehen, ohne dass ein Anfangsverdacht auf eine bestimmte Straftat vorhanden ist. Das genügt aber in der Regel zur Eröffnung einer Untersuchung gerade nicht.

Der Umstand, dass nachts in einem Fabrikgebäude eine Scheibe eingeschlagen wird, begründet den Anfangsverdacht auf eine Straftat. Dagegen begründet der Umstand, dass ein vorbestrafter Einbrecher nachts um vier Uhr in einem Industrieareal mit seinem Auto unterwegs ist, noch keinen Anfangsverdacht auf einen Einbruchdiebstahl. Dieser Verdacht lässt sich zwar konkretisieren, wenn der Kontrollierte keine vernünftige Erklärung für seinen Aufenthalt in der Gegend hat oder wenn er ein Brecheisen auf dem Beifahrersitz mit sich führt – ein konkreter Verdacht **auf eine Straftat** liegt aber immer noch nicht vor, solange nicht ein Bezug zu einer konkreten Straftat hergestellt (oder zumindest ein Versuch bewiesen) werden kann.

Mit dem Verdacht beginnt das kriminalistische Denken. Es ist daher schon viel gewonnen, wenn der Beamte einen Verdacht hat und sich überlegt, was dieses vielleicht vorerst vage Gefühl auslöst. Es gibt viele unbekannt gebliebene Straftaten, deren Anhaltspunkte einfach nicht beachtet worden sind oder die dem wenig Skeptischen harmlos erschienen sind. Man spricht von einem Dunkelfeld. Das vollkommene Verbrechen gibt sich denn auch infolge Tarnung als etwas anderes, als scheinbarer Unglücksfall, als scheinbar natürlicher Tod u.s.w., als Ereignis, das auch dem Misstrauischen harmlos erscheint. Man sollte sich aber ständig der Regel bewusst sein: Es gibt **kein indizienloses Verbrechen**. Das Leben spielt sich in einer Welt kausaler Zusammenhänge mit unzähligen Hinweisen ab. Nur wo immer Zufall herrschen würde, gäbe es keine Indizien.

Hinweise auf ein Verbrechen liegen nicht immer offen zutage; es erkennt sie nur, wer auch zu verdächtigen weiß. Der gute Kriminalist sollte eher eine Dosis zuviel Skepsis hegen. Die Fähigkeit, leicht Verdacht zu fassen, ist die Grundlage erfolgreicher kriminalistischer Arbeit und der paranoiden Schizophrenie. Von *Edgar Allen Poe* wird behauptet, er habe die Detektivgeschichten erfunden, damit er nicht verrückt werde. Seine Erfindungen haben ihn leider nicht zu schützen vermocht. Neuere Erkenntnisse der Forschung zur Kreativität ergaben, dass den Kreativen auszeichnet, dass er sehr viele Ideen hat, die bei andern vom Hirn als unerwünscht ausgefiltert werden; das Fehlen des Filters kann aber eben auch zu Geisteskrankheit führen.

Wer die Fähigkeit und Neigung, leicht zu verdächtigen, als Kriminalist nicht mit sich bringt, muss sie sich in jedem Fall von Amtes wegen zulegen.

4.2 Der konkrete Tatverdacht als Voraussetzung der Untersuchung

Man darf und soll zwar leicht Verdacht fassen und diesen allenfalls aufgrund weiterer, zurückhaltender Feststellungen zu einem Anfangsverdacht verdichten. Es ist aber nicht erlaubt, Verdachtslagen **zu ermitteln**. Man weiß zwar, dass eine große Zahl von Schadensmeldungen an Versicherungsgesellschaften unwahr sind und den Tatbestand des Betruges erfüllen. Es wäre aber nicht zulässig, Versicherungsgesellschaften zu veranlassen, alle Schadensmeldungen an die Polizei weiterzuleiten, damit diese durch Ermittlungen allfällige Betrüge feststellen könnte. So sehr es also erwünscht ist, durch raschen Verdacht Straftaten aufzudecken, darf man doch nicht ohne **konkrete Anhaltspunkte** ermitteln. Man darf nicht Verdachtsermittlung betreiben. Das Verbot des Erschnüffelns von Verdächten steht auch einer Kontrolle von größeren Finanztransaktionen über Banken entgegen, um Gelder des Organisierten Verbrechens oder von Geldwäschern zu entdecken. Ebenso unzulässig ist es (zumindest nach Schweizer Auffassung), alle Personen, die im Ausland Geld anlegen, ans Heimatland zu melden, um systematisch zu überprüfen, ob sie Steuern hinterziehen. Man muss auf konkrete Anhaltspunkte warten – oder auf Hinweise der Bankiers, zu denen diese je nach Rechtsordnung ermächtigt oder sogar verpflichtet sein können. Bei Straftaten ist ja das Bankgeheimnis kein Hindernis.

Verdachtsunabhängige Recherchen sind allerdings zunehmend verbreitet. So werden etwa Chat-Foren für Jugendliche bisweilen überwacht, weil man weiß, dass sich dort auch Pädophile ihre Opfer suchen. Um zu überprüfen, ob das Verbot von Alkoholverkäufen an Jugendliche eingehalten wird, werden flächendeckend Kinder in Läden geschickt, um Testkäufe zu machen. Auch Radarfallen im Straßenverkehr gehören zu diesen verdachtsunabhängigen Recherchen. Als die Promillegrenze im Straßenverkehr in der Schweiz von 0,8 auf 0,5 Promille gesenkt wurde, wurde gleichzeitig ins Gesetz festgeschrieben, dass verdachtsunabhängige Atemlufttests zulässig sind, weil Leute mit wenig mehr als 0,5 Promille Alkohol im Blut eben in der Regel gerade keine konkreten Zeichen der Angetrunkenheit zeigen.

Der Verdacht ist **verbrechensaufklärend**. Der einmal gefasste Verdacht durchzieht die ganze nachfolgende kriminalistische Arbeit, und er soll es auch, trotz Entlastungsindizien. Die Vermutung der Schuldlosigkeit und der Satz „In dubio pro reo" gelten nur soweit, als der Verdacht **nach durchgeführten Ermittlungen** nicht zu einem Tatbeweis geführt hat. Der Verdacht als Misstrauen kommt denn auch richtigerweise erst dann zur Ruhe, wenn ein Verbrechen nachgewiesen und der Täter überführt ist – oder eine Straftat eindeutig nicht vorliegt bzw. ein Täter schlechterdings nicht zu überführen ist.

Der Verdacht ist bisweilen sogar **verbrechensverhütend**. Im Fall „The Red-Headed League" gelingt es *Sherlock Holmes* durch einen frühen Verdacht einen Einbruch in eine Bank zu vereiteln. Er durchschaut gewisse Vorbereitungshandlungen. Moderne Strafgesetzbücher stellen aus diesem Grund gewisse **Vorbereitungshandlungen** ausdrücklich unter Strafe, damit die Strafverfolgung schon vor der Begehung der eigentlichen Tat einsetzen kann.

4.3 Verdachtsbegründende Beweiserhebungen

In der Praxis werden in Einzelfällen auch **verdachtsbegründende Beweiserhebungen** zugelassen. So dient insbesondere die **erkennungsdienstliche Behandlung** samt DNA-Analyse oft nicht dem Zweck, die Anlasstat zu beweisen, welche die ED-Behandlung rechtfertigt – die ED-Behandlung ist nämlich auch zulässig, wenn gar keine Spuren der Tat vorhanden sind, die mit dem ED-Material verglichen werden können.

Nach Art. 5 des DNA-Gesetzes der Schweiz ist die Abnahme einer DNA unmittelbar nach Rechtskraft des Urteils zulässig bei Personen, „die wegen eines vorsätzlich begangenen Verbrechens zu einer Freiheitsstrafe von mehr als einem Jahr verurteilt worden sind, die wegen eines vorsätzlich begangenen Verbrechens oder Vergehens gegen Leib und Leben oder die sexuelle Integrität verurteilt worden sind oder gegenüber denen eine Maßnahme oder die Verwahrung angeordnet worden ist." Eine ähnliche Bestimmung enthält auch § 81g Abs. 4 der deutschen StPO. Diese DNA-Abnahme dient offensichtlich der Überprüfung, ob im Bezug auf ein ungeklärtes Delikt, dessen der Betroffene bisher gar nicht verdächtigt ist, ein Verdacht begründet werden kann.

Verdachtsbegründend wirken auch **DNA-Reihenuntersuchungen**, die in Deutschland nach § 81h StPO und in der Schweiz nach Art. 3 Abs. 2 DNA-Profil-Gesetz zulässig sind; Voraussetzung für solche Untersuchungen ist nicht ein konkreter Tatverdacht, sondern bloß die Zugehörigkeit zu einer bestimmten Personengruppe. In beiden Ländern sind solche Untersuchungen nur bei bestimmten Straftaten möglich, und die Profile der Personen, die mit der Tatortspur nicht übereinstimmen, müssen nach dem Abgleich wieder gelöscht werden.

Ähnliche Beispiele sind **Antennensuchläufe** beim Telefonverkehr, die nach begangenen Straftaten zur Abklärung dienen, welche Mobiltelefone zur Tatzeit in der Nähe des Tatortes eingeschaltet waren, damit deren Besitzer ermittelt werden können; insbesondere in Fällen, wo ein Mobiltelefon bei zwei zeitlich und örtlich deutlich auseinander liegenden Delikten zur Tatzeit an beiden Tatorten betrieben wurde, kann diese Methode zur Ermittlung eines Täters führen, der vorher möglicherweise überhaupt nicht in Verdacht war.

Die Frage, wann verdachtsbegründende Abklärungen zulässig sind, ist noch nicht ausreichend diskutiert; solche Maßnahmen sind jedenfalls rechtsstaatlich bedenklich und bedürfen deshalb mindestens einer klaren gesetzlichen Grundlage.

4.4 Zur Entstehung des Verdachtes

In den weitaus meisten Fällen – man spricht von mehr als 90 % – wird ein Verdacht als **Anzeige** (als Auftrag) an die Ermittlungsbehörden **herangetragen,** von Privaten (auch in Form einer Selbstanzeige), von Organisationen, Vorgesetzten und anderen Amtsstellen. Die Ermittlungsbehörden sollen dann, wenn sie sich den Hinweis als Anfangsverdacht zu Eigen machen können, die Sache untersuchen. Es ist jedoch mitunter schwierig, fremden Vermutungen zuzustimmen. Man sollte jedenfalls nicht in Versuchung kommen, anderen zu missgönnen, dass sie Urheber eines kühnen Verdachtes sind, wenn sich dieser Verdacht plausibilisieren lässt. Es ist immer besser, auch in solchen Fällen gründlich und neutral zu ermitteln. Der Vorwurf, voreingenommen zu sein, kann bei diesem Vorgehen nicht aufkommen. Politiker sollten sich bewusst sein, was sie bei Verknappung der Ressourcen der Strafverfolgungsbehörden vor allem riskieren: Die Gefahr besteht nicht in erster Linie darin, dass dringende Verdachtslagen zu wenig gründliche analysiert werden; viel verlockender ist die Strategie, eine Strafuntersuchung gar nicht erst zu eröffnen und dies mit fadenscheinigen Argumenten zu begründen.

Im Folgenden soll analysiert werden, wann und wie ein Verdacht entsteht, der die Eröffnung eines Strafverfahrens rechtfertigt. Die deutlich interessantere Frage, wie vorzugehen ist, wenn der Verdacht nicht in genau **eine Richtung** geht, sondern die vorhandenen Daten verschiedene Varianten und Hypothesen zu einem möglichen Geschehen zulassen, wird erst in Kapitel 9 eingehend behandelt.

4.4.1 Voraussetzungen

Wie entsteht ein Verdacht? Er ergibt sich nicht schon aus bloßen tatsächlichen Feststellungen. Zu den

(a) **konkreten Tatsachen** (Feststellungen über wahrgenommene, konkrete Tatsachen) müssen immer

(b) **Erkenntnisse allgemeiner Natur** (z.B. Erfahrungen, Wahrheiten der Kriminologie, der Kriminalistik u.s.w.) herangezogen werden, und es ist zu prüfen, ob das so Vermutete

(c) **wahrscheinlich einen Tatbestand des Strafrechts** erfülle.

Nur so, wenn (a), (b) und (c) zusammentreffen, kann ein strafrechtlich relevanter Anfangsverdacht entstehen. **Bestimmte, konkrete Tat-**

sachen (a) zu fordern, ist rechtsstaatlich wichtig. Man soll keine Verdachtslagen erschnüffeln, sondern Tatsachen feststellen, die sich zeigen. Man denke an die oben erwähnten Versicherungsbetrüge, deren tatsächliche Umstände nicht immer zutage treten, aber doch ab und zu sichtbar sind. Die **allgemeine Erkenntnis** (b), die hinzukommen muss, etwa die kriminalistische Erfahrung, dass ein Brand mit mehreren Brandherden zumeist auf Brandstiftung zurückgeht, erlaubt aus den vorhandenen Tatsachen Schlüsse, zum Beispiel Wahrscheinlichkeitsschlüsse zu ziehen. Aber eben: Weder aus Tatsachen allein noch aus allgemeinen Erkenntnissen allein kann sich ein kriminalistisch bedeutsamer Verdacht ergeben. Nur **zusammen** führen sie dazu. Andere Erkenntnisse, etwa solche der Physik, der Chemie oder der Medizin bilden im Zusammenhang mit anderen Tatsachen die Grundlage anderer Verdachtslagen.

Wenn gelegentlich von Verdachtsgewinnung als Aufgabe des Kriminalisten die Rede ist, so kann das leicht als Verdachtsermittlung missverstanden werden, die, wie ausgeführt, unzulässig wäre. **Vor** einem eigentlichen Verdacht dürfen die Ermittlungsbehörden aber ihre **allgemeine, abstrakte Wissensbasis** erweitern, durch Lektüre von Büchern und Printmedien, durch Studium von Strafakten, durch Erfahrungsaustausch mit Kollegen, ja auch durch Befragung Eingeweihter, die über die Vorgehensweise von Tätern bestimmter Straftaten Auskunft geben können. Das ist keine Verdachtsermittlung, denn zur Entstehung eines Verdachtes, der einen Ermittlungszugriff erlaubt, müssen konkrete tatsächliche Anhaltspunkte zutage getreten sein.

Eine entscheidende Rolle bei der Entstehung eines Verdachtes spielt schließlich (c) das **Strafrecht**. Auch wenn so klare Tatsachen im Zusammenhang mit einer allgemeinen Erkenntnis auf das (moralisch) verwerfliche Verhalten eines Menschen hinweisen – solange sein Tun oder Lassen nicht **strafbar** ist, darf keinem Verdacht mit Mitteln des Strafprozessrechts nachgegangen werden. Das Strafrecht entwickelt sich (in letzter Zeit besonders rasch, weil in der Politik offenbar die Auffassung vorherrscht, jedes gesellschaftliche Problem müsse mit Mitteln des Strafrechts gelöst werden) weiter; was früher zwar unerwünscht, aber nicht strafbar war, ist es heute; man denke nur daran, dass vor nicht allzu langer Zeit die Verwertung von Insiderwissen im Aktienhandel oder die Geldwäscherei noch nicht strafbar waren. Es ist ein gesellschaftspolitischer Entscheid, ob die Produktion von Betäubungsmitteln, von harter Pornografie oder von Gewaltdarstellungen auch dadurch eingeschränkt werden soll, dass deren Konsum unter Strafe gestellt wird – je nach dem Entscheid einer Gesellschaft zu dieser Frage können Konsumenten mit strafrechtlichen Mitteln verfolgt werden oder eben nicht, und ein Blick in andere Länder zeigt, dass man diese Fragen durchaus unterschiedlich beantworten kann.

Auch eine **verjährte Tat** kann richtigerweise keinen Verdacht begründen, den man überprüfen müsste. Mitunter steht aber zu Beginn von Ermittlungen noch nicht fest, dass die Tat verjährt ist. Das können vielleicht erst entsprechende Feststellungen zeigen. Gerade auch die Dauer der Verjährungsfristen ist ein gesellschaftlicher Entscheid, der diskutiert werden muss – in der Schweiz wurden in den letzten zwanzig Jahren die Verjährungsfristen für sexuelle Handlungen an Kindern viermal geändert, und die unterschiedlichen Berechnungsweisen und Übergangslösungen führen dazu, dass komplizierte Überlegungen zur Frage angestellt werden müssen, ob eine Anzeige einer 30-jährigen Frau, sie sei vor 18 Jahren von ihrem Onkel sexuell missbraucht worden, bearbeitet werden muss oder nicht.

Die Ermittlung **gegen Tote** ist nicht möglich; das erschwert es zum Beispiel, bei einem Verdacht auf erweiterten Suizid (der Ehegatte tötet zuerst die Ehefrau und dann sich selbst) noch strafprozessuale Zwangsmaßnahmen zur Erhärtung dieser Hypothese einzusetzen. Man behilft sich in solchen Fällen in der Regel damit, dass man ein Verfahren gegen unbekannte Täterschaft eröffnet, indem man die Arbeitshypothese aufstellt, der Tote habe möglicherweise Mittäter gehabt – die tatsächliche Basis solcher Arbeitshypothesen ist allerdings oft ausgesprochen dünn.

Geht es um einen kriminellen Vorgang, bei welchem bereits **Vorbereitungshandlungen** (selbstständig) strafbar sind, so kann der Verdacht relativ früh entstehen, schon bei Anhaltspunkten für solche Vorbereitungen.

4.4.2 Verdacht auf Straftaten

Den Ausgangspunkt für einen Tatverdacht bildet in den meisten Fällen die Anzeige des Geschädigten. Wie sie aufzunehmen, einzuordnen und zu überprüfen ist, wird weiter hinten (Kapitel 5.2.) behandelt.

Auch – oder gerade wenn – keine Anzeige durch Private erfolgt, wäre es wichtig, kriminalistisch relevanten Sachverhalten nachzugehen. Aber **was ist verdächtig**?

Viele außergewöhnliche Ereignisse, z.B. der unerklärliche Tod eines Menschen, sein plötzliches Verschwinden, das Fehlen eines wertvollen Schmuckstückes, ein Brandfall, das Angebot eines Geldanlagemodells mit hohen Gewinnen und Ähnliches sind verdachtsbegründend. Man weiß, dass Menschen nicht ohne Grund sterben oder verschwinden; Sätze der Medizin und Erfahrungssätze sagen es, und es gibt Straftatbestände der Tötung und der Entführung. Zusammen kann dies zu einem Verdacht führen. Häuser entzünden sich nicht von selbst. Feuersbrünste können die verschiedensten Ursachen haben, auch solche, die auf Brandstiftung oder strafbare Fahrlässigkeit zurückzuführen sind. Wenn hohe Gewinne bei Geldanlagen sicher erzielt werden könnten, würden die Banken höhere Zinsen für Spargelder zahlen; weil sie das nicht tun, wecken Behauptungen, man könne Geld sicher zu einem Zins von 30 % pro Jahr anlegen, den Verdacht, dass das Anlagemodell betrügerisch ist.

Liegen die Hinweise auf eine Straftat nicht für jedermann zutage, so sind die **Erfahrung** und das Wissen des Kriminalisten gefragt. Nur derjenige, welcher bereits ähnliche Vorgänge als Verbrechen aufgedeckt oder aufgrund seiner Schulung und Lektüre von entsprechenden Straftaten gehört hat, wird Verdacht schöpfen und wissen, wie dieser zu verdichten ist. Aus diesem Grund ist es zum Beispiel heikel, wenn außergewöhnliche Todesfälle nicht immer auch unter Beizug von erfahrenen Kriminalisten bearbeitet werden (bzw. der Entscheid, ob ein Todesfall außergewöhnlich ist, dem Arzt überlassen wird). Es wird denn auch vermutet, dass eine größere Zahl von Todesfällen (vor allem von älteren Menschen) nicht als Fälle mit Dritteinwirkung erkannt werden, obwohl sie als solche erkennbar wären, wenn man genauer hinschauen und zumindest die Todesursache genauer prüfen würde. Wenn Herzversagen als Todesursache erkannt wird, ist das im Grunde genommen nichts sagend: Jeder Tod ist mit dem Versagen des Herzens verbunden; zu fragen wäre, was die Ursache dafür ist. In solchen Fällen führt also die **mangelhafte Abklärung** eines Sachverhaltes dazu, dass eine Straftat nicht erkannt wird. Allerdings wird nicht jeder Kriminalist heikle Todesfälle als solche erkennen, weil die meisten keine genügende Erfahrung mit (natürlichen und außergewöhnlichen) Todesfällen besitzen; das eigentlich erforderliche und umfangreiche Spezialwissen zu diesem Thema wird heute immerhin im Internet über www.todesermittlungen.de ausgetauscht.

Verdächtig sind Angebote von Geldgeschäften mit überhöhten Gewinnen. Sie mögen einigen Naiven am Anfang harmlos und schön erscheinen. Die **Geschäftserfahrung** zeigt aber, dass solche Gewinne normalerweise nicht gemacht werden können. Oft wissen allerdings nur Eingeweihte, dass ein bestimmtes, auf den ersten Blick nicht besonders verdächtiges Geschäftsverhalten zur Vorsicht mahnt, weil es in der Vergangenheit von Straftätern an den Tag gelegt wurde.

In der Schweiz gab es in den letzten Jahren viele Anzeigen von Personen, die in der Presse oder in Internet-Plattformen z.B. Personenwagen oder gar Liegenschaften zum Kauf angeboten hatten und dann ein Angebot aus dem Ausland bekamen. Kurz darauf erhielten sie einen Check über den vereinbarten Kaufpreis, allerdings nicht in Schweizer Franken, sondern in Euros; unmittelbar darauf wurden sie angerufen und gebeten, den zu viel bezahlten Betrag zurück zu vergüten. In Wirklichkeit ging es dem vermeintlichen Käufer gar nicht um die Ware, sondern es handelte sich um einen **Differenzbetrug**: Der Check war nicht gedeckt, die vom Verkäufer zurück erstattete Kaufpreisdifferenz war damit verloren. Der Trick funktioniert besonders gut, weil die Banken, wenn ihnen der Check eingereicht wird, dem Kunden in der Regel eine Gutschriftsanzeige mit dem Vermerk „Eingang vorbehalten" schicken, sodass der Kunde meint, das Geld sei bereits auf seinem Konto; die Bank schickt den Check der ausstellenden Bank ins Ausland und erfährt damit erst mit einigen Tagen Verspätung, dass er gefälscht oder nicht gedeckt ist, und kann dann die Gutschrift an das Opfer rückgängig machen, weil sie sich dies ja vorbehalten hat; bis zu diesem Zeitpunkt hat das Opfer die vermeintliche Differenz allerdings längst überwiesen.

Bei der Bearbeitung von Betrugsfällen zeigt sich oft, dass die Täter eine Mentalität des Opfers ausnützen, die ihrer eigenen nicht unähnlich ist: Ein Betrüger hat immer dann besonders leichtes Spiel, wenn das Opfer meint, es mache ein besonders gutes Geschäft, und dabei allenfalls sogar in Kauf nimmt, sich selbst strafbar zu machen.

Gängig sind so genannte Rip Deals: Der Täter reagiert auf ein Verkaufsangebot des späteren Opfers, indem er (meist für Immobilien) auf Anhieb den verlangten Preis oder allenfalls sogar mehr bietet, was beim Opfer zum Eindruck führt, hier sei ein etwas naiver Geschäftspartner am Werk. Dieser erklärt dem Opfer dann aber, er bezahle den Preis in einer andern Währung, und ersucht darum, für die reibungslose Abwicklung einen größeren Betrag in der Landeswährung bereit zu stellen. In Wirklichkeit geht es dem Täter nur darum, an dieses Geld zu kommen, indem er beim Umtausch des Geldes entweder Falschgeld oder im Extremfall sogar nur einen Koffer mit Altpapier übergibt oder mit dem Geld in Landeswährung verschwindet, bevor er Geld in der von ihm angebotenen Währung übergibt.

Besonders nigerianische Betrügerbanden haben sich auf Angebote zum Geldtransfer spezialisiert: Sie geben sich gegenüber dem Opfer als Angehörige eines gestürzten Diktators aus, die große Geldbeträge von Afrika nach Europa transferieren möchten, dazu aber eine unverdächtige Geschäftsverbindung benötigen; sie bieten an, wenn die Abwicklung des Geldtransfers klappe, dann erhalte das Opfer eine Beteiligung von 10 oder 20 % der transferierten Summe, die immer in Millionenhöhe liegt. Natürlich existiert diese Summe nicht wirklich, es geht den Tätern aber darum, Kostenvorschüsse für angeblich entstehende Bankspesen oder gar für das angeblich nötige Bestechen von Bank- oder Regierungsbeamten zu kassieren. Das Opfer meint, mit wenig Aufwand besonders viel Geld zu verdienen, und redet sich moralisch mit dem Argument heraus, geschädigt werde ja bloß ein fremder Staat.

Simpler ist die Masche, dem Opfer brieflich oder per Mail den Gewinn in einer europäischen Lotterie anzukündigen und vorerst die Bankdaten für die Überweisung des Gewinnes zu verlangen. Es werden dann aber angeblich Bankspesen oder Quellensteuern fällig, die vom „Gewinner" vorab zu zahlen sind – natürlich trifft dann der angebliche Gewinn auch dann nicht ein, wenn diese Beträge überwiesen sind.

Wenn jemand Uran vom Atomgewicht 235 anbietet, dann muss der Verdacht wach werden, es handle sich um eine Schwindelofferte. Mit Uran vom Atomgewicht 235 lässt sich nämlich, wie die Physik lehrt, eine Atombombe herstellen. Uran 235 kommt in der Natur aber nicht rein vor, sondern nur im Gemenge von Uran 237 und 238; es muss in einem aufwändigen Prozess zuerst vom Uran mit den anderen Atomgewichten getrennt werden; kaum ein Staat, der es rein herstellen kann, gibt es aber an Private ab. In solchen Fällen ist das zu Tage tretende Verhalten also mit **wissenschaftlichen Erfahrungen** nicht in Einklang zu bringen.

Verdächtig sind Ereignisse, die strafrechtlich von Bedeutung sein können, für die man **keine natürliche Ursache** findet, z.B. scheinbar Übernatürliches, vor allem, wenn es auch um Geld geht.

Zahlreiche Angebote für Schlankheitsmittel mit außerordentlicher Wirkung, die wenn möglich auch noch pseudowissenschaftlich erklärt wird, gehören in diese Kategorie, aber auch andere Allerwelts-Heilmittel wie Kupferpyramiden zur Ablenkung von gefährlichen Erdstrahlen, Armbänder aus (für Armbänder) ungewöhnlichen Materialen, die gegen Krankheiten helfen, und so weiter. Solchen Angeboten ist gemeinsam, dass die Kosten für die Herstellung der Präparate oder Gegenstände in keinem vernünftigen Verhältnis zu den Verkaufspreisen stehen.

Ein **Gerücht** kann zu einem Verdacht führen, auch ein anonymer Brief, doch ist zu empfehlen, den indiziellen Wert der behaupteten Tatsachen aufgrund von Erfahrung und Wissen abzuwägen.

4.4.3 Verdacht auf Straftäter

Grundsätzlich ist der Verdacht auf **eine Straftat** Voraussetzung für die Überlegung, wer als Täter in Frage kommen könnte. Der Umstand, dass sich jemand verdächtig macht, genügt noch nicht zur Eröffnung der Untersuchung. Wenn allerdings das Verhalten einer Person so offensichtlich verdächtig ist, dass sich daraus bereits der deutliche Verdacht ergibt, er müsse Straftaten begangen haben, wird man vorerst außerhalb des Strafverfahrens (und damit ohne Einsatz der damit zur Verfügung stehenden Zwangsmittel) gewisse Vorabklärungen machen können; auch in solchen Fällen setzen die Ermittlungen aber vorerst beim Nachweis von Taten an, bis sie sich wieder dem Verdächtigen zuwenden.

Wer macht sich verdächtig?

Das Fehlen einer geregelten und normalen **Lebensweise** ist verdächtig. Jemand geht z.B. immer nachts aus, arbeitet tagsüber nicht oder nur wenig und gibt viel Geld aus, ohne dass etwas von einer Anstellung mit Nachtarbeit, einer Erbschaft, einem Los- oder Totogewinn oder andern Geldquellen bekannt wäre. Wer als Asylbewerber in einem Gastland lebt, von der öffentlichen Hand lebt und trotzdem einen hohen Lebensstandard hat, macht sich verdächtig, dass er entweder schwarz arbeitet oder delinquiert.

Verdächtig sind erkennbare **Tarnungsmaßnahmen** eines Menschen, etwa die Verwendung falscher Namen oder Adressen auch bei harmlosen Geschäftsabschlüssen, die Abwicklung von banalen Geschäften über anonyme Gesellschaften, wenn dies keinen erkennbaren Sinn macht, die Gründung von Gesellschaften mit Sitz im Ausland ohne erkennbaren (z.B. steuerlichen) Zweck, obwohl die Geschäfte dieser Gesellschaften im Inland abgewickelt werden. Wer häufig aus öffentlichen Telefonzellen telefoniert, obwohl er ein Handy besitzt, oder wer auf seinem Computer Programme zum anonymen Surfen im Internet und zum unwiderruflichen Löschen von Daten installiert hat, der erweckt den Anschein, dass er etwas zu verbergen habe.

Das fehlende oder schlechte **Alibi** vermag einen Verdacht zu begründen oder zu verstärken; manchmal ist aber auch ein zu gutes Alibi verdächtig.

Ein ziemlich verschuldeter Landwirt war just in der Nacht (und seit Monaten zum ersten Mal) von zu Hause abwesend, als sein Wohnhaus und seine Scheune nieder brannten. Feinde hatte der Eigentümer, soweit bekannt, keine, und kein Pyromane trieb in der betreffenden Gegend sein Unwesen. Eine eigene Brandstiftung aus versicherungsbetrügerischen Gründen schien am wahrscheinlichsten. Allerdings war am Alibi des Eigentümers nicht zu rütteln; es war hieb- und stichfest – zu gut. Das führte zum Verdacht, der Eigentümer könnte einen anderen, im konkreten Fall einen Untermieter, zur Tat angestiftet haben, während er dafür sorgte, selbst ein unanfechtbares Alibi zu haben. Der Verdacht erwies sich als richtig.

Die **Beseitigung von Spuren**, irreführende erste Angaben über den Vorfall, aber auch die übertriebene Bereitwilligkeit, der Polizei zu helfen, sind verdächtig. Stutzig machen sollte auch, wenn sich jemand (mit fadenscheinigem Grund) allzu sehr für ein verübtes Delikt interessiert, sich wiederholt nach dem Stand der Ermittlungen erkundigt, einschlägige Zeitungsartikel sammelt – und sehr gut der Täter sein könnte.

Höchst verdächtig ist das Erzählen von Dingen, die vermutlich nur der **Täter wissen** kann.

Ein Automobilist war am Zoll bei der Einreise in die Schweiz angehalten worden; in seinem Fahrzeug fanden sich 12 kg Kokain. Er wurde festgenommen und mit dem Vorwurf konfrontiert, er habe Betäubungsmittel über die Grenze schmuggeln wollen; er erklärte, er habe das Fahrzeug von einem Dritten übernommen, der ihm gesagt habe, er müsse Aktien in die Schweiz schmuggeln; wenn er gewusst hätte, dass es sich um Kokain handle, dann hätte er den Transport nie gemacht. Allerdings hatte ihm niemand gesagt, dass es sich bei den Betäubungsmitteln um Kokain handle.

Auch der Umstand, dass jemand bereits einmal eine ganz ähnliche Straftat begangen hat und kein Alibi besitzt, weckt, wenn ein solcher Fall (wieder) geschieht, einigen Verdacht.

Verdächtig macht sich, wer vor einer Vernehmung oder Verhaftung untertaucht, falsche Personalien zu Protokoll gibt, sich mit einem gefälschten Pass ausweist. Wer über einen Vorfall **keine Auskunft** erteilen will, könnte etwas zu verbergen haben. Zwar ist es das Recht jedes Beschuldigten, zu den Tatvorwürfen zu schweigen, und darüber muss er vor der Vernehmung auch belehrt werden; es ist aber auch das Recht des Strafverfolgers, aus dem Schweigen des Verdächtigen den Schluss zu ziehen, dass gründliche Abklärungen sich lohnen, denn erfahrungsgemäß wird der Unschuldige, der einer Tat verdächtigt wird, eben nicht schweigen, sondern alles tun, um seine Unschuld zu beweisen.

Verdächtig ist ein Anzeigeerstatter (und zwar der Irreführung der Rechtspflege oder der falschen Anschuldigung), wenn er seine Angaben nicht auf **normale** Weise vorbringt, etwa wiederholt und ungefragt Entlastungsbeweise (von geringem Wert) anbietet. Wahrheitsliebende Geschädigte gehen davon aus, man glaube ihnen ohne weiteres (und es sei ja Sache der Polizei, Beweise zu finden).

Verdächtig ist unter Umständen die **Wiederkehr** auffälliger Ereignisse. Die drei Ehefrauen eines bestimmten Mannes starben scheinbar alle an Herzschlag und hinterließen ihrem Gatten jeweils viel Geld. Wer immer wieder als Vorausfahrender in Auffahrunfälle im Straßenverkehr verwickelt (und damit a priori an den Unfällen nicht schuld) ist, lenkt den Verdacht auf sich, dass er solche Unfälle provoziert.

Es ist bekannt, dass in gewissen Milieus vermehrt Straftaten begangen werden. Die Ansammlung von Personen aus der **Drogenszene** begründet den Anfangsverdacht, es würden Drogen gehandelt. Wenn schlecht integrierte Personen sich unter misslichen Bedingungen zur **Prostitution** anbieten, dann begründet dies den Verdacht, sie würden unter Druck gesetzt. In gewissen **Internet-Foren** wird gehäuft zu Straftaten aufgefordert oder es werden strafbare Kontakte geknüpft.

Das Schweizerische Bundesgericht hat es zugelassen, dass die Polizei in Chat-Foren für Jugendliche verdachtsunabhängige Recherchen vornimmt, weil es bekannt sei, dass sich in solchen Foren auch Pädophile tummeln; sobald allerdings ein Polizeibeamter unter Tarnidentität mit einer solchen Person direkt chatte, handle es sich um eine bewilligungspflichtige verdeckte Ermittlung, welche einen konkreten Tatverdacht und die Eröffnung einer Strafuntersuchung voraussetze.

4.5 Gemeinsamkeiten

Es gibt zahlreiche weitere Gründe, welche die Strafverfolgungsbehörden dazu führen müssten, von sich aus tätig zu werden, um zu überprüfen, ob ein bestimmter Sachverhalt strafrechtlich relevant ist. Gemeinsam ist solchen Sachverhalten, dass sie im **Vergleich mit Modellen**, hier im Vergleich mit unverdächtigen Sachverhalten, Besonderheiten aufweisen, denen es sich nachzugehen lohnt. Auch in diesem Zusammenhang gilt also: Wer mehr Erfahrung mit Modellen und mit Abweichungen davon hat, wird als Kriminalist erfolgreicher sein.

Deshalb sollte man sich auch nicht scheuen, **unguten Gefühlen** nachzugehen, die man bei der ersten Beurteilung von Sachverhalten hat. Gute Kriminalisten spüren intuitiv, wenn etwas „nicht stimmt"; bei genauer Betrachtung entstehen diese unguten Gefühle meistens daraus, dass der vorliegende Sachverhalt im Vergleich mit Modellen ungewöhnlich ist, und es geht dann darum zu formulieren, welche Umstände zu diesem unguten Gefühl führen, weil sie ungewöhnlich sind, und diese Umstände dann näher zu überprüfen.

Ein Verdacht kann relativ lange bestehen, ohne dass ihn die Ermittlungen zu verdichten oder zu schwächen vermöchten; erst ganz zuletzt schlägt vielleicht das Pendel aus. Der Verdacht kann auch ständig schwanken. Möglich ist auch, dass er sich durch jede neue Ermittlungshandlung verdichtet und schließlich doch noch in sich zusammenfällt.

Der pflichtbewusste Kriminalist wird jedem **erheblichen Verdacht** nachgehen, auch wenn ihm einige Arbeit bevorsteht. Die Praxis zeigt indessen, dass Fälle, die beweismäßig nicht schon günstig liegen, oft ohne Energie oder gar nicht angepackt werden. Damit verpassen aber die zur Untersuchung Verpflichteten oft interessante Erfahrungen und Erfolgserlebnisse. Jeder Verdacht sollte dem Kriminalbeamten unter den Fingernägeln brennen, bis er eine sichere Lösung gefunden hat, indem die weiteren Ermittlungen den Verdacht entweder widerlegen oder bestätigen.

5. Die Daten

5.1 Grundsätzliche Überlegungen

Ohne Daten, Wahrnehmungen, Feststellungen gibt es kein kriminalistisches Denken, und in einer der Detektivgeschichten von *Conan Doyle* kann man daher über *Sherlock Holmes* lesen: „Data! data! data!" he cried impatiently. „I can't make bricks without clay." („Daten! Daten! Daten!" schrie er ungeduldig. „Ich kann ohne Tonerde keine Backsteine machen.")

Jede Straftat ist ein Ereignis in **Raum und Zeit**. Es spielt sich an einem bestimmten Ort und zu einer gewissen Zeit (oder in schwierigen Fällen auch an verschiedenen Orten und Zeiten) ab. Im Mittelpunkt steht das Verhalten eines Menschen in einer geeigneten Situation. Darüber hinaus gibt es meistens Vorbereitungshandlungen, Nebenerscheinungen des verbrecherischen Tuns oder Unterlassens und Folgen der Straftat. All das oder wenigstens ein Teil davon kann vom Täter, von Beteiligten, Auskunftspersonen, Zeugen, vom allfälligen Opfer und vom Kriminalbeamten wahrgenommen werden, und alles, was darüber berichtet oder festgestellt wurde, soll, wenn man das Verbrechen klären will, zusammengetragen werden: Je breiter die Datenbasis, umso sicherer ist der Erfolg.

Daten sind nicht nur Aussagen zum Geschehen oder Feststellungen über Spuren, welche in dieser oder jener Hinsicht in die Augen springen. Auch Auslassungen in einer Darstellung und **fehlende Spuren** sind Daten, und zwar in der Regel sehr aufschlussreiche. Denn man muss sich fragen: Warum hat die betreffende Auskunftsperson diese oder jene Beobachtung nicht gemacht oder verschwiegen, welche sie doch aller Wahrscheinlichkeit nach gemacht haben sollte? Deckt sie jemanden? Oder: Warum hat das erwürgte Opfer keine Verletzungen an den Händen davongetragen? Warum fand man keine Fremdzellen unter seinen Fingernägeln? Wehrte es sich nicht? Schlief es vielleicht oder war es bereits ohnmächtig? Oder: Warum hörte man keinen der Schüsse, obwohl das Opfer mehrere Schussverletzungen aufweist? Wurde das Opfer allenfalls an einem anderen Ort getötet? Oder: Warum erschütterte der Anblick der toten Ehefrau den Ehemann nicht? Wünschte er vielleicht deren Tod? Kurz, auch negative Tatsachen sind Daten. Auch in diesem Zusammenhang gilt erneut: Der **Vergleich** des vorliegenden Sachverhaltes **mit Modellen** zeigt, was fehlt, obwohl es normalerweise vorhanden sein müsste.

Von Interesse ist bekanntlich vor allem, was zu **Indizien** oder **Beweismitteln** in Bezug auf Tat und Täterschaft führt oder was Indiz bzw. Beweis für eines der Verbrechenselemente ist. Beide Aufgaben, die heuristische und die syllogistische, sind im Auge zu behalten. Ziel ist aber immer die Beantwortung der sieben Fragen: Welcher Sachverhalt, der einen objektiven Straftatbestand erfüllt, liegt vor? Wer hat ihn erfüllt? Welche Fakten sind gegeben, die den subjektiven Tatbestand erfüllen? (Wer hat was, wo, wann, wie, womit, mit wem und warum getan?). Ist das Verhalten des Täters rechtswidrig? Ist es schuldhaft? Welche besonderen Tatsachen bestanden oder bestehen außerdem? Sind alle weiteren Voraussetzungen einer Strafbarkeit gegeben?

Man sucht nach Daten, die das verdächtige Ereignis betreffen, aber auch nach solchen, die sich auf die Täterschaft beziehen; dabei soll den belastenden und entlastenden Umständen mit gleicher Sorgfalt nachgegangen werden; das gebietet nicht nur das Fairnessgebot, sondern es wäre auch taktisch falsch, entlastende Umstände nicht abzuklären und zu dokumentieren, weil die Ermittlungen sonst in eine falsche Richtung führen könnten. Ferner erhebt man Zusammenhänge, die eine Würdigung dieses oder jenes Beweismittels gestatten, und Daten, welche auf (weitere) Informationsquellen (z.B. auf noch nicht bekannte Zeugen) hinweisen.

Es sind in erster Linie **zwei** Wege zu nennen, die zu Daten führen: erstens die Vernehmung Beteiligter (also von Auskunftspersonen, Beschuldigten und Zeugen), die im Zusammenhang mit dem verdächtigen Vorgang etwas Bedeutsames zu sagen haben, zweitens eigene Feststellungen, etwa durch Spurensuche, -sicherung und -auswertung, durch Augenschein und Sicherstellen von Urkunden oder anderen Beweisstücken. In der Beweislehre spricht man in diesem Zusammenhang von **Aussagen** und **Sachbeweisen**.

Man sollte in der Anwendung der gesetzlichen Möglichkeiten nicht zurückhaltend sein. **Tatkräftiges Handeln** führt auch bei der kriminalistischen Arbeit eher zum Erfolg oder wenigstens zu Teilerfolgen als ängstliches Abwarten; besonders wichtig ist dies in der ersten Phase nach der Straftat, wo Beweise noch erhoben werden können, die sich später verflüchtigen. Es ist erstaunlich, wie sonst gute Kriminalisten mitunter tagelang an einem verdächtigen Ereignis herumstudieren, ohne einen Weg zur Aufdeckung zu sehen oder begehen zu wollen, während eine Befragung eines Beteiligten oder des Verdächtigen rasch Klarheit gebracht hätte. Es gibt zwar Fälle, wo man Zurückhaltung üben sollte, wenn man sich nicht durch ein zu frühes Zugreifen die Beweislage verderben will; solche Fälle, die erkennbar ein Zuwarten nahe legen, sind jedoch eher selten. Wer vorgibt, aus taktischen Gründen bei Beweiserhebungen vorerst zuwarten zu wollen, tarnt oft nur die eigene Bequemlichkeit. Man sagt sich etwa: „Was wird mir der Zeuge schon Neues sagen können?“ und verzichtet auf eine Befragung. Vielleicht wäre aber doch etwas Interessantes zu hören gewesen. Ähnliches gilt in Bezug auf Fälle, in denen man souverän eigene Feststellungen und Nachprüfungen unterlässt, die Dinge also hinnimmt, wie sie sind. Es sollte indessen (wenn es einigermaßen im Verhältnis zur Bedeutung des Falles steht) auf keine erhältlichen Beweismittel verzichtet werden, welche zur Lösung wirklich etwas beitragen können.

Den guten Kriminalisten zeichnet anderseits aus, dass er erkennt, welche Beweiserhebungen **am raschesten zum Erfolg** führen können; denn die Zeiten, wo alles abgeklärt werden kann, was abklärbar wäre, sind heute vorbei (wenn es sie je gegeben hat).

Mitunter sind keine Auskunftspersonen zur Hand, sei es, dass außer dem unbekannten Täter niemand Wahrnehmungen gemacht hat, sei es, dass allfällige Beobachter (noch) nicht bekannt sind. In solchen Fällen hat man sich vorderhand mit Feststellungen über die Folgen des mutmaßlichen Verbrechens zu begnügen, etwa mit Spuren, die man am Tatort noch wahrnehmen kann. Man wird aber versuchen, die vorhandenen Daten durch geeignete Aktivität in Richtung der Tat, ihrer Breite, ihrer Vorgeschichte und allfälliger weiterer Folgen zu vermehren.

5.2 Vernehmungen

Es soll im Folgenden von den Personen die Rede sein, von denen man durch Befragung Daten zu erhalten hofft. Wer hat etwas beobachtet, wer kann darüber Auskunft geben? In erster Linie ist derjenige anzuhören, welcher zuerst einen Verdacht geäußert, eine verbrechensverdächtige Situation angetroffen und gemeldet hat: der **Anzeigeerstatter** (im weitesten Sinne des Wortes). Gibt es keinen solchen, soll man zur Vernehmung von Beteiligten übergehen, zur Befragung des mutmaßlichen Täters und der Zeugen. Sicher muss man so rasch als möglich auch eigene Wahrnehmungen (etwa am Tatort) oder solche von Sachverständigen festhalten, Urkunden sichten und, wenn nötig, beschlagnahmen u.s.w. Die Reihenfolge wird durch den konkreten Fall bestimmt.

Wichtigste, weil zuverlässigste Basis für eine Beweisführung ist und bleibt die vollständige und gründliche Tatbestandsaufnahme. Beinahe ebenso wichtig sind allerdings die Ergebnisse von Vernehmungen. Es lohnt sich deshalb, sich einleitend einige Überlegungen dazu zu machen, welche Voraussetzungen erfüllt sein müssen, damit eine Vernehmung zu zuverlässigen Resultaten führt.

5.2.1 Grenzen der Wahrnehmung und der Erinnerung

Wer Vernehmungen durchführt, sollte sich bewusst sein, dass die Befragten nur das wiedergeben können, was sie erstens wahrnehmen konnten und zweitens auch richtig in Erinnerung behalten haben.

Die menschlichen Sinne sind zwar erstaunlich leistungsfähig (vgl. vorn, Ziff. 3.5.1); trotzdem sollte man sich vor jeder Vernehmung die Frage stellen, was die zu befragende Person in der konkreten Situation tatsächlich **wahrgenommen** haben kann. Insbesondere gilt es zu berücksichtigen, dass man sich auf ein Geschehen im Alltag in der Regel nur dann konzentriert, wenn es ungewöhnlich ist. Vorsicht ist deshalb am Platz, wenn der Unfallzeuge genau gesehen haben will, was vor dem Unfall geschehen ist, ohne dass er ihn kommen sah; die meisten Zufallszeugen eines Verkehrsunfalls schauen nämlich erst dann genau hin, wenn es geknallt hat.

Kann der Zeuge etwas tatsächlich wahrgenommen haben, dann ist die nächste Frage, ob er es auch in der Erinnerung **gespeichert** hat. Das Gehirn arbeitet nach einem vorgegebenen Schema und besitzt drei einigermaßen klar getrennte Datenspeicher:

- das Langzeitgedächtnis, welches Wochen bis Jahre zurückreicht,
- das Kurzzeitgedächtnis, das Stunden bis Tage umfasst, sowie
- das Ultrakurzgedächtnis, welches unmittelbar Gelerntes höchstens für Minuten behalten kann.

Wenn etwas vom Ultrakurzgedächtnis ins Kurzzeitgedächtnis oder später ins Langzeitgedächtnis übertragen werden soll, muss es für die betreffende Person von einiger Bedeutung sein. Mittlerweile ist klar, dass das Gedächtnis Sachverhalte nicht wie ein Film abspeichert, der später auf Kommando wieder abgespielt werden kann. Der Prozess des Erinnerns ist viel komplexer, er gleicht eher einem Rekonstruieren von Teilaspekten zu einem Ganzen und ist damit anfällig auf Störungen, weil nicht Erinnertes durch Plausibles (oder andernorts Gehörtes) ergänzt wird, ohne dass sich der Betroffene dessen bewusst ist.

Gedächtnisleistung setzt die Entwicklung gewisser Fähigkeiten voraus. Man weiß heute, dass ein Kind bis zum Alter von drei Jahren gar nicht in der Lage ist, Erinnerungen an Episoden so zu speichern, dass sie dann auch reproduziert werden können. Deshalb macht es keinen Sinn, Kinder unter drei Jahren überhaupt über Erlebtes zu befragen, auch wenn sie sprachlich bereits in der Lage sind, sich gut auszudrücken.

5.2.2 Lügen

Die Frage, wann ein Verdächtiger lügt, ist für den erfahrenen Kriminalisten, der eine gründliche Vernehmung durchgeführt hat, oft relativ sicher zu beantworten, wenn er einmal den Trugschluss überwunden hat, es gehe um die Beurteilung der **Glaubwürdigkeit** der Person. In Wirklichkeit ist nämlich nur die **Glaubhaftigkeit** der Aussage entscheidend, denn es gilt die banale Weisheit, dass niemand immer lügt und niemand immer die Wahrheit sagt, sodass die Beurteilung der Person nur selten wirklich weiter hilft. *Udo Undeutsch* hat nachgewiesen, dass wahre und unwahre Aussagen strukturell verschieden sind, und diese Strukturen sind zu untersuchen. Die entscheidende Frage ist, ob die aussagende Person unter Berücksichtigung der Umstände, der intellektuellen Leistungsfähigkeit und der Motivlage eine bestimmte Aussage auch ohne realen Erlebnishintergrund machen könnte oder nicht; die meisten Leute sind schon rein intellektuell nicht in der Lage, eine erlogene Geschichte über längere Zeit überzeugend zu erzählen. Die Fachliteratur enthält dazu zahlreiche Hinweise.

In der Regel verwenden erfahrene Kriminalisten zwei Arten von Kriterien, um die Glaubhaftigkeit einer Aussage zu beurteilen:

Zu den **Glaubhaftigkeitskriterien** gehören

- der Detaillierungsgrad (insbesondere auch bezüglich nicht tatrelevanter Umstände, denn der Lügner wird sich nicht die Mühe machen, von sich aus Details zu erfinden, die mit dem Kerngeschehen eigentlich nichts zu tun haben),
- die Schilderung der eigenen psychischen Befindlichkeit,
- die Verflechtung der Geschichte mit äußeren Umständen,
- Komplikationen im Handlungsablauf (die es bisweilen gibt, die aber niemand erfinden würde) und originelle Details, insbesondere auch hinsichtlich deliktstypischer Besonderheiten, die allerdings dem Laien in der Regel nicht bekannt sind.
- Wenn jemand zweimal befragt wird, dann sollten die Aussagen relativ konstant sein; wer aber zweimal genau das selbe erzählt, ist entgegen landläufiger Meinung nicht besonders glaubhaft; dagegen ist es für wahre Aussagen typisch, dass sie im Lauf der Zeit erweitert und um neue Details angereichert werden.

Zu den **Lügensignalen** gehören

- die Zurückhaltung bei der Aussage (es wird nur das erzählt, nach dem gezielt gefragt wird),

- die ausgeprägte Unterwürfigkeit oder Aggressivität des Befragten vor allem dann, wenn es um Fragen geht, die mit dem Kerngeschehen wenig zu tun haben,
- das Kargheitssignal (eine Aussage ist wenig originell und beschränkt sich spontan immer nur auf den Kernbereich der Straftat),
- das Strukturbruchsignal (harmlose Dinge werden ausführlich geschildert, die deliktsrelevanten dagegen sehr knapp, was auf ein zum Teil wahres Geschehen hindeutet, das im relevanten Kernbereich erlogen ist; aber auch das Umgekehrte, wenn die Geschichte von A bis Z erfunden ist, der Lügende sich aber nur das genau zurecht gelegt hat, was mit dem Delikt in engem Zusammenhang steht).

In dieser Liste fehlen einige Kriterien, die nach landläufiger Meinung auf Lügen hinweisen (und die in früheren Auflagen dieses Buches noch enthalten waren), zum Beispiel das **Erröten** bei der Befragung oder das unruhige **Hin- und Herrutschen** auf dem Stuhl. Das liegt daran, dass mittlerweile von Psychologen und Statistikern darauf hingewiesen wurde, der Bezeichnung solcher Signale liege ein typischer Denkfehler zugrunde: Wenn jemand fünfmal von verschiedenen Personen angelogen wird und die Personen alle auf dem Stuhl hin und her rutschen, dann wird er davon ausgehen, dass dieses Herumrutschen eben ein Signal für die Lüge ist. Er lässt dabei unberücksichtigt, ob Leute, die ihm die Wahrheit sagen, in der gleichen Befragungssituation *nicht* auf ihrem Stuhl herumrutschen. Wer sorgfältig testet, wie Personen reagieren, denen der Befrager nicht glaubt, wird allerdings unschwer feststellen, dass auch viele derjenigen, die nicht lügen, auf dem Stuhl herumrutschen, weil sie nervös werden, wenn ihnen nicht geglaubt wird: Das Herumrutschen ist weniger ein Signal für die Lüge des Befragten als für die Ungeduld des Befragers. *Saul Kassin* hat nachgewiesen, dass Befrager, die von der Schuld des Befragten überzeugt sind, aggressiver befragen und mehr Druck ausüben, vor allem bei (von ihnen nicht erkannten) Unschuldigen, was diese Fehlbeurteilung noch verstärkt. Das Erröten bei der Beantwortung einer Frage ist oft nicht ein Zeichen dafür, dass der Befragte lügt, sondern nur dafür, dass ihm schon die Frage peinlich ist. Statistiker drücken das etwas theoretischer wie folgt aus: Ein Indiz für eine bestimmte Hypothese (hier: der Befragte lügt) ist nur dann stark, wenn es im Zusammenhang mit der Hypothese meistens vorkommt, im Zusammenhang mit der Gegenhypothese (hier: der Befragte sagt die Wahrheit) dagegen selten. Weil weder das Herumrutschen auf dem Stuhl noch das Erröten diese Kriterien erfüllen, sind sie keine geeigneten Indizien für die Lüge, man nennt sie deshalb **pseudodiagnostisch**.

Geht man im konkreten Fall die zutreffenden Glaubhaftigkeitskriterien und Lügensignale durch, dann findet man in der Regel ein relativ deutliches Überwiegen von Glaubhaftigkeitskriterien und das praktische Fehlen von Lügensignalen – oder eben genau das Umgekehrte, wenn der Vernommene lügt. Damit ist allerdings noch nichts gewonnen; denn der Befrager weiß nun nur, dass die Schilderung des Befragten wahrscheinlich gelogen ist, der **Wahrheit** ist er damit aber noch keinen Schritt näher. Man wird nun versuchen müssen, den Lügenden mit den vorhandenen Beweisergebnissen zu konfrontieren und ihm zu erklären, dass das Lügen deshalb aussichtslos ist. Die Zeiten, wo der Befragte dann unter der Last der Indizien „zusammenbricht" und nun die Wahrheit sagt, sind allerdings weitgehend vorbei: Zu rechnen ist eher damit, dass die erste Lügengeschichte durch eine zweite ersetzt wird, die sich besser mit den präsentierten Beweisen in Einklang bringen lässt. Der taktische Vorteil des Vernehmenden ist nur, dass der lügende Befragte nun weniger Zeit hat, um sich eine konsistente Geschichte einfallen zu lassen. Es empfiehlt sich deshalb, durch Befragung weiterer Details zu überprüfen, wie glaubhaft die neue Aussage ist.

5.2.3 False Memory

Besonders schwer zu erkennen sind Personen, die unbewusst einem **false memory**, also einem falschen Gedächtnis unterliegen, indem sie entweder ein tatsächliches Erlebnis stark verzerren oder sogar ein fiktives Erlebnis schildern, ohne bewusst zu lügen. Das Phänomen ist – gerade weil es im Zusammenhang mit kindlichen Sexualopfern thematisiert wurde – stark umstritten; traumazentrierte Therapeuten sprechen vom „repressed memory syndrome", also von unterdrückten Erinnerungen, die dann durch spezielle „memory recovery techniques" wieder ins Gedächtnis zurückgeholt werden können, andere Autoren werfen diesen Techniken vor, „false memories" geradezu zu produzieren.

Worum geht es? Jeder weiß aus eigener Erfahrung, dass er schon Erinnerungen durcheinander gebracht, insbesondere Quellen verwechselt hat (Man meint, in einer lange nicht gesehenen Person seinen ehemaligen Fußballkollegen zu erkennen; in Wirklichkeit hat man vor Jahren mit ihm einen Ausbildungskurs absolviert); solche unbewussten Irrtümer sind oft einfach aufzuklären. In Strafverfahren hat man es aber öfter mit Personen zu tun, die (unabsichtlich) fabulieren, indem sie Ereignisse aus verschiedenen Quellen zu einem realen Erlebnis konstruieren; besonders dramatisch ist dies, wenn solche Pseudo-Erinnerungen unter dem Einfluss anderer Personen entstehen, wie man dies leider bei kindlichen Opfern von Sexualtaten eine Zeitlang oft gesehen hat. Das Kind berichtete vielleicht von einer Handlung eines Erwachsenen, die es nicht verstanden hat oder deuten konnte; die Mutter, der Lehrer, allenfalls sogar der Therapeut fragen dann so lange nach und geben mögliche Abläufe vor, dass schließlich nicht mehr geklärt werden kann, was das Kind tatsächlich selbst erlebt hat und was ihm (wenn auch vielleicht unabsichtlich) nur „eingeredet" wurde.

In einem Experiment an der Universität Trier wurde gezeigt, wie einfach false memories zu produzieren sind: Einer Studentengruppe wurden Bilder einer unaufgeräumten Studentenküche gezeigt. Sie mussten dann in Zweiergruppen aufzählen, welche Gegenstände sie gesehen hatten, wobei eine Person aus jeder Zweiergruppe ein Eingeweihter war, der dann einen Toaster aufzählte, welcher sich in Wirklichkeit nicht auf den Bildern befand. In einer zweiten Testreihe mussten dann die wirklichen Testpersonen nochmals allein aufzählen, was sie gesehen hatten, wobei über 50 % nun den Toaster nannten; auf Rückfrage waren 80 % dieser Testpersonen der festen Überzeugung, den Toaster wirklich selbst gesehen zu haben. Einige konnten ihn beschreiben, auf Vorhalt wollten einige die Bilder nochmals sehen, weil sie nun wirklich selbst überzeugt waren, den Toaster gesehen zu haben. Nicht alle waren überzeugt, dass man ihnen nun nochmals die gleichen Bilder zeigte, als sie den Toaster nicht fanden.

Verschärft wird das Problem mit false memories dadurch, dass wiederholtes Erzählen von tatsächlich Erlebtem, aber eben auch von false memories, mit der Zeit zu mehr Klarheit führt, weil zwar einerseits das Gedächtnis bei mehrfachem Erzählen mehr Informationen abrufen kann, weil aber auch das soeben Erzählte dann wieder neu im Gedächtnis gespeichert wird und deshalb auch die **Lückenfüllungen**, die möglicherweise gar nicht dem Beobachteten entsprechen, sondern aus andern Quellen ergänzt wurden, sich immer klarer mit der Erinnerung verstricken und festigen.

Das Problem wurde in den letzten Jahren zunehmend erkannt, und die Fachpersonen, die mit Missbrauchsopfern zu tun haben, sind heute besser als noch vor zehn Jahren darin geschult, dass sie wirklich nur diejenigen Informationen beim Kind abholen, die den realen Erlebnissen entsprechen, ohne durch zu viel interpretierendes Nachfragen die Erinnerung des Kindes zu verfälschen.

False memories gibt es allerdings nicht nur bei Kindern, sondern auch bei Erwachsenen, und es gibt sie nicht nur bei Opfern, sondern (seltener) auch bei Tätern. Das hängt damit zusammen, dass die Gedächtnisleistung in Stress-Situationen gestört ist; insbesondere können die kurz vor einem Schockereignis wahrgenommenen Informationen nicht mehr in der sonst üblichen Gründlichkeit verarbeitet werden, sodass dem Betroffenen dann Einzelheiten fehlen, an die er sich sonst erinnern würde; man nennt dies **retrograde Amnesie**. In dieser Situation haben viele Leute dann ohne bösen Willen die Tendenz, das Fehlende durch plausible false memories zu ergänzen, an die sie sich in Wirklichkeit gar nicht erinnern; sie glauben dann vorerst, so müsse es gewesen sein, und später dann (vor allem, wenn sie es mehrmals erzählt haben), so sei es gewesen.

Es ist schwierig, false memories zuverlässig zu erkennen. Tendenziell kann gesagt werden, dass *Kinder* mehr betroffen sind als Erwachsene, weil sie (vor allem bei Befragung durch Erwachsene) dazu neigen, die Erwartungen des Befragers erfüllen zu wollen, und deshalb mehr erzählen, als sie wirklich in Erinnerung haben. Im Weiteren sind Personen mit geringer Intelligenz (zumindest in Schocksituationen) eher betroffen, weil intelligente Leute auch unter Stress eher die Fähigkeit haben, das Erlebte problemorientiert zu speichern.

5.2.4 Die Vorbereitung der Vernehmung

Es empfiehlt sich, zumindest bei schwierigeren Vernehmungen, die vorbereitet werden können, schon vor der Vernehmung die zu stellenden Fragen zu formulieren und niederzuschreiben. Man wird sich zunächst in Ruhe überlegen müssen, in welcher prozessualen Stellung (Beschuldigter, Zeuge, Auskunftsperson) der Befragte zu vernehmen ist; danach richtet sich auch die **Belehrung** über die Rechte und Pflichten des Befragten, mit welcher die Vernehmung beginnt.

Um allfällige Grenzen der Wahrnehmung und Erinnerung abzuklären, sollte man danach einige Fragen **zur Person** stellen und die Vernehmung dann mit der Frage einleiten, welchen örtlichen und persönlichen Bezug der Befragte zum Gegenstand der Vernehmung hat.

Der Befragte soll dann schildern, **wer, wo, wann, was, wie, womit, mit wem** und **warum** er es gesehen oder getan hat. Bei der Befragung zum **„Was?“** und **„Wie?“** wird man immer wieder den Wortlaut der in Frage kommenden Strafbestimmungen konsultieren müssen und prüfen, ob der Befragte zu allen Tatbestandsmerkmalen, zu denen er Auskunft geben kann, vernommen wird. Man nennt dies das „**Pendeln vom Sachverhalt zum Tatbestand**“ – es muss ja nicht ein Lebenssachverhalt als Ganzer ermittelt werden, sondern ausschließlich, aber auch vollständig diejenigen Umstände, welche für die Beurteilung des Sachverhaltes als Straftatbestand von Bedeutung sind. An dieser Aufgabe scheitern immer noch viele Strafverfolger: Diese Aufgabe ist nämlich nur bei einfachen Tatbeständen banal; geht es um komplexere Delikte wie eine Veruntreuung oder eine Geldwäscherei, aber auch um Fahrlässigkeitsdelikte, bei denen sich das Beweisthema nicht abschließend aus dem Wortlaut der gesetzlichen Bestimmung ergibt, ist es unter Umständen erforderlich, sich ein genaues Programm der zu beweisenden Umstände zurecht zu legen und dann abzuarbeiten.

Arbeitet man die 8 W-Fragen sauber ab und befragt und protokolliert man genügend detailliert, dann sollte man auch genügend Informationen haben, um die Frage nach der Glaubhaftigkeit der Aussage einigermaßen zuverlässig zu beantworten.

5.3 Daten des Anzeigeerstatters

Die meisten Straffälle werden den Behörden durch **Anzeigenerstatter** bekannt. Es ist wichtig, kurz zu beschreiben, wie die Anzeige erstattet wurde und wer sie allenfalls mithörte, z.B. ein Begleiter des Anzeigenden oder ein weiterer Beamter. Bisweilen sind auch Ausführungen über das Verhalten des Anzeigeerstatters nützlich, vor allem wenn es ungewöhnlich ist: etwa dass er sehr erregt gewesen sei oder sich immer wieder korrigiert habe, wenn er auf Ungereimtheiten oder Unvollständigkeiten in seinen Darlegungen aufmerksam gemacht worden sei.

Es ist selbstverständlich, dass die **Personalien** des Anzeigenden sowie Ort und Zeit der Anzeigeerstattung festgehalten werden. Will jemand **anonym** bleiben, dann sollte man vorerst nicht auf der Preisgabe der Personalien beharren, aber immerhin festhalten, aus welchen Gründen der Anzeigeerstatter seinen Namen nicht nennen will und woher er sein angebliches Wissen hat. Ergibt sich aus der Schilderung dagegen die Vermutung, die Person sei am angezeigten Delikt strafbar beteiligt oder wolle eine falsche Beschuldigung erheben, dann wird man die Strategie ändern müssen.

Kann die Anonymität nicht garantiert werden, sei es aus tatsächlichen Gründen, sei es aus rechtlichen, so muss man dies dem Anzeigeerstatter sagen. Leider kommt es oft vor, dass Anzeigern vorschnell Anonymität zugesichert wird, obwohl unter Einhaltung rechtsstaatlicher Verfahrensgrundsätze die Wahrung der Anonymität gar nicht möglich ist. Jedes Beweismittel, das im Strafverfahren verwendet wird, muss früher oder später dem Beschuldigten vorgelegt werden. Es kann zwar prozessual zulässig sein, die Personalien von Anzeigeerstattern geheim zu halten; dies hilft aber in den allermeisten Fällen nicht weiter, weil der Beschuldigte, wenn er Einsicht in ein anonymisiertes Protokoll erhält, ohnehin wissen wird, von wem die Information stammen muss.

Geht es um eine bedeutende Straftat und weigert sich der Anzeigeerstatter, seine Personalien zu nennen, so darf seine Identität, wenn dies die Prozessordnung erlaubt, über eine körperliche Durchsuchung oder andere Abklärungen festgestellt werden. Voraussetzung ist, dass ein Deliktsverdacht entstanden ist. Auch anonyme, schriftliche oder telefonische Anzeigen und solche per E-Mail können durchaus verwertbare Daten enthalten; man sollte aber versuchen, durch geeignete technische oder spurensichernde Maßnahmen die Herkunft der Informationen zu ermitteln.

Der Anzeigende soll alles bekannt geben, was er über die angebliche Straftat weiß. Dabei ist der Satz: **„Wer hat was, wo, wann, wie, womit, mit wem und warum getan?“** als **erster Hinweis** auf die zu ermittelnden Fakten anzusehen. Darüber hinaus soll gefragt werden, was der Anzeigende sonst über die beteiligten Personen, z.B. den Täter, das Opfer u.s.w. auszusagen vermag. **Kennt** er sie? Woher? Was geschah **vor** dem kritischen Ereignis? Was **nachher**? Wo hat sich der Anzeigeerstatter selber vor, während und nach der angezeigten Tat aufgehalten? Was weiß er vom Tatort, der allfälligen Beute des Täters u.s.w.? Besteht zwischen dem Zeitpunkt der Tat und demjenigen der Anzeige eine große Zeitspanne, so soll geklärt werden, warum dies so ist. Sprach der Anzeigeerstatter bereits mit anderen Personen über seine Wahrnehmungen? Mit wem? Wer kommt nach seiner Meinung als Täter in Frage? Warum? Wer kann sonst noch über das Geschehen Auskunft geben?

Für bestimmte Kategorien von Straftaten gibt es mittlerweile erprobte **Fragenkataloge**, die es ermöglichen, das Opfer in einem Umgang zu allen möglichen Details zu befragen, die bei der Untersuchung der Tat von Bedeutung sein können. Es geht dabei darum, dass Täterverhalten möglichst genau zu erfragen und insbesondere auch wichtige Umstände zu erheben, die mit dem Kerngeschehen eigentlich nichts zu tun haben, aber Hinweise auf die Handschrift des Täters geben. Als Beispiel diene der von Uwe Füllgrabe vorgeschlagene Fragenkatalog für Opfer von Vergewaltigungen:

- Gab es ungewöhnliche Ereignisse im Vorfeld der Tat? (Anrufe, Einbrüche, Voyeure?)
- Welche Methode benutzte der Täter bei der Annäherung? (Täuschung, Blitzangriff, Überraschungsangriff?)
- Wie kontrollierte der Täter sein Opfer? (Anwesenheit, sprachliche Drohung, Waffendrohung, körperliche Gewalt?)
- Wie reagierte der Täter auf Widerstand?
- Zeigte der Täter sexuelle Störungen während der Tat?
- Wie waren die Art und Abfolge sexueller Handlungen während des Angriffs?
- Was sagte der Vergewaltiger?
- Welche sprachlichen Äußerungen verlangte er vom Opfer?
- Veränderte sich die Haltung des Täters während des Angriffs plötzlich?
- Nahm der Täter Gegenstände mit?

Man sieht an dieser Aufzählung sofort, dass die meisten Fragen nicht das **Kerngeschehen** betreffen, aber für die Aufklärung der Straftat trotzdem wichtig sein können. Sich nach Sexualstraftaten auf die Befragung des Kerngeschehens zu beschränken, ist aus zwei Gründen falsch: Einerseits fehlen dann gerade diejenigen Informationen, welche für die Typisierung des Täters besonders wichtig sind (im Kerngeschehen unterscheiden sich Vergewaltiger gerade nicht besonders stark). Anderseits ist es für das Opfer meist einfacher und weniger unangenehm, Fragen zu beantworten, die sich nicht auf das Kerngeschehen beziehen.

5.4 Daten von weiteren Auskunftspersonen und von Zeugen

Personen, die neben dem allfälligen Anzeigeerstatter im betreffenden Fall Dinge oder Vorgänge beobachtet haben und zur Sache Auskunft erteilen können, sind **Auskunftspersonen und Zeugen**. Sie melden sich vielleicht spontan, lassen sich mit Hilfe der Angaben des Anzeigeerstatters identifizieren oder können aufgrund der Umstände des Falles gesucht und ermittelt werden. Die Straftat wurde z.B. in einem Hause verübt, sodass man die Hausbewohner, den Hauswart und die Nachbarn als mögliche Informanten befragt. Auch regelmäßige Besucher des Hauses (Briefträger und Zeitungsverträger, Babysitter, Reinigungspersonal, externe Hausverwalter) können allenfalls nützliche Informationen liefern.

Auskunftspersonen und Zeugen sind grundsätzlich über all das anzuhören, was schon bei der Befragung des Anzeigeerstatters als wichtig eingestuft wurde. Allerdings haben sie oft nur einen Teil des Deliktsablaufes, des Vorausgegangenen oder des Nachspiels wahrgenommen. Es ist deshalb immer wichtig, sich zu vergegenwärtigen, was die betreffende Person tatsächlich aus **eigener Wahrnehmung** wissen kann und was sie allenfalls bloß von Dritten gehört hat; bei der Protokollierung der Aussagen muss unbedingt darauf geachtet werden, dass dieser Unterschied auch erkennbar wird.

Auch Zeugen des bloßen **Hörensagens** sind von Bedeutung, auch wenn ihre Informationen einen eingeschränkten Beweiswert haben. Sind bis dahin keine Personen bekannt geworden, die dem Geschehen nahe standen, so wendet man sich auch an das Servierpersonal von Lokalen in der Nähe des Tatortes, an Eigentümer und Angestellte benachbarter Läden und Büros, an Straßenarbeiter, die in der fraglichen Gegend gearbeitet haben, an Angestellte der Verkehrsbetriebe, welche den interessierenden Bezirk zu befahren pflegen, an Taxi-Zentralen, welche zur Tatzeit jemanden durch einen ihrer Fahrer an die betreffende Straße oder Nachbarstraße gebracht oder von dort abgeholt haben, an das Sanitätspersonal, das Verletzte nach Straftaten ins Spital brachte, und an die dort behandelnden Ärzte (soweit sie zur Aussage bereit und verpflichtet sind).

5.5 Daten durch eigene Wahrnehmungen und durch Beauftragte

Viele kriminalistisch bedeutsame Daten erhält man durch **eigene Wahrnehmungen**, wobei veranlasste Wahrnehmungen, wie sie etwa durch Spezialisten der Polizei oder Experten gemacht werden, mit eingeschlossen sein sollen. Diese Wahrnehmungen sind sehr unterschiedlicher Natur. Sie beziehen sich auf direkte Feststellungen von Straftaten, deren Vorbereitungen und Nebenerscheinungen oder auf die Folgen des Geschehens, vor allem aber auf **Tatortspuren**.

Eine Straftat kann vom Beamten in eher seltenen Fällen **direkt** wahrgenommen werden, etwa dann, wenn er einen Unfall, eine Sachbeschädigung oder eine Schlägerei beobachtet, wenn er mit anhört, wie jemand durch falsche Aussagen einen anderen betrügt oder als Zeuge durch Falschaussagen jemanden begünstigt. Ebenso zufällig, aber mittlerweile bedeutend häufiger ist es, dass die relevanten Geschehnisse technisch aufgezeichnet werden. Es sollte deshalb abgeklärt werden, ob sich die Straftat (oder relevante Informationen in ihrem Zusammenhang) im Bereich einer **Kamera** ereignete, welche Daten zu einem andern Zweck speichert; zu denken ist an Verkehrsüberwachungs-Kameras, an Kameras bei Bankautomaten, welche auch das nähere Umfeld des Automaten aufzeichnen. Neuerdings gibt es immer zahlreicheren Kameras, welche Bilder aufnehmen und ins Internet überspielen, etwa zur Wetterbeobachtung, aber auch zur Befriedigung der Neugier – viele größere Plätze in wichtigen Städten werden permanent durch Webcams erfasst. Schließlich ist es bei gewissen Straftaten wahrscheinlich, dass zufällig anwesende Personen zumindest einen Teil davon mit ihrer Handy-Kamera aufgezeichnet haben (etwa bei Krawallen nach Fußballspielen oder nach politischen Demonstrationen). Solche Filme werden oft nicht bei der Polizei deponiert, finden sich dann aber in den einschlägigen Internet-Portalen, etwa auf www.youtube.com.

Ein angebliches Opfer einer Vergewaltigung hatte angegeben, den späteren Täter in einem Lokal getroffen zu haben; wahrscheinlich habe er ihr dann KO-Tropfen ins Getränk geschüttet, denn sie wisse nur, dass ihr noch im Lokal plötzlich schlecht geworden sei, und das Nächste, woran sie sich erinnere, sei der Umstand, dass sie am nächsten Morgen im Bett des Täters erwacht sei. Der angebliche Täter erklärte, er habe die Frau im fraglichen Lokal kennen gelernt und dann mit nach Hause genommen, was natürlich auch sie gewollt habe. Sie sei zwar vom Alkohol angeheitert, aber durchaus noch in der Lage gewesen, selbst zu entscheiden, was sie wolle. Der Polizist dachte daran, den Videofilm der Überwachungskamera bei der Kasse des Parkhauses einzuholen, in welcher der angebliche Täter sein Auto parkiert hatte. Darauf sah man die beiden in inniger Umarmung, und weil die Frau einen Teil der Parkgebühr beglich, war auch deutlich ersichtlich, dass sie noch ohne weiteres fähig war, den Automaten richtig zu bedienen. Der Film wurde ihr vorgespielt, und sie gab zu, freiwillig in die Wohnung des Mannes gegangen zu sein und mit ihm geschlafen zu haben; die Geschichte mit den KO-Tropfen habe sie frei erfunden.

Meistens beschränken sich eigene Wahrnehmungen aber auf die am Tatort noch vorhandenen **physischen Spuren** eines verdächtigen Ereignisses. Natürlich gibt es auch strafbare Handlungen, bei denen der Tatort fahndungs- und beweistechnisch eine durchaus untergeordnete Rolle spielt, so beim Betrug, beim Drogenhandel und bei Unterlassungsdelikten. Man kennt sodann beobachtbare **psychische Spuren**, etwa den Schockzustand einer Person nach einem Überfall. Die Tat kann durch bestimmte Handlungen **vorbereitet** worden sein; der Täter hat sich beispielsweise Einbruchswerkzeuge beschaffen müssen. Das kann sich in Spuren niedergeschlagen haben, die zu suchen sind. Nicht selten werden ferner **Folgen** einer Straftat wahrgenommen: Eine Effekten- oder Hausdurchsuchung beim Verdächtigen fördert z.B. Diebesgut oder Tatmittel zutage, allenfalls zeigt der Beschuldigte deutliche Tendenzen, einer angekündigten Befragung auszuweichen.

Einige Daten (z.B. Fingerabdruckspuren, Blutspuren und Wunden, Speichelspuren und Sperma, Abdrücke, Brandspuren) sucht und sichert der Kriminalist durch Fachleute oder **Sachverständige**. Nur so ist eine zuverlässige Beweissicherung und kunstgerechte Auswertung gewährleistet. Einfachere Tests (z.B. Atemlufttests auf Alkohol oder Drogen-Schnelltests) lassen sich, wenn es nicht anders geht, schon am Tat- oder Fundort durch Beamte durchführen; sie dienen dann als vorläufige Erhärtung oder Minderung des Tatverdachts. Solche Daten sind insbesondere wichtig, wenn es rasch zu verfügen gilt, wenn also beispielsweise ein Haftantrag gestellt werden soll und eingehende Untersuchungen zu diesem Zweck zu lange dauern. Es ist aber fast immer nützlich, Fachleute oder Sachverständige frühzeitig beizuziehen, weil sie auch versteckte oder schwer sichtbare Spuren finden können.

Im Vordergrund steht das bereits erwähnte Sammeln von Daten am **Tatort**, am Fundort von vermutlich verbrechensrelevanten Gegenständen, am Fundort des toten Opfers, auf dem Weg des Täters zum Tatort u.s.w., was der unglückliche Begriff Tatbestandsaufnahme zum

Ausdruck bringen soll – man nimmt nämlich nicht einen Tatbestand auf, sondern einen Sachverhalt. Wie das hinsichtlich bestimmter Fälle gemacht werden soll, wird in der Spezialliteratur dargestellt und bis in alle Einzelheiten beschrieben. Im Folgenden sind daher nur die allgemeinen Erkenntnisse darzustellen.

5.5.1 Übersicht über den Tatort

Zuerst gilt es (aus einer gewissen Distanz) eine **Übersicht über den** (vermutlichen oder sicheren) **Tatort** zu gewinnen. Wo liegt er? In welchen Beziehungen steht er zu seiner Umgebung? Wie gelangt man zu ihm? Ähnliches gilt, wenn Tatort und Fundort der Leiche oder von bedeutsamen Gegenständen auseinander liegen. Man hat sich früh auch die Frage zu stellen: Soll der Tatort abgesperrt werden und wie kann das vernünftig geschehen? Sodann: Sind allenfalls allgemein Spuren zu sichern?

Der **erste Angriff** an einem unübersichtlichen Tatort sollte in zwei Phasen erfolgen:

- Beim **Sicherungsangriff** geht es darum, sich einen ersten Überblick zu verschaffen, Verletzten erste Hilfe zu leisten, den Tatort abzusperren und allfällige Tatverdächtige festzustellen und anzuhalten oder die Fahndung nach ihnen auszulösen. Sodann sind die Spuren zu schützen und zu sichern, Zeugen festzustellen und getrennt zu befragen und zu dokumentieren, inwiefern beim Sicherungsangriff bereits Spuren vernichtet oder die Tatortsituation verändert wurde.
- Beim **Auswertungsangriff** ist vorerst zu prüfen, welche Spezialkräfte aufgeboten werden müssen. Sodann soll der Tatort dokumentiert werden, und zwar in der Regel fotografisch oder (in einfacheren Fällen) mit Skizzen. Anschließend sind Spuren zu sichern und auszuwerten, Zeugen zu Protokoll einzuvernehmen und weitere für die Dokumentation des Tatortes wesentliche Daten zu beschaffen.

Bei der Dokumentation der ersten Übersicht sollte man sich auf diejenigen Umstände konzentrieren, die sich verändern werden. Es macht beispielsweise keinen Sinn, in der ersten Phase Zeit dafür aufzuwenden, den Grundriss der Tatort-Wohnung genau zu erfassen, weil man dies später nachholen kann; dagegen muss die Lage von Beweisstücken, die gesichert und entfernt werden, genau dokumentiert werden. Dazu kommen natürlich Feststellungen hinsichtlich des Zeitpunktes des Augenscheins, wie die Witterung war, wer alles an der Tatortbesichtigung teilgenommen hat.

5.5.2 Beschreibung der Tatsituation

Es folgt eine **genaue Beschreibung** der Verdacht erweckenden Situation, des Tatortes im engeren Sinn, sowie die **Suche und Sicherstellung von Beweisstücken und Spuren**. Bevor man etwas berührt, betritt oder gar verändert, sollte man, wenn es für die Beweisführung wichtig sein könnte, den betreffenden Teil der Situation oder den Gegenstand in seiner Lage fotografieren. Es ist an eine Art Fotoreporter-Verfahren zu denken: viele Bilder, jedenfalls aber auch ein Panorama, das die Einordnung der Details ermöglicht. Mit Nutzen kann auch eine Videokamera eingesetzt werden. Wichtige Gesichtspunkte, die besonders gute Bilder erfordern, können mit großformatigen Kameras oder gar fotogrammetrisch festgehalten werden. Mittlerweile ist der Einsatz von Kleinstfluggeräten realistisch, die ferngesteuert werden und fotografieren oder filmen können; solche Geräte sind preiswert und technisch hoch entwickelt. Voraussetzung für ihren Einsatz ist allerdings relativ gutes Wetter mit genügend Licht und wenig Wind.

Objekte, die bei Ausführung der Tat wohl vorhanden waren, nun aber fehlen, müssen gesucht werden, und es ist nicht nur anzugeben, wo man sie fand, sondern auch, wo man sie vergeblich suchte. Was wurde allenfalls vom Täter zurückgelassen? Wo? Erst nach dieser allgemeinen fotografischen Sicherung der Örtlichkeit und der Gegenstände darf mit der Spurensuche im Kleinen begonnen werden.

Wichtig bei der Dokumentation der Tatsituation ist der Zustand und die Stellung von Fenstern, die Stellung der Lichtschalter, der Zustand der Beleuchtungskörper und allfälliger elektronischer Geräte.

Wird zum Beispiel beim Eintreffen am Tatort übersehen, dass der CD-Player noch läuft, geht ein einfacher und rasch zu erhebender Hinweis auf die Tatzeit verloren.

5.5.3 Aufnahme und Dokumentation der Spuren

Welche **Spuren** zu dokumentieren sind, hängt von der mutmaßlichen Straftat ab. Es ist dabei auch an Spuren zu denken, die ein Unbeteiligter vor oder nach der Tat zurückgelassen hat und die irreführend sein können.

Allgemein lassen sich **Spuren materieller Natur** und **psychische Spuren** unterscheiden.

- Zu ersteren zählt *Ernst Wigger:* Formspuren (z.B. die Form eines Werkzeugabdruckes auf dem Schädel des Opfers), Materialspuren (z.B. Blut), Situationsspuren (z.B. Lage einer Schusswaffe und des abgefeuerten Projektils, die den Ereignisablauf vielleicht rekonstruieren lassen), Gegenstandsspuren (z.B. ein Ausweis, vom Täter am Tatort verloren).
- Die zweite Kategorie umfasst **psychische Spuren**, etwa das veränderte Verhalten des Verdächtigen vor bzw. nach der Tat, Schuldsymptome. Die Dokumentation solcher Spuren wird leider oft vernachlässigt; der in flagranti nach einem Gewaltdelikt angehaltene Verdächtige sollte zum Beispiel nicht nur vom Gerichtspsychiater, sondern auch vom Gerichtsmediziner möglichst rasch nach der Tat untersucht werden. Immer geht es primär darum, Beweise oder Indizien für die vermutete Tat und die Täterschaft zu finden. Zweck der Übung kann aber auch die Bestätigung oder Falsifizierung von Aussagen sein.

Eine materielle Spur kann gleichzeitig verschiedenen Kategorien zugehören: So kann der Ort einer Verletzung am Körper des Opfers auf einen bestimmten Ablauf des Unfalles hinweisen, während die Form der Verletzung und Lacksplitter in der Wunde das Fahrzeug des flüchtigen Fahrers zu identifizieren erlauben.

Nach **Art der Entstehung** lassen sich unterscheiden: Abdruckspuren (z.B. Fingerabdrücke, Sohlenabdrücke), Eindruckspuren (z.B. Werkzeugspuren an der aufgebrochenen Schublade), Gleitspuren (z.B. die Stoppspur eines Autos), Schnitt- oder Stichspuren (etwa eines Messers mit Scharten), Bruch- oder Rissspuren (beispielsweise an einer eingeschlagenen Fensterscheibe), Passstücke (etwa ein abgebrochener, teilweise stecken gebliebener Bohrer oder ein Teil eines zerrissenen Papierstückes, wobei das Gegenstück beim Verdächtigen gefunden wird), Schriften und Zeichen, die auf eine bestimmte Person oder ein bestimmtes Schreibgerät hinweisen, wie eine Sprayschrift am Tatort oder eine Schreibmaschine oder ein Drucker der gesuchten Art beim Beschuldigten. Auch an Spuren, welche die Entfernung oder Unterdrückung von Gegenständen, Zeichen oder Spuren vermuten lassen (etwa an gereinigte Gegenstände), ist zu denken. Von

Interesse sind auch (unsichtbare) elektronische Spuren. So kann die zuletzt vom Opfer (oder gar vom Täter) angerufene Rufnummer im Telefon am Tatort gespeichert sein und über die so genannte „Redial-Taste" geklärt werden; moderne Telefonapparate gestatten sogar den Abruf ganzer Listen der zuletzt eingegangenen oder abgehenden Gespräche. Ein Computer wird auf Besuche im Internet, auf Geschriebenes und auf E-Mail-Korrespondenzen hinweisen, ebenso elektromagnetische Aufzeichnungen auf Bändern, Disketten, Festplatten (vgl. dazu vorn, 3.7.4).

Von besonderem Interesse und Beweiswert sind **Spurenüberkreuzungen**, wechselseitige Spurenübertragungen zwischen Tatort, Täter, Opfer und Tatmitteln, etwa in folgender Art: Das Opfer wurde mit einem bestimmt geformten Schraubenschlüssel erschlagen, was zu entsprechenden Abdrücken an dessen Schädel führte; am Tatmittel, einem Hammer, befinden sich Blutspuren des Opfers. Der Tatort zeigt Reifenspuren des vermutlich vom Täter benützten Fahrzeuges; an den Reifen des Wagens eines Verdächtigen findet man spezifische Schmutzspuren vom Tatort.

Bei der Sicherung der Spuren ist immer daran zu denken, dass es nicht reicht, die Spur bloß wahrzunehmen und zu sichern; ebenso wichtig ist es, dass sich die **Spur** in den **Tatzusammenhang** einordnen lässt, und zum Beweis dieses Umstandes muss besonders viel Sorgfalt aufgewendet werden. Das gilt insbesondere für DNA-Spuren, die überall in großer Zahl gesichert werden können, sodass der mögliche Zusammenhang zum Täter, zum Opfer oder zu Dritten dokumentiert werden soll.

Ob die angebrochene Mineralwasserflasche, die neben dem aufgeschweißten Tresor liegt, auf DNA-Spuren untersucht werden muss, hängt davon ab, ob sie wirklich vom Täter zurückgelassen wurde (oder ob sie z.B. eindeutig von einem Mitarbeiter des geschädigten Betriebes stammt, der sie am Vortag zufällig dort stehen ließ).

5.5.4 Das Umfeld des Tatortes

Immer ist schließlich die **Umgebung** des Tatortes, sowie die **Wege zum Tatort und von ihm weg** nach Spuren oder Gegenständen abzusuchen. Der Täter kann ein Fahrzeug entwendet haben, um zum Tatort zu gelangen. Er kann auch, besonders auf seiner Flucht vom Tatort, etwas verloren, weggeworfen oder versteckt haben. Er musste mit Bus oder Eisenbahn fliehen oder nahm ein Taxi, was vielleicht bei der nächsten Bus- oder Bahnstation oder in den in Frage kommenden Taxizentralen geklärt werden kann. Weil Täter vor allem nach spontanen Taten in der Regel übereilt fliehen, lohnt sich auch die Auswertung von Verkehrsüberwachungsgeräten, also Rotlichtüberwachungen und Radaranlagen, im Umfeld des Tatortes und auch in größerer Distanz auf mutmaßlichen Fluchtrouten.

Bei einem Werkstattbrand, der relativ rasch eingedämmt werden konnte, erschöpfte sich die Tatortinspektion auf die Ermittlung des „Brandherdes". Tatsächlich fand man in der Nähe einer Maschine verkohlte Putzfäden (die wahrscheinlich mit Petrol durchtränkt gewesen waren) und unmittelbar daneben einen flachen Aschenbecher mit Zigaretten-Asche. Man vermutete daher Fahrlässigkeit und richtete die ganze Fahndung darauf aus. Hätten die Beamten auch die noch ziemlich gut erhaltenen Nebenräume durchsucht, dann wären sie in einem Kasten auf einen zweiten, gleich alten, aber erstickten Brandherd gestoßen, und es wäre die Annahme einer bloßen Fahrlässigkeit kaum mehr zu vertreten gewesen.

In einem Mordfall fand man die Tatwaffe unweit des Tatortes in einem Abfallkübel; der zuständige Einsatzleiter hatte glücklicherweise daran gedacht, sämtliche Abfalleimer in der Umgebung oberflächlich durchsuchen zu lassen.

Aufschlussreich kann ferner eine Durchsuchung beim Verdächtigen zu Hause sein. Er kann einen Teil seiner Beute oder Tatwerkzeuge dorthin geschafft haben, eher allerdings in Räumlichkeiten, die ihm anderswo zur Verfügung stehen. Schließlich ist auch an Orte der **Vorbereitung** der Straftat zu denken, an die Beschaffung von Tatmitteln, Tarnmitteln, das Anheuern von Gehilfen, Mittätern und Ahnungslosen, an Vorbereitungshandlungen, die Spuren hinterlassen haben können.

Nicht nur die sachgerechte Sicherung von Spuren ist wichtig, auch die eindeutige Kennzeichnung und korrekte Verwahrung des Spurenmaterials ist von Bedeutung.

5.6 Grundsätzliche Überlegungen vor der Erstvernehmung des Verdächtigen

Erst wenn man sich eine Übersicht über die vorhandenen Daten verschafft hat, sollte man überhaupt damit beginnen, den Verdächtigen zu vernehmen. In der Praxis besteht der wesentlichste Mangel von **Erstvernehmungen** oft darin, dass der Vernehmende die vorhandenen Daten nicht erhoben oder nicht ausreichend analysiert hat. Man verbaut sich damit wichtige taktische Varianten, denn gerade die Erstvernehmung bietet oft die beste Chance, den Verdächtigen zu einem Geständnis zu bringen.

5.6.1 Bedingungen für ein Geständnis

Es lohnt sich deshalb, sich vorerst einige Überlegungen dazu zu machen, welche Umstände einen Straftäter dazu bringen können, ein **Geständnis** abzulegen. Es handelt sich um folgende Voraussetzungen:

- Der Täter weiß, dass er mit seinem Verhalten eine **Straftat begangen** oder versucht hat – das scheint selbstverständlich, braucht aber beim Fahrlässigkeitsdelikt nicht der Fall zu sein. Wer z.B. beim Verlassen des Arbeitsplatzes in einer Werkstatt einen Lötkolben hat brennen lassen, weiß unter Umständen noch gar nicht, dass er einen Brand ausgelöst hat, wenn er erstmals dazu befragt wird. Solche Konstellationen sind allerdings in der Praxis sehr selten. Wer nicht weiß, was er mit seinem Verhalten verursacht hat, wäre in der Regel bereit, über die tatsächlichen Abläufe wahrheitsgemäß auszusagen; dem steht allerdings entgegen, dass der Verdächtige bei der ersten Vernehmung darauf aufmerksam zu machen ist, in welcher prozessualen Stellung (eben als Beschuldigter) er einvernommen wird, was der Gegenstand der Befragung ist und dass er das Recht hat zu schweigen. Es ist zu beachten, dass der nichts ahnende Täter, wenn ihm diese Umstände eröffnet werden, oft in eine psychische Ausnahmesituation geraten wird, die nicht ausgenützt werden darf.
- Der Täter **erkennt**, dass er ein Problem hat, dass also sein Verhalten auch subjektiv **schuldhaft** war. Das ist zwar die Regel, oft werden aber strafbare Handlungen vom Täter verharmlost, oder er versucht, sofort andern, insbesondere dem Opfer, eine Mitschuld an der Tat zu geben. Das geschieht oft nicht einmal in schlechter Absicht, sondern entspringt dem Versuch, eigenes Verhalten (auch sich selbst gegenüber) sinnvoll zu erklären. Zu denken ist auch an die Konstellation, dass der Täter sein Verhalten für erlaubt hält (weil er sich im Rechtsirrtum bzw. Verbotsirrtum befindet).
- Der Täter **will** die Tat **gestehen** oder erkennt mindestens, dass es **keinen Sinn** macht, die Tat **abzustreiten**, weil sie auch ohne seine Aussage bewiesen werden kann. Das kann auch der Fall sein, wenn

man ihm erklärt, er könne mit einer milderen Bestrafung rechnen, wenn er von sich aus aussage; man spricht ihn also auf der Vernunftsebene an. Es kann aber auch sein, dass der Täter froh ist, dass die Tat entdeckt wurde und dass er deshalb sein Gewissen entlasten kann.

Erst wenn der Täter diese drei Hürden genommen hat, wird er die eigene Tatbeteiligung und auch die eigene Schuld einräumen. Er überschreitet damit den Rubikon und kann danach kaum mehr zurück. Es ist deshalb wichtig, bei der Erstvernehmung jedenfalls genügend Zeit einzukalkulieren, um ein grundsätzliches Geständnis möglichst breit **präzisieren** zu lassen. Denn nur das Geständnis, das durch Details abgesichert ist, die nur der Täter kennen kann, hilft später weiter, wenn der Befragte sich entschließen sollte, das Geständnis zu widerrufen.

5.6.2 Das PEACE-Modell

Die strafprozessualen Umstände erfordern es leider oft, dass der Vernehmende relativ **schlecht vorbereitet** in die Erstbefragung einsteigen muss; wenn es nämlich darum geht, Untersuchungshaft zu beantragen, dann sind oft Fristen einzuhalten, die es verunmöglichen, die vorhandenen Unterlagen gründlich zu lesen und zu analysieren, die Ergebnisse wichtiger kriminaltechnischer Untersuchungen abzuwarten oder sich eine genaue Strategie zurecht zu legen. Im Weiteren müssen oft organisatorische Probleme gelöst werden, welche eine optimale Vorbereitung der Vernehmung stören: Es muss z.B. eine Videoanlage zur Aufzeichnung der Vernehmung besorgt werden; ein geeigneter Dolmetscher und der Verteidiger des Verdächtigen sind aufzubieten, was einerseits Zeit benötigt, anderseits aber auch die Rücksicht auf deren Verfügbarkeit erfordert.

Es ist in solchen Fällen eine heikle **Gratwanderung** zwischen den strafprozessualen Anforderungen an das Verfahren und dem kriminalistisch und taktisch eigentlich gebotenen Vorgehen nötig. Der Vernehmende sollte immer daran denken, dass Chancen zur Aufklärung, die in der Erstvernehmung verpasst werden, später nie mehr in dieser Art vorhanden sein werden. Nur sorgfältige Organisation hilft, nicht wieder gut zu machende Fehler zu vermeiden.

Eine gut geplante, richtig durchgeführte und sauber ausgewertete Vernehmung bringt meistens wichtige Erkenntnisse zur Aufklärung der Tat. Wenn man Zeit hat, sollte man nach dem in England entwickelten **PEACE-Modell** vorgehen:

- P steht für **Planning and Preparation** (Planung und Vorbereitung) und umfasst alles, was man sich vor der Vernehmung überlegen sollte.
- E meint **Engage and Explain** (Einvernehmen herstellen und erklären) und betrifft die Einleitung der Vernehmung; es geht darum, eine persönliche Beziehung zum Befragten herzustellen und ihm zu erklären, worum es geht und wer der Anwesenden welche Funktion hat; dazu gehört auch die richtige Rechtsbelehrung. Die Herstellung einer persönlichen Beziehung erfordert eine gewisse körperliche Nähe – wer sich (wie in der nachfolgenden Vernehmung) schon bei der Begrüßung hinter dem Schreibtisch verschanzt und dafür sorgt, dass die Distanz zum Befragten nie unter zwei Meter sinkt, wird es schwerer haben, eine persönliche Beziehung aufzubauen, als wer bei der Begrüßung aufsteht, dem Befragten die Hand gibt und stehend noch einige persönliche Worte mit ihm wechselt.
- A steht für **Account** (also die Phase von Frage und Antwort).
- C betrifft die **Closure** (den Abschluss der Vernehmung) und sollte nicht vernachlässigt werden; Befragte, die mit einem guten Gefühl aus einer Vernehmung kommen, werden auch in der nächsten Vernehmung wichtige Informationen liefern; wer dagegen das Gefühl hat, es sei ihm nicht zugehört worden und das Wesentliche habe er gar nicht erklären können, wird beim nächsten Mal zurückhaltend in seinen Aussagen sein.
- E schließlich steht für **Evaluation** und betrifft die rasche und gründliche Auswertung der Vernehmung. Insbesondere sollte darauf geachtet werden, dass Aussagen des Vernommenen, die sich nicht schon in der Vernehmung klären ließen, nachträglich überprüft werden, und vor allem sollte rasch überlegt werden, ob die neu gewonnenen Informationen zu weiteren Beweismaßnahmen führen.

5.6.3 Das kognitive Interview

Während das PEACE-Modell eher die äußere Gestaltung der Vernehmung betrifft, betrifft das Konzept des kognitiven Interviews die inhaltlichen Aspekte, wobei zum Teil ähnliche Überlegungen wegleitend sind. Worum geht es? Um in einer Vernehmung möglichst viele Informationen zu erhalten, die Erinnerungen des Befragten möglichst optimal verwerten zu können, aber auch um Lügensignale und falsche Erinnerungen entdecken zu können, hat sich die Technik des kognitiven Interviews bewährt, die von den Kognitionspsychologen *Ed Geiselman* und *Rod Fisher* entwickelt wurde. Sie unterteilen die Vernehmung in sieben strukturierte Phasen:

- Die **Begrüßungsphase** dient dazu, eine persönliche Beziehung zwischen Befrager und Befragtem herzustellen. Es wird empfohlen, mit neutralen Fragen zu beginnen, die positiv beantwortet werden können; man sollte also nicht fragen, ob der Vorgeladene den Ort der Vernehmung gut gefunden hat, wenn er außer Atem und zehn Minuten zu spät eintrifft.
- Die **Zielvereinbarung** dient dazu, den Vernehmungsprozess zu erläutern und zu erklären, was man von der befragten Person erwartet. Sie umfasst den Hinweis darauf, dass es allenfalls auch auf unwichtige Details ankommt und dass der Befragte den Sachverhalt kennt und nicht der Befrager, sodass er von sich aus das Tempo der Befragung bestimmen soll; man zerstreut damit auch den Eindruck, die Befragung finde unter Zeitdruck statt.
- Die Phase des **freien Erinnerns** beginnt damit, dass man den Befragten in den Kontext des Befragungsgegenstandes zurück versetzt; er soll sich also in die Umgebung des Tatortes hineinversetzen und sich an seine Gedanken und Gefühle erinnern und dann aus dieser Situation in freier Erzählung möglichst genau schildern, was aus seiner Sicht abgelaufen ist.
- Die Phase der **Befragung** soll weitere Details erschließen, über welche der Befragte nicht von sich aus gesprochen hat; auch hier geht es darum, sich mental in die Situation zurück zu versetzen; der Befragte soll also etwa eine bestimmte Person nochmals vor seinem geistigen Auge erscheinen lassen und dann beschreiben.
- Die **Phase der Variationen** im Abruf soll es ermöglichen, zusätzliche Details zu erhalten, indem die Perspektive des Erinnern gewechselt wird. Zum Beispiel kann die Chronologie verändert werden, indem der Vernommene danach gefragt wird, was das Prägnanteste oder was das Letzte sei, an das er sich erinnere. Von dort aus wird dann das zuvor oder danach Passierte erfragt. Dem Gedächtnis wird auf verschiedene Weise nachgeholfen, etwa wenn sich der Befragte nicht an einen Namen erinnert: War es ein deutscher oder ausländischer Name? War er kurz oder lang? Mit welchem Buchstaben begann er?

- Die **Phase der Zusammenfassung** dient dem Befrager und dem Befragten dazu, das Gehörte nochmals zu sammeln und auf diesem Weg allenfalls noch zusätzliche Informationen zu erhalten. Ein taktisch, aber auch rechtlich grober Fehler wäre es, erst jetzt mit der Protokollierung zu beginnen, weil die Informationen nun im besten Fall übersichtlich gebündelt werden können; denn Wahrheitskriterien und Lügensignale, aber auch false memories lassen sich nur bei Interpretation der gesamten Befragung bewerten.
- Auch das kognitive Interview legt Wert auf einen strukturierten **Abschluss** der Befragung. Der Abschluss soll vom Befragten in jedem Fall positiv empfunden werden; man kehrt also zu neutralen Themen zurück, bespricht allenfalls das weitere Vorgehen und beantwortet Fragen dazu, die für den Befragten noch offen sind.

5.7 Daten vom geständigen Täter

5.7.1 Die Vernehmung zur Sache als Datenquelle

In Deutschland regeln die § 136 ff. der StPO, wie bei der ersten Vernehmung des Beschuldigten vorzugehen ist. Natürlich müssen die formalen Vorschriften eingehalten werden; der Beschuldigte ist insbesondere über das **Schweigerecht** und den Anspruch auf **Beizug einer Verteidigung** zu belehren, und er hat ein Recht zu erfahren, worum es in der Befragung geht. Hinweise, welche den Aufbau der Vernehmung regeln, fehlen allerdings; sie finden sich nur in § 69, welcher die Vernehmung des Zeugen betrifft, aber ohne weiteres auch für die Befragung des Beschuldigten übernommen werden können.

Die neueren Schweizer Prozessordnungen präzisieren diese Grundsätze und schreiben vor, wie bei der Vernehmung des Beschuldigten vorzugehen ist. Im Einklang mit diesen prozessualen Regeln ist taktisch kluges Vorgehen meistens gleich aufgebaut:

- Zu Beginn der Vernehmung steht immer die **Belehrung** über die **Rechte** des Beschuldigten und über den **Gegenstand** der Vernehmung. Diese Phase bietet die Gelegenheit, eine Beziehung zur vernommenen Person aufzubauen, die nicht verpasst werden sollte; mit der Eröffnung der prozessualen Spielregeln kann man dem Vernommenen ja auch gleich klar machen, dass das Verfahren fair und nach den Regeln der Vernunft ablaufen soll und dass der Verdächtige nicht nur Pflichten, sondern auch Rechte hat.

- Der Beschuldigte sollte dann zuerst eine **zusammenhängende Darstellung** des Sachverhaltes aus seiner Sicht geben. Das bedeutet vor allem, dass man ihn reden lässt, ohne ständig zu unterbrechen, auch wenn die Darstellung zunächst vielleicht unstrukturiert und unklar ist.
- Im Anschluss daran soll der Befragende versuchen, vorhandene **Unklarheiten** in den Aussagen des Beschuldigten, die sich **aus der Aussage selbst** ergeben, zu **bereinigen**, indem er die richtigen Präzisierungsfragen stellt.
- Erst dann soll der Beschuldigte mit allenfalls vorhandenen **Beweismitteln** konfrontiert werden, welche seiner Darstellung entgegenstehen.
- In einem letzten Schritt sollte auch der geständige Beschuldigte gebeten werden, objektivierbare **Umstände** zu nennen, welche die Richtigkeit seiner Darstellung **beweisen**. Nur so kann überprüft werden, ob seine Darstellung wirklich den Tatsachen entspricht.

Manchmal stellt sich die Frage, ob man dem Beschuldigten zu Beginn der Vernehmung eröffnen soll, dass er festgenommen sei; das ist in der Regel nicht nur taktisch unklug (weil der Beschuldigte möglicherweise „mauern“ wird, weil er davon ausgeht, dass seine Aussage am Umstand der Festnahme ohnehin nichts mehr ändert), sondern auch nicht erforderlich, weil man ja in der Erstvernehmung zuerst abzuklären hat, ob der Beschuldigte sofort Umstände nennen kann, die den Tatverdacht gegen ihn beseitigen. Bevor er zur Sache befragt wird, kann man also eigentlich gar nicht entscheiden, ob eine Festnahme erforderlich ist oder nicht.

Wichtig ist, dass dem geständigen Beschuldigten einige spezifische Tatumstände, z.B. die genaue Bekleidung des Opfers, die Stückelung des Diebesgutes, die verwendeten Tatmittel, die allgemein unbekannt geblieben sind, **nicht mitgeteilt** oder vorgehalten werden. Denn wenn der Befragte schließlich ein Geständnis ablegt, so soll er diese Dinge beschreiben, Tatsachen, die nur Eingeweihten – oder eben allein dem Täter bekannt sind. Der Beschuldigte wird so sein Geständnis kaum wirksam widerrufen können.

Es geht bei der Vernehmung zur Sache auch beim Geständigen natürlich vor allem darum, möglichst genau zu erfragen, was er vom Geschehen wahrgenommen hat; es soll also der **objektive Sachverhalt** geklärt werden. Der Umstand, dass ein Befragter von allem Anfang an ein Geständnis abgibt, darf nicht dazu führen, dass er weniger genau befragt wird, als wenn er abstreiten würde. Man vergisst sodann bisweilen, dass es nicht mit der Abklärung der objektiven Tatumstände getan ist. Auch Informationen zum subjektiven Sachverhalt dürfen nicht vergessen werden, und natürlich sind auch noch die anderen Verbrechenselemente wenn möglich bereits in der Erstvernehmung zu klären, wie allfällige Rechtfertigungsgründe, Schuldaufhebungsgründe oder persönliche Verhältnisse, welche die Strafzumessung beeinflussen.

Das **„Mit wem?"** fragt nach möglichen Mittätern, Anstiftern oder Gehilfen, in seltenen Fällen nach ahnungslosen menschlichen Werkzeugen, auch nach etwaigen Begünstigern und Hehlern. Man wird den Beschuldigten wiederholt auch zu Aussagen veranlassen, wer das Geschehen außer ihm noch beobachtet habe, ob er seine Darstellung noch auf andere Weise glaubhaft machen könne. Selbstverständlich ist er nicht verpflichtet, seine Darlegungen zu beweisen. Er kann aber, und man darf ihm das sehr wohl sagen, die Untersuchung erleichtern und beschleunigen, wenn er seine Aussagen selber zu belegen vermag. Es gelten im Übrigen die bereits erwähnten Sätze: Nichts tun, was von der Wahrheit wegführen könnte, nichts tun, was menschenunwürdig ist (also der Verfassung oder dem Gesetz widerspricht) und nichts tun, was dem Ansehen der Strafrechtspflege schadet. Folgt man all diesen Ratschlägen, so erhält man vom Beschuldigten im Idealfall ein ziemlich vollständiges Datenmaterial, das oft schon die Lösung der kriminalistischen Aufgabe enthält oder die Sache einer Lösung recht nahe bringt.

5.7.2 Die Vernehmung zur Person als Datenquelle

Auf den ersten Blick hat die Vernehmung des Beschuldigten zu seinen persönlichen Verhältnissen mit dem kriminalistischen Denken wenig zu tun. Das trifft jedoch nicht zu. Zwar beziehen sich die vom Beschuldigten gemachten Angaben in diesem Zusammenhang zur Hauptsache auf seinen **Lebenslauf und Lebensverhältnisse**, nicht auf die ihm zur Last gelegte Straftat.

Je nach Art der verfolgten Straftat können auch Aussagen zur Person für den Beweis von Tat und Täterschaft wichtig sein. So setzt etwa der Vorwurf der Fahrlässigkeit beim Wissen des Täters um die Gefährlichkeit eines bestimmten Verhaltens an, und dieses Wissen hängt unter anderem davon ab, welche **Schulen** der Geständige besucht hat, welche **Berufskenntnisse** er sich wann und wo erworben hat und ob er sich nach der Grundausbildung noch weitergebildet hat. Der Lebenslauf gibt allenfalls Aufschluss über Motive zu bestimmten Taten: Die hohe Verschuldung kann ein Vermögensdelikt, eine belastende Scheidung ein Beziehungsdelikt, das Aufwachsen unter schwierigen Verhältnissen die Neigung zu Gewalttaten erklären.

Straftäter, die in ein fremdes Land eingeschleust werden, oder kriminelle Asylbewerber verwenden häufig zur (vermeintlich guten) Tarnung einen **falschen Lebenslauf**. Als scheinbar Geständige geben sie dann in einer Vernehmung zur Person nur Erlerntes, nicht Erlebtes wieder, ohne dass es der Befrager erkennt, weil er mit den Verhältnissen im angeblichen Herkunftsland des Befragten nicht vertraut ist. Allerdings sind bei gründlicher Betrachtung fast immer Mängel erkennbar, die keine Kenntnisse über das Herkunftsland benötigen, sondern sich aus der Struktur der Aussagen ergeben. Jeder Mensch besitzt zahlreiche Beziehungen zu anderen Menschen, von frühester Jugend an bis ins hohe Alter. Diese Beziehungen pflegt er regelmäßig über Jahre hinweg mehr oder weniger intensiv. Bei einer Legende dürfen aber selbstredend keine Beziehungen zu noch Lebenden bestehen; die Legende ließe sich sonst rasch widerlegen. Ebenso wenig sind Leute mit einer fingierten Biografie in der Lage, über **Besonderheiten aus ihrem ersten oder zweiten Lebensjahrzehnt** und über genauere geografische Begebenheiten am Ort, wo sie ihre Jugend verbracht haben wollen, zu berichten, oder sie lügen dazu – oft widerlegbar, weil geografische Daten über das Internet in großer Menge vorhanden sind, sodass die Überprüfung der Angaben zur Person einfach sind. Allein die Frage nach dem Namen der besuchten Grundschule bringt solche Leute in Verlegenheit und dann allenfalls zu einer Aussage, die mit einer Internetrecherche von wenigen Sekunden widerlegt werden kann.

Mit dem Beweis, dass die Angaben zur Person des Befragten nicht richtig sind, ist allerdings noch nicht viel gewonnen; man weiß dann ja immer noch nicht, woher er denn wirklich kommt. Am einfachsten ist es oft, durch Ermittlung der Telefonbucheinträge oder Verbindungsdaten des Mobiltelefons solcher Personen festzustellen, in welche Länder sie Kontakte pflegen; das Herkunftsland lässt sich auf diese Weise meistens bestimmen.

Im Kanton St. Gallen werden seit Mitte 2004 systematisch Aufkäufe im Kokain-Kleinhandel durchgeführt. Die Verhafteten geben in der Regel an, aus Liberia, Mali, Sierra Leone oder Gambia zu stammen, weil dort bürgerkriegsähnliche Zustände herrschen. Eine Kontrolle der Verbindungsdaten und Telefonbucheinträge der benützten Mobiltelefone ergibt in den meisten Fällen, dass die Betroffenen nur Auslandkontakte nach Nigeria unterhielten. Der Grund, wieso dieses Herkunftsland verschwiegen wird, ist offensichtlich: Asylanträge von Nigerianern haben in der Schweiz kaum eine Chance, und die Papiere für die Rückschaffung können meistens – wenn auch nur mit erheblichem Zeitaufwand – beschafft werden.

5.8 Daten vom nicht-geständigen Verdächtigen

5.8.1 Der schweigende Verdächtige

Selbstverständlich geht es bei der Sammlung von Daten über ein verdächtiges Ereignis auch um die Befragung des nicht-geständigen Verdächtigen. Klar ist zwar, dass der Befragte sich nicht äußern muss, wenn er nicht will; ebenso klar ist, dass er zu Beginn jeder Vernehmung (oder zumindest zu Beginn der ersten Vernehmung) über das **Recht zu schweigen** belehrt werden muss. Erklärt er dann, er mache von seinem Aussageverweigerungsrecht Gebrauch, dann heißt das aber nicht, dass die Vernehmung abgebrochen wird, und zwar aus zwei ganz unterschiedlichen Gründen:

- Zum einen verlangt der **Anspruch auf rechtliches Gehör**, dass der Beschuldigte darüber informiert wird, welche belastenden Umstände gegen ihn vorliegen, auch wenn er von vornherein erklärt, dazu keine Stellung nehmen zu wollen.
- Zum andern zeigt die Erfahrung, dass kaum jemand **konsequent schweigen** wird, wenn ihm die belastenden Umstände in taktisch kluger Weise vorgehalten werden. In der Mehrzahl der Fälle gelingt es, auch vom Nicht-Geständigen relevante Daten zu erhalten. Der Lügner wird zwar dem Vernehmenden falsche Daten anzugeben versuchen; er wird insbesondere bestreiten. Allerdings können auch Lügen aufschlussreich sein, und sei es nur, dass man erkennt, der Verdächtige wolle geschickt oder weniger geschickt ausweichen.

Wenn der Beschuldigte bereits zu Beginn der Befragung erklärt, er wolle keine Aussagen machen, dann soll er nach dem Grund dafür gefragt werden. Oft geht es nur darum, dass er zuerst mit einem

Anwalt sprechen möchte. Diese Möglichkeit muss ihm eingeräumt werden; kann kein Anwalt aufgeboten werden, zum Beispiel am Wochenende oder nachts, wird es in der Regel zumindest die Möglichkeit geben, dass der Beschuldigte mit einem Anwalt telefoniert. Die Erfahrung zeigt, dass Anwälte dem Beschuldigten in solchen Situationen häufig **zur Aussage** raten, und zwar leider oft, weil sie zu bequem sind, sofort zur Vernehmung zu erscheinen, aber trotzdem nicht riskieren möchten, dass der Befragte vorläufig festgenommen oder inhaftiert wird, nur weil er den Sachverhalt nicht sofort klären will.

Ist abzusehen, dass der Beschuldigte **Angaben zur Sache** verweigern wird, dann kann er zuerst **zur Person** befragt werden. Wer geschickt vorgeht, entwickelt so in der Regel rasch ein vernünftiges Gespräch. Er fragt zum Beispiel nach Geburtsdatum, Geburtsort und Beruf; der Befragte wird die Auskunft dazu kaum verweigern, und wenn der Befrager dann Interesse am Geburtsort oder am Beruf zeigt, wird er auch den schwer zugänglichen Beschuldigten oft rasch in ein Gespräch verwickeln können. Durch Fragen, die (vorerst) vom konkreten Fall losgelöst sind, kann man sich dann zu zunächst unverfänglichen Fragen im Zusammenhang zum abzuklärenden Sachverhalt vortasten.

5.8.2 Der lügende Verdächtige

Lügende Verdächtige sind für viele Befragende besonders mühsam, weil sie ein Hindernis auf dem Weg zur Lösung des Falles sind. Man ist dann geneigt, zu **konfrontativen Vernehmungsmethoden** zu greifen; das kann in bestimmten Situationen wirksam sein, ist es aber weit seltener (und bei „moderner" Kundschaft noch viel seltener als früher), als man meinen würde, wenn man sich vergewissert, wie oft konfrontative Methoden erfolglos eingesetzt werden. Wer ständig angebrüllt, wer pausenlos und laut auf die Widersprüche seiner Aussagen mit den vorhandenen Beweismitteln hingewiesen wird, der wird mit Sicherheit gar keine Lust mehr haben, überhaupt noch etwas zu sagen.

Mittlerweile hat sich deshalb die Erkenntnis durchgesetzt, dass **kooperative Methoden** in der Regel zu besseren Resultaten führen. Zu konfrontativen Methoden sollte man nur greifen, wenn Widersprüche oder Falschaussagen klar erkannt sind; man sollte dann so reagieren, dass bei einer Eskalation des Gesprächs jederzeit wieder auf die zu Beginn der Vernehmung intakte Beziehung zwischen Vernehmendem und Befragtem zurückgekommen werden kann. Der einzige sichere Weg, um in diesem Zusammenhang zuverlässig zu erkennen, wie man in Vernehmungen wirkt und was man besser machen könnte, ist die Aufnahme der Vernehmung auf Video, die in modernen Prozessgesetzen bei bestimmten Sachverhalten ohnehin vorgesehen ist, die aber vor allem auch in der Ausbildung eine wichtige Rolle spielen sollte. Denn Vieles, was zu beachten ist, lässt sich erlernen; wie man selbst **wirkt**, erkennt man aber nur, wenn man sich Videoaufzeichnungen eigener Vernehmungen ansieht.

Ich musste bei der Ergänzung der 8. Auflage dieses Werkes erkennen, dass ich zwar in meiner Berufslaufbahn wohl einige hundert Vernehmungen durchgeführt hatte, wovon zumindest einige auch auf Video aufgezeichnet worden waren; selbst angeschaut hatte ich mir bisher aber keine einzige. Mittlerweile habe ich das nachgeholt und weiß: Beschuldigte warten oft eine halbe Ewigkeit, bis ich das von ihnen Gesagte ins Protokoll getippt habe (wie fast überall in der Schweiz werden auch in St. Gallen nur selten Protokollführer beigezogen); meine Fragen sind zum Teil so umständlich, dass die Befragten gar nicht verstehen, worauf ich hinaus will; offenbar strahle ich aber so viel Autorität aus, dass sich die meisten dann doch nicht wagen zu protestieren, wenn sie eine Frage nicht verstanden haben. Wenn ich einer Aussage keinen Glauben schenke, dann lege ich das zwar in der Regel nicht sofort offen; wer meinen Gesichtsausdruck genau beobachtet (und der Beschuldigte hat genug Zeit dafür), erkennt aber meistens mühelos, dass ich eine Falschaussage entdeckt haben will, auch wenn ich das eigentlich verbergen möchte.

Wenn man auch in schwierigen Vernehmungen etwas Positives erreichen will, dann sollte man versuchen, dem lügenden Beschuldigten in einem ersten Schritt klar zu machen, dass seine Geschichte nicht stimmt und dass und warum niemand ihm sie glauben wird; man darf sich dabei ohne weiteres auf die Position des neutralen Beobachters zurückziehen, etwa indem man dem Beschuldigten erklärt, **der Richter** werde wohl Mühe haben, seine Schilderung für wahr zu halten, oder indem man ihm die Frage stellt: „Würden Sie das an meiner Stelle für wahr halten, wenn es Ihnen jemand erzählen würde?“ Man kann den Beschuldigten auch in ruhigem Ton darauf hinweisen, dass zwischen seiner Schilderung und den objektiven Beweisergebnissen, z.B. den vorhandenen Spuren, ein Widerspruch besteht, den der Befragte nicht auf Anhieb auflösen kann, und ihn fragen, ob er dazu eine nähere Erklärung habe.

In einem zweiten Schritt wird der Befragte dann eventuell eine neue Version zu Protokoll geben (die immer noch nicht zu stimmen braucht, in der Regel aber der Wahrheit schon etwas näher ist).

Eine Befragung des Nicht-Geständigen, die nur aus wenigen Fragen besteht, etwa, ob der Verdächtige der Täter sei, oder ob er wisse, wer die Tat verübt habe, ist kriminalistisch wertlos. Sie liefert **keine Daten**, die eine Widerlegung ermöglichen oder sonst weiterführen. Eine allgemeine Bestreitung kann eben nur in ihrer Allgemeinheit als falsch nachgewiesen werden, was schwierig ist, oder sie bleibt unwiderlegt. Trotzdem erstellen viele Beamte immer wieder solche praktisch unbrauchbaren Kurzprotokolle. Der Grund dafür dürfte in einer gewissen Ratlosigkeit liegen. Die Betreffenden wissen nicht, was sie in einem solchen Fall alles fragen könnten.

Hält man eine Aussage für gelogen, dann gilt es taktisch vorerst, dem Beschuldigten Wege abzuschneiden, welche er zur Rechtfertigung seiner falschen Angaben gehen könnte. Es ist deshalb ein grober, allerdings oft beobachtbarer **taktischer Fehler**, den Beschuldigten schon nach der ersten Lüge mit den vorhandenen Beweismitteln zu konfrontieren. Besser wäre folgende Taktik, die eigentlich mit der Taktik bei geständigen Tätern weitgehend übereinstimmt:

- Der Beschuldigte soll vorerst eine zusammenhängende **eigene Darstellung** des relevanten Sachverhaltes geben, die vorerst unwidersprochen bleibt, auch wenn sie sich in keiner Weise mit der Beweislage vereinbaren lässt.
- Im Anschluss daran wird versucht, vorhandene **Unklarheiten** (die sich aus der Aussage selbst – nicht aus der Beweislage! – ergeben) oder Oberflächlichkeiten in der Darstellung des Beschuldigten präzisieren zu lassen. Dabei werden zwei Ziele verfolgt: Erstens sollen gerade diejenigen Details der Geschichte, die mit der Beweislage in offenem **Widerspruch** stehen, **präzisiert** werden, damit der Befragte später nicht erklären kann, er sei falsch verstanden worden, und damit er die Differenz zur Beweislage weiter vergrößert; der Befrager muss sich dabei vom Ziel leiten lassen, denkbare Ausreden abzuschneiden. Zweitens zeichnen sich erfundene Geschichten zu Straftaten dadurch aus, dass der Befragte sich nur diejenigen Aussagen zurecht legen wird, die mit dem **Kernsachverhalt** etwas zu tun haben, während er sich zu Nebenumständen, die mit der eigentlichen Geschichte nichts zu tun haben, keine Überlegungen macht; befragt man ihn trotzdem zu diesen Nebenumständen, wird er improvisieren müssen, statt die Geschichte, die er sich zurecht gelegt hat, wiedergeben zu können. Das ist bedeutend anspruchsvoller, als wenn er sich aufs Kerngeschehen konzentrieren könnte.

Ein schwer vorbestrafter Zuhälter hatte mit seinem Auto frühmorgens einen Selbstunfall verursacht und entschied sich zur Führerflucht, weil ihm erstens der Führerschein entzogen worden war und er zweitens erheblich Alkohol getrunken hatte. Er veranlasste in der Folge eine seiner Angestellten, sich bei der Polizei zu melden und zu sagen, sie habe den Wagen gefahren; weil seit dem Unfall mehrere Stunden vergangen waren, sollte sie erzählen, sie habe vorerst wegen der Höhe des Schadens die Nerven verloren und sei aus Verzweiflung geflüchtet. In der Befragung gab sie an, sie habe am Morgen mit dem Eigentümer des Autos gefrühstückt und ihn dann gebeten, dass er ihr das Auto ausleihe, weil sie habe einkaufen wollen; das hatte sie mit ihm so abgesprochen. Sie wurde gefragt, **was** sie gefrühstückt habe, und wurde dabei sehr unsicher, weil sie sich mit ihrem Auftraggeber zu diesem Nebenpunkt natürlich nichts zurechtgelegt hatte. Als der Polizeibeamte dann noch auf die Idee kam, sie genau beschreiben zu lassen, wie sie das Auto gestartet habe, stellte sich heraus, dass sie nicht wusste, ob es sich um ein Fahrzeug mit Handschaltung oder mit automatischem Getriebe handelte. Sie musste dann zugeben, dass ihre Geschichte erfunden war.

- In einem nächsten Schritt wird man den Befragten vorerst mit Beweismitteln konfrontieren, die mit dem **Kernsachverhalt wenig zu tun** haben, um die Reaktion zu testen und den Druck auf den Befragten schrittweise erhöhen zu können.
- Erst dann sollte man dazu übergehen, auch **zentrale Beweismittel** vorzulegen.

Im Folgenden sind einige Fragen zusammengestellt, die einem Nicht-Geständigen vorgelegt werden sollten, wenn er nicht einfach zu allem schweigt oder nach einer gewissen Zeit nichts mehr sagen will. Die Fragen wurden etwas geordnet, doch ist klar, dass man aus vernehmungstechnischen Gründen und im Hinblick auf den zu klärenden Sachverhalt normalerweise eine ganz andere Reihenfolge wählen muss.

Das geschieht etwa durch folgende Fragen:

Was hat der Nicht-Geständige von dem zu klärenden Ereignis schon gehört oder gelesen? Welche Einzelheiten sind ihm so über Art der Straftat, Ort, Zeit, Opfer, Beute, Ausführung der Tat, Tatmittel, Mittäter oder sonstige Beteiligte, Anmarsch- bzw. Fluchtweg des Täters bekannt geworden? Wie, wann, wo und von wem erfuhr er von diesen Einzelheiten? Hat er schon von ähnlichen Straftaten gehört, die in der betreffenden Gegend verübt wurden?

Wo befand sich der Befragte vor, während und nach der vermuteten Straftat? Wer begleitete ihn, traf ihn, sah ihn möglicherweise? Besitzt der Beschuldigte vielleicht noch die Belege für diese Aufenthalte, die vorhanden sein müssten? Es ist auf detaillierte Angaben zu dringen, auf genaue Orts- und Zeitangaben, benutzte Transportmittel (und gelöste Fahrscheine mit Angabe des Preises und der Abfahrtszeiten), auf die Personalien und Adressen angeblich begleitender oder angetroffener Personen, auf Angabe des Zweckes der Ortsveränderungen. War der Aufenthalt an den betreffenden Orten für den Befragten außergewöhnlich oder pflegte er sich dort öfters aufzuhalten?

Was sagt der Beschuldigte zu (allfälligen) Aussagen von Zeugen, die ihn am Tatort oder in dessen Nähe gesehen haben wollen?

Was weiß der Befragte selber vom Tatort? War er auch schon dort? Wann und weshalb? War er wenigstens schon einmal in der Nähe des Tatortes? Wo genau, wann, mit wem und warum?

Was weiß der Nicht-Geständige von der Möglichkeit oder Gelegenheit, am Tatort eine entsprechende Straftat zu begehen? Fällt dem Verdächtigen in Bezug auf den Tatort oder an der Tatzeit etwas auf?

Welche Beziehungen bestehen zwischen dem Befragten und dem Opfer, der Beute und den Tatmitteln? Kennt er das Opfer, z.B. das missbrauchte Kind, den Toten, die gestohlenen Sachen? Weiß er von solchen Beziehungen anderer Personen? Von welchen Personen? Kennt er Freunde oder Feinde des Opfers? Kennt er vielleicht sogar den Täter? Hegt er einen Verdacht? Wen verdächtigt er und weshalb? Wer kommt seines Erachtens als möglicher Täter in Frage? (Schuldige neigen dazu, den Kreis der Verdächtigen zu erweitern!) Wie steht er zu den verdächtigten Personen? Passt das vorhandene Signalement des Täters auf eine dieser Personen? Auf welche? Auf ihn selbst? Hat sich der Befragte kürzlich vor oder nach der fraglichen Straftat äußerlich verändert (z.B. den Bart abrasiert, die Haare gefärbt)?

Was weiß der Befragte von den gegen ihn vorliegenden Verdachtsmomenten? Was sagt er zu diesen? Hat der Verdächtige die körperlichen und psychischen Voraussetzungen zur Begehung der in Frage stehenden Tat? Weshalb nicht?

Zu welchen Vorteilen (z.B. Vermögenszuwachs durch Erbschaft oder Auszahlung einer Versicherungssumme, berufliche Beförderung, Befreiung von einer Last) ist der Befragte durch die in Frage stehende Straftat gekommen oder kann er noch kommen? Welche (allfällige) Befriedigung zieht er aus der Tat? Wenn tatsächlich Vorteile entstanden sind oder in Aussicht stehen: Anerkennt der Beschuldigte, dass diese ein Tatmotiv gewesen sein könnten? Wenn nein, warum nicht?

Hat er schon eine ähnliche Tat begangen? Wenn ja, wo, wann, wie, warum, womit und mit wem geschah diese? Wurde er schon einmal von einem Gericht wegen einer ähnlichen Tat verurteilt? Wann? War er damals geständig? Stand der Befragte schon einmal wegen einer gleichartigen Straftat in Strafuntersuchung? Bei welcher Amtsstelle und wann?

Besitzt oder besaß der Befragte Mittel, wie sie zur Ausführung der Tat benützt wurden, z.B. eine Pistole 9 mm, ein Brecheisen etc.? Besitzt oder besaß er ganz allgemein Dinge (z.B. Kleidungsstücke, Genussmittel, Transportmittel) wie sie der Täter verwendet haben muss? Wenn ja, wie kamen sie in seinen Besitz? Wo befinden sie sich heute? Bis wann waren sie, wenn sie der Beschuldigte nicht mehr besitzt, noch in seiner Verfügungsmacht?

Wie erklärt sich der Verdächtige (wenn dem so ist) den Besitz von Sachen bzw. das Vorhandensein von Spuren (Beuteteile, Kratzer, eine Wunde, Schmauchspuren an der Hand u.s.w.), die von der in Frage stehenden Tat herrühren können? Wie erklärt er sich (allfällige) Spuren von ihm oder aus seinem Besitz (Fingerabdrücke, DNA-Spuren, Sohlenabdrücke, Blut, Haare, Fasern, ein Taschentuch, Streichhölzer, ein Schriftstück u.s.w.), die am Tatort sichergestellt wurden?

Hat der Befragte Erkundigungen eingezogen, die mit der Straftat in Beziehung stehen? Hat er sich irgendwo für gleiche Tatmittel interessiert? Bei wem?

Weshalb zeigte der Beschuldigte (wenn dies der Fall ist) vor oder nach dem verbrechensverdächtigen Ereignis starke Nervosität? Hatte der Befragte mit irgendwelchen Vorbereitungshandlungen zum fraglichen Verbrechen zu tun (Waffenbeschaffung, Bereitstellung von Werkzeugen oder Transportmitteln)? Worin bestand sein (allfälliger) Beitrag? Wusste er um was es geht oder war er ahnungslos? Hat er für das Delikt (vielleicht) Pläne, Skizzen oder mündliche Beschreibungen geliefert?

Warum hat sich der Beschuldigte nach der Straftat (wenn dem so ist) versteckt, warum ist er verreist? Weshalb traf er (vielleicht) Anstalten zu einer Flucht oder ist er geflohen? Weshalb verwischte er (allenfalls) Spuren? Aus welchen Gründen ging er nicht zur Polizei, nachdem er (den Umständen entsprechend) wichtige Beobachtungen gemacht haben dürfte? Warum zeigt er bei seiner Befragung Lügensignale (ausweichende Antworten, Kargheit der Aussage, Strukturbrüche)? Warum versteckte er gewisse für die Ermittlungen bedeutsame Gegenstände oder hielt relevante Informationen zurück? Warum verdächtigt er zu Unrecht einen andern? Warum wehrte er sich (wenn dem, so war) bei der Verhaftung? Warum fragte er (allenfalls) nicht, weshalb er verhaftet werde? Aus welchem Grunde verwendete er (wenn das der Fall war) falsche Personalien bzw. einen falschen Ausweis? Warum versuchte er (allenfalls), eine andere Person zu falschen Aussagen zu veranlassen?

Welche Wohnräume stehen dem Befragten zur Verfügung? Darf er noch andere Räume an anderen Orten benützen, z.B. Lagerräume oder eine Garage?

Hat der Beschuldigte Feinde? Freunde? Wer sind diese?

Wer ist immer noch ratlos, mit welchen Fragen der Nicht-Geständige konfrontiert werden kann?

5.9 Daten zum subjektiven Tatbestand

Bei den Tatsachen, die zum subjektiven Tatbestand zu zählen sind, interessiert in erster Linie, ob der Beschuldigte die Tatbestandsmerkmale **vorsätzlich,** d.h. mit Wissen und Willen, verwirklicht habe, ob er dies nur **fahrlässig**, d.h. aus pflichtwidriger Rücksichtslosigkeit oder Sorglosigkeit getan habe oder ob **keiner dieser Fälle** gegeben sei. Darüber hinaus kennen einzelne Strafbestimmungen besondere subjektive Merkmale, etwa, dass die Tat aus Gewinnsucht begangen worden sei.

Daten zum subjektiven Tatbestand lassen sich beim Verdächtigen vor allem auf zwei Weisen erheben:

- Durch **direkte Befragung** des Beschuldigten sowie durch Erhebungen über Äußerungen des Beschuldigten (gegenüber andern oder in Niederschriften).
- Durch **Beobachtung und Deutung so genannter Ausdrucksbewegungen**, von psychophysischen Erscheinungen, die in der Regel auf einen bestimmten psychischen Zustand hinweisen.

Dabei ist erstens zu beachten, dass man sich wirklich auf Signale konzentriert, die im Bezug auf die subjektive Haltung etwas aussagen, indem sie dann meistens vorkommen, wenn der Befragte diese Haltung hat, und dann meistens nicht, wenn er sie nicht hat. So deuten etwa Tränenausbrüche in gewissen Situationen auf „aufrichtige Reue", oder die emotionslose Aussage zu gröbsten Brutalitäten ist ein Indiz für „besondere Grausamkeit". Viele Ausdrucksbewegungen sind aber entgegen landläufiger Ansicht weit weniger differenzierend, und man sollte aufpassen, dass man nicht einer Fehldeutung unterliegt. Zweitens müssen diese Wahrnehmungen aktenkundig gemacht werden, damit sie vom Gericht nachvollzogen werden können. Deshalb kann es sich vor allem bei schweren Delikten rechtfertigen, die Erstbefragung oder weitere Befragungen, in denen wesentliche neue Beweismittel vorgehalten werden, auf **Video** aufzuzeichnen.

Subjektive Tatbestandsmerkmale können nie mit Sicherheit **bewiesen** werden. Seelisches ist eben einer direkten Beobachtung nicht zugänglich, weder bei einer Befragung noch bei der Beobachtung von Ausdrucksbewegungen. Es ist immer eine **Deutung** notwendig; sie ist nur aufgrund weiterer Umstände und des Inhaltes der Aussagen möglich.

Der Beschuldigte kann oder könnte, wie es scheint, am ehesten darüber Aufschluss geben, was er vor, während und nach der Tat gedacht oder nicht bedacht, gewusst oder irrig angenommen, gefühlt oder verdrängt, gebilligt oder vermieden, in Kauf genommen oder abgelehnt, gewollt oder ausgeschlossen, beabsichtigt oder nicht beabsichtigt hat. Man darf die Fähigkeit zur Selbsterkenntnis und die Ehrlichkeit der Menschen jedoch nicht überschätzen, und zwar gerade nicht bei Personen, die gerade ein Straftat begangen haben und sich dann unbewusst die Wahrheit so zurecht legen, dass sie das Geschehene auch sich selbst gegenüber verantworten oder erklären können.

Zudem gibt es wirklich unüberlegtes, ja nahezu gedankenloses Verhalten und stark unbewusst motiviertes Tun oder Unterlassen. Man kennt Morde, zu denen die Täter durch einen weitgehend unbewussten Hass gegenüber dem Opfer getrieben worden sind. Das Opfer kann sogar infolge einer äußeren Ähnlichkeit Ersatz für die wirklich gehasste Person sein, was natürlich den Vorsatz nicht ausschließt, aber Teile der Motivation im Dunkeln lässt. Auch Verdrängungen nach der Tat können die wirkliche Motivlage bei der Tat aus dem Bewusstsein des Täters beseitigen; der Affekttäter zum Beispiel wird nicht nur dem Befrager, sondern vor allem sich selbst erklären müssen, wie es zur Tat kommen konnte. Immer ist auch daran zu denken, dass der Befragte eine taktisch begründete, unrichtige Darstellung seiner psychischen Verfassung, seiner Motive und Gedanken bei seiner Tat geben kann.

Entscheidend ist in diesem Zusammenhang, dass die Angaben des Beschuldigten über den subjektiven Tatbestand **objektiviert** werden. Der exakte Nachweis des tatsächlichen Verhaltens macht oft klar, dass die Angaben des Beschuldigten über seine subjektiven Vorstellungen falsch sind. Wer behauptet, ein Tötungsdelikt im Affekt begangen zu haben, wird Mühe haben, mit seiner Darstellung durchzudringen, wenn sich beweisen lässt, dass er die Tatwaffe vorher unter einer falschen Identität beschaffte und dass er unmittelbar nach Begehen der Tat sorgfältig Spuren am Tatort verwischte, bevor er die Flucht ergriff. Wer eine unechte Urkunde anfertigt und zu diesem Zweck nicht seinen eigenen Computer verwendet, sondern z.B. ein Internet-Café aufsucht, der kann sich kaum damit herausreden, er habe nur spielerisch und ohne böse Absicht ein falsches Schreiben erstellen wollen. Die Erfahrung zeigt, dass aus dem objektiven äußern Ablauf der Tat sehr oft zuverlässig auf die innere Verfassung des Täters geschlossen werden kann.

Die große Gefahr bei diesem Vorgehen besteht darin, dass man unkritisch von sich auf andere Menschen schließt, dass man also voraussetzt, ein anderer habe unter bestimmten Umständen dieselben Gedanken, Triebe, Wünsche und Tendenzen oder fasse die gleichen Entschlüsse. Kriminalisten unterschieben anderen oft allzu leicht unlautere Gedanken und Motive. Am deutlichsten kommt das vielleicht in dem boshaften Spruch zum Ausdruck: Die Menschen haben immer zwei Gründe für ihr Tun, einen guten und einen wirklichen. Anderseits neigen einige Richter (aber nur wenige Strafverfolger) dazu, allzu leicht zu entschuldigen, etwas als Versehen zu deuten, obwohl böse Absicht vorlag. Schließlich sollte man nicht vergessen, dass eine Handlung mehreren Absichten entspringen kann.

Auch bei **Fahrlässigkeitsdelikten** ist die Erforschung der Beschuldigtenpsyche kriminalistisch bedeutsam, bildet doch ein bestimmter seelischer „Sachverhalt“ Grundlage des Schuldbeweises. Wie bereits erwähnt, ist zu beweisen, dass der Täter die objektive Tatbestandsverwirklichung hätte **voraussehen können** (und sollen), dass er ferner hätte erkennen können (und sollen), was richtigerweise zu tun sei. Zu zeigen ist auch, dass das Verhalten des Täters nicht einer unverschuldeten Erregung oder Übermüdung entsprang und der Beschuldigte auch nicht gezwungen war, sich in einer bestimmten Situation gefährlich zu verhalten. Kurz, es geht darum, das Intelligenzniveau des Beschuldigten zu erforschen, sein allfälliges spezielles **Wissen um bestimmte Gefahren** und sein affektives Verhalten in bestimmten Situationen zu klären. Es muss bewiesen werden, dass der Täter bei seinem Wissen, seiner Erfahrung und seinen Fähigkeiten sich richtig hätte verhalten können. Die betreffenden psychischen Tatsachen können (in seltenen Fällen) allerdings so sehr von der Norm abweichen oder die Umstände so außergewöhnlich sein, dass eine Schuld entfällt. Wer weiß schon, dass er durch Läuten an einer Wohnung, vor der es nach Gas riecht, eine Explosion auslösen kann? Oder wem ist bekannt, dass man brennendes Öl nicht mit Wasser löschen sollte?

Auch andere Dinge spielen beim subjektiven Tatbestand der Fahrlässigkeit eine Rolle: unverschuldete Erregbarkeit des Täters, der sich deshalb fehlerhaft verhalten hat, oder der Konflikt, in welchem sich der Täter bei Arbeitsunfällen fast regelmäßig befand, sich entweder gefährlich zu verhalten oder die Ansprüche des Arbeitgebers nicht zu erfüllen. Besondere psychische Zustände dieser Art sind zu erfragen und müssen aufgrund der Umstände bestätigt oder widerlegt werden.

5.10 Daten aus anderen Informationsquellen

Mit Daten aus anderen Informationsquellen sind vorerst die bereits dargestellten Registraturen und Dateien der Strafverfolgungsorgane, nicht strafverfolgender staatlicher Stellen und der Privaten gemeint. So kann etwa der Kreis der Verdächtigen aufgrund des polizeilichen Modus-operandi-Registers, d.h. im Hinblick auf die besondere Vorgehensweise des Täters bei der Tat oft stark eingeengt werden. Auch der Käufer eines Gegenstandes, der am Tatort zurückgeblieben ist oder den der Täter auf der Flucht verloren hat, lässt sich vielleicht identifizieren, wenn es sich um einen etwas spezielleren Artikel handelt. Falls der Gegenstand dem Eigentümer, der nicht Täter ist, gestohlen wurde, kann Ort und Zeit des Diebstahls aufschlussreich sein und Hinweise auf den Urheber der neuen Tat geben.

Andere Datenlieferanten sind ferner Personen, die aufgrund eines Medienberichtes von einer Tat erfahren, zu der sie etwas Wissenswertes berichten können. Jemand kann relevante Beobachtungen gemacht haben und auf eine Person aufmerksam machen können, die zur Tatzeit ohne plausiblen Grund dem Arbeitsplatz ferngeblieben ist, andere erkennen einen beschriebenen oder am Fernsehen vorgezeigten Gegenstand wieder. Unter Umständen melden sich nach Bekanntwerden einer Tat weitere Opfer eines Betrügers, besonders wenn bekannt geworden ist, mit welchen gleichen Lügen der Täter ein anderes Opfer irregeführt hat.

Auf die besonderen Ersuchen der Polizei an die Bevölkerung um Mitwirkung bei einer Fahndung ist später einzugehen.

6. Das Ordnen und kritische Sichten der Daten

Hat man alle kriminalistisch bedeutsamen Tatsachen und Zusammenhänge erhoben (soweit sie sich auf ersten Anhieb und ohne Nachprüfungen ergeben haben), so sollten diese Daten **inventarisiert und geordnet** werden.

6.1 Arten von Daten

Im Allgemeinen lassen sich vier Gruppen bilden:
- die Gruppe der Daten, welche sich auf **die Tat** als Vorgang beziehen und auf die **Nebenerscheinungen** (Vorbereitung der Tat, Weg zum Tatort, gleichzeitige Ereignisse im Umfeld, Folgen der Tat);
- Daten, welche auf **die Täterschaft,** den oder die Verdächtigen hinweisen;

- Daten, die eine **Würdigung eines Beweismittels** erlauben;
- die Gruppe der Daten, die auf weitere **mögliche Datenquellen** hinweisen.

In der kriminalistischen Praxis wird die geschilderte Einteilung allerdings selten als Zwischenstation auf dem Wege zur Lösung der Hauptaufgabe erkannt. Die Arbeit erschöpft sich meistens im Aktenstudium, in der wiederholten Lektüre bestimmter Aktenstellen. Man überschätzt sich aber, wenn man die Inventaraufnahme und das Gruppieren auf das ein- oder zweimalige Lesen der Akten beschränkt. Das gilt vor allem in nicht ganz einfachen Fällen. Das menschliche Gehirn hat nur ein relativ kleines Fassungsvermögen. Es fehlt ihm (von wenigen Ausnahmen abgesehen) besonders die Fähigkeit, zahlreiche Daten übersichtlich, d.h. in einem richtigen und verständlichen Zusammenhang verfügbar zu halten. Dabei können irrelevante oder falsche Daten zusätzlich stören.

6.2 Das Erfassen und Ordnen der Daten

Schriftliche und **geordnete Übersichten** sind in komplizierteren Fällen von großem Nutzen: Tafeln über den zeitlichen Ablauf der verschiedenen Ereignisse; Übersichten bei einer geographisch auseinander liegenden Verbrechenstätigkeit (z.B. Orte, wo das gleiche Falschgeld bisher aufgetaucht ist); Verzeichnis der Verdächtigen mit den jeweiligen Belastungs- und Entlastungsindizien; Pläne über die Örtlichkeiten, an denen relevante Gegenstände gefunden wurden; Tafel der Beziehungen zwischen Personen oder Unternehmungen, welche in die kriminalistisch bedeutsamen Vorgänge (etwa in bestimmte Geldtransaktionen) verwickelt sind u.s.w. – *Agathe Christie* schrieb in einem Kriminalroman einmal (etwas übertrieben): „Everything is simple, if you arrange the facts methodically." („Alles ist einfach, wenn man die Fakten methodisch ordnet.")

Die moderne EDV stellt wichtige Hilfsmittel zur Verfügung, die sich auch für die Bewältigung **großer Datenmengen** außerordentlich gut eignen. Der Vorteil elektronisch abgelegter Daten ist, dass sie nach **verschiedensten Kriterien** geordnet und durchsucht werden können, wobei nicht von vornherein klar sein muss, welche Suchkriterien später relevant sein können – wichtig ist nur, dass die Daten vollständig erfasst werden.

Früher wurden Listen über Telefonüberwachungen auf Papier geführt; sie mussten deshalb nach Kalenderdaten geordnet werden, und die Suche nach Personen erfolgte dann manuell. Die heutigen Datenfiles können nach allen wesentlichen Gesichtspunkten geordnet werden: Sortiert nach Gesprächspartnern zeigt eine Liste, mit wem der Überwachte vorwiegend Kontakt hatte; sortiert nach Standorten zeigt sie, wo er sich vorwiegend aufhielt; sortiert nach IMEI-Nummern (Gerätenummern) lässt sich ablesen, ob er mehrere Geräte benützte und in welchem Rhythmus er allenfalls Geräte wechselte; sortiert nach Gesprächsdauer lässt sich allenfalls ablesen, worum es in den Gesprächen ging (Telefonüberwachungen von Drogen-Kleinhändlern zeichnen sich z.B. dadurch aus, dass die meisten Gespräche nur wenige Sekunden dauern, weil nur Menge und Übergabeort abgesprochen werden – ein Gesprächsprofil, das für unverdächtige Telefonnutzer völlig untypisch wäre); sortiert nach Uhrzeiten (statt nach Datum) ergibt sich, zu welchen Tageszeiten der Überwachte vorwiegend aktiv war. Fasst man diese Erkenntnisse zusammen und sortiert schließlich rein chronologisch, dann lassen sich die Gespräche ganz neu interpretieren.

Schon die gängigen Microsoft-Produkte helfen auch dem Kriminalisten bei der Datenbearbeitung weiter:

- **Word** ermöglicht es, eine Datei rasch nach bestimmten **Schlüsselwörtern** zu durchsuchen. Diese Suche ist auch in mehreren Dateien möglich; es können deshalb zum Beispiel alle Vernehmungen des Beschuldigten nach einem bestimmten Namen oder Begriff abgesucht werden. Dabei ist zweierlei zu beachten: Die einfache Suche in mehreren Dateien setzt voraus, dass diese auf dem Computer im **gleichen Verzeichnis** abgelegt sind. Leider vergeben die meisten gängigen Programme, die in der Strafverfolgung oder in der Polizeipraxis verwendet werden, die Dateinamen selbständig, und der Zugriff auf gewisse Dateien ist nur über Suchmasken möglich; das vereinfacht zwar die Suche nach gewissen Dokumenten in der Regel, ermöglicht es aber nicht, in verschiedenen Dokumenten nach Schlüsselbegriffen zu suchen. Es empfiehlt sich deshalb, in schwierigen Fällen jeweils eine Kopie jedes relevanten Dokumentes zusätzlich in einem selbst angelegten Verzeichnis abzulegen. Das zweite Problem besteht darin, dass die Suchprogramme nach genau **identischen Begriffen** suchen; wird also ein Name falsch geschrieben oder werden für das Gleiche unterschiedliche Begriffe verwendet (z.B. für eine Person in gewissen Vernehmungen nur der Vorname, in andern nur der Nachname, in weiteren der Spitzname), dann läuft die Suche ebenfalls ins Leere. Zwar soll so protokolliert werden, wie der Einvernommene aussagt; nichts spricht aber z.B. dagegen, nach dem vom Einvernommenen genannten Vornamen in eckigen Klammern jeweils den Nachnamen ins Protokoll zu schreiben, damit einerseits wirklich klar ist, von wem die Rede war, anderseits aber Suchläufe erfolgreich sind.

- **Excel** ermöglicht es insbesondere, große Mengen von **Daten** rasch und einfach zu **sortieren**; beispielsweise können Zeittafeln auf diese Weise ergänzt und chronologisch sortiert werden. Immer wenn es darum geht, kurze Datensätze zu erfassen und nach verschiedenen Kriterien sortieren zu können, leistet Excel gute Dienste. Mit Excel können auch **Berechnungen** durchgeführt werden; beispielsweise lassen sich Werte einfach addieren oder multiplizieren, und beim Einfügen weiterer Datensätze werden diese Berechnungen automatisch aktualisiert. Berechnungen lassen sich schließlich auch auf einfache Weise grafisch darstellen. Excel löst auch ganz banale Probleme: Es kann z.B. mit Kalenderdaten rechnen und deshalb auch längere Haftdauern unter Berücksichtigung sämtlicher kalendarischer Besonderheiten auf den Tag genau bestimmen.
- Sollen **größere Datensätze** sinnvoll verwaltet werden, geht es also beispielsweise darum, bestimmte Schriftstücke systematisch zu erfassen und dann nach verschiedenen Kriterien wieder zu suchen, dann sollte man nicht Excel, sondern **Access** verwenden. Die Datenbank eignet sich auch besonders gut zur Anlage von Karteien, etwa über die Rechtsprechung.
- Geht es um die **grafische Darstellung** von Zusammenhängen, kommt man mit **PowerPoint** am einfachsten ans Ziel, weil dieses Programm die besten Möglichkeiten für zeichnerische Darstellungen enthält.
- Geht es um komplexere Vorgänge, soll also die Beziehung von Daten analysiert und dargestellt werden, dann sind spezielle Programme nötig. So hat sich etwa die Software **I2** (oder I-TWO; www.i2.com) gut durchgesetzt; sie ermöglicht es zum Beispiel, große Mengen von Daten über Telefongespräche oder Bankgeschäfte nicht nur zu sortieren, sondern auch nach bestimmten Kriterien zu analysieren und grafisch darzustellen.

Der Aufwand für das **Erfassen von Daten** ist oft sehr groß; in komplizierten Fällen lohnt er sich aber oft, weil Zusammenhänge erkennbar werden, die durch manuelle Bearbeitung der Daten nur mit noch viel höherem Aufwand zuverlässig und vollständig erfasst werden könnten.

Die heute in großer Zahl verfügbaren personenbezogenen Daten ermöglichen es oft, von einer Person ein eigentliches **Bewegungsprofil** zu erstellen, das bei der Beweisführung ausgesprochen nützlich sein kann. Nachdem aus den rückwirkenden Verbindungsdaten von Mobiltelefon-Gesprächen auch der Standort des Gesprächsteilnehmers erkennbar ist, empfiehlt es sich, bei diesem Vorgehen von diesen Daten auszugehen und sie um alle weiteren Daten anzureichern, die zeitlich und örtlich definiert sind. Dabei hat sich folgendes Vorgehen bewährt:

- Als Datenbasis dient die Excel-Tabelle mit den rückwirkenden Verbindungsdaten des Mobiltelefons des Verdächtigen. Zum Zweck der Datenbearbeitung wird davon zuerst eine Kopie erstellt.
- Allenfalls werden die Verbindungsdaten anderer abgeklärter Mobiltelefone an diese Datei angehängt (am einfachsten, indem man die betreffende Datei ebenfalls öffnet, die zu kopierenden Daten markiert, in die Zwischenablage speichert, zur ursprünglichen Datei zurückwechselt, ans Ende der Daten springt und den Inhalt der Zwischenablage einfügt).
- Anschließend ersetzt man die Nummer des Beschuldigten durch dessen Namen (Bearbeiten/Ersetzen/Suchen nach „Nummer“, Ersetzen durch „Name“); benützt er mehrere Mobiltelefone, soll dies ersichtlich bleiben (z.B. „Meier1“, „Meier2“).
- Dann ersetzt man die Nummern identifizierter Gesprächspartner durch deren Namen. Dabei sollte man darauf achten, dass man nicht einfach die Abonnentennamen übernimmt, sondern den tatsächlichen Nutzer identifiziert, weil gerade im kriminellen Milieu oft Abonnemente auf Strohmänner eingelöst werden. Soweit Gesprächspartner nicht identifiziert sind, hilft es weiter, wenn deren Nummer durch denjenigen Namen ersetzt wird, der sich im Telefonbuch des Telefonspeichers des Beschuldigten befindet.
- Excel kann auf einfache Weise aus einem Datum den Wochentag berechnen; das erleichtert allenfalls die Übersicht. Neben der vorhandenen Datumsspalte wird eine Spalte eingefügt, in die mit Hilfe der Formel-Funktion das Datum kopiert wird. Diese Spalte wird dann so formatiert, dass nicht das Datum, sondern der Wochentag angezeigt wird (Format: TTTT).
- Nun können der Tabelle am Ende weitere Daten eingefügt werden, für die das Kalenderdatum oder allenfalls sogar die Uhrzeit oder der Ort bekannt ist: Kaufquittungen, Agendaeinträge, Kreditkarten- und Bankbezüge, andere relevante Beweismittel.

- Schließlich sortiert man die ganze Datei nach Datum und hat damit eine umfassende Übersicht über das Verhalten des Verdächtigen.

Im Jahr 1999 machte ein Mann in der Schweiz Schlagzeilen, der an seinem Arbeitsplatz beim Verteidigungsdepartement Millionensummen abzweigte, indem er fingierte Truppenbuchhaltungen erstellte und gestützt auf diese Buchhaltungen bei der Schweizerischen Nationalbank jeweils größere Summen in bar bezog. Als er ertappt wurde, erklärte er, er sei von seinen Vorgesetzten beauftragt worden, eine geheime Widerstandsarmee aufzubauen und zu deren Finanzierung Buchhaltungen zu fälschen, um Geld aus dem Konto des Verteidigungsdepartements abzuzweigen. Den größten Teil des Geldes habe er jeweils nach Barbezügen einem Vorgesetzten überbracht, mit dem Rest Anschaffungen für die Geheimarmee getätigt, insbesondere Waffen und zwei Liegenschaften beschafft. Um den Nachweis zu erbringen, dass der Mann in Wirklichkeit in die eigene Tasche gewirtschaftet hatte, wurden die Belege über seine Bezüge und Zahlungen, die er sorgfältig aufbewahrt hatte, aber auch seine Kreditkartendaten, die Daten seines privaten Bankkontos, die Daten einer Scheinfirma, die er zuletzt geführt hatte, seine Agenda und die Daten über seine Telefongespräche ausgewertet und chronologisch aufgelistet. Mit dieser Liste konnte ihm im Detail nachgewiesen werden, dass seine Aussagen nicht den Tatsachen entsprachen. So hatte er beispielsweise behauptet, unmittelbar nach dem letzten Geldbezug in Höhe von Fr. 285 000,- seinen Vorgesetzten auf einer Autobahnraststätte bei Düdingen getroffen und ihm den größten Teil des Geldes übergeben zu haben; diesen Treffpunkt habe er per Telefon vereinbart. Die Konsultation der Liste für den fraglichen Tag erbrachte folgendes Resultat:

Datenquelle	Datum	Zeit	Ort	Sachverhalt
Telefondaten	12.7.99	12.16	Interlaken	Anruf des Bruders
Telefondaten	12.7.99	12.22	Interlaken	SMS-Eingang
Telefondaten	12.7.99	12.22	Interlaken	Abfrage Combox
Telefondaten	12.7.99	12.24	Interlaken	Anruf beim Bruder
Telefondaten	12.7.99	12.24	Interlaken	Anruf bei der Schwester
Telefondaten	12.7.99	14.05	Bern-Breitenrain	Anruf eines Kollegen
Ausz.beleg	12.7.99	14.20	Bern-Bundesplatz	Bezug Fr. 95 000,–
Ausz.beleg	12.7.99	14.20	Bern-Bundesplatz	Bezug Fr. 95 000,–
Ausz.beleg	12.7.99	14.20	Bern-Bundesplatz	Bezug Fr. 95 000,–
Bankauszug	12.7.99	14.42	Bern-Bundesplatz	Zahlung Fr. 80.000,– auf eig. Konto
Telefondaten	12.7.99	16.07	Dielsdorf	Anruf eines Freundes

Aus dieser Aufstellung ergab sich nicht nur, dass der Verdächtige seinen Vorgesetzten (zwischen 14:42, als er sich in Bern befand, und 16:47, als er in Dielsdorf war) gar nicht in Düdingen getroffen haben konnte, weil erstens die Zeit zu knapp war, zweitens aber auch kein telefonisches Treffen vereinbart wurde; sondern es wurde auch klar, dass er einen Teil des bezogenen Geldes auf ein eigenes Konto einbezahlt hatte. In zahlreichen andern Fällen konnte denn auch nachgewiesen werden, dass er sich jeweils wenige Minuten nach den Barbezügen entweder auf seine Bank oder zur Post begeben hatte, um Zahlungen für private Ausgaben zu begleichen; oft war er auch kurz nach den Barbezügen in Waffen- oder Kleidergeschäften, um größere Einkäufe zu tätigen.

Bei der Analyse von Daten werden mittlerweile auch **geografische Informationssysteme** (GIS) verwendet. Sie ermöglichen es nicht nur, statistische Trends zu erkennen (was unter dem Titel **Crime Mapping** vor allem in den USA im Trend ist), sondern sind auch nützlich, um die Gewohnheiten von noch nicht identifizierten Serientätern zu analysieren (und sie nach der Verhaftung zielgerichtet auf gewisse Straftaten überprüfen zu können).

6.3 Die Analyse der geordneten Daten

Ist die Gruppierung in Ereignisdaten (und ihre Zusammenhänge), Täterdaten u.s.w. durchgeführt, so wird man (wenn nicht gewichtige Gründe dagegen sprechen) zuerst **den noch unerschlossenen Informationsquellen** (der 4. Gruppe) **nachgehen** und die neuen Tatsachen in die übrigen Gruppen einordnen.

Die nun folgenden Handlungen bestehen im **kritischen Sichten der geordneten Daten** der Gruppen 1 und 2. Es geht dabei nur um eine **erste Würdigung** des Materials, um eine kritische Bewertung, die nicht allzu rigoros sein soll. Es könnte ja sein, dass bestimmte, im Moment vielleicht irrelevant scheinende Daten bei einer geänderten Hypothese über den Handlungsablauf plötzlich Bedeutung erlangen. Das gründliche Reinigen des Autos eines Verdächtigen, außen und innen, das anfänglich als uninteressant angesehen wird, kann aufgrund einer anderen Arbeitshypothese über den Hergang der Tötungshandlung plötzlich erhebliche Bedeutung erlangen.

6.3.1 Widersprüche erkennen

Zuerst gilt es, **Daten, die sich widersprechen, zu trennen und einander gegenüberzustellen**.

Es kann in einem Fall zwei, drei oder mehr Aussagen über dieselben Tatsachen geben, die nicht übereinstimmen. Solchen Ungereimtheiten wird man nur Herr, wenn man sie trennt, vorerst ohne Urteil darüber, welche Aussage die Richtige sei. Es sind dann eben entsprechend viele Möglichkeiten ins Auge zu fassen und parallel zu verfolgen. Viele Widersprüche und Ungereimtheiten lassen sich früher oder später deuten oder erklären. Es zeigt sich z.B., dass die beiden, sich scheinbar widersprechenden Zeugen doch von zwei verschiedenen Personen gesprochen haben. Oder es ergibt sich, dass sich ein Zeuge ungenau oder missverständlich ausgedrückt hat und nur deshalb mit anderen Daten im Widerspruch steht.

Ein erheblicher Kunstfehler wäre es, sich widersprechende Daten einfach zu ignorieren; einerseits müssen die Widersprüche auf jeden Fall beseitigt werden, indem entschieden wird, welche der sich widersprechenden Daten richtig ist. Anderseits sind aber häufig die sich vordergründig widersprechenden Daten gerade der Schlüssel zur Lösung des Falles.

6.3.2 Unrichtige Daten erkennen

Der nächste Schritt geht etwas weiter; er besteht darin, **unrichtige Daten zu erkennen und zu verwerfen,** oder sie wenigstens aus dem sich bisher ergebenden oder vermuteten Tatablauf herauszunehmen und vorerst getrennt von den andern zu behandeln.

Es geht in diesem Fall nicht um Daten, von denen man nicht weiß, ob sie unrichtig sind, sondern um solche, die man für unrichtig hält, weil sie objektiv nicht **ins Bild** der übrigen Daten passen. Am leichtesten sind die **in sich widersprüchlichen Daten** (Aussagen) als unrichtig zu erkennen, denn was einen Widerspruch enthält, kann nicht wahr sein. In sich widersprüchliche Aussagen sind aber eher selten; sie werden gewöhnliche durch zusätzliche Fragen geklärt.

Häufiger sind Fälle, in denen etwa eine Beschuldigten-Aussage falsifiziert werden kann, sei es durch andere zuverlässigere Aussagen, sei es durch naturwissenschaftliche Berechnungen oder Experimente, allenfalls durch Rekonstruktionen. So lässt sich die Aussage eines Motorfahrzeuglenkers, er habe seit sechs Stunden keinen Alkohol mehr zu sich genommen, durch die Feststellung der Blutalkoholkonzentration bestätigen oder widerlegen. Durch einen Augenschein und ein Experiment kann man allenfalls zeigen, dass der Zeuge von seinem genau bezeichneten Standort aus die angebliche Beobachtung gar nicht zu machen vermochte.

Die Behauptung einer Anzeigeerstatterin, man habe sie vor längerer Zeit mit Schlaftabletten aus der vorgewiesenen Schachtel töten wollen, konnte durch folgende Überprüfung widerlegt werden: Es ergab sich anhand der auf der

Schachtel gedruckten Produktionsnummer, dass die Tabletten erheblich nach dem angeblichen Tötungsversuch hergestellt worden waren.

Immer wieder vermag man bei Verkehrsunfällen anhand von Spuren Behauptungen zu widerlegen, etwa Erklärungen von der Art, das Unglücksfahrzeug sei nur mit einer bestimmten Geschwindigkeit gefahren, während die physikalische Auswertung der Stoppspur eine viel höhere Geschwindigkeit ergibt. Mitunter wird behauptet, der Verunfallte sei seitlich ins Fahrzeug gelaufen. In Wahrheit muss der Verletzte durch die rechte vordere Stoßstange erfasst worden sein, weil sich die dort gesicherten Wisch- und Faserspuren gar nicht anders erklären lassen.

Alle diese Fälle – sie sind äußerst vielgestaltig – bieten keine großen Schwierigkeiten, wenn man sich fragt, auf was abgestellt werden soll. **Das zuverlässigere Datum verdrängt das unzuverlässigere**. Ist der Unterschied im Zuverlässigkeitsgrad jedoch gering, so ist selbstredend **mit beiden** Daten weiter zu arbeiten. Solche nicht eindeutig entscheidbare Widersprüche folgen der ersten Maxime: Widersprechendes zu trennen und einander gegenüberzustellen, und bei dieser Konfrontation der Daten bleibt es dann eben vorläufig.

6.3.3 Unzutreffende Daten erkennen

Schwieriger ist das Erkennen unzutreffender Daten; gemeint sind Daten, die zwar objektiv richtig sein könnten, die sich aber im **Gesamtzusammenhang** der andern Daten eindeutig als falsch erkennen lassen.

Oft kann die Unrichtigkeit solcher Daten erst durch komplizierte Folgerungen, Berechnungen oder aufwändige Experimente aufgedeckt werden. Bekannt sind die Alibi-Widerlegungen aufgrund von Zeittafeln und Zeitberechnungen für die vom Beschuldigten angeblich gegangenen Wege und die notwendigen Rekonstruktionen. Der Verdächtige hat z.B. erklärt, er sei vor der Tatzeit an einem bestimmten Ort und nicht am Tatort gewesen, nachher anderswo, wobei er sich auf Zeugen beruft. Man kann dann allenfalls zeigen, dass es ihm mit einem Fahrzeug durchaus möglich gewesen wäre, von dem ersten (angeblichen) Alibiort an den Tatort zu gelangen, die Tat auszuführen und sich nachher rechtzeitig am zweiten Alibiort einzufinden.

Ein Automobilist hatte im Bereich eines Fußgängerstreifens einen 80 Jahre alten Fußgänger angefahren und verletzt. Weil das Opfer nach dem Unfall in Fahrtrichtung des Automobilisten drei Meter hinter dem Fußgängerstreifen lag, war davon auszugehen, dass es wahrscheinlich nicht den Fußgängerstreifen benützt hatte. Die Bremsspur des Autos begann erst kurz vor dem Streifen; aus ihrer Länge konnte auf eine Geschwindigkeit von etwa 40 km/h geschlossen werden, was sich mit der Behauptung des Automobilisten deckte, er sei höchstens mit 40 km/h gefahren. Er gab aber an, das Opfer sei von links gekommen, und er habe es erst im letzten Moment gesehen, weil er den Gehsteig auf der rechten Seite seiner Fahrspur beobachtet habe; wahrscheinlich sei das Opfer für ihn auch nicht sichtbar gewesen, weil es von den beiden Mittelpfosten auf der Insel in Straßenmitte verdeckt worden sei. Zudem habe das Opfer nicht den Fußgängerstreifen benützt. Unbestritten war aufgrund von Zeugenaussagen, dass das Opfer gesenkten Hauptes und ohne zu schauen die Fahrbahn in schnellem Schritttempo überquert hatte. Die interessierenden Fakten dieses Falles schienen verträglich und unwiderlegbar; der Automobilist wurde denn auch in erster Instanz freigesprochen.

Eine genauere Nachrechnung ergab aber Folgendes: Die Straße war an der fraglichen Stelle 7 m breit und hatte nach dem Fußgängerstreifen links eine Einmündung, aus welcher der Fußgänger vorher gekommen war. Auch diese Einmündung war überblickbar. Geht man von einer Geschwindigkeit des Fußgängers von höchstens 2 m/sec aus (entsprechend 7,6 km/h) und berücksichtigt man, dass er schon gut sichtbar gewesen wäre, als er von der Seitenstraße her kommend den dort 2 m breiten Gehsteig überquerte, dann brauchte er bis zum Kollisionspunkt mindestens drei Sekunden. Der Automobilist, der pro Sekunde etwa 10 m zurück legte (entsprechend 36 km/h), fuhr in dieser Zeit mindestens 30 m, hätte den Fußgänger also schon aus einer Distanz von mehr als 30 m sehen können. Von den Mittelpfosten war der Fußgänger höchstens Sekundenbruchteile verdeckt, weil er ja 2 m/sec zurücklegte. Der Automobilist hätte ihn also rechtzeitig sehen und dann noch problemlos vor dem Fußgängerstreifen anhalten können. Tat er das nicht, war ihm mangelnde Aufmerksamkeit vorzuwerfen, und er wurde denn auch zweitinstanzlich verurteilt.

Noch schwieriger ist es, Daten als unrichtig, als falsch zu erkennen, die weder in sich widersprüchlich sind, noch zu anderen, vorhandenen Daten im Widerspruch stehen, ja auch nicht z.B. durch Berechnungen widerlegt werden können. Es ist durchaus möglich, dass ein Zeuge etwas falsch gesehen hat, weil er seine tatsächliche lückenhafte Wahrnehmung später mit falschen Informationen aus anderer Quelle oder unzutreffenden eigenen Überlegungen ergänzt hat. Es ist auch möglich (wenn auch selten), dass etwas von der Polizei falsch gemessen wurde. Das einzige Mittel gegen Fehler solcher Art ist die Maxime *August Dupins,* des Meisterdetektiven in *Edgar Allan Poes* Geschichten: **„But, not trusting to their eyes, I examined with my own.“** („Da ich aber ihren Augen nicht traute, prüfte ich die Sache mit meinen eigenen nach.“) Man geht hin und sieht sich die Dinge selber an, sofern das noch möglich ist. Besonders solche Daten, auf denen eine große Fahndungsaktion beruhen wird oder von denen später wichtige Beweise auszugehen haben, sollten mehrfach und auf verschiedene Weise verifiziert, als wahr eingesehen werden. Das ist keine Pedanterie, sondern Lehre aus schlechten Erfahrungen.

In diesem Zusammenhang ist sodann an Daten (Spuren) zu denken, die jemand am Tatort **ohne böse Absicht verändert** hat. Der Tatort wurde nach dem Verbrechen betreten; verletzte oder getötete Personen befinden sich praktisch nie mehr in der ursprünglichen Lage, wenn die Polizei eintrifft, weil erste Hilfe geleistet wurde; bei dieser Gelegenheit haben die Helfer möglicherweise auch Gegenstände angefasst oder etwas Ordnung gemacht, zum Beispiel eine halboffene Schublade geschlossen oder den noch laufenden Fernseher ausgeschaltet. Das ist aber den Ermittlungsorganen nicht bekannt oder es wurde ihnen trotz Nachfrage verschwiegen. In allen Büchern der Kriminalistik wird daher vor voreiligem Berühren von Sachen, Spurenmachen und Spurenverwischen gewarnt. Die Warnungen sind allerdings nutzlos. Es gibt auch heute noch Kapitalverbrechen, bei deren Aufklärung die Tatort-Fingerabdrücke eines Polizeibeamten ausgeschieden werden müssen. Besonders ärgerlich ist, wenn schließlich eine nicht identifizierte Spur übrig bleibt, die man dem Täter zuordnet, und sich nach Tagen herausstellt, dass sich auch ein im Rapport nicht erwähnter Beamter am Tatort aufgehalten und seine Fingerabdrücke hinterlassen hat. Heute ist das in Anbetracht der raschen, elektronischen Identifizierung der Fingerabdrücke und der Regel, im System auch die Abdrücke aller Beamten zu speichern, selten geworden. Das Problem stellt sich aber teilweise im Zusammenhang mit DNA-Spuren.

Auf dem Mittelstreifen einer Autobahn wurde von einem Straßenarbeiter eine Waffe gefunden; er zeigte sie zuerst im Werkhof seinen Kollegen (von denen einige sie berührten) und brachte sie dann zur Polizei, wo weitere Beamte sie in die Hand nahmen, bis sich endlich herausstellte, dass es sich um die Tatwaffe eines vor wenigen Wochen in 30 km Entfernung begangenen Tötungsdeliktes handeln könnte, sodass man nun die Gebote des Spurenschutzes beachtete; es war dann tatsächlich die Tatwaffe. Der Verdächtige wurde schließlich gefasst; bis in die dritte Instanz war das Hauptthema, dass eine von mehreren auf der Waffe gesicherten DNA-Spuren keinem Beamten und auch keinem Straßenwärter, der mutmaßlich Kontakt mit der Waffe hatte, zugeordnet werden konnte, sich aber anderseits auch keine DNA-Spur des Verdächtigen auf der Waffe befand. Ersteres war damit erklärbar, dass man keine vollständige Liste der Straßenarbeiter erstellen konnte, die mit der Waffe Kontakt hatten; letzteres beruhte auf dem Umstand, dass der Verdächtige wohl Handschuhe getragen hatte. Der Verteidiger argumentierte, die DNA-Spur müsse vom eigentlichen Täter stammen. Weil der Verdächtige seinen Aufenthalt am Tatort nicht vernünftig erklären konnte (er war nachweislich während der Tat zumindest in der Gegend, obwohl er einige 100 km entfernt wohnte), weil die Ehefrau des Opfers erklärte, sie habe ihn zur Tötung des Gatten angestiftet und weil weitere Indizien (zum Beispiel der Telefonverkehr zwischen der Ehefrau und dem Verdächtigen) für seine Täterschaft sprachen, wurde er schließlich doch verurteilt.

In einem besonders spektakulären (und peinlichen) Fall wurde aufgrund der DNA-Spuren nach einem Serientäter gefahndet, der bei Sexualdelikten, aber auch bei Vermögensdelikten in Deutschland seine Spur hinterlassen hatte, ohne dass zwischen den (schlussendlich über 40) Straftaten ein anderer Zusammenhang erkennbar war. Als Spurenverursacherin wurde schließlich eine Mitarbeiterin eines Produktionsbetriebes von Wattestäbchen identifiziert, die von der Polizei zum Abrieb von DNA-Spuren verwendet wurden. Sie hatte ihre DNA nicht an den Tatorten, sondern bereits bei der Produktion auf den Wattestäbchen hinterlassen.

6.3.4 Vorgetäuschte Daten erkennen

Ungemein interessant sind sodann die unrichtigen Daten aufgrund **vorgetäuschter Delikte und Trugspuren**. In diesem Zusammenhang ist auch auf die vorsätzliche **Spurenbeseitigung** und auf **lügenhafte Auskünfte** von Befragten hinzuweisen. Ferner ist an die Vortäuschung von Straftaten zu denken, **um etwas anderes zu verdecken**.

Die häufigsten Fälle der Vortäuschung von Spuren und Daten betreffen nach *H. Schneikert:*

- die Vortäuschung einer Straftat (z.B. eines Raubüberfalles, eines Diebstahls, einer fremden Brandstiftung u.s.w.), um eine **andere Tat** (z.B. eine Veruntreuung) zu verdecken oder von der eigenen Täterschaft abzulenken (ein Mord aus Rache wird beispielsweise als Raubmord getarnt);
- die Vortäuschung einer Straftat (z.B. eines Einbruches, einer fremden Brandstiftung), um in den Besitz einer **Versicherungssumme** oder eines andern Vorteils zu gelangen;
- die Vortäuschung einer Straftat (z.B. einer Vergewaltigung) um einverständliche intime Beziehungen mit einer bestimmten Person zu verdecken, vor allem bei sehr jungen Frauen;
- mitunter wird keine Straftat, sondern **ein Unfall** vorgetäuscht, um z.B. eine vorsätzliche Tötung zu tarnen.

W. Stieber erzählt von einen Fall, in welchem der Einbrecher ein Fläschchen Tierblut mit sich führte und am Tatort an der eingeschlagenen Scheibe „kunstgerecht" verspritzte, um vorzutäuschen, der Täter habe sich an Glassplittern erheblich verletzt. Die Strafverfolgungsbehörden suchten dann einen Verletzten und ließen den unverletzten Täter in Ruhe. Heute, im Zeitalter gründlicher DNA-Untersuchungen, kann der Trick nicht mehr erfolgreich angewendet werden – höchstens mit fremdem *Menschen*blut.

Ob eine Straftat vorgetäuscht wurde oder ob der Täter (oder ein anderer) Spuren zur Irreführung gelegt habe, kann oft nur im Hinblick auf **alle** Umstände beurteilt werden. Im Allgemeinen wird man sich folgende Fragen stellen müssen: Ist die Straftat kriminologisch erklärbar, handelt ein Mensch in der betreffenden Situation so? Ist die Ausführung der Tat der Erfahrung gemäß, wirkt sie echt oder zeigt sie, kriminalistisch gesehen, Fehler, insbesondere Übertreibungen? Wurde z.B. viel mehr „als nötig" Unordnung gemacht, unnötig Inventar zerbrochen? Ist dem in Frage kommenden Täter eine Täuschung zuzutrauen?

Vorgetäuschte Spuren sind, wenn man sie einmal als solche erkannt hat, fast immer aufschlussreich. Was wollte der Täter glauben machen? Von wem schob er so den Verdacht ab? Was wollte er verdecken? Warum wollte er das tarnen?

Im Zeitalter ausführlicher Medienberichterstattung ist immer daran zu denken, dass jemand, der eine Straftat vortäuscht, möglicherweise unter Zugzwang gerät, weil die Medien über die Straftat berichten. In der Schweiz machte im November 2001 eine angebliche Entführung Schlagzeilen. Das „Opfer" war beim Joggen verschwunden. Die Polizei vermutete ein Verbrechen und startete eine groß angelegte Suchaktion, in die auch die Medien einbezogen wurden. Vier Tage später tauchte das Opfer wieder auf. Die Frau erzählte nicht nur der Polizei, sondern auch einer Boulevard-Zeitung, sie sei von zwei unbekannten Männern entführt und festgehalten worden. In Wirklichkeit waren ihr persönliche Probleme über den Kopf gewachsen, und deshalb war sie bei einem Kollegen untergetaucht, wagte dann aber vorerst nicht, sich zu melden, weil die Polizei mit großem Aufwand nach ihr suchte. Zwar hatten die Polizeibeamten schon kurz nach dem Auftauchen der Frau Zweifel an ihrer Version; weil aber die Boulevardzeitung während mehrerer Tage immer ausführlicher darüber berichtete, was das Opfer angeblich erlebt hatte, wurde die Geschichte für die Frau zum Selbstläufer. Erst eine Woche nach ihrem Auftauchen gab die „Entführte" zu, dass sie ihre Geschichte frei erfunden hatte – für die Boulevard-Zeitung Anlass zu mehreren weiteren Titelgeschichten, nun allerdings mit dem Opfer als boshafter Verleumderin.

Der ordentliche Besitzer eines Schlüsseldoppels wird, wenn er sich am anvertrauten Gut vergreift, die Kasse in aller Regel aufbrechen, obwohl er einen Schlüssel besitzt. Täte er es nicht, würde er also aufschließen und veruntreuen, so fiele der Verdacht sofort auf ihn als Schlüsselmitinhaber.

Oft richtet sich die Tat gegen ein bestimmtes Opfer, der Täter stellt sich aber selbst als weiteres Opfer dar, um den Verdacht von sich abzulenken. Besonders zu achten ist deshalb auf Umstände, welche bei der Ausdehnung der Tat auf weitere Opfer auffällig erscheinen.

In einem abgelegenen Tal in der Ostschweiz ließ sich ein Arzt nieder, der mit einer afrikanischen Frau verheiratet war und Kinder hatte. Er erhielt bald Briefe, in denen er mit übelsten rassistischen Parolen aufgefordert wurde, das Tal zu verlassen. Die Presse griff den Fall auf, nachdem dem Arzt auch die Reifen seines Autos aufgeschlitzt worden waren. Ein Leserbriefschreiber, der sich für den Arzt einsetzte, erhielt ebenfalls Briefe mit üblen Beschimpfungen. Eine Patientin berichtete in der Folge, sie habe ebenfalls rassistische Briefe mit der Aufforderung, den Arzt zu meiden, erhalten, und es seien ihr gar die Radmuttern am Auto gelöst worden, nachdem sie die Praxis besucht habe. Nach aufwändigen Ermittlungen stellte sich heraus, dass diese Patientin selbst für die Briefe verantwortlich war; auch die Briefe an sich selbst, die sie der Polizei übergeben hatte, hatte sie selbst verfasst. Hätte man sich gefragt, wieso gerade die fragliche Frau (die sich ja anders als der Leserbriefschreiber nicht öffentlich exponiert hatte) auch Opfer der Angriffe geworden war, hätte man sie wohl früher genau überprüft.

Besonders schwierig zu erkennen sind bisweilen **Selbstverletzungen**, mit denen vermeintliche Opfer die Straftat eines Dritten vortäuschen oder andere Ziele erreichen wollen. Sie können nach *Lehner/Wyler* in vier Kategorien unterteilt werden:

- Personen, die ein Alibi für heikle Situationen benötigen;
- Häftlinge, die den Zellentrakt verlassen wollen (die allerdings dann die Selbstverletzungen nicht als Fremdverletzungen ausgeben, sondern eher als unfall- oder krankheitsbedingt);
- psychisch kranke Menschen;
- Personen, welche Versicherungsleistungen erstreben.

Besonders spektakulär, weil medienträchtig war der Fall einer brasilianischen Studentin, die 2009 in Zürich aufgefunden wurde und die an den Beinen hakenkreuzförmige Schnittverletzungen aufwies; sie erklärte der Polizei, dass sie von Skinheads überfallen und schwer misshandelt worden sei; darauf habe sie auf der Bahnhoftoilette einen Spontanabort erlitten und ihre Zwillinge verloren. Der Fall wirbelte auch in Brasilien Staub auf und führte sogar zum Protest der brasilianischen Botschafterin in der Schweiz, die sich beklagte, dass die Polizei den Fall nicht ernst nehme und die Schweiz nicht genug zum Schutz von Ausländerinnen unternehme. Die beigezogenen Rechtsmediziner kamen allerdings rasch zum Schluss, dass sich die Frau die Verletzungen selbst zugefügt hatte; auch ihre Schwangerschaft hatte sie frei erfunden, ihrem Freund aber sogar Ultraschall-Fotos der vermeintlichen gemeinsamen Kinder vorgelegt, die sie allerdings aus dem Internet heruntergeladen hatte. Die Verletzungen hatte sie sich selbst zugefügt und die Geschichte mit dem Überfall frei erfunden, um den angeblichen Abort zu erklären.

Für **Selbstverletzungen**, die als **Fremdverletzung** ausgegeben werden, charakteristisch sind nach *Lehner/Wyler* folgende Merkmale:
- Gut erreichbare Körperstellen (Gliedmaßßen, Rumpfvorderseite);
- Aussparen von schmerzempfindlichen Körperstellen (Lippen, Augen, Brustwarzen, Genitalien);
- geometrische oder symmetrische Verletzungsmuster oder Symbole, die bei zu erwartender Gegenwehr nicht in dieser regelmäßigen Art entstehen könnten oder zumindest zu Abwehrverletzungen führen müssten;
- Absehbarkeit der Folgen, oberflächliche Verletzungen;
- Fehlen von Abwehrverletzungen;
- keine passenden Beschädigungen von Kleidungsstücken;
- Diskrepanz zwischen der dramatischen Schilderung des Tatablaufs und dem objektiv harmlosen Verletzungsmuster.

Für gewisse Deliktskategorien existieren kriminalistische Untersuchungen, die Hinweise darüber geben, worin sich vorgetäuschte und echte Straftaten in erster Linie unterscheiden. So haben Burgheim und Friese reale und **vorgetäuschte Sexualdelikte** untersucht und folgende signifikanten Unterschiede festgestellt:
- Vorgetäuschte Sexualdelikte sollen in der Regel von einem Täter begangen worden sein, der als einzige Tathandlung einen vollendeten Geschlechtsverkehr mit Ejakulation im Opfer habe.
- Das angebliche Opfer will sich eher passiv verhalten haben; es versuchte zwar angeblich, sich zu wehren, konnte sich aber nicht durchsetzen, und versuchte selten, zu flüchten. Echte Opfer wehren sich stark und unternehmen häufiger Fluchten oder Fluchtversuche.
- Die Kleidung des angeblichen Opfers ist häufig nicht mehr verfügbar, echte Opfer bewahren die Kleider auf.
- Angebliche Opfer haben häufiger Verletzungen im Genitalbereich, dagegen weniger häufig andere Verletzungen, während tat-

sächliche Opfer meistens am ganzen Körper Verletzungen aufweisen.

Keine signifikanten Unterschiede ergaben sich z.B. im Bezug auf räumliche und zeitliche Muster oder auf das Anzeigeverhalten der Opfer; die lange Dauer von dem Sexualdelikt bis zu dessen Anzeige sprechen also statistisch gesehen weder für eine vorgetäuschte noch für eine reale Tat.

6.4 Der Ausschluss irrelevanter Daten

Der dritte Schritt beim kritischen Sichten der Daten ist einer der schwierigsten und gefährlichsten; er besteht darin, **irrelevante Daten zu verwerfen oder wenigstens beiseite zu legen**.

Unter irrelevanten Daten sind jene Fakten und Angaben zu verstehen, die nur **scheinbar** Bezug zur Straftat haben, in Wahrheit aber örtlich oder zeitlich nur zufällig anlässlich der Straftat bestanden oder entstanden. Solche Daten sind nicht falsch, aber mitunter irreführend.

Um irrelevante Daten zu verwerfen, ist es nötig, Fakten zu erkennen, die nicht zum Tatgeschehen gehören, es nicht mitbestimmt haben. Schon *Sir Conan Doyle* hat *Sherlock Holmes* in einem Fall sagen lassen: „Es ist in der Kriminalistik von größter Wichtigkeit, dass man aus einer großen Zahl von Tatsachen diejenigen erkennt, welche zufällig sind, und diejenigen, welche **relevant** sind. Die Energie und Aufmerksamkeit des Kriminalisten wird sonst verzettelt anstatt konzentriert." Es ist klar: Spuren können auf andere Weise als durch ein Verbrechen entstanden, sie können vor, bei dem Verbrechen oder nachher erzeugt worden sein und mit der Tat lediglich örtlich zusammenhängen. Übrigens: Auch irrelevante Spuren zählt man zu den Trugspuren, wenn sie irreführen können.

Verbrecherische und harmlose Geschehnisse können also ineinander greifen, ohne sachlich zusammenzuhängen. In der Memoiren-Geschichte „The Naval Treaty" sagt *Sherlock Holmes* rückblickend: „Die Hauptschwierigkeit dieses Falles lag in der Tatsache begründet, dass es zu viele Daten gab. Das, was bedeutsam war, wurde durch Irrelevantes verdeckt. Von allen Tatsachen, die uns präsentiert wurden, hatten wir „einfach" diejenigen herauszufinden, welche uns wichtig schienen, und in richtiger Reihenfolge zusammenzusetzen, um so die bemerkenswerte Kette von Ereignissen zu rekonstruieren.“ –

Weil ein Zeuge in der Nacht eines Einbruches Pfiffe gehört hatte, schloss man, dass es sich um mindestens zwei Täter gehandelt haben müsse; diese hätten sich so wahrscheinlich ein Zeichen gegeben. Die Pfiffe waren aber, wie sich später herausstellte, tatirrelevant; sie stammten von einer völlig unbeteiligten Person und standen mit dem Einbruch in keinem sachlichen Zusammenhang.

Locard erzählt von einem Geschehnis, das erschreckend klar macht, wie wichtig das Erkennen tatrelevanter und irrelevanter Spuren ist: Eine alte Frau war in einem Haus, in welchem sie allein gewohnt hatte, erwürgt worden. Alle Wertgegenstände waren verschwunden. Im Garten fanden sich frische Schuhabdrücke, die vom Haus der Ermordeten zum Nachbarhaus führten. Im Nachbarhaus wurde die Polizei von einem Mann unwirsch und misstrauisch empfangen. Ein Paar Schuhe, die zum Trocknen in einer Ecke standen, zeigten unzweideutig die Merkmale der festgestellten Spur. Darauf angesprochen, äußerte der Mann alle Zeichen von Schuld, bestritt aber die Tat. In der Folge konnte ein Landstreicher als wirklicher Täter gefasst werden. Der Nachbar hatte in der Nacht bei der später Ermordeten einen Diebstahl begehen wollen, war bis zur fremden Haustüre geschlichen, hatte jedoch nicht den Mut, einzudringen, sondern kehrte wieder zu seinem Haus zurück.

Arsen kann bis zu einem gewissen Ausmaß post mortem (nach dem Tod) aus der umgebenden Erde in den Körper eines Beerdigten gelangen. Wird ein Leichnam exhumiert und findet man im Körper Arsen, so beweist das vorerst nichts. Das Gift könnte tatirrelevant sein.

Bisweilen hat man es mit so genannten **Trittbrettfahrern** zu tun. Sie verknüpfen bewusst Irrelevantes mit der eigentlichen Straftat. Sie benützen eine fremde Straftat, z.B. eine laufende Entführung mit Erpressung, von der sie Kenntnis erhalten haben. Sie tun, als wären sie die Täter, um so das Geld zu erlangen, um das es geht, oder um Straftaten zu begehen, die dann dem ursprünglichen Täter zugerechnet werden.

Nachdem in den USA die so genannten Anthrax-Briefe aufgetaucht waren, verschickten auch in Deutschland und in der Schweiz zahlreiche Leute Briefe, allerdings mit harmlosem Pulver, um andere in Panik zu bringen. Allein im Kanton St. Gallen (mit etwa 400 000 Einwohnern) wurden innert zwei Monaten über 20 solche Postsendungen (meist mit Zucker) sichergestellt, welche die Empfänger verunsichern sollten (und weitere 30, bei denen nur die vermeintlichen Opfer glaubten, es handle sich um Briefe mit gefährlichem Inhalt, während sie in Wirklichkeit, wie sich nach dem Öffnen zeigte, gar nichts Ungewöhnliches enthielten).

Die Tatrelevanz von Spuren ist mitunter Objekt von **Bestreitungen**: Der Verdächtige erklärt zum Beispiel, es sei zwar richtig, dass er die Geldkassette im Lohnbüro berührt habe, aus der an einem bestimmten Tag Geld gestohlen worden war; das sei aber am Tag vor dem Diebstahl gewesen, als er Kleingeld für den Kaffeeautomaten benötigt und deshalb die Kasse geöffnet habe, um Geld zu wechseln.

Das Problem „Relevant oder nicht?" besteht jedoch nach wie vor. Wie erkennt man relevante und irrelevante Spuren? Die Antwort lautet: Indem man bei jeder Tatsache die Möglichkeit eines rein zufälligen Zusammentreffens erwägt. Ist es denkbar, dass die Spur, die bekundete Tatsache gar nicht zum Verbrechensgeschehen gehört? Wie könnten die Daten zufällig mit der vermuteten Straftat zusammengetroffen sein? Gelingt es dabei, solche Zufälle auszudenken, so gilt es, sie nacheinander zu widerlegen, bis man zum Schluss kommt: Es ist praktisch gar nicht anders möglich, als dass die relevante Tatsache (z.B. eine Spur) durch das Verbrechensgeschehen hervorgebracht worden ist und zu ihm gehört. Natürlich kann die Irrelevanz von Daten oft nur im Hinblick auf die Annahme eines bestimmten Tatherganges oder einer bestimmten Täterschaft erkannt werden, und eine andere Annahme kann sie relevant erscheinen lassen. Mitunter muss die Beantwortung der Relevanzfrage verschoben werden, weil ein Entscheid nicht möglich ist, zumindest nicht vorläufig. Dann ist eben mit allen Daten weiter zu arbeiten.

6.5 Die Suche in überflüssigen Daten

Im Computerzeitalter kommt es immer öfter vor, dass der Kriminalist mit Daten **überschwemmt** wird und deshalb gewissermaßen die Nadel im Heuhaufen finden sollte. Aus einer Fülle elektronisch gespeicherter Korrespondenz sollen z.B. diejenigen Dokumente ausgesondert werden, welche im Bezug auf einen aufzuklärenden Betrug beweisrelevant sind, oder bei einer Hausdurchsuchung wird eine große Sammlung selbst gebrannter Datenträger sichergestellt, die nach verbotener Pornografie zu durchforsten ist. Wie soll in solchen Fällen vorgegangen werden?

Im Falle von **Textdokumenten** hilft nur das elektronische Absuchen aufgrund von **Schlüsselwörtern**, das allerdings leider oft sehr unpräzise ist: man weiß nie, welche Wörter in einschlägigen Dokumenten wirklich vorkommen müssten, und man findet sie jedenfalls dann nicht, wenn der Verfasser Synonyme verwendet hat.

Bei deliktrelevanten **Bild-, Ton- oder Filmdateien**, die unter großen Mengen legaler Daten versteckt sind, hilft oft die Überlegung weiter, dass auch der Täter die Daten auf eine Weise abgespeichert haben muss, die es ihm ermöglicht, sie auch wieder aufzufinden. Damit kann man sich vorerst auf die Suche nach Schlüsselbegriffen in den Dateinamen beschränken, die allerdings nicht weiterhilft, wenn der Täter bewusst unverfängliche, aber nur ihm bekannte Namen verwendet hat.

Mittlerweile existieren immerhin **elektronische Systeme** zur Auswertung von Bildern und Filmen, welche eine rasche Sichtung von umfangreichem Material ermöglichen. So arbeitet zum Beispiel das System **MediAN** (Medienanalyse) nach einem einfachen Prinzip: Ein Video oder eine Filmdatei wird durchsucht; in einem frei wählbaren Intervall werden Standbilder angelegt. Diese Standbilder können dann einzeln oder in Gruppen mit frei definierbarer Anzahl von Bildern auf dem Bildschirm angezeigt werden. Erscheinen also zum Beispiel auf dem Bildschirm sechs Reihen mit jeweils acht Standbildern, die im Abstand von 10 Sekunden gemacht wurden, hat man auf einen Blick einen Eindruck über eine Filmsequenz von 8 Minuten und kann sich so in weniger als einer Minuten einen Überblick über einen 90-minütigen Spielfilm verschaffen. Es werden mittlerweile sogar Programme entwickelt, welche gewisse Bilder selbständig analysieren. **PERKEO** (das **P**rogramm zur **E**rkennung **r**elevanter **k**inderpornografischer **e**indeutiger **O**bjekte) ist in der Lage, Bilder digital zu analysieren und zu vergleichen; das Programm erkennt zwar kinderpornografische Bilder nicht von sich aus, ist aber in der Lage, von einem bereits gespeicherten einschlägigen Bild Kopien im Internet zu finden; damit wird zumindest die Weiterverbreitung solcher Bilder bekämpft. Das Programm benützt den so genannten **Hashwert**, eine mathematische Funktion zur Abbildung elektronischer Dateien. Zwei Dateien mit dem gleichen Hashwert sind absolut identisch. Werden also auf einem Computer Dateien gefunden, die den gleichen Hashwert haben wie eine bekannte und in PERKEO gespeicherte kinderpornografische Datei (dort sind mittlerweile über 100 000 Dateien erfasst), dann handelt es sich mit Sicherheit um Kinderpornografie; insbesondere bei einer großen Zahl von Treffern erübrigt es sich damit, die einzelne Datei noch durch Öffnen des

Bildes oder des Films zu überprüfen. Falsch-positive Ergebnisse sind praktisch ausgeschlossen; dagegen sind falsch-negative Ergebnisse ausgesprochen häufig: Nach einer Untersuchung aus dem Jahr 2007 wurden damals mit PERKEO im Durchschnitt 98 % der kinderpornografischen Daten auf einem Computer nicht als solche erkannt. Das liegt vor allem am ungenügenden Datenpool, also am Umstand, dass nicht die Hashwerte aller einmal als kinderpornografisch erkannten Daten in PERKEO gespeichert werden. Diese Erkenntnis ist vor allem deshalb alarmierend, weil Untersuchungen mittlerweile plausibilisiert haben, dass vor allem Konsumenten von Kinderpornografie, die ein eigentliches Suchtverhalten an den Tag legen, dazu neigen, ihre Phantasien auch in die Tat umzusetzen. Umgekehrt wird bei praktisch allen pädosexuellen Tätern auch kinderpornografisches Material gefunden.

Eine internationale Bilderdatenbank zur Bekämpfung der Kinderpornografie im Internet ist bei Interpol im Betrieb.

6.6 Der Ausschluss unwahrscheinlicher Daten

Der vierte Schritt beim kritischen Sichten des angefallenen „Materials“ besteht darin, **unwahrscheinliche Daten vorerst beiseite zu legen, ohne sie völlig aus den Augen zu verlieren**.

In manchen Fällen gibt es Daten, die mit den übrigen nicht recht im Einklang stehen, die unwahrscheinlich anmuten; es kann auch ganze Datenkomplexe geben, die wenig überzeugend wirken. Man soll dabei nie vergessen, dass die Daten vornehmlich im **Hinblick** auf eine **bestimmte Annahme** über den Tathergang wahrscheinlich oder unwahrscheinlich sind. Wird eine andere Hypothese gesetzt, lägen die Verhältnisse vielleicht anders. Daher darf man unwahrscheinliche Daten nie ganz beiseite schieben; sie sollen vielmehr bei einer anderen Mutmaßung über den Tatverlauf sofort wieder verfügbar sein.

Was wahrscheinlich ist, kann man in günstig gelagerten Fällen genau berechnen. Meistens ist aber eine Berechnung nicht möglich; man muss dann die Wahrscheinlichkeit der Daten oder eines Datenkomplexes schätzen, aufgrund von Erfahrungen und zum Teil wohl auch gefühlsmäßig. Man argumentiert etwa, es sei aussagepsychologisch nicht zu verstehen, dass der Zeuge ein wichtiges Geschehen beobachtet, in der Folge jedoch niemandem davon erzählt habe. Er kann auch nicht erklären, warum er bisher schwieg. Wenn er daher erst heute mit der Erzählung kommt, scheint seine Darstellung doch recht unglaubhaft.

Eine junge Frau, die in finanziellen Schwierigkeiten war, erklärte ihrem Vermieter, sie werde von einem Kollegen ihres Exmannes erpresst und habe deshalb kein Geld übrig, um die Miete zu bezahlen. Als er nachfragte, erklärte sie, ihr Exmann sei im Drogenhandel tätig gewesen und habe nun wohl beim Erpresser Drogenschulden; dieser habe sie aufgefordert, die Schulden zu bezahlen, weil er sonst dem gemeinsamen Kind etwas antun werde. Der Vermieter schickte sie zur Polizei, wo sie vorerst nur widerwillig Aussagen machte, dann aber doch behauptete, den Erpresser achtmal am Bahnhof getroffen zu haben, wo sie ihm jeweils Geld übergeben habe; die Daten dieser Vorfälle konnte sie anhand von Bancomat-Bezügen nennen. Sie wurde zum nächsten angeblichen Treffen geschickt, es erschien allerdings niemand, auch bei einem weiteren Treffen nicht.

Aus der Wahrscheinlichkeitslehre weiß man: Wenn sich ein Ereignis unter gegebenen Bedingungen bereits m-mal eingestellt hat und nur n-mal ausgeblieben ist, dann beträgt die Wahrscheinlichkeit p, dass es unter den gleichen Bedingungen wieder eintritt,

$$p = \frac{m + 1}{m + n + 2}$$

Diese Formel ist allerdings umstritten. Setzt man die Zahlen für das obige Beispiel ein, nämlich m = 8 und n = 0 (im Moment der Anordnung der Überwachung), dann erhält man für p den Wert von $^{9}/_{10}$. Mit anderen Worten: Der Unbekannte hätte am ersten Überwachungstag mit einer Wahrscheinlichkeit von $^{9}/_{10}$ erscheinen sollen, während die Wahrscheinlichkeit seines Wegbleibens nur $^{1}/_{10}$ betrug. Dass sich das unwahrscheinliche Ereignis doch verwirklichte, musste daher stutzig machen. Man hatte vorerst daran zu denken, dass der Unbekannte trotz allem Lunte gerochen habe oder dass er zufällig verhindert gewesen sei, im Großen und Ganzen eher entfernte Möglichkeiten. Der Schlüssel zur Lösung des Falles war daher ziemlich sicher bei der Frau zu suchen. Es stellte sich schließlich heraus, dass sie die Erpressungsgeschichte frei erfunden und das bezogene Geld jeweils verspielt hatte.

Wenn gesagt wurde, unwahrscheinliche Daten seien zu separieren, so ist ergänzend anzumerken: Es gibt leider Fälle, bei denen gleich zu Beginn der Ermittlungen überhaupt nur unwahrscheinliche oder zumindest fragwürdige Daten vorliegen. Ist dies der Fall, dann ist eben vorläufig mit **diesem** Material zu arbeiten. Auch suspekte Daten können zur Lösung führen, wenn durch eigene Arbeit gesicherte hinzukommen.

Von den unwahrscheinlichen Daten sind die scheinbar **unerklärlichen** Daten zu unterscheiden. Sie werden später, im Kapitel 9 (Annahmen und ihre Nachprüfung) behandelt.

6.7 Die Arbeit mit den bereinigten Daten

Wenn aufgrund der genannten Schritte und Regeln die Gruppierung und Bereinigung der Daten durchgeführt ist, dann sind, wie es die Mathematiker tun, folgende zwei Fragen zu stellen:

- Was ist gegeben?
- Was ist (noch) unbekannt und gesucht?

In vielen Fällen mögen die gesammelten Daten **genügen**, um fahndungsmäßige Folgerungen zu ziehen oder all das zu belegen, was man später vor Gericht beweisen muss. Man kann also mit dem Material, das zusammengekommen ist, direkt oder indirekt (durch Berechnungen oder Folgerungen) fahndend weiter schreiten oder bereits beweisen, was vorgefallen ist und wer als Täter betrachtet werden muss. Oft meint man, die vorhandenen Daten seien unzureichend, während der Mangel nicht im Material, sondern darin liegt, dass man aus ihm nicht die richtigen Schlüsse zieht.

Es ist sodann der weniger glückliche Fall denkbar, dass man **zu viele Daten** besitzt und diese nicht vermindern kann. Ist dem so, dann sind alle möglichen und sinnvollen Kombinationen der Daten – je nach Annahme über das Geschehen – herauszuheben und vorläufig getrennt zu verfolgen.

Schließlich kann der Fall vorliegen (und er ist leider nicht selten), dass man über **zu wenig Daten** verfügt, um die kriminalistische Aufgabe ohne weiteres zu lösen. Was in einer solchen Situation vorgekehrt werden soll, ist Gegenstand eines späteren Kapitels. Im Folgenden wird zuerst von den Fällen zu sprechen sein, in denen genügend oder zu viele Daten vorhanden sind.

7. Genügend Daten und Folgerungen daraus

7.1 Einleitende Bemerkungen

Die gesammelten Daten können im günstigsten Fall gerade all das belegen, was zur Lösung der kriminalistischen Aufgabe gehört, d.h. für alle Verbrechenselemente, Tatbestandsmerkmale und die Täterschaft sind hinreichend Daten in Form von plausiblen Zeugenaussagen, eines überzeugenden Geständnisses u.s.w. vorhanden. Ein Zeuge schildert z.B. den ganzen äußeren Tathergang einer Körperverletzung. Der Beschuldigte gibt zu, eine Verletzung des Opfers durch seine Schläge in Kauf genommen zu haben. Der sachverständige Arzt hat über die Verletzung ein Gutachten erstattet, und auch alle anderen Elemente der Straftat sind gegeben. Irgendwelche weiteren, kriminalistisch bedeutsamen Denkleistungen sind nicht nötig. Man hat keine allgemeinen Wahrheiten heranzuziehen, Experimente anzustellen, logische Ableitungen vorzunehmen. Es ist lediglich darauf zu achten, dass wirklich alle Verbrechenselemente und Tatbestandsmerkmale sowie die Täterschaft des Beschuldigten nachgewiesen sind.

Doch lange nicht immer liegen die Fälle so günstig. Die gesammelten Daten mögen zwar für die Lösung der kriminalistischen Aufgabe **ausreichen,** doch steht man vielleicht noch weit davon entfernt, alle Tatbestandsmerkmale ohne weiteres beweisen zu können. Erst gewisse **logische oder mathematische Ableitungen** aus den Daten mit Hilfe alltäglicher Erfahrungen, naturwissenschaftlicher Wahrheiten oder anderer zuverlässiger Schlüsse vermögen den strafrechtlich relevanten Vorgang oder die Täterschaft zu beweisen.

7.2 Logisches Ableiten

Das logische Ableiten (wie es in diesem Zusammenhang verstanden wird) ist keine so einfache Sache. *Sherlock Holmes* hat daher seinem Freund *Dr. Watson* nicht ohne Grund gesagt: „Verbrechen ist etwas Alltägliches, Logik etwas Seltenes; deshalb sollten Sie eher bei der Logik, denn beim Verbrechen verweilen.“ *Holmes* meinte damit aber nicht die streng formale Logik, wie sie im Kapitel „Die Mittel“ dargestellt worden ist. Man darf den Erkenntniswert der formalen Logik nicht überschätzen; sie entwickelt ja nur das, was schon in den Prämissen steckt. Nicht der Schluss ist die Kunst; logisch schließen kann auch ein Computer. Die besondere Leistung liegt in etwas anderem: Es gilt zu erkennen, wie die **gesammelten konkreten Daten** im Hinblick auf die Gesamtheit allgemeiner Wahrheiten **aus bestimmten anderen Tatsachen** hervorgegangen, wie z.B. Spuren (durch Daten repräsentiert) wohl entstanden sein könnten. Anders ausgedrückt: Man sollte **ahnen** (und schließlich ableiten) können, nach welchen Erfahrungssätzen, Erkenntnissen der Naturwissenschaften, experimentellen Wahrheiten solche Folgen auftreten, wie sie am Tatort festgestellt worden sind, um daraus den Tatvorgang oder die Täterschaft abzuleiten. Kurz: Welche **Rückschlüsse** lassen sich aus den Tatortfeststellungen ziehen? Was bedeuten z.B. hellrote Totenflecken am Körper eines Opfers? Man sucht nach einer medizinischen Erklärung, nach einem Satz, der z.B. lautet: Wenn ein bestimmtes Gas im Spiel war, dann sind am Körper des Toten hellrote Flecken zu beobachten. Es kann mehrere solche allgemeinen Sätze geben, im Vordergrund steht aber die medizinische Erkenntnis: Wenn jemand durch Einatmen von CO (Kohlenmonoxid) zu Tode kommt, treten an seinem Körper hellrote Totenflecken auf.

Findigkeit im Sinne des Auffindens geeigneter allgemeiner Wahrheiten, die von Daten sprechen, wie sie etwa am Tatort gefunden worden sind, **und Logik** sind die Grundlage kriminalistischer Kunst des Folgerns. *Sir Conan Doyle* hat daher seinen Romanhelden ergänzend sagen lassen: „Der ideale Denker vermöchte, wenn ihm einmal eine Tatsache in allen ihren Stücken gezeigt worden ist, nicht nur die ganze Kette von Ereignissen abzuleiten, welche zu ihr geführt haben, sondern auch alles, was aus der fraglichen Tatsache hervorgeht. *Cuvier* konnte ein ganzes Tier korrekt beschreiben, indem er über einen einzigen Knochen nachdachte ...“ Daher ist es bei heiklen Daten durchaus sinnvoll, jemanden beizuziehen, der mit entsprechenden Fakten beruflich zu tun hat und aus ihnen täglich Schlüsse ziehen muss.

Es ist klar, dass sich aus Folgerung bzw. Mutmaßungen über die Ursachen bestimmter Fakten weitere Daten ergeben können. Auch kriminalistisches Folgern besteht nicht selten im Aufrollen einer ganzen Kette vergangener Tatsachen.

7.3 Abduktion

Die **Abduktion,** der **Rückschluss** aufgrund einer nur scheinbaren logischen Wahrheit „Wenn p, dann q, also wenn q dann p“ ist, wie bereits dargelegt, falsch. Aus der Erkenntnis, dass die meisten jugendlichen Amokläufer gewalttätige Videospiele gespielt haben, folgt nicht, dass gewalttätige Videospiele meistens zu einem Amoklauf führen, sonder nur, dass Leute, die keine gewalttätigen Videospiele spielen, seltener zu Amokläufern werden also solche, die dies tun. Oder formelhaft ausgedrückt: Aus dem Satz „Wenn p dann q“ lässt sich nur „Wenn nicht-q, dann nicht-p“ ableiten. Daher muss man bei der Abduktion immer auch an andere mögliche Ursachen denken. Es könnte eine weitere allgemeine Erkenntnis geben, etwa „Wenn r, dann q“, und schon wäre der früher angestellte Rückschluss „Wenn p, dann q, also wenn q, dann p“ falsch. Bei Rückschlüssen ist daher immer zu prüfen, ob der allgemeine Satz das **Gefolgerte zwingend** hergibt oder ob nicht auch andere Voraussetzungen zu den gleichen Folgen führen. Letzteres ist der Fall, wenn man sagen kann „Wenn p, **dann und nur dann** q“.

Findet man rund um eine Einschussstelle an der Kleidung des Opfers Schmauchspuren, so darf man schließen, dass die Waffe aus sehr kurzer Distanz abgefeuert worden sein muss. Eine andere Erklärung gibt es praktisch nicht.

Wenn dagegen eine Beschuldigte in einer Vernehmung nach der Vorlage gewisser Beweismittel in Tränen ausbricht, so kann das in ihrer Schuld begründet sein, zwingend ist das aber nicht. Die Frau kann auch weinen, weil man ihren Aussagen keinerlei Glauben schenkt, obwohl sie unschuldig ist, oder weil ihr die Befragung über den Kopf wächst, oder weil die Beweismittel auf einen Täter hinweisen, den sie kennt, aber bisher zu decken versuchte. Und es gibt noch einige weitere Gründe des Weinens.

Daten können **scheinbar vollständig** sein und zum Nachweis einer nicht sehr gewichtigen Straftat ausreichen, während hinter dieser ein viel schwerwiegenderes Verbrechen steckt: Es sind in einem solchen Fall eben nicht alle Daten bekannt. Die Überzeugung von der Vollständigkeit der Daten muss daher immer den Zweifel überleben.

Nicht nur zur Lösung der kriminalistischen Beweis- und Bestimmungsaufgabe (Was geschah und wer ist der Täter?) müssen oft Folgerungen angestellt werden; auch bei der Bearbeitung kriminalistisch-heuristischer Probleme (Wie gelangt man zu bedeutsamen Daten?)

ist das häufig der Fall. Am Tatort wurde vom Täter z.B. ein Kleidungsstück zurückgelassen. Man folgert, dass es irgendwo fabriziert worden und an ein Geschäft geliefert worden sein müsse, wo es der Täter direkt oder auf andere Weise erworben habe. Also wird man versuchen, die Fabrikationsstätte ausfindig zu machen und dem Weg zum Erwerber nachzugehen.

Unmittelbar nach einem Einbruch in ein Zeughaus konnten auf dem betonierten Vorplatz des Tatortes frische Reifenspuren eines Autos gesichert werden, aller Wahrscheinlichkeit nach die Spuren des Fahrzeuges, das zum Abtransport der Waffen benützt worden war. Die Spurbreite (Distanz zwischen dem linken und rechten Rad) der Vorderräder betrug 129 cm, diejenige der Hinterräder 125 cm. Was war daraus zu folgern? Nur zwei damals im Verkehr befindliche Wagentypen besaßen diese Daten: der Volkswagen „Käfer" und der „Porsche". So zu lesen in jedem guten Autotypen-Katalog von damals. (Die Spurbreiten sind heute andere.) Damit durfte sich aber die Fahndung auf diese beiden Marken konzentrieren. Nächster Schritt? Ist im entsprechenden Zeitraum ein „Käfer" oder „Porsche" zum Gebrauch entwendet worden? Wenn ja, Spurensuche in den betreffenden Wagen. Wie viel Kilometer sind während dieser Zeit mit den Wagen zurückgelegt worden (Orte, wo die Wagen entladen worden sein können)?

Die Folgerungskunst von *Sherlock-Holmes* wirkt heute eher antiquiert. Sie kann zu falschen Schlüssen führen, wenn sie von Prämissen Gebrauch macht, die nicht die einzig denkbaren sind oder nur eine geringe Wahrscheinlichkeit für sich beanspruchen können. Was schadet das aber im Bereich der Heuristik, des Suchens im Fahndungsstadium? Es ist immer noch besser, **Folgerungen aus Wahrscheinlichkeiten** zu ziehen, die vielleicht zur Lösung führen, als die Hände in den Schoss zu legen. Man darf nur nie vergessen, dass Folgerungen, die von Wahrscheinlichkeiten Gebrauch machen, schließlich nachgeprüft werden müssen. Das Nachprüfen der Resultate ist das Korrektiv gegenüber verstiegenen Konstruktionen. Folgerungen, die unsicheren Prämissen entspringen, dürfen natürlich nicht zur **direkten** Beweisführung herangezogen werden. Sie können aber Bestandteil eines **Indizienbeweises** werden. Indessen beweist auch eine mit den Daten im Einklang stehende Ableitung oder (Re-) Konstruktion noch nicht, dass sich das Ganze so abgespielt hat, sondern nur, dass es sich so abgespielt haben **könnte**. Erst wenn man zusätzlich gezeigt hat, dass ein anderer Ablauf nicht möglich war, sind die auf die Rekonstruktion gründenden Folgerungen zwingend.

Das Schließen aufgrund von Daten und wahrscheinliche Rückschlüsse bilden den Übergang zum reinen Mutmaßen und Annehmen, also zur Bildung von Hypothesen und damit zu einer Form kriminalistischen Denkens, von der noch eingehend zu sprechen ist.

Die Kunst kriminalistischen Folgerns besteht, wie erwähnt, vor allem im Finden **allgemeiner Wahrheiten**, um zusammen mit den vorhandenen Daten Rückschlüsse zu ziehen und so zu neuen Daten zu gelangen. Wie findet man aber die allgemeinen Wahrheiten? Einmal indem man sich fragt: Was leistet heute die Kriminalistik in Bezug auf Daten, wie sie vorliegen: bei Blutspuren, Werkzeugspuren u.s.w.? Was kann sie alles aus einem Projektil ableiten, was aus Schmauchspuren, was aus einer DNA-Spur? Was aus dieser oder jener Tatsituation? Es gibt daher nichts anderes, als dass man sich laufend darüber orientiert, was die Kriminaltechnik leisten kann und was in ähnlichen Fällen zur Lösung führte. Kommt man nicht weiter, so hilft vielleicht ein Lexikon oder ein wissenschaftliches Fachbuch zum Thema weiter, das im betreffenden Fall eine Rolle spielt. Man kann auch in einem Internet-Suchdienst den entscheidenden Begriff eingeben und schauen, was alles geliefert wird.

In den USA wurde in den letzten Jahren mit der systematischen Auswertung von Blutspurenbildern begonnen; diese Technik und die amerikanischen Erfahrungen werden mittlerweile auch in Europa verwendet. Damit wird es möglich, bestimmte Blutspurenbilder eindeutig zu interpretieren und mit einem bestimmten Tatablauf in Übereinstimmung zu bringen (oder nachzuweisen, dass sich die Tat anders ereignet hat). Das ist zum Beispiel besonders wichtig, wenn es zu beurteilen gilt, ob eine Verletzung durch einen Schlag oder durch den darauf folgenden Sturz entstanden ist. Bei Blutanhaftungen an Kleidern kann eindeutig gesagt werden, ob das Blut von innen oder von außen auf das Kleidungsstück kam. Die richtige Analyse des Blutspurenbildes ermöglicht es beispielsweise auch zu sagen, ob ein Opfer stand oder schon am Boden lag, als ihm der tödliche Schlag zugefügt wurde.

---

8. Zu wenig Daten

Die gesammelten Daten können zu dürftig sein, um die heuristische oder syllogistische Aufgabe zu lösen, auch wenn die Erhebungen mit Umsicht geführt wurden. Es sind verschiedene Konstellationen denkbar:

- Das vorhandene Material ist z.B. insofern **ungenügend**, als es nicht nur fahndungsmäßig oder beweistechnisch unzureichend ist, sondern auch **keine neuen Informationsquellen** oder Wege zu solchen andeutet.
- Der Ablauf der **Ereignisse** ist zwar **klar**. Der Täter hat beispielsweise mit einem 30 mm breiten Instrument eine Wohnungstür aufgewuchtet, ist in die Wohnung eingedrungen und hat dort aus der Buffetschublade drei Banknoten von je € 100,– weggenommen, doch besitzt man noch **keine Beweise** oder Indizien in Bezug auf die Identität des **Täters.**
- Wer allenfalls als **Täter** angesehen werden muss, ist evident und bewiesen, doch steht nicht fest, **was sich genau abgespielt** hat. Der Täter behauptet etwa, das Opfer in Notwehr getötet zu haben, was vielleicht nicht glaubhaft klingt, aber vorderhand nicht widerlegt werden kann.
- Es besteht Unklarheit über **das Geschehen *und* die Täterschaft**.

Was ist in solchen Fällen zu tun? Wie hat man die kriminalistische Aufgabe aufgrund unvollständiger Daten zu lösen?

8.1 Grundsätzliche Überlegungen

Aufgaben ohne hinreichende Daten werden auch in anderen Wissensgebieten gestellt, nicht nur in der Kriminalistik. Eine eindeutig lösbare Aufgabe ist in der Mathematik etwa die Gleichung „7 + x = 12“. Ihre Lösung findet man durch Raten (durch Annahmen und ihre Nachprüfung) oder aufgrund des bekannten Verfahrens, die Unbekannte auf einer Seite der Gleichung zu isolieren: „x = 12 – 7“ also: „x = 5“. Die Gleichung „x + y = 12“ kennt demgegenüber zahlreiche Lösungen, z.B. „x = 3 und y = 9“. Als Lösungen sind aber nicht beliebige Zahlenpaare denkbar, sondern nur ganz bestimmte. Die Gleichung, die eine Art Daten in einer Beziehung darstellt, schränkt somit den Bereich der Lösungsmöglichkeiten ein.

Kann man in der Kriminalistik aufgrund der Daten keine eindeutige Lösung finden, so sollte man den **Bereich der Lösungen** so weit **einengen**, als dies aufgrund der (unvollständigen) Daten durchführbar ist. Es geschieht dies ganz im Sinne der Ausführungen *Descartes* in seinen „Regeln zur Leitung des Geistes“, XIII. Regel: „Wenn gleich nun bei jedem Problem etwas Unbekanntes vorhanden sein muss

– denn sonst hätte es keinen Sinn zu fragen –, so muss doch eben dies durch bestimmte Bedingungen derart bezeichnet sein, dass man sich angewiesen sieht, eins eher als das andere zu erforschen. Diese Bedingungen sind es, mit deren Untersuchung man sich, wie gesagt, sogleich von Anfang an beschäftigen muss. Und das geschieht, wenn wir den Geist darauf richten, das Einzelne in distinkter Intuition zu erfassen und sorgfältig zu untersuchen, inwieweit deren jede das von uns gesuchte Unbekannte einschränkt."

In der kriminalistischen Arbeit, die sich in manchen Fällen vorläufig mit **unvollständigem Material** begnügen muss, ist es ähnlich. Hat man beispielsweise einen Betrüger zu suchen, von dem man unter anderem folgendes weiß: Der Mann, ca. 45 Jahre alt, zeigte gute medizinische Kenntnisse; er hatte ein gewandtes Auftreten und konnte gut reden. Lässt sich damit der Kreis der möglichen Täter einengen? Gewiss. Medizinische Kenntnisse haben Ärzte, Spitalangestellte, Krankenpfleger, allenfalls Apotheker, Angestellte solcher Unternehmungen, Vertreter für medizinische Apparate und Pharmazeutika. Gewandtes Auftreten und gutes Reden findet man vor allen bei Kaufleuten, Vertretern und bei ähnlichen Berufen. Die Kreise überlappen sich in Vertretern von medizinischen Apparaten und Pharmazeutika. Allerdings kommt auch ein früherer Student in Frage, der in seinem Studium gescheitert ist. Es ist nicht sinnlos, sich (auch) in diesen Kreisen nach dem Täter umzusehen.

In einem Fall fand man das Tötungsopfer, einen Bankier aus Genf, in merkwürdiger Aufmachung erdrosselt in seinem Appartement. Er trug nur einen Gummianzug, was auf gewisse sexuelle Praktiken hindeutete. Die Fahndung nach dem unbekannten Täter bzw. der Täterin richtete sich natürlich vor allem auf diejenigen, die in dieser Szene („Sado-Maso") verkehrten; sie sind bei weitem nicht so zahlreich wie Leute mit üblichen sexuellen Präferenzen; in dieser Szene war nach Personen zu suchen, die mit dem Banker Kontakt hatten. Die Verdächtige war denn auch rasch gefunden und legte schließlich ein Geständnis ab.

Die Arbeit eines Einbrechers lässt mitunter gleich erkennen, dass es sich um einen Könner handelt, und demgemäß wird man ihn unter den Vorbestraften mit gleichem Tatvorgehen suchen. Die ganze Fahndung nach dem Modus-operandi-Register ist nichts anderes als ein Suchen aufgrund unvollständigen Materials, aber mit ständiger Einengung des Kreises möglicher Täter. Jedes zusätzliche Modus-operandi-Merkmal schließt wieder eine bestimmte Zahl von

Möglichkeiten aus. Bei der Rasterfahndung wird das besonders deutlich.

8.2 Das Beschaffen zusätzlicher Daten

Die Einengung der Möglichkeiten kann zu einer Lösung führen, aber sie muss nicht. Zwar rückt die Lösung mit jedem weiteren Merkmal näher. Sie kann aber immer noch so weit entfernt sein, dass die Daten nicht ausreichen. Was dann? Es bestehen im Wesentlichen fünf Wege, zu weiteren Daten zu kommen:

1. Man kann **abwarten** und auf weitere Erkenntnisse hoffen; das ist zwar vorerst das Einfachste, bewährt sich aber nur, wenn neue Erkenntnisse zu erwarten sind.
2. Man kann die **Öffentlichkeit** in die Fahndung einbeziehen.
3. Man kann **verdeckt** ermitteln oder fahnden, und zwar im Wesentlichen
   - durch Überwachungen des Fernmeldeverkehrs (TÜ) oder durch Einsatz technischer Überwachungsgeräte,
   - durch den Einsatz von Informanten (Infos), Vertrauenspersonen (VP), nicht offen ermittelnden Polizeibeamten (noeP) und durch verdeckte Ermittler (VE),
   - mittels kontrollierter Lieferungen.
4. Man kann **Ziel-, Raster- oder Schleppnetzfahndungen** einsetzen.
5. Man kann versuchen, den Täter zu **unüberlegten Handlungen** zu provozieren, die seine Identifizierung oder Überführung ermöglichen.

8.3 Abwarten und hoffen

Man kann erstens ab**warten** und auf neue Fakten hoffen. Man begnügt sich vorerst mit der Aufzeichnung der gesammelten Daten, der registermäßigen Erfassung und der polizeilichen Ausschreibung des Falles, und geht davon aus, dass früher oder später eine neue Information eingeht, über die Register zum abgelegten Fall führt und dann vielleicht eine Lösung ermöglicht.

Viele Fälle, in denen es zu **wenig Daten** gibt und die einen größeren Einsatz kaum rechtfertigen, werden daher auf Eis gelegt, vorläufig wird nicht weiter ermittelt. Die Strafverfolgungsbehörden sprechen in diesem Zusammenhang von **allgemeiner Fahndung** (im Gegensatz zur speziellen) oder vom Fahndungsarchiv. Früher wurde mit diesen Dateien bisweilen zu wenig gearbeitet. Im Zeitalter elektronischer Datenerfassung ist es zumindest einfacher, dafür zu sorgen, dass ältere Daten nicht vergessen gehen. So wird beispielsweise bei der Registrierung einer DNA-Spur sofort geprüft, ob sie einer bekannten Person zugeordnet werden kann; ist das nicht der Fall, dann ist erfahrungsgemäß noch nichts verloren, denn wird der Täter mit der passenden DNA-Struktur später erfasst, dann wird der so genannte DNA-Hit sofort zuverlässig erkannt – nachdem die DNA-Datenbanken überall noch im Aufbau sind, werden solche nachträglichen Täter-Hits sogar relativ häufig, und es können auf diese Weise oft noch nach Jahren Delikte aufgeklärt werden, bei denen es sonst keinen Fahndungsansatz mehr gegeben hätte. Man kann sich also heute mit etwas besserem Gewissen als früher aufs Abwarten beschränken, wenn Spuren vorhanden sind, die sich vorerst nicht zuordnen lassen.

Es ist zu beachten, dass die gesetzliche Regelung des **Datenschutzes** Grenzen zieht. Die Regeln betreffen aber meistens nur die **personengebundenen** Daten und nicht die Sachfahndung. Immerhin schreibt das neue schweizerische DNA-Gesetz vor, dass auch **Spuren** von Straftaten (mit Ausnahme von Tatortspuren von unverjährbaren Straftaten) nach 30 Jahren gelöscht werden müssen.

Ein anderer Mangel liegt darin, dass die Menschen, welche in einem nicht geklärten Kapitalverbrechen eine Rolle gespielt haben oder tatverdächtig waren, nicht oder nicht genügend im Auge behalten werden, wenn der Fall vorläufig abgelegt werden musste. Wie viele neue Informationen würde man schon aus öffentlichen Quellen erhalten und welche Zusammenhänge ließen sich erstellen, wenn man weiterhin wichtige Lebensdaten (neue Beschäftigung dieser Personen, Heirat, Scheidung, finanzielle Entwicklung) registrieren dürfte; es fragt sich allerdings, ob die Welt dadurch besser würde oder ob es nicht Sinn macht, wenn auch Straftäter damit rechnen dürfen, dass man sich an ihre Taten nach einer gewissen Zeit nicht mehr erinnert.

Dass ein Straftäter unter Umständen aufgrund äußerer Umstände unter Zugzwang geraten kann, zeigt das Beispiel des Oetker-Entführers *Dieter Zlof*. Er hatte 1976 den Industriellensohn gekidnappt und 21 Millionen Mark Lösegeld kassiert. Anfangs 1979 wurde er gefasst und zu einer Freiheitsstrafe von 15 Jahren verurteilt. Er behauptete immer, nicht zu wissen, wo das Lösegeld sei. Nach seiner Haftentlassung hielt die Polizei offensichtlich weiterhin ein Auge auf ihn; jedenfalls wurde er 1997 in London gefasst, als er rund 12,5 Millionen Mark umtauschen wollte. Dass er unter Druck geriet, dürfte damit im Zusammenhang gewesen sein, dass die Einführung des Euro bevorstand und Zlof deshalb wusste, dass er die Mark-Scheine vorher noch umtauschen musste.

8.4 Fahnden in der Öffentlichkeit

Neben dem Hoffen auf weitere Fakten gibt es ein aktiveres Verhalten: die Veröffentlichung des Falles oder gewisser Daten in den **Medien** und die Aufforderung an die Bürger, allfällige bedeutsame Beobachtungen oder Kenntnisse den Strafbehörden mitzuteilen, gelegentlich verbunden mit einer in Aussicht gestellten Belohnung.

Es gibt für dieses Vorgehen allerdings zwei Voraussetzungen:

- Der Öffentlichkeit müssen **gewisse Informationen** gegeben werden. Das ist taktisch immer bedenklich, weil damit auch der **Täter** einiges über den Stand der Ermittlung erfährt. Im Weiteren lassen sich Geständnisse von Tatverdächtigen je schlechter überprüfen, je mehr Details über die Tat in der Öffentlichkeit bekannt werden. Es kommt dann bisweilen vor, dass ein Geständiger nachträglich sein Geständnis widerruft und erklärt, er habe sein Wissen über die Tat ausschließlich aus den Medien gehabt; in solchen Fällen fällt es oft schwer, im Nachhinein zu entscheiden, was vom Geständnis wirklich zu halten war.

  Im Frühling 2009 wurden auf dem Bahnhof Kreuzlingen zwei Passanten von drei Schläger-Typen grundlos angegriffen und übel zusammengeschlagen. Die Tat wurde aus relativ großer Entfernung von einer Überwachungskamera gefilmt; weil die Täter anschließend zufällig auf die Kamera zugingen, konnten sie auch von so nahe aufgenommen werden, dass sie problemlos erkennbar waren. Weil die Täter polizeilich nicht identifiziert werden konnten, entschloss sich die Polizei, den gesamten Film ins Internet zu stellen. Tatsächlich konnten die Verdächtigen innert Stunden identifiziert und festgenommen werden. Datenschutzrechtlich, aber auch taktisch war die Publikation des ganzen Filmes bedenklich: Sie führte nicht nur zur Identifikation der Verdächtigen, sondern auch dazu, dass diese bei der Festnahme bereits wussten, was auf dem Film über die Tat zu sehen war.

- Es muss erwartet werden, dass es **weitere Personen** gibt, die überhaupt in der Lage sind, bisher unbekannte **Informationen** über die Straftat zu geben. Dafür gibt es eigentlich nur drei Gründe: Entweder geht man davon aus, dass es möglicherweise noch Zeugen der Tat gibt, die sich bisher nicht gemeldet haben, weil sie nicht **wussten**, dass ihre Beobachtungen für die Aufklärung des Deliktes von Bedeutung sind. Oder man hofft, dass jemand, der sich bisher absichtlich nicht gemeldet habe, sich nachträglich doch zur Aussage entscheiden werde; bei dieser Konstellation ist allerdings Vorsicht am Platz, denn wer ohne sachfremde Motive an der Aufklärung der Straftat ein Interesse hätte, würde sich wahrscheinlich auch ohne öffentlichen Aufruf melden, und wer sich dann erst aufgrund eines Fahndungsaufrufs (und insbesondere der damit verbundenen **Belohnung**) meldet, dessen Aussagen werden möglicherweise nur eine eingeschränkte Glaubhaftigkeit für sich beanspruchen dürfen. Die dritte Konstellation wird immer häufiger und ist unproblematisch: von der Tat und den mutmaßlichen Tätern liegen Bilder vor, anhand derer es allerdings der Polizei nicht gelingt, die Täter zu identifizieren; mit der Öffentlichkeitsfahndung erwartet man Hinweise auf die Identität der gesuchten Personen.

8.5 Verdeckte Beweiserhebungen

Gerade die gegenteilige Strategie verfolgt die verdeckte Fahndung, also das **verdeckte Beobachten und Überwachen**, also der Versuch, die Tat selbst zu überwachen, oder zumindest das Beobachten des Tatortes, des Zugangs- und Fluchtweges, insbesondere dann, wenn der Täter etwas versehentlich zurückgelassen hat, das Überwachen von Verstecken der Beute, der Waffen oder Werkzeuge, allgemeiner gesagt das verdeckte Erheben von Beweisen. Vielleicht führt eine polizeiliche Beobachtung der Teilnehmer am Begräbnis des Opfers weiter; bekannt ist auch, dass gewisse Täter von Schwerverbrechen am Jahrestag an den Tatort zurückkehren. Gibt es einen Verdächtigen, so drängt sich eine Beschattung auf.

Verdeckte Untersuchungshandlungen sind vor allem dann besonders erfolgsträchtig, wenn davon ausgegangen wird, die beobachtete Täterschaft werde ihr strafbares Verhalten **fortsetzen**; die Überwachung dient dann nicht so sehr der Aufklärung bereits begangener Delikte, sondern der Aufklärung der in der nächsten Zeit stattfindenden. Es ist beispielsweise bei der Ermittlung im Bereich der organisierten Kriminalität, insbesondere des Drogenhandels, des Waffenhandels und der Delikte im Bereich von Prostitution und Menschenhandel zumeist nur möglich, die ab Beginn der Untersuchung begangenen

Delikte aufzuklären, während der Verdacht im Bezug auf die vermuteten Straftaten, welche den konkreten Tatverdacht **begründeten**, sich im Nachhinein oft nicht weiter konkretisieren lässt.

Besonders heikel sind solche Untersuchungen dann, wenn man aus Beweisgründen erst nach **längerer Zeit** der verdeckten Ermittlung einschreitet und den Beobachteten sozusagen unter den Augen der Polizei Straftaten begehen lässt, ohne sofort einzuschreiten; das ist in der Regel nur dann zu verantworten, wenn es um **opferlose Delikte** geht, z.B. um Drogen- oder Waffenhandel. Anders kann man allerdings gerade im Bereich der organisierten Kriminalität kaum erfolgreich Verbrechen aufklären.

Verdeckte Ermittlungen greifen tief in die **Privatsphäre** des Betroffenen ein; es wird ja nicht nur sein Verhalten im Bezug zu Straftaten dokumentiert, sondern oft auch alle seine andern **sozialen Kontakte**. Zum Teil wird direkt die **Willensbildung** der Zielperson beeinflusst (beim Einsatz von Vertrauenspersonen, nicht offen ermittelnden Polizeibeamten und verdeckten Ermittlern), zum Teil können die **Aussagefreiheit** oder das **Zeugnisverweigerungsrecht** unterlaufen werden (wenn Gespräche des Beschuldigten über Straftaten aufgezeichnet werden, allenfalls sogar Gespräche seiner Angehörigen darüber, oder wenn der verdeckte Ermittler die Zielperson aktiv aushorcht, also zu Gesprächen über vergangene Straftaten provoziert). Es ist deshalb unbedingt darauf zu achten, dass die engen **gesetzlichen Schranken** für solche Maßnahmen peinlichst genau eingehalten werden und dass der Einsatz aktenmäßig möglichst genau dokumentiert wird. Macht man beim Einsatz verdeckter Beweiserhebungen Fehler, dann ist mit einem **Beweisverwertungsverbot** zu rechnen.

8.5.1 Die Überwachung des Fernmeldeverkehrs

In der heutigen Kommunikationsgesellschaft ist die Überwachung des Post-, Telefon-, SMS- oder Internetverkehrs die **wichtigste Methode** der verdeckten Fahndung. Praktisch von vorwiegendem Interesse ist die Überwachung des Telefonverkehrs (in Deutschland mit TÜ, in der Schweiz mit TK abgekürzt), und zwar vorwiegend des Verkehrs mit Mobiltelefonen.

Eine solche Überwachung zeitigt nicht selten wertvollere Resultate als ein rasches Zugreifen bei noch unzureichender Beweislage. Gerade im Bereich der organisierten Kriminalität, zum Beispiel im Drogenhandel, ist die rasche Zusammenarbeit verschiedener Straftäter über größere Distanz erforderlich, sodass die Benützung von modernen Kommunikationsmitteln zur Organisation der Straftaten beinahe **unumgänglich** ist. Es ist deshalb zu erwarten, dass eine TÜ verwertbare Beweismittel bringt.

Es bestehen heute klare **gesetzliche Grundlagen**, welche solche Überwachungen nur unter eng definierten Voraussetzungen zulassen. In Deutschland regeln die § 100a ff. StPO die Voraussetzungen und das Verfahren; die Fernmeldeverkehr-Überwachungs-Verordnung (FÜV) beschreibt die praktische Umsetzung. In der Schweiz gilt das Bundesgesetz über die Überwachung des Post- und Fernmeldeverkehrs (BÜPF) samt Verordnung (VÜPF), das auf 2011 teilweise in die neue Schweizerische Strafprozessordnung überführt wird. In beiden Ländern regelt ein **Deliktskatalog**, für die Aufklärung welcher Straftaten die Maßnahme überhaupt zur Verfügung steht.

Schwierig ist die **Auswertung der Überwachung** immer dann, wenn der Beschuldigte bestreitet, das überwachte Telefon überhaupt benützt zu haben. Zur Beweisführung ist deshalb Folgendes wesentlich:

- Die **Gesprächspartner** müssen **laufend identifiziert** werden; sie können nach Aufnahme offener Ermittlungen dazu befragt werden, mit wem sie gesprochen haben.
- Oft kann der Beweis auch geführt werden, indem nachgewiesen wird, mit welchen **Angehörigen** Gespräche geführt wurden, denn das limitiert offensichtlich den Kreis der möglichen Benutzer des überwachten Telefons. Auch wenn Gespräche mit Angehörigen inhaltlich meistens belanglos für die Untersuchung sind, sind sie in dieser Hinsicht eben doch beweisrelevant.
- Es ist darauf zu achten, dass das überwachte Mobiltelefon sich beim Benutzer befindet, wenn er **verhaftet** wird; es soll jeweils sorgfältig dokumentiert werden, wo und in welchem Betriebszustand sich das Gerät in diesem Zeitpunkt befand.
- Schwierig ist die Personenidentifikation anhand der **Stimme**. Es ist zwar möglich, aus der Kombination einer rein technischen Analyse (bei welcher die Signale in einem Oszillogramm dargestellt und verglichen werden) mit einer linguistischen Analyse (bei der Sprechtempo, Dialekt, Sprechstörungen etc. analysiert werden) zu recht hohen Wahrscheinlichkeiten der Identifizierung zu kommen; allerdings bewegen sich diese Wahrscheinlichkeiten jedenfalls in einem Bereich, wo vom Ausschluss vernünftiger Zweifel an der

Urheberschaft noch nicht gesprochen werden kann. Nur in Kombination mit andern Indizien, die auf den Verdächtigen hinweisen, kann also mit Stimmanalysen der Beweis der Urheberschaft erbracht werden.

Neben der laufenden (aktiven) Überwachung von Fernmeldegesprächen helfen oft auch die Daten über den **vergangenen Fernmeldeverkehr** weiter; diese Daten weisen aus, wann, mit wem, wie lange und (bei Mobiltelefonen) wo eine Person Telefongespräche führte. Diese in Deutschland „Nutzungsdaten“ oder „Rahmendaten“ und in der Schweiz „rückwirkende Randdaten“ oder „Verkehrsdaten“ genannten Informationen stehen in der Regel während sechs Monaten rückwirkend zur Verfügung und können (in Deutschland im vereinfachten polizeilichen Verfahren nach § 90 TKG, in der Schweiz in einer Überwachungsverfügung nach BÜPF und unter den in diesem Gesetz auch für aktive Telefonüberwachung geregelten sehr eingeschränkten Bedingungen) abgerufen werden. Hinweise zur Auswertung der Nutzungsdaten finden sich in Kapitel 6.2.

Die Telefonüberwachung ist taktisch von großer Bedeutung, weil sich nicht nur gewisse Straftaten sauber aufklären lassen, sondern weil schon vor der Verhaftung zahlreiche **weitere Informationen** über den Betroffenen bekannt werden; man lernt ihn kennen, was hilfreiche Hinweise über den taktisch richtigen Aufbau der offenen Untersuchung liefert.

8.5.2 Der Einsatz technischer Überwachungsgeräte

Rechtlich besonders heikel ist der Einsatz **technischer Überwachungsgeräte**. Grundsätzlich wären heute folgende Formen solcher Einsätze denkbar:

- Es können **optische Aufzeichnungsgeräte** (Kameras) montiert werden, um heikle Orte zu überwachen. Es geht einerseits um Orte, an denen Delikte vermutet werden, wie Einkaufszentren, Banken, Poststellen, Geldausgabegeräte, aber auch Parkhäuser. Anderseits kann es auch sinnvoll sein, bekannte Treffpunkte von Delinquenten wie z.B. Szenelokale zu überwachen, um Kontakte zu dokumentieren. Unproblematisch sind solche Kameras dann, wenn der Berechtigte (oder die Polizei mit Zustimmung des Berechtigten) sie auf eigenem Grund aufstellt, um sich vor Delikten zu schützen, wie dies in Einkaufszentren oder Banken der Fall ist;

die Ergebnisse solcher Überwachungen können dann in der Regel auch im Strafverfahren verwertet werden. Führt die Polizei die Überwachung durch, dann sind die strafprozessualen Schranken zu beachten.

- Es können **akustische Aufzeichnungsgeräte** (Mikrofone, Wanzen) montiert werden. Hier ist zu unterscheiden zwischen dem Einsatz solcher Geräte im Strafverfahren oder mit Einwilligung aller Betroffenen, die (wohl) auch stillschweigend erfolgen kann, wenn z.B. deklariert wird, dass eine Mikrophonüberwachung installiert ist oder etwa ein Fernmeldegespräch aufgezeichnet wird (wie dies bisweilen bei Anrufen bei Banken der Fall ist).
- Durch Einsatz von **Satellitennavigationsgeräten** (GPS-Ortung) kann die Position eines Gegenstandes (meist eines Fahrzeuges) festgestellt werden; auch in diesem Zusammenhang gilt, dass nur der Einsatz solcher Überwachungen ohne Wissen des davon Betroffenen problematisch ist.

Aus kriminalistischer Sicht wären solche Maßnahmen in der Regel sehr ergiebig, es ergeben sich allerdings eine Reihe **technischer Probleme**, die oft kaum lösbar sind. Insbesondere sind akustische Überwachungen in Räumen mit etwas höherem Lärmpegel, etwa in Gaststätten oder privaten Klublokalen, aber auch in andern Räumen, wo sich größere Zahlen von Personen treffen, kaum möglich, weil das gesprochene Wort nur noch sehr schwer verständlich ist, was schon die Identifikation der Sprechenden oft praktisch verunmöglicht. Navigationsgeräte brauchen relativ viel Energie und sind auf eine Stromspeisung angewiesen, sodass entweder (mit entsprechenden praktischen Schwierigkeiten) regelmäßig die Batterien ersetzt werden müssen oder die Bordspannung des Fahrzeugs angezapft werden muss, was einen hohen Installationsaufwand verursacht, der verdeckt, also ohne Wissen des Fahrzeugbesitzers, oft kaum zu leisten ist.

Zur rechtlichen **Zulässigkeit** solcher Maßnahmen muss auf die umfangreiche Spezialliteratur verwiesen werden, weil die Maßnahmen stark umstritten sind. Zur aktuellen rechtlichen Situation nur kurz Folgendes: In Deutschland wird unter dem Titel „Großer Lauschangriff" die akustische Wohnraumüberwachung diskutiert. 1998 wurde die Unverletzlichkeit der Wohnung nach Art. 13 des Grundgesetzes eingeschränkt, um solche Wohnraumüberwachungen unter sehr eingeschränkten Bedingungen und mit richterlicher Genehmigung durchführen zu können. Die § 100c und 100d StPO regeln nun den Einsatz dieser Maßnahmen. Das Bundesverfassungsgericht verlangte allerdings 2004, dass der Schutz von Privaträumen erheblich gestärkt werde; deshalb wurden die Bestimmungen bereits im Mai 2005 novelliert.

In der Schweiz wird die Frage des Einsatzes aller technischen Überwachungsgeräte (also nicht nur akustische, sondern auch optische Überwachungen) dagegen kaum öffentlich diskutiert; das dürfte damit zusammenhängen, dass solche Einsätze äußerst selten sind. Bis 2002 war der Einsatz solcher Überwachungsgeräte in praktisch allen Kantonen gleich geregelt wie die Überwachung des Fernmeldeverkehrs. Mittlerweile gilt mit dem Bundesgesetz über die Überwachung des Post- und Fernmeldeverkehrs (BÜPF) gesamtschweizerisch eine einschränkendere Regelung, die vor allem einen Deliktskatalog enthält, aber auch detaillierte Vorschriften z.B. über die Verwertung von Zufallsfunden. Da das BÜPF aber technische Überwachungen **nicht** regelt, entstand in vielen Kantonen die unhaltbare Situation, dass technische Überwachungen unter weniger strengen Bedingungen möglich sind als Telefonüberwachungen. Die kantonalen Prozessrechte wurden deshalb nach und nach angepasst, wobei wie im Bereich des Strafprozessrechtes des Bundes, der eine solche Regelung schon mit Inkrafttreten des BÜPF einführte, in der Regel auch in den Kantonen die Bestimmungen des BÜPF sinngemäß angewendet werden. Eine einheitliche Regelung der technischen Überwachung in der ganzen Schweiz bringt erst die Einführung der Schweizerischen Strafprozessordnung im Jahr 2011. 2008 entschied das Bundesgericht, dass auch die Satellitenortung eine ausdrückliche gesetzliche Grundlage benötigt.

8.5.3 Der Einsatz von Informanten

Unter **Informanten** versteht man Personen, die der Polizei ohne konkreten Auftrag Informationen über Straftäter oder Straftaten liefern. In der Regel wird ihnen Anonymität zugesichert, was meistens bedeutet, dass die gelieferten Informationen nicht direkt als Beweismittel ins Strafverfahren einfließen können, sondern lediglich als Ansatz für weitere Ermittlungen dienen. Deshalb geht man davon aus, dass der Einsatz von Informanten **keine gesetzliche Grundlage** benötigt.

Es ist oft schwer zu beurteilen, wieso sich Informanten bei der Polizei melden; wenn sie gute Informationen liefern, bedeutet dies ja meistens, dass sie sich selbst in einem kriminellen Milieu bewegen. Es muss deshalb besonders genau geprüft werden, was von den Informationen zu halten ist. Dabei hat sich das sog. **4x4-System** bewährt, das durchaus auch auf **Bewertung** anderer **Informationen** im Strafverfahren, z.B. auf die Beurteilung von Zeugenaussagen, angewendet werden kann. Es beruht auf der Einteilung unter zwei Gesichtspunkten:

- Die **Informationsquelle**, also der Informant, wird als zuverlässig (A), meistens zuverlässig (B) oder unzuverlässig (C) bewertet oder es fehlt die Erfahrung, um überhaupt eine Bewertung vorzunehmen (X).
- Die **Information** gilt als sicher (1), wenn sie aus eigener Wahrnehmung des Informanten stammt; sie stammt aus sicherer Quelle (2), wenn der Informant Zugang zur Quelle hatte, welche die Information direkt wahrnahm. Sie gilt als bestätigt (3), wenn die Information vom Hörensagen sich durch bereits bestehende Informationen bestätigen lässt. Sie ist unsicher (4), wenn sie zwar vom Hörensagen stammt, sich aber nicht durch weitere Informationen bestätigen lässt.

Informationen vom Typ A1, B1, A2 und B2 gelten in diesem System als **wertvoll**; dagegen sollte auf Informationen der anderen Typen (z.B. C1, X2, B3 etc.) nicht abgestellt werden, wenn sie sich nicht später doch verifizieren lassen.

8.5.4 Der Einsatz von Vertrauenspersonen

Wird ein Informant gezielt eingesetzt, indem er von der Polizei beauftragt wird, gewisse Informationen aktiv einzuholen, dann spricht man von einer **Vertrauensperson** (VP). Die Vertrauensperson hat oft schon Kontakte in die Kreise von Tatverdächtigen (und verdient aus diesem Grund eigentlich gerade **kein Vertrauen** der Strafverfolgungsbehörden, genießt aber immerhin das Vertrauen der Tätergruppe). Die VP kann aus unterschiedlichen Gründen bereit sein, den Strafverfolgungsbehörden gewisse Informationen zu geben, welche die Aufklärung von Straftaten ermöglichen; Voraussetzung dafür ist normalerweise nur, dass diese Informationen nicht aktenkundig werden. Im Unterschied zu Informanten erhalten Vertrauenspersonen von ihren polizeilichen Führungspersonen **konkrete Aufträge** dazu, welche Informationen sie beschaffen sollen; weil die VP aus diesen Aufträgen schließen kann, in welche Richtung die Polizei ermittelt, muss sie besonders vertrauenswürdig in dem Sinn sein, dass die Erwartung bestehen muss, sie werde die Informationen weder an die Zielperson weitergeben noch für eigene Zwecke ausnützen.

In Deutschland wie in der Schweiz ist umstritten, unter welchen Rahmenbedingungen der Einsatz von Vertrauenspersonen **zulässig** ist. Jedenfalls darf die Grenze zur verdeckten Ermittlung (die bewilligungspflichtig ist) nicht überschritten werden.

Es handelt sich auch taktisch um ein äußerst schwierig zu handhabendes Instrument. Insbesondere gilt es zu verhindern, dass die Vertrauensperson im Strafverfahren **enttarnt** wird, was oft mit dem Wunsch in Konflikt gerät, die Erkenntnisse der Vertrauensperson als Beweise ins Strafverfahren einzuführen. Problematisch ist häufig auch die genaue Kontrolle der Tätigkeit der Vertrauensperson; es besteht immer die Gefahr, dass sie auch eigene Interessen verfolgt, die im krassen Gegensatz zu den Interessen der Strafverfolgung stehen. Das kann im Extremfall dazu führen, dass die Vertrauensperson ihre Zielperson zu Straftaten anstiftet, welche diese sonst nicht begangen hätte.

Um Erfahrungen möglichst breit auszutauschen, wurde eine internationale Arbeitsgruppe ins Leben gerufen (ICHISWG – International Covert Human Intelligence Source Working Group), in der die Spezialisten aus mehreren Ländern ihre Erfahrungen austauschen. Das führt dazu, dieses Instrument international gleich anwenden zu wollen; es gelten aber die gesetzlichen Grundlagen am Einsatzort, sodass besonders darauf zu achten ist, dass die Führungspersonen sich nicht nur an den internationalen Standards orientieren, sondern die Rechtslage am Einsatzort kennen und einhalten.

Taktisch geht es meistens darum, durch die Informationsgewinnung über die VP weitere Ermittlungsansätze zu finden, welche die Aufklärung von Straftaten erleichtern.

8.5.5 Der Einsatz nicht offen ermittelnder Polizeibeamter

Weder in Deutschland noch in der Schweiz ist der Einsatz **nicht offen ermittelnder Polizeibeamter** („noeP“ oder nach Schweizer Terminologie als verdeckte Fahnder bezeichnet) gesetzlich geregelt. Der Begriff ist nur im Zusammenhang mit demjenigen des verdeckten Ermittlers zu verstehen; der noeP ist ein Beamter, der bloß für kurze Zeit verdeckt eingesetzt wird, um mit einem Straftäter in Kontakt zu treten, der ihn nicht als Polizeibeamten erkennen, sondern für einen Partner in illegalen Geschäften halten soll.

Weil der Einsatz des noeP **nicht auf Dauer** angelegt ist (sondern sich in der Regel auf einen einzigen oder zumindest einige wenige Kontakte mit der Zielperson beschränkt) und **nicht aktiv eine Scheinidentität** aufgebaut wird, geht man in Deutschland davon aus, dass nicht die engen gesetzlichen Voraussetzungen für den Einsatz eines verdeckten Ermittlers gelten. Der noeP wird sich deshalb allerdings nach dem Einsatz nicht auf die Schutzmassnahmen berufen können, die für den verdeckten Ermittler gelten; insbesondere wird er in der Regel im Strafverfahren nicht anonym bleiben können. In der Schweiz kam das Bundesgericht in einem Entscheid aus dem Jahr 2008 zum Schluss, dass immer dann, wenn ein Polizeibeamter unter Täuschung seiner wahren Identität mit einem Verdächtigen in Kontakt tritt, eine verdeckte Ermittlung vorliegt, die nur nach den gesetzlichen Regeln zulässig ist; es muss also um eine Katalogtat gehen, der Einsatz ist richterlich zu bewilligen. Konkret ging es darum, dass ein Polizeibeamter sich in einem Teenager-Chat als 14-jähriges Mädchen ausgab und dann auf das Angebot eines Pädophilen einging; das Bundesgericht hielt dies für eine verdeckte Ermittlung, obwohl auch ihm klar war, dass die meisten Benutzer von Chat-Rooms ihre richtige Identität nicht offen legen. Seit diesem Entscheid ist die Unsicherheit von Polizeipraktikern groß, inwieweit der Einsatz von noeP überhaupt noch möglich ist.

Der Einsatz eines noeP ist dann angezeigt, wenn rasch zum Schein auf ein Angebot eines Verdächtigen zum Abschluss eines illegalen Geschäftes reagiert werden soll. Wenn das Geschäft (für die Strafverfolgung) erfolgreich verläuft und der Verdächtige in flagranti erwischt wird, dann bleibt der Verteidigung wegen der klaren Beweislage meistens nichts anderes übrig, als die **Zulässigkeit** der Maßnahme in Frage zu stellen, insbesondere also zu behaupten, es habe sich in Wirklichkeit um eine verdeckte Ermittlung gehandelt, eine richterliche Bewilligung liege aber nicht vor, sodass ein Beweisverwertungsverbot zu beachten sei. Es gilt deshalb, den Einsatz des noeP zumindest sauber zu dokumentieren und im Zweifel doch um die nötige richterliche Bewilligung zu ersuchen, falls sich der Einsatz in die Länge zieht.

NoeP werden heute vorwiegend für **Aufkäufe im Drogen-Kleinhandel** eingesetzt. In Deutschland führt der noeP jeweils im Abstand von

Tagen mehrere Aufkäufe durch, beim letzten Geschäft wird die Zielperson dann verhaftet; es geht darum, qualifizierten Drogenhandel beweisen zu können. In der Schweiz wird meistens unmittelbar nach dem ersten Aufkauf zugegriffen, weil dort für das Erreichen des qualifizierten Falles sehr zahlreiche Aufkäufe bei der gleichen Person nötig wären, sodass man sich darauf beschränkt, ein Einzelgeschäft zu beweisen und zu bestrafen. In der Regel kauft der noeP eine Portion Drogen und bezahlt mit markierten Noten; Sekunden nach dem Geschäft wird der Verkäufer polizeilich festgenommen. Der Aufkäufer verfügt dann über die verkaufte Ware, der Verkäufer über das markierte Geld; bestehen spurenmäßig Zweifel, dann ist es insbesondere im Kokainhandel, wo die Drogenportionen vom Verkäufer meistens in kleinen Kugeln im Mund mitgeführt werden, in der Regel möglich, DNA-Spuren des Verkäufers auf den Drogenportionen nachzuweisen. Seit Mitte 2004 bis Ende 2008 wurden mit dieser Strategie in Zürich etwa 3000 und in St. Gallen etwa 400 Verkäufer überführt und einer raschen Bestrafung zugeführt, der Erfolg der Maßnahme nützt sich allerdings ab, weil die Händler vorsichtiger werden.

8.5.6 Der Einsatz verdeckter Ermittler

Die schwierigste und anspruchvollste Art der verdeckten Beweiserhebung ist das Einschleusen eines Polizeibeamten, eines so genannten **Verdeckten Ermittlers (VE)**, in eine mutmaßlich verbrecherische Gruppe.

Der Einsatz verdeckter Ermittler ist in Deutschland in Art. 110a ff. StPO und in der Schweiz (erst seit dem 1. Januar 2005) im Bundesgesetz über die verdeckte Ermittlung (BVE) geregelt. Der verdeckte Ermittler ist ein Beamter des Polizeidienstes, der unter einer auf **Dauer angelegten** veränderten Identität, die mit fiktiven Urkunden gestützt werden darf, in das **kriminelle Milieu eindringt**, um Straftaten aufzuklären. Die Identität kann auch nach der Beendigung des Einsatzes geheim gehalten werden.

Es gilt in Deutschland wie in der Schweiz ein Deliktskatalog, der sich auf schwere Straftaten beschränkt. Für den Einsatz des VE ist eine richterliche Genehmigung erforderlich, wenn dieser gegen bestimmte Beschuldigte ermittelt (oder in Deutschland auch, wenn er fremde Wohnungen betritt).

Das Instrument der verdeckten Ermittlung ist schwierig zu handhaben; insbesondere muss dafür gesorgt werden, dass die Identität des verdeckten Ermittlers nicht aufgedeckt wird, die seine Sicherheit garantiert. Deshalb werden verdeckte Ermittler auch international ausgetauscht; es gibt zu diesem Zweck eine Arbeitsgruppe, die IWG (International Working Group on Undercover Police Activities).

Der Aufbau einer Legende eines verdeckten Ermittlers kann ausgesprochen aufwändig und schwierig sein; die Enttarnung führt deshalb schon finanziell zu enormen Schäden. Im Zusammenhang mit den Ermittlungen gegen einen Schweizer Bankier wegen Geldwäscherei wurde 2003 ein verdeckter Ermittler aus Deutschland eingesetzt, der über Jahre mit einer (scheinbar) perfekten Legende im Bereich von Finanzgeschäften ausgestattet worden war. Er konnte im Rahmen des Schweizer Einsatzes von der Presse enttarnt werden. Der Schaden, der dadurch entstand, wird auf etwa eine halbe Million € geschätzt.

Ein erfolgreicher Einsatz eines verdeckten Ermittlers endet im Erfolgsfall mit der **Verhaftung der Zielperson in flagranti**; das bedeutet, dass im Nachhinein am Sachverhalt nicht mehr zu rütteln ist und die einzige Verteidigungsstrategie des Überführten noch darin bestehen kann, **Verfahrensmängel** zu rügen. Deshalb ist es entscheidend wichtig, die verdeckte Ermittlung korrekt anzuordnen und durchzuführen und dies auch sauber zu dokumentieren. Besonders gefährlich ist in diesem Zusammenhang die leider übliche Art der **Berichterstattung**: Nach Abschluss der Aktion wird ein Amtsbericht über den Verlauf der Ermittlung erstellt, der den Ablauf der Maßnahme schildert, sich aber immer am Endresultat orientiert. Besser wäre es, über sämtliche Treffen des VE mit der Zielperson einen kurzen Amtsbericht zu erstellen, damit auch im Nachhinein die Entwicklung der verdeckten Ermittlung sauber zu dokumentieren ist und insbesondere der Beweis darüber geführt werden kann, dass das Endresultat den ursprünglichen Absichten entsprach oder – falls dies nicht der Fall ist – der verdeckte Ermittler sauber über die Ausweitung des Auftrags instruiert wurde und die nötigen richterlichen Bewilligungen auch dafür vorliegen.

In welchen **Konstellationen** ist der Einsatz des Verdeckten Ermittlers möglich und zulässig? Es kommen in der Praxis drei Fallgruppen vor:

- Der VE tritt als **Opfer** auf; er interessiert sich zum Beispiel für ein Geldanlagemodell, das als betrügerisch verdächtigt wird. Solche Einsätze sind in der Regel unproblematisch, weil nur in seltenen

Konstellationen nachträglich behauptet werden kann, der Täter sei **vom Opfer** zur Tat **provoziert** worden.

- Der VE tritt als **Abnehmer** bei „Verwertungsdelikten“ auf; er kauft also Drogen oder gestohlene Vermögenswerte (mit Wissen um die Herkunft) an. Solche Einsätze sind dann unproblematisch, wenn bewiesen werden kann, dass die Zielperson schon über die Ware verfügte, **bevor** der VE ins Spiel kam, oder dass die Zielperson auch mit Dritten Geschäfte in der gleichen Größenordnung abgeschlossen hat – bei beiden Konstellationen wird die Zielperson nicht erfolgreich behaupten können, der VE habe sie zur Delinquenz angestiftet. Die Beweisführung soll sich also in solchen Verfahren nicht nur auf das Geschäft mit dem VE konzentrieren, sondern es muss unbedingt versucht werden, auch **Geschäfte mit Dritten** abzuklären.
- Der VE tritt als **Lieferant** bei „Verwertungsdelikten“ auf; er verkauft also Drogen oder andere illegalen Waren. Auf solche Einsätze soll auf jeden Fall **verzichtet** werden; es geht nicht an, dass der Staat die Zielperson auf diese Weise zur Delinquenz bringt, auch wenn sie dazu ohne weiteres bereit wäre. Diese Art von VE-Einsätzen ist denn auch in Deutschland und der Schweiz nicht gängig, während sie etwa in den USA immer noch bisweilen praktiziert wird.

Die taktisch schwierigste Aufgabe, die sich bei **Beginn** des Einsatzes von verdeckten Ermittlern stellt, ist die Frage, wie er **an den Verdächtigen herangeführt** werden kann. In vielen Fällen wird der erste Kontakt durch eine Vertrauensperson hergestellt, was erhebliche Sicherheitsprobleme verursacht, weil die verdeckte Ermittlung (zumindest dann, wenn erhobene Beweise verwertet werden sollen) im Rahmen des Strafverfahrens offen zu legen ist; der Überführte wird deshalb oft nachträglich erkennen, wer ihn mit dem VE in Kontakt gebracht hat. Man schaltet aus diesem Grund deshalb bisweilen zwei bis drei verdeckt arbeitende Polizeibeamte dazwischen, die jeweils nur ganz kurz mit der Zielperson verhandeln und dann eine weitere Person ins Spiel bringen; auf diese Weise ist nach Abschluss der Aktion von der Zielperson kaum mehr erkennbar, wer den verdeckten Ermittler letztlich eingeführt hat.

Während der **Dauer** der verdeckten Ermittlung ist besonders darauf zu achten, dass der VE nicht übermäßig auf den Verdächtigen einwirkt, ihn also nicht zu Taten veranlasst, welche der Verdächtige von sich aus nicht begangen hätte. Nach Art. 10 des Schweizerischen BVE dürfen die VE „keine allgemeine Tatbereitschaft wecken und die Tatbereitschaft nicht auf schwerere Straftaten lenken. Sie haben sich auf die Konkretisierung eines bereits vorhandenen Tatentschlusses zu beschränken." Das dürfte auch in Deutschland gelten. Aus diesem Grund ist es besonders wichtig, dass der Einsatz des VE genau dokumentiert wird, und zwar durch Amtsberichte seiner Führungsperson, welche für die Instruktion und Führung des VE verantwortlich ist und sicherstellt, dass die Grenzen des Zulässigen nicht überschritten werden. Dabei sind nach *Harald Hans Körner* (Krim 2002 S. 449) vor allem folgende Regeln zu beachten:

- **Voraussetzung** des Einsatzes ist ein schon **bestehender Tatverdacht** gegen die Zielperson. Unverdächtige Personen dürfen nicht in VE-Geschäfte verwickelt werden.
- Die Zielperson soll zu keinen Geschäften geführt werden, die sie nicht selbst in dieser **Art** und in diesem **Umfang geplant** hat. Es darf also beispielsweise nicht darauf gedrängt werden, dass der VE größere Mengen Betäubungsmittel kauft, als die Zielperson anbietet.
- Die Zielperson soll nicht durch **intensives Drängen** oder durch Anbieten **unüblicher Bedingungen** oder gar durch Drohungen zu einem Geschäft gedrängt werden; das heißt insbesondere, dass nur szeneübliche Preise (oder eher weniger) angeboten werden dürfen.
- Der Zielperson sollen nicht **Tatmittel** zur Verfügung gestellt oder **Tathindernisse beseitigt** werden, ohne welche die Tat nicht möglich wäre. Es sollen also z.B. dem Täter weder Geldmittel vorgestreckt noch Schmuggelbehältnisse, Fahrzeuge oder auch Ausweise bzw. Visa beschafft werden, ohne die er einen Drogentransport gar nicht organisieren könnte.

Die amerikanische Praxis kennt ferner den **Undercover Agent** (UCA), also den Beamten, der langfristig, ohne konkreten Ermittlungsauftrag in eine kriminelle Szene eingeschleust wird und allenfalls sogar Straftaten begehen darf. Weil der Einsatz eines UCA weder einen konkreten Tatverdacht voraussetzt noch eng durch eine Führungsperson begleitet wird, ist er nach der bei uns geltenden Auffassung unzulässig.

8.5.7 Kontrollierte Lieferungen

Wurde der Transport verbotener Waren aufgedeckt, dann freute man sich früher in der Regel über den Erfolg, beschlagnahmte die Ware und verhaftete den Transporteur. Allerdings blieb das Ergebnis immer dann unbefriedigend, wenn der Verhaftete über die Umstände des Transportes nur sehr wenig wusste (oder zu wissen vorgab), wenn es sich also um einen bloßen **Kurier** handelte, der die Ware von einem ihm möglicherweise unbekannten Lieferanten erhalten hatte (was allerdings noch heute die Ausnahme ist) und sie einem ihm nicht näher bekannten Abnehmer ausliefern musste (was sehr oft vorkommt); nicht selten konnten solche Kuriere sogar erfolgreich behaupten, sie wüssten überhaupt nicht, was sie transportiert hätten. Der Fahndungserfolg beschränkte sich in solchen Fällen darauf, dass man für die Statistik eine Sicherstellung verbuchen und einen für das fragliche Geschäft eher **unbedeutenden Beteiligten** zur Verantwortung ziehen konnte.

Um wirklich die **Hintergründe** solcher Transporte aufdecken und die **Hinterleute** überführen zu können, ist man deshalb mittlerweile dazu übergegangen, nicht sofort beim Entdecken der verbotenen Ware zur Beschlagnahme und Verhaftung zu schreiten, sondern eine **kontrollierte Lieferung** bis zu deren Bestimmungsort durchzuführen, falls sich dies kurzfristig organisieren lässt. Das ist heute eine realistische taktische Option, wenn an Flughäfen oder an Zöllen **Betäubungsmittel** entdeckt werden; kontrollierte Lieferungen sind aber auch bei allen andern Arten von verbotenen Waren, z.B. bei größeren Mengen von Falschgeld oder gefälschten Wertpapieren, bei illegal gehandelten Waffen oder bei geschmuggelten Waren wie Zigaretten denkbar.

In der Praxis hat man es mit drei verschiedenen Konstellationen zu tun:

- Illegal im **Frachtverkehr** transportiere Ware wird entdeckt; der Zoll stellt also z.B. in einem Paket aus Kolumbien Kokain fest, das in einen Kunstgegenstand verarbeitet wurde. Aus den Frachtpapieren ergibt sich, an wen die Ware zugestellt werden soll. Beschlagnahmt man sie und befragt man anschließend den Empfänger, dann wird er (oft unwiderlegbar) behaupten, er habe gar nicht gewusst, dass ihm ein Paket zugestellt werden solle, und er kenne den Absender nicht. Mit der kontrollierten Lieferung wird in solchen Fällen erreicht, dass der Empfänger die Ware **in Empfang** nimmt und auspackt; wenn sich zusätzlich – zum Beispiel durch eine Telefonüberwachung – nachweisen lässt, dass der Empfänger Vorbereitungen zum **Absatz** der Ware trifft, sind die Beweisprobleme beseitigt. Solche Aktionen sind in der Regel Erfolg versprechend, wenn man den **Zeitplan** beeinflussen kann (was bei der Postzustellung von Paketen zutrifft, dagegen bei der Zustellung durch private Kurierdienste eher schwierig ist, weil weniger zeitlicher Spielraum besteht und es heikel sein kann, den Kurierdienst überhaupt in die Sache einzuweihen). Ein gewisses Risiko darf allerdings in Kauf genommen werden, weil sich sonst der polizeiliche Erfolg meistens auf die Sicherstellung der Ware beschränkt und der Abnehmer nicht überführt werden kann.

- Die illegale Ware wird entdeckt, **ohne** dass der **Kurier** es überhaupt **merkt**; man stellt also zum Beispiel bei der Gepäckkontrolle in einem Koffer einen doppelten Boden fest, in den Kokain versteckt wurde. In solchen Fällen kann man sich darauf konzentrieren, den **Kurier** zu **überwachen**, bis er die Ware **übergibt**. Das ist allerdings ausgesprochen aufwändig und taktisch anspruchsvoll, weil nicht abzusehen ist, wo und wann der Kurier den Abnehmer der Ware treffen wird, sodass sehr rasche Reaktionen auf vorher nicht bekannte Entwicklungen der Geschichte erforderlich sind. Dazu kommt, dass die Übergabe der Ware oft im Verborgenen erfolgt; der Kurier begibt sich zum Beispiel in ein Hotel, wo lückenlos überwacht werden muss, wo er sich aufhält und mit wem er sich trifft. Schließlich besteht die Gefahr, dass der Kurier sich (allenfalls samt Ware) der Kontrolle entziehen kann. Diese Gefahr besteht vor allem darum, weil im Grunde genommen mehrere Observationen gleichzeitig erforderlich sind: es müssen zum Ersten der Kurier, zum Zweiten die Ware (sobald sich der Kurier von ihr trennt, also zum Beispiel das Hotelzimmer verlässt, ohne die Ware mitzunehmen) und zum Dritten allenfalls Kontaktpersonen observiert werden, so lange nicht klar ist, ob die Ware übergeben wurde. Solche Aktionen sind nur Erfolg versprechend, wenn es sich um **Ware von einigem Volumen** handelt, also z.B. um größere Mengen von Betäubungsmitteln, deren Übergabe leichter zu erkennen ist, weil der Empfänger der Ware sie sichtbar mit sich führen muss.
- Der **Kurier** wird bei der Kontrolle entdeckt und kann dann zur **Kooperation** veranlasst werden. Diese taktische Variante setzt voraus, dass der kontrollierende Beamte sofort reagiert, weil schon eine **geringe Zeitverzögerung** möglicherweise auffallen wird. Stellt

die Polizei am Flughafen beispielsweise einen Drogenkurier fest, der die Kokainpakete am Körper trägt (oder sogar in kleinen Portionen verpackt verschluckt hat, was heute bei Kokain, das von Afrikanern nach Europa transportiert wird, häufig vorkommt), dann wird eine kontrollierte Lieferung schon dann schwierig, wenn der Kurier nicht mit den andern Passagieren des gleichen Flugzeugs das Flughafengelände verlassen kann; denn es kommt vor allem bei größeren Lieferungen vor, dass der Kurier vom Empfänger der Ware offen oder verdeckt schon am Flughafen beobachtet wird. Entscheidet man sich zur kontrollierten Lieferung, dann hat man zwar taktisch etwas mehr **Spielraum**, als wenn der Kurier nicht weiß, dass er entdeckt wurde. Man kann ihn also z.B. veranlassen, den Empfänger der Ware etwas später anzurufen als geplant, wenn man ihm eine plausiblen Ausrede vorgibt, oder er kann allenfalls sogar den Übergabeort selbst bestimmen oder den ihm vorgeschlagenen Übergabeort ablehnen und einen für die Polizei günstigeren vorschlagen. Auf der andern Seite besteht immer das **Risiko,** dass es dem Kurier nicht nur gelingt, den Abnehmer verdeckt zu warnen, sondern dass er sich der polizeilichen Kontrolle sogar entziehen kann, im schlimmsten Fall unter Mitnahme des Deliktsgutes. Ertappte Kuriere werden nämlich mittlerweile bereits instruiert, wie sie auf das Angebot einer kontrollierten Lieferung zum Schein reagieren sollen; die verdeckte Warnung des Abnehmers ist (durch Vereinbarung unverfänglicher Codeworte oder bestimmter Verhaltensweisen) relativ einfach zu organisieren, und dem Kurier bleibt immerhin die Chance, dass er sich der Verhaftung doch noch entziehen kann, wenn er einer kontrollierten Lieferung zustimmt. Es ist also immer damit zu rechnen, dass der Kurier einer solchen verdeckten Lieferung nur zum Schein kooperieren und die erste Chance zur Flucht ergreifen wird.

Bei allen drei Konstellationen ist zu prüfen, ob geeignete Maßnahmen zur **Sicherung der verbotenen Ware** möglich sind. Am sichersten ist es, die verbotene Ware zu beschlagnahmen und einen **Ersatzstoff** in das Transportbehältnis einzubauen. Das Kokain wird also zum Beispiel durch Traubenzucker ersetzt, der mit einer Substanz vermengt ist, welche die Finger markiert, sodass sie entweder direkt schwarz werden oder zumindest unter einer Speziallampe gefärbt erscheinen; auf diese Weise kann später der Beweis erbracht werden, dass der Empfänger die Ware wirklich auspackte. Das setzt allerdings voraus, dass **genügend Zeit** vorhanden ist, vermeidet aber anderseits das Risiko, dass die verbotene Ware, die sich ja schon unter Kontrolle der Polizei befand, dann doch wieder verloren geht und in Umlauf kommt. Wenn mit Ersatzstoff gearbeitet wird, kann also ein etwas höheres Risiko der Aktion in Kauf genommen werden.

Weniger zeitaufwändig ist es, die Ware mit einem **Peilsender** zu versehen; das setzt allerdings ein gewisses Volumen und die Möglichkeit voraus, den Sender verstecken zu können, kommt also z.B. bei größeren Mengen von Betäubungsmitteln eher in Frage als bei Falschgeld.

Falls ein Kurier im Spiel ist, muss sichergestellt werden, dass nicht nur die Ware, sondern auch der **Kurier selbst** unter Kontrolle bleibt. Bei der zweiten Konstellation (der Kurier weiß nicht, dass er entdeckt wurde) muss er durchgehend observiert werden, allenfalls sind auch sehr kurzfristig Telefonüberwachungen zu schalten, wenn der Kurier sich z.B. in ein Hotel begibt. Die dritte Variante eröffnet neuerdings die taktische Möglichkeit, dass der Kurier mit einem Peilsender versehen wird, wie er beim Electronic Monitoring als Form des Strafvollzugs verwendet wird.

In **rechtlicher Hinsicht** sind kontrollierte Lieferungen auch über Landesgrenzen heutzutage kein Problem mehr: Schon das Europäische Übereinkommen über die Rechtshilfe in Strafsachen vom 20. April 1959 schloss sie zumindest nicht aus (vgl. Art. 15 Ziff. 4); das zweite Zusatzprotokoll zu diesem Übereinkommen vom 8. November 2001 sieht nun in Art. 18 kontrollierte Lieferungen ausdrücklich vor. Zu beachten ist, dass der **Empfängerstaat** über die kontrollierte Lieferung entscheidet; er kann sie also ohne weiteres ablehnen oder die Modalitäten im Detail festlegen.

8.6 Die Provokation zu unüberlegten Handlungen

Gegenüber diesen modernen Mitteln der verdeckten Beweiserhebung ist das **Fallen-Stellen** etwas in Vergessenheit geraten. Mögliche Diebstahlsgegenstände werden präpariert, sodass an den Händen des zugreifenden Täters spezifische, nicht ohne weiteres abwischbare Spuren entstehen. Ein solches Vorgehen zur Überführung eines Täters ist unzulässig, wenn man ohne Rücksicht auf das bisherige Geschehen irgendwo besonders verlockende Gelegenheiten zu Diebstählen schafft. Das läge einem unzulässigen Lockspitzeltum zu nahe.

Wenn aber z.B. in der Garderobe eines Betriebes wiederholt gestohlen worden ist, wird man eine Falle stellen dürfen, die sich von den bisherigen Gelegenheiten nicht unterscheidet (etwas anderes wäre ohnehin zu verräterisch), um den Wiederholungstäter zu überführen.

Ein sehr aktives Mittel, um zu weiteren Daten zu gelangen, besteht ferner darin, den Täter im Rahmen des Erlaubten zu **provozieren**, ihn aus dem Busch zu klopfen. Man erlässt z.B. unter einem Decknamen Inserate, in welchem Gegenstände zu kaufen gesucht werden, wie sie in größerer Anzahl gestohlen worden sind. Dieses Vorgehen liegt aber bereits an der Grenze des Zulässigen, denn man provoziert den Täter zu einen Betrugsversuch: er soll gestohlene Sachen zum Kauf anbieten. Bekannt ist auch der mitunter gefährliche Einsatz eines so genannten Lockvogels, etwa bei der Fahndung nach einem Sittlichkeitsverbrecher oder gar nach einem Serienmörder.

Die Mittel, auf erlaubte Weise den Täter zu provozieren, sind noch viel zu wenig durchdacht und eingesetzt worden. Es gibt viele Vorkehren, einen Verbrecher zu einer beobachtbaren verräterischen Aktivität zu veranlassen, ohne ihn zum voraus misstrauisch zu machen und ohne sich dem Vorwurf des Lockspitzeltums auszusetzen.

Immerhin ist mittlerweile kaum umstritten, dass es zulässig ist, während der Dauer der verdeckten Ermittlungen **Störungen** einzubauen, um den Verdächtigen zu unüberlegten Handlungen zu provozieren, wenn sich auf andere Weise keine konkreten Erkenntnisse gewinnen lassen. Der Drogenhändler, der ein Straßenverkehrsdelikt begangen hat, kann ohne Angabe von Gründen zur Vernehmung **vorgeladen** werden; er wird dann möglicherweise am Telefon mit Kollegen darüber spekulieren, worum es gehen könnte. Es kann jemand im Umfeld des Verdächtigen als Auskunftsperson vorgeladen werden, den man am Rand auch zur Person und zur Tätigkeit des Verdächtigen befragt – vor und nach der Vernehmung wird sich der Befragte möglicherweise am (überwachten) Telefon mit dem Verdächtigten darüber unterhalten, worum es gehen könnte bzw. worum es tatsächlich gegangen ist und wieso sich die Strafverfolgungsbehörden für bestimmte Informationen interessieren. Wenn Telefonüberwachungen von **Observationen** begleitet werden und die Observanten auffallen, dann stellt sich oft im Nachhinein heraus, dass der Schaden gering war; am Telefon wird dann nämlich oft darüber spekuliert, weswegen man den Verdächtigen auf der Spur sei. Alle diese Maßnahmen sind zulässig, wenn nicht mit falschen Informationen gearbeitet wird: Unzulässig wäre etwa die falsche Pressemeldung, man habe nach einer Entführung einen Teil des Lösegeldes sichergestellt, um den Verdächtigen zu provozieren, im Versteck nachzusehen, ob wirklich ein Teil des Geldes weg sei. Zulässig scheint mir dagegen, einen tatsächlich erfolgten Drogenfund in der Presse zu melden, gleichzeitig aber Verdächtige zu observieren, die nachschauen wollen, ob es sich um ihre Drogen handelt.

Bisweilen kann es zum Erfolg führen, über die Medien einen gewissen Druck auf den Täter aufzubauen; dieses Vorgehen birgt allerdings erhebliche Risiken, weil man nie weiß, wie der Täter darauf reagieren wird.

Der Österreichische Briefbomber Franz Fuchs, der zwischen Dezember 1993 und Dezember 1996 bei Bombenanschlägen vier Menschen tötete und 15 zum Teil schwer verletzte, wurde erheblich verunsichert, nachdem der Kriminalpsychologe Müller ein weitestgehend zutreffendes Täterprofil publiziert hatte. Er geriet unter einen derartigen psychischen Druck, dass er bei einer Routinekontrolle der Polizei im Oktober 1997 die Nerven verlor und eine Bombe zündete, die ihm beide Hände abriss.

8.7 Besondere Fahndungsmaßnahmen

Die aktivsten Versuche, zu neuen Fakten zu gelangen, sind schließlich die besonderen Fahndungsmaßnahmen, bei denen mit großem Zeit- oder EDV-Aufwand nach Verdächtigen gesucht wird.

8.7.1 Zielfahndung

Die **Zielfahndung** hat zum Ziel, durch Bildung eines Sonderkommandos besonders intensiv nach zur Festnahme gesuchten, besonders gefährlichen Straftätern zu fahnden. Zu diesem Zweck werden alle verfügbaren Informationen über die Person gesammelt und ausgewertet; das Umfeld dieser Personen wird durchleuchtet, allenfalls wird mit verdeckten Ermittlungen, insbesondere mit Telefonüberwachungen, versucht, die Zielperson zu lokalisieren.

Zielfahndungen haben sich in Deutschland breit etabliert; in der Schweiz scheut man oft den personellen Aufwand, der mit solchen Maßnahmen verbunden ist. Eine besondere gesetzliche Grundlage ist nicht erforderlich, wenn keine Informationsgewinnung nötig ist, die über das normale Maß hinausgeht.

8.7.2 Schleppnetzfahndung

Um was es bei der **Schleppnetzfahndung** geht, lässt sich am besten an einem Beispiel darstellen:

Bei einer Entführung in Deutschland stellte man fest, dass die bisherigen Mitteilungen und Ultimaten der Täter alle in Paris zur Post gebracht worden waren, während sich die Verbrecher, wie sich aus anderen Umständen ergab, höchstwahrscheinlich in Deutschland aufhielten. Man ging daher davon aus, die Briefe würden jeweils per Kurier nach Paris gebracht. Infolgedessen ließ die zuständige Polizeistelle an der Grenze die Namen aller 25-35 Jahre alten Reisenden des Nachtschnellzuges Köln-Paris feststellen, vor allem diejenigen unmittelbar vor einer Briefaufgabe in Paris. Unter rund 3000 Namen von Reisenden fand man so denjenigen des Kuriers der Bande.

Es werden also bestimmte Daten, die bei **Personenkontrollen** der Polizei an der Grenze oder an Kontrollstellen (vgl. § 111 StPO) erhoben werden, computergestützt ausgewertet. Diese Maßnahme gewinnt an Bedeutung, seit Pässe und Personalausweise maschinell gelesen werden können, und sie wird möglicherweise noch bedeutsamer werden, wenn Systeme zur automatischen Identifikation und Wiedererkennung von Gesichtern (biometrische Daten) sich durchsetzen, womit in den nächsten zehn Jahren zu rechnen ist.

Die Schleppnetzfahndung ist in Deutschland in § 163d StPO geregelt, durch einen Deliktskatalog beschränkt und bedarf einer richterlichen Bewilligung, weil es um die Verwendung von Daten geht, die nicht zu Zwecken der Strafverfolgung bei einer Vielzahl unverdächtiger Personen erhoben wurden. In der Schweiz ist die Schleppnetzfahndung nicht gesetzlich geregelt und auch nicht üblich.

8.7.3 Rasterfahndung

Bei der **Rasterfahndung** werden nicht Daten von polizeilichen Kontrollen, sondern **personenbezogene Daten** aus Dateien, die für andere Zwecke als zur Strafverfolgung geführt werden, mittels EDV miteinander verglichen. Es geht um den Abgleich von täterspezifischen Merkmalen, die für sich allein völlig unverdächtig sind und keinen konkreten Bezug zur aufzuklärenden Straftat aufweisen; es werden beispielsweise die Daten der Straßenverkehrsämter und der

Einwohnermeldeämter gerastert, wenn bekannt ist, dass der Verdächtige ein Fahrzeug einer bestimmten Marke fährt und in den letzten zwei Jahren dreimal den Wohnsitz gewechselt hat. Die Maßnahme ist darum besonders problematisch, weil oft eine große Zahl von Personen gerastert wird und dann auch völlig unverdächtige Personen im Raster hängen bleiben, die in der Folge auf die konkrete Straftat hin näher überprüft werden müssen.

Die Rasterfahndung ist in § 98a und b StPO geregelt, durch einen Deliktskatalog beschränkt und erfordert eine richterliche Bewilligung. In der Schweiz fehlt eine gesetzliche Grundlage; systematische Rasterfahndungen unter Einbezug einer großen Zahl von Personen werden denn auch nicht durchgeführt.

9. Tathypothesen und Ereignisversionen

9.1 Grundsätzliche Überlegungen

Wenn die bisher gesammelten Daten nicht ausreichen, die kriminalistische Aufgabe zu lösen, dann wird man prüfen müssen, ob es vielleicht noch andere Wege der Datenbeschaffung gibt. Von einigen war bereits die Rede: das bloße Warten auf neue Daten, die Öffentlichkeitsfahndung oder verdeckte Beweiserhebungen. Tatsächlich gibt es, wie angedeutet, noch eine weitere, eher indirekte Möglichkeit. Sie führt in ein besonders interessantes Gebiet des kriminalistischen Denkens, nämlich in den Bereich der **Hypothesen**. Es geht dabei nicht um Überlegungen zu Lösungen, die aufgrund der bisherigen Beweiserhebungen bereits begründet werden können. Hypothesen erreichen nicht die Wahrscheinlichkeit eines Verdachtes. Solche Annahmen sind nach einem zu Recht eingeleiteten Verfahren (es ist z.B. ein Mord geschehen) bereits vor Entstehen eines Verdachtes gegenüber einer Person möglich; sie können sich auf Personen oder auf noch nicht geklärte Vorgänge beziehen.

Das Ziel dieses Vorgehens ist es, beim Entwickeln einer Hypothese zu erkennen, welche **Daten noch fehlen**, um die Hypothese als richtig oder falsch zu erkennen. Die Hypothesenbildung dient also dazu, die Beweiserhebungen in eine bestimmte Richtung zu lenken, das Programm für diejenigen Umstände aufzustellen, die zu beweisen sind (oder von denen gesagt werden kann, sie könnten ausgeschlossen werden, oder allenfalls bloß, sie ließen sich nicht beweisen).

Begrifflich sollte man die Hypothese von der Version unterscheiden; Versionen sind Varianten einer Erklärung für ein Ereignis, die sich als richtig oder falsch beweisen lassen (ob ein Toter durch Suizid gestorben ist, lässt sich bei guter Datenlage klären). Hypothesen gehen der Frage nach, wie es zum Ereignis gekommen sein könnte. *Thomas Gundlach* hat deshalb richtigerweise vorgeschlagen, zur begrifflichen Klärung von **Ereignisversionen** und **Tathypothesen** zu sprechen.

Es sei gleich einleitend auf ein Problem bei der Bearbeitung von Hypothesen hingewiesen: Jeder Kriminalist wird nach jedem Delikt, das nicht bereits geklärt ist, gewisse Annahmen darüber treffen müssen, was geschehen sein könnte; danach richten sich seine weiteren Bemühungen, die Beweislage zu dieser Hypothese zu untersuchen und die Hypothese damit entweder zu verifizieren oder zu falsifizieren Nur aufgrund der Annahme dazu, was geschehen sein könnte und was folglich zu beweisen wäre, lässt sich überhaupt das Programm dazu aufstellen, zu welchen Punkten Beweis zu führen sei. Es kann dabei vorkommen, dass eine Hypothese auch den Parteien, insbesondere dem Beschuldigten und seinem Verteidiger, offen gelegt werden muss, zum Beispiel wenn es um die Stellungnahme des Beschuldigten zu einem bestimmten denkbaren Tatablauf oder um die Erklärung geht, weshalb eine bestimmte Beweiserhebung sinnvoll scheint. Verteidiger versuchen in dieser Situation oft, dem Staatsanwalt **Befangenheit** vorzuwerfen, indem sie sagen, er verfolge das Ziel, einen bestimmten mutmaßlichen Tatablauf zu beweisen, obwohl die Beweislage einen dringenden Tatverdacht im Bezug auf diesen Tatablauf gerade nicht begründen könne, und sei damit nicht mehr unbefangen. Gerichte haben die Tendenz, diesen Einwand ernst zu nehmen und insbesondere Äußerungen der fallführenden Personen, die sich auf solche Hypothesen beziehen, auf die Goldwaage zu legen. Man muss dazu aus kriminalistischer Sicht mit jeder Deutlichkeit sagen: Wer in unklaren Fällen nicht mit Hypothesen arbeitet, der weiß gar nicht, nach welchem Programm (zur Frage, was zu beweisen wäre) er arbeiten soll Er stochert also ziellos im Nebel herum, und gerade dies ist für die Verfahrensrechte des Betroffenen erheblich heikler, als wenn der Ermittler genau weiß, was es zu beweisen gilt, um eine bestimmte Hypothese zu bestätigen; denn auf diese Weise wird er auch rasch zuverlässig erkennen, dass der Verdächtige nicht schuldig ist, weil sich seine Hypothese falsifizieren lässt, oder er wird zumindest rascher als der konzeptlos Untersuchende erkennen, dass sich seine Hypothese nicht erhärten lässt. Weil das Hypothesenbilden sich also nicht vermeiden lässt, kann auch die Äußerung einer bestimmten Hypothese offensichtlich noch keine Befangenheit begründen.

9.2 Ereignisversionen

Um zu sinnvollen Hypothesen zu kommen, empfiehlt es sich, sich den Tatablauf genau vor Augen zu führen und dort, wo Daten noch fehlen, in Versionen zu denken, also in Gedanken alle durch die Tatsituation indizierten Tatverläufe bzw. alle nach Art der Straftat und anderer Gegebenheiten möglichen Täter mutmaßend zu erfassen. Wenn von allen Möglichkeiten die Rede ist, so können natürlich immer nur die vom betreffenden Kriminalisten ausgedachten gemeint sein. Auch wenn er glaubt, alle Möglichkeiten gefunden zu haben, so heißt es noch nicht, dass es tatsächlich alle sind. Gerade erfahrene Kriminalisten, die eine große Zahl von Modellen, also Vorstellungen über den „normalen" Tatablauf bei einem bestimmten Delikt, im Kopf haben, sollten sich immer bewusst sein, dass zumindest gewisse Straftäter (bei schweren Straftaten sogar die meisten) bisweilen recht irrational vorgehen: Die Frage, was jemand in einer bestimmten Situation vernünftigerweise getan haben könnte, hilft also vielleicht nicht weiter, weil Straftäter eben häufig alles andere als vernünftig sind.

Dieses Vorgehen der Versionenbildung scheint kaum strukturierbar zu sein. Es ist aber auch bei der Lösung anderer Probleme üblich. Beim Deuten von Zeichen, insbesondere beim Dechiffrieren, geht es um:

- das Durchspielen aller Schlüssel beim benutzten Chiffrierverfahren;
- das Arbeiten mit den wahrscheinlichsten Klartext-Buchstaben oder -Wörtern eines chiffrierten Textteiles und
- intuitives Erraten des Klartextes eines Teiles des Chiffretextes.

Damit man zu brauchbaren Ideen, Einfällen und Annahmen gelangt, müssen meistens gewisse Bedingungen erfüllt sein. Man sollte sich zuerst klar machen, wie **Annahmen strukturiert** sein können und worauf sich die Einfälle beziehen dürfen. Annahmen haben in den meisten Fällen folgende Struktur:

- Gewisse vorhandene Daten werden als **wahr** angesehen, bestimmte andere als **falsch**; oder
- zwischen vorhandenen, als richtig angesehenen Daten werden bestimmte **Beziehungen** angenommen; oder
- noch **unbekannte** Daten werden neben bereits vorhandenen, richtigen als gegeben betrachtet; oder
- zwischen vorhandenen, **richtigen** Daten und bloß **angenommenen** werden bestimmte **Beziehungen** vorausgesetzt.

Fast alle Versionen und Hypothesen des kriminalistischen Denkens gehören einer der vier Gruppen oder Kombinationen der Gruppen an.

Ziel der Bildung von Ereignisversionen wäre, eine der auf diese Weise erkannten Versionen als die wahrscheinlich richtige weiter zu verfolgen. Das wird zwar nicht immer gelingen. Das gedankliche Aufspüren aller Möglichkeiten hat aber für das kriminalistische Denken dennoch Sinn: Man setzt nacheinander jede erdachte Möglichkeit als zutreffend voraus, sieht, wohin sie führt, und versucht, ihre Konsequenzen zu **verifizieren oder zu falsifizieren**. Es wird sich dann oft zeigen, welche die einzig richtige ist.

In Bern erregte der Mordfall Zwahlen im Jahr 1985 großes Aufsehen. Christine Zwahlen wurde tot in der Kühltruhe im Keller ihres Hauses gefunden; der Verdacht richtete sich sofort auf den Ehemann der Toten, der eine heimliche außereheliche Beziehung unterhielt. Die Spuren legten nahe, dass Christine Zwahlen mit einem Hammer im Ehebett schlafend erschlagen worden war. Der Ehemann bestritt die Tat, wurde dann aber doch zu einer lebenslänglichen Zuchthausstrafe verurteilt. Ein Journalist schrieb über den Fall ein erstes Buch, in dem er Zweifel an der Täterschaft des Ehemannes äußerte („Mord in Kehrsatz"). Weil ein anderer Ablauf als derjenige, dem das Urteil zu Grunde lag, vorerst nicht ernsthaft zur Diskussion stand, ließ der Journalist ein zweites Buch folgen, in dem er nachzuweisen versuchte, dass auch denkbar sei, dass Christine Zwahlen bei einer Auseinandersetzung mit ihren Eltern (die im Haus nebenan wohnten) unglücklich gestürzt und gestorben sei, worauf die Eltern sie in die Kühltruhe gelegt hätten. Diese Version war aber für Kenner des Falles so weit hergeholt, dass diese sie nicht ernsthaft in Erwägung zogen; sie war zudem schon auf den ersten Blick mit einigen Beweisen nicht vereinbar.

Man hat in einem Tötungsfall vielleicht mit Grund angenommen, es handle sich entweder um ein Beziehungsdelikt oder dann um einen

Raubmord. Die Annahme eines Beziehungsdeliktes führt dann zu bestimmten Folgerungen und neu zu entdeckenden Spuren im Geschehen, die Annahme eines Raubmordes zu anderen – und vielleicht kann man dann entscheiden, was wirklich vorliegt.

Bei Brandstiftungen (also Bränden, bei denen Brandbeschleuniger eingesetzt wurden) geht man normalerweise davon aus, dass drei Möglichkeiten zu prüfen sind: Entweder hat der Geschädigte selbst Feuer gelegt, um die Versicherungssumme zu kassieren, oder jemand wollte dem Betroffenen schaden, z.B. um einen unliebsamen Konkurrenten auszuschalten oder um sich aus irgend einem Grund an ihm zu rächen, oder es handelt sich um das Werk eines Pyromanen. Die Prüfung aller drei Varianten führt ins Leere, wenn der Täter sich im Objekt geirrt hat (was sehr selten vorkommt, aber nicht von vornherein ausgeschlossen ist).

9.3 Hypothesenbildung

9.3.1 Der Weg zur Hypothese

Hypothesenbildung lässt sich auch in der Kriminalistik nicht auf mechanische Regeln zurückführen; *Henriette Haas* schreibt dazu, sie bleibe ein **kreativer** und letztlich unerklärbarer **Prozess**; schon *Karl Poassoziapper* habe festgestellt, dass es eine logische, rational nachkonstruierbare Methode, etwas Neues zu entdecken, nicht gebe. Immerhin stehen bestimmte Methoden zur Verfügung, um den unerklärbaren Prozess etwas zu begünstigen.

In einfachen Fällen geht es vorerst lediglich darum, sich nach einer bestimmten Straftat in die **Situation des Täters** zu versetzen und sich zu fragen: Aus welchen Gründen könnte ein bestimmtes Delikt begangen worden sein? Wie könnte sich der Täter verhalten haben? Welche Handlungsalternativen gab es für ihn?

Weil Hypothesenbildung ein kreativer Prozess ist, leistet eine **Gruppe** oft erheblich mehr als ein Einzelner; **Brainstormings** sind ungleich ergiebiger, wenn sie in einer Gruppe erfolgen. Entscheidend ist allerdings, dass die zwei Phasen in der Arbeit mit Hypothesen, nämlich die **Hypothesenbildung** und deren **kritische Überprüfung**, strikte getrennt werden: Wer sich schon während des Brainstormings sagen lassen muss, seine Hypothese stehe in klarem Widerspruch zur bisherigen Aktenlage und sei deshalb nicht sinnvoll, der blockiert seine Kreativität und kann nicht mehr unbefangen mutmaßen. Denn wie neuere Forschungen (von *Daniel Kahneman* und *Shane Frederick*) zeigen, benützen Menschen zwei verschiedene Denkprozesse, die man als den intuitiven und den reflexiven bezeichnen kann und die sich wie folgt unterscheiden:

Intuitive Prozesse sind:	**Reflexive Prozesse sind:**
automatisch	beherrscht
mühelos	anstrengend
assoziativ	deduktiv
schnell	langsam
parallel	seriell
unbewusst	bewusst
fähigkeitsgesteuert	regelgesteuert

Man müsste also in der Phase des Brainstormings nur intuitive Prozesse zulassen, erst in der Phase der kritischen Überprüfung dann (auch) reflexive Prozesse. Nach meiner Erfahrung besteht allerdings die Gefahr, intuitive Prozesse zu blockieren, gerade in Gruppen von Kriminalisten, von denen sich die guten eben dadurch auszeichnen, dass sie alle Fakten eines Kriminalfalles im Kopf haben, berücksichtigen können und deshalb rasch erkennen, in welche Richtung sich Ermittlungen lohnen und in welche Richtung nicht. Können sich solche Leute im kreativen Prozess des Brainstormings nicht mit Kritik an Hypothesen anderer zurückhalten, dann sabotieren sie diesen Prozess. Eine einfache Überlegung kann aber auch solche Leute dazu führen, verrückte (nicht nahe liegende) Ideen anderer zuzulassen, ohne sich sogleich dazu zu äußern: Man sollte sich daran erinnern, dass **Straftäter** oft (gerade bei schweren Straftaten) sehr **irrational** vorgehen; wenn es darum geht sich zu überlegen, was ein solcher Täter getan haben könnte, dann ist der **Filter der Vernunft** in einem ersten Schritt deshalb gerade **unerwünscht**, und es sind auch abwegige Hypothesen zuzulassen.

Dass im nächsten Schritt – aber eben klar getrennt vom Schritt der Hypothesenbildung – dann jede Hypothese auf die Vereinbarkeit mit den bereits bekannten Beweismitteln überprüft wird, ist selbstverständlich; viele Hypothesen lassen sich dann rasch abhaken, weil sie mit der vorhandene Realität nicht vereinbar sind. Immerhin sollte man an Folgendes denken: Wenn nur **ein** bestimmter Umstand (und vielleicht ein nicht sehr zentraler) sich mit einer Hypothese nicht vereinbaren lässt, müsste man überprüfen, ob bei der Erhebung der fraglichen Daten allenfalls ein Fehler passiert ist.

9.3.2 Der Gegenstand von Hypothesen

Annahmen sind im **Fahndungs-** oder im **Beweisbereich möglich**, also bei der Suche nach dem noch unbekannten Täter über ein Täterprofil (Fahndungsbereich) oder bei der Rekonstruktion des Tatablaufes über eine Hypothese (Beweisbereich).

Üblich ist heute folgende Unterteilung:

- Allgemeine **Ereignishypothesen** dienen zur Prüfung der Frage, ob und welche Straftat in Frage kommt; spezielle Hypothesen betreffen den Tatablauf, die Tatzeit und den Tatort, den Modus Operandi, das Motiv oder die Tatbeteiligten. In diesem Bereich sind Ereignishypothesen und Tatversionen oft nicht mehr sauber zu trennen.
- **Ermittlungshypothesen** dienen zum Erkennen von noch zu ermittelnden Sachverhalten oder Tatkomplexen.
- **Fahndungshypothesen** beantworten die Frage, welche Fahndungsmaßnahmen Erfolg versprechend sind, indem z.B. gemutmaßt wird, in welcher Weise der Täter geflüchtet ist.
- **Prognostische Täterhypothesen** gehen der Frage nach, welche Tathandlungen der mutmaßliche Täter vornehmen wird oder was er nach einer gewissen Tat unternehmen wird.

9.3.3 Erfahrung als Voraussetzung von Einfällen

Damit es zu Einfällen kommt, genügt es nicht immer, sich einfach klar zu machen, wie Annahmen strukturiert sind und worauf sie sich beziehen können. Viel hängt davon ab, was derjenige, welcher den Fall lösen soll, an **Erfahrung, sonstigem Wissen und Fantasie** mitbringt: Erfahrung in der Aufdeckung von Kriminalfällen, Lektüre aktenmäßiger Darstellungen von Verbrechen (insbesondere eigentlicher Untersuchungsakten, sowie von Verbrecher-Memoiren) und rege Fantasie. *Sherlock Holmes* sagte daher zu einem Kriminalbeamten: „Mr. Mac, das Beste, Praktischste, was Sie in Ihrem Leben tun können, wäre, sich ein Vierteljahr einzuschließen und jeden Tag zwölf Stunden lang alte Kriminalberichte zu lesen. Alles in der Welt wiederholt sich.“

Weil Kriminalisten diesen Rat aus nahe liegenden Gründen nicht befolgen können, bleibt nur, sich im Rahmen von **Arbeitsgruppen** über ungelöste Fälle auszutauschen. Man darf nicht vergessen, dass die Fantasie eines Menschen in individuellen Grenzen gefangen bleibt. Jeder hat seine höchst persönlichen Assoziationsfäden; deshalb gelangt jemand unter Umständen nicht zu einem entscheidenden Einfall, während ein anderer rasch auf die Lösung stößt. Es bewährt sich daher fast immer, einen komplizierten Fall mit einem Kollegen zu besprechen. Bei schweren Verbrechen wird man ohnehin mit den Bearbeitern aus den verschiedenen Disziplinen regelmäßige Konferenzen abhalten, um alle über die neuesten Ergebnisse zu orientieren und Mutmaßungen hören und erörtern zu können. Denn es setzt sich mittlerweile die Erkenntnis durch, dass der geniale Einzelkämpfer von früher in einer Zeit, wo Erfahrung in **verschiedensten Disziplinen** erforderlich ist, ausgedient hat und nur das Zusammenführen von Leuten mit unterschiedlichem Hintergrund bei der Lösung komplizierterer kriminalistischer Fragen weiter hilft. Jede kriminalistische Fallanalyse wird heute in einer Arbeitsgruppe entwickelt, weil offensichtlich ist, dass die Gruppe bessere Lösungen erarbeitet als ein Einzelner.

Bei der Lösung eines schwierigen Kriminalfalles wird man sich mit Vorteil die Frage stellen: Gab es schon einmal ein Verbrechen, das gleich oder ähnlich ablief, und wie eruierte man damals den Täter? Es sollten auch gewisse äußere Bedingungen erfüllt sein. Einfälle kommen am ehesten, wenn man die vorhandenen Daten auf anschauliche und anregende Weise zusammengestellt hat. Von **Grafiken und Datentabellen** war bereits bei der Ordnung der Daten die Rede.

Auch die Unmittelbarkeit eines **Augenscheines** regt an. Es wird heute meist unterschätzt, wie wichtig die eigene **Tatortkenntnis** ist; weil es unmöglich ist, von vornherein zu wissen, welche Umstände später entscheidend sein werden, ist es auch unmöglich, Tatortkenntnis durch irgend eine Art der Dokumentation, sei es nun verbale Beschreibung oder Photo- oder Videografie, zu ersetzen.

In einem Fall von vorsätzlicher Tötung, die nach einem Restaurantbesuch begangen wurde, behauptete die Täterin, die Tatwaffe sei ihr im Restaurant von ihrem Freund unter dem Tisch durchgereicht worden, wobei sie gehört habe, wie er sie dabei gesichert habe; der Schuss habe sich später gegen ihren Willen gelöst. Dem Staatsanwalt, der nach der Tat das Restaurant nochmals aufsuchte, um sich selbst ein Bild von den örtlichen Verhältnissen zu machen, fiel auf, dass sehr laute Musik ab Band lief und die Täterin nach den Plänen vom Tatort an einem Tisch gesessen hatte, der unmittelbar unter einer Lautsprecherbox stand. Nur auf diese Weise kam er auf die Idee, in einer Tatrekonstruktion zu beweisen, dass das Sichern einer Waffe unmöglich hörbar gewesen wäre.

W. Stieber schrieb: „Wenn dem Beamten die Entwicklung oder der Verlauf des Verbrechens unklar ist, so begebe sich derselbe an den Ort der Tat und denke er sich recht lebhaft in die Stelle des Verbrechers hinein." Im Buche „The Valley of Fear" liest man von *Sherlock Holmes*, er habe sich am Tatort in einen Stuhl gesetzt und alles auf sich einwirken lassen, bis ihm die Lösung eingefallen sei. Auf die neugierigen Fragen seiner Umgebung soll er geantwortet haben, er glaube eben an den genius loci (den Geist des Ortes).

Besonders aufschlussreich und anregend ist (in entsprechenden Fällen) eine **Rekonstruktion** des Geschehens aufgrund der vorhandenen Daten und den sich aufdrängenden, aber noch unbelegten Ergänzungen. Man erkennt auch meistens rasch, welche Annahmen in erster Linie weiterverfolgt werden müssen.

9.3.4 Rückschaufehler

Bei der Bewertung von Hypothesen sollte man darauf achten, dass man nicht dem Rückschaufehler unterliegt. *Baruch Fischhoff* beschreibt diesen in der Psychologie gut erforschten Fehler wie folgt: Menschen überschätzen in der Rückschau ständig, was vorhersehbar gewesen wäre. Sie betrachten nicht nur Geschehenes als unausweichlich, sondern meinen auch, man hätte es schon vor dem Geschehen als unausweichlich erkennen müssen. Im Bereich der Justiz gibt es dazu eine Studie von *Guthrie, Rachlinsky und Wistrich*, die Richtern ein erstinstanzliches Urteil vorlegten und sie fragten, wie sie die Erfolgsaussichten des Berufungsverfahrens gegen dieses Urteil einschätzen. Diejenigen, welche den (vermeintlichen) Ausgang kannten, hielten den betreffenden Entscheid des Obergerichtes für erheblich wahrscheinlicher als diejenigen, denen vor der Beurteilung nicht gesagt wurde, wie die obere Instanz entschieden hatte, und zwar unabhängig davon, welcher Ausgang des Berufungsverfahrens behauptet wurde.

Aus den gleichen Gründen neigt man dazu, eine einmal gefundene Hypothese, die das Geschehene erklärt, als die einzig richtige zu betrachten, auch wenn es ebenso plausible Alternativen gäbe. Soweit Wahrscheinlichkeiten eine Rolle spielen, deren Wert nicht errechnet werden kann, führt der Rückschaufehler dazu, die Wahrscheinlichkeit eher zu überschätzen: Wer aus dem letzten ähnlichen Fall weiß, dass ein Rammbock-Einbruch in ein Juweliergeschäft von einer ukrainischen Einbrecherbande begangen wurde, wird dies auch beim nächsten Einbruch für eine plausible Hypothese halten, auch wenn der Anteil von Ukrainern unter den Tätern solcher Einbrüche sehr tief ist.

Leider ist allerdings auch gut erforscht, dass die Warnung vor dem Rückschaufehler nur einen sehr geringen Effekt zeigt; die einzig Erfolg versprechende Strategie ist, sich zu zwingen, Gründe dafür zu suchen, warum ein anderes Ergebnis als dasjenige, welches die Hypothese verspricht, möglich sein könnte.

9.4 Strukturiertes Analysieren

Der erfolgreichste Weg zu einer sinnvollen Hypothese läuft vom WAS über das WARUM zum WER. Es wird also zunächst analysiert, was genau geschehen ist. In einem zweiten Schritt wird geprüft, ob es eine plausible Erklärung dafür gibt, warum die Tat sich so abgespielt hat. Das führt schließlich zur Frage, wer einen Grund dafür hatte, die Tat genau in dieser Weise zu begehen.

Folgendes sollte man sich zur **Vorgeschichte** des Verbrechens überlegen: Wie gewann der Täter allenfalls Kenntnisse über die Deliktsmöglichkeit und die beste Art der Tatausführung? Hat er sich irgendwo über Dinge erkundigt oder über solche gesprochen, die mit der späteren Tat im Zusammenhang stehen? Wie und wo beschaffte er sich die Mittel zur Tat (Werkzeug-Kauf oder -Diebstahl, Transportmittel, etwa die Entwendung eines fremden Fahrzeuges zum Gebrauch, Waffen-Beschaffung, Tarnung, Mittäter, Gehilfen, Finanzierung der bevorstehenden Tat, allfällige Skizzen oder Notizen hinsichtlich des Tatortes und der Wege dorthin)? Weist etwas auf die Planung eines späteren Untertauchens hin oder was kann man diesbezüglich Nachprüfbares annehmen? Gab es im Vorfeld bereits ähnliche Taten? Welcher Zusammenhang dieser früheren Taten zum Täter könnte vorhanden sein? Könnten Bekanntschaften in einer Strafanstalt eine Rolle spielen, welche den Täter inspiriert haben dürften?

Darf man aufgrund der **Tat und** der **Tatsituation** irgendwelche weiteren Daten vermuten, die man nachprüfen sollte? Was lassen uns die Art der Straftat, die Tatausführung, Ort und Tatzeit, frühere ähnliche Straftaten über die bereits erhobenen Fakten hinaus annehmen? War das Vorgehen des Täters laienhaft oder professionell, handelte es sich um einen bekannten Modus operandi? Zu was für Überlegungen führen uns die am Tatort hinterlassenen Spuren oder Gegenstände? Echt oder vorgetäuscht? Zu welchen Vermutungen geben das Opfer, sein näheres Umfeld, seine Berufstätigkeit und seine Beziehungen, sein Vermögen Anlass (mögliches Beziehungsdelikt, bloße Bekanntschaft, keine Beziehung)? Kann das Opfer besondere, den Täter betreffende Hinweise geben? Zu welchen Gedanken führt die Art der Beute? Lässt sich die physische Konstitution des Täters (Kraft, Größe, Alter) erahnen? Was dürfte in Anbetracht der Tatausführung und der weiteren Umstände die psychische Konstitution des Täters sein? Von welchem Motiv kann man ausgehen? Stehen vielleicht andere, **zur Tat parallele Vorgänge** mit dem zu untersuchenden Geschehen im Zusammenhang? Etwa Ablenkungsmanöver? Gleichzeitige weitere Straftaten?

Kann man Annahmen über die **Folgen der Tat** machen? Über den Fluchtweg des Verbrechers? Über Verstecke? Über Orte, wo der Täter seine Beute absetzen wird? Über Ablenkungsmanöver? Lässt sich der Täter vielleicht durch diese oder jene Maßnahme aus dem Busch klopfen?

Auf alle diese Dinge und auf unzählige weitere sollen sich die Gedanken und Annahmen beziehen, indem man, wenn noch einiges unklar ist, wenigsten die aufgezählten Fragen immer wieder Revue passieren lässt, bis man auf eine interessante Möglichkeit stößt.

9.5 Von der operativen Fallanalyse zur Hypothesenbildung

In komplizierten Fällen muss man etwas gründlicher und systematischer vorgehen, um durch Bildung sinnvoller Hypothesen rascher zu guten Ergebnissen zu kommen.

Zu Beginn jeder anspruchsvolleren Hypothesenbildung steht deshalb die **kriminalistische Fallanalyse,** heute oft auch **operative Fallanalyse** (OFA) genannt. *Rolf Ackermann* beschreibt die Fallanalyse als Analyse des vorhandenen Beweismaterials, die dazu diene, Knotenpunkte oder Schlüsselfragen des Ermittlungsverfahrens zu erkennen. Die Technik wurde vom Bundeskriminalamt 1998 entwickelt. Es orientiert sich teilweise an ViCLAS, dem Violent Crime Linkage Analysis System, das von der Royal Canadian Mounted Police entwickelt wurde (vgl. www.bka.de/kriminalwissenschaften/ofainter.html

und www.rcmp-grc.gc.ca). Ausgangspunkt ist die **genaue Rekonstruktion** und **Interpretation** des Täterverhaltens. Durch logisches Schlussfolgern aus dem vorhandenen Material entsteht dann die Hypothese oder Version. Aus ihr kann abgeleitet werden, welche Ermittlungsaufgaben noch zu lösen sind, es können also die noch zu erledigenden Untersuchungsaufgaben geplant werden. Operative Fallanalysen werden in Deutschland mittlerweile durch spezialisierte Teams ausgebildeter Fachleute durchgeführt, die durch eine hochgradig systematisierte Analyse des Falles zu neuen Hypothesen und Ermittlungsansätzen kommen sollen.

Erster Schritt der **OFA** ist eine möglichst präzise **Rekonstruktion der Tat** anhand der objektiv feststellbaren Spuren. Sie umfasst insbesondere auch alle wesentlichen Details, auch (oder gerade) wenn sie nicht ganz ins Bild passen und ihre Bedeutung nicht klar ist. Ziel ist eine präzise, in möglichst kleine zeitliche Einheiten unterteilte Fallchronologie, welche ihrerseits Rückschlüsse auf die Falldynamik und die Täterentscheidungen ermöglicht. Zeugenaussagen spielen bei der Fallanalyse nur dann eine Rolle, wenn sie wirklich gut validiert sind; denn wenn schon die Rekonstruktion der Tat fehlerhaft ist, dann werden auch die darauf bauenden weiteren Schlüsse unzuverlässig sein. In diese Phase gehört auch die sorgfältige Analyse des Opferverhaltens, und zwar im Bezug auf die Tat, aber auch im Bezug auf die Alltagsroutinen; denn daraus lässt sich ableiten, wie der Täter bei der Opferauswahl vorgegangen sein könnte und wie sich sein Tatentschluss entwickelte.

Als zweites wird nach den **Täterzielen** gefragt. Zentral ist dabei die Frage, welches Verhalten zwingend zur Tat gehört und wo die eigentliche **Handschrift** des Täters beginnt, also das Verhalten, das vom zur Tatbegehung absolut Notwendigen abweicht. Dabei sind die zwei folgenden Fragen zentral:

- Was hat der Täter getan, was er nicht hätte tun müssen?
- Was hat der Täter nicht getan, was er hätte tun können?

Die Antwort auf diese beiden Fragen zeigt, wodurch sich der Täter von anderen, die ähnliche Delikte begehen, unterscheidet. Auch in diesem Zusammenhang gilt: Es stellt sich die Frage nach der Abweichung von Modellen, eine sinnvolle Analyse der Handschrift des Täters ist also nur durch Leute möglich, die mit dem in Frage stehenden Deliktstyp große Erfahrung haben und deshalb wissen, was typisch wäre und was nicht.

Auch die Frage nach dem **Motiv** ermöglicht weitere Rückschlüsse. Es werden üblicherweise sieben Motivkategorien unterschieden (Sex, Bereicherung, Verdeckung, Beziehung, täterimmanentes Zerstörungsmotiv, Gruppendynamik, unklare Motivlage), die sich durchaus während der Tat entwickeln und ablösen können. Die Analyse der Motivlage ermöglicht es oft auch, eine Aussage darüber zu machen, ob die Tat möglicherweise ungeplant eskaliert ist.

Die Tat wird drittens als **Ganzes** analysiert und damit die **Fallcharakteristik** herausgearbeitet. Handelte es sich eher um eine Spontantat oder um eine geplante Tat, eine so genannte Neigungstat, oder gab es vermischte Phasen? Welche Kriterien waren für die Auswahl des Opfers, die Tatzeit und den Tatort entscheidend? Gibt es Besonderheiten, wollte der Täter z.B. die Tat oder die Spuren vertuschen oder gar eine andere Tat oder ein anderes Motiv vortäuschen?

Liegen genügend Angaben vor, kann anschließend ein **Täterprofil** erstellt werden.

Bisweilen ergibt die OFA, dass es sich beim analysierten Delikt um eine Wiederholungstat handeln könnte; in solchen Fällen führt eine **vergleichende Fallanalyse** mit andern Fällen zu Hypothesen darüber, für welche Delikte allenfalls der gleiche Täter in Frage kommt. Werden mehrere Straftaten dem gleichen Täter zugeschrieben, kann eine geografische Fallanalyse (GEOFAS) zu Hypothesen über den Wohnort des Täters oder allenfalls über künftig besonders gefährdete Tatorte führen.

Das Arbeiten mit Hypothesen erfordert eine **rollende Planung**, die drei beschriebenen Phasen sind also nicht strikte zu trennen: Eine bestimmte Hypothese lässt erkennen, welche Beweiserhebungen im vorliegenden Fall zur Aufklärung führen könnten; jedes Mal, wenn ein Beweisergebnis vorliegt, das nicht mit der vorhandenen Hypothese zu vereinbaren ist, muss die Hypothese modifiziert oder zu Gunsten einer anderen Hypothese verworfen werden.

Die operative Fallanalyse mündet in **Ermittlungshinweisen**, soll also die weitere Ermittlung im analysierten Fall aufgrund rationaler Kriterien steuern und optimieren. Oft ergibt die Analyse, dass die Informationslage vervollständigt werden muss; das setzt voraus, dass die Analytiker die neusten Methoden der Spurensicherung kennen. Oft führt die Analyse auch nur dazu, dass Ermittlungsrichtungen priorisiert werden, weil eine bestimmte Hypothese besonders plausibel scheint. Schließlich liefert die Analyse oft Hinweise auf eine bestimmte Rasterung, die im konkreten Fall zum Erfolg führen könnte.

Stehen mehrere Hypothesen zur Wahl, dann können zwei verschiedene Kriterien zum Entschluss führen, welche zuerst weiter zu verfolgen ist:

- Es soll in der Regel versucht werden, zuerst die **wahrscheinlichere Hypothese** zu beweisen oder auszuschließen.
- Es ist aber auch daran zu denken, dass sich gewisse Hypothesen mit sehr kleinem, andere aber nur mit ungleich größerem Aufwand beweisen oder widerlegen lassen. Dann sind vorerst die **einfacheren Abklärungen** zu treffen.

Sind in einem Mordfall an einer älteren, vermögenden Dame die Hypothesen „Täterschaft des Alleinerben" und „Raubmord durch einen Unbekannten" zu überprüfen, wird zwar möglicherweise die erste Hypothese im konkreten Fall viel unwahrscheinlicher sein; ist aber eine DNA-Spur vorhanden, die dem Täter zugeschrieben wird, lässt sich die erste Hypothese durch eine DNA-Analyse rasch und kostengünstig überprüfen.

Bedauerlicherweise wird die Methode der kriminalistischen Fallanalyse und Hypothesenbildung oft erst dann eingesetzt, wenn der Untersuchende an einem **toten Punkt** angelangt ist und feststellt, dass er bei der Lösung des Falles nicht weiterkommt. Es empfiehlt sich allerdings, mit methodischem Vorgehen nicht erst so spät einzusetzen; denn die Hypothesenbildung dient ja zum Erkennen von Beweislücken, die allerdings je schwieriger geschlossen werden können, desto länger die Tat zurück liegt. Bereits nach dem ersten Angriff sollten also die vorliegenden Fakten ein erstes Mal gründlich analysiert werden. Allerdings ist nicht zu bestreiten, dass es zeitaufwändig ist, alle vorhandenen Fakten systematisch zu erfassen und zu bewerten, und dass diese Zeit möglicherweise besser genutzt wird, indem möglichst rasch weitere Beweise erhoben werden. Der erfahrene Kriminalist zeichnet sich dadurch aus, dass er die **richtige Balance zwischen Auswertung und Beweiserhebung** findet.

Das Dilemma zeigt sich erstmals dann, wenn es darum geht, nach der vorläufigen Festnahme einen fristgebundenen Antrag auf Anordnung der Untersuchungshaft zu formulieren: Die Zeit dazu ist beschränkt, es können deshalb allenfalls nicht alle vorhandenen Akten bereits ausgewertet werden; trotzdem ist es erforderlich, den dringenden Tatverdacht so deutlich zu belegen, dass der Richter Haft verfügt.

Operative Fallanalysen werden mittlerweile vor allem bei ungeklärten **Tötungs**- und schweren **Sexualdelikten** vorgenommen. Die Methode wird aber zunehmend auch bei **Raubserien** eingesetzt, was Erfolg versprechend ist, weil in der Regel zahlreiche und detaillierte Hinweise auf den Modus operandi des Täters zur Verfügung stehen (z.B. Wahl des Zielobjektes, Wahl des Zeitpunktes (Wochentag, Tageszeit), Maskierung, Waffe, Blitzangriff oder Vertrauensaufbau, Art der Gewaltanwendung oder Drohung, Sicherungsmaßnahmen, Tatfahrzeug) und die operative Fallanalyse deshalb sehr spezifische Täterprofile hervorbringen kann.

9.6 Überlegungen zur Wahrscheinlichkeit

Es kann sein, dass die Möglichkeiten, wie sich die Tat abgespielt haben dürfte bzw. wer als Täter in Frage komme, zu vielfältig sind, um vollständig erfasst und nachgeprüft werden zu können. Man ist z.B. sicher, dass der Täter ein Mann ist, der bestimmte Merkmale besitzt und in einer bestimmten Stadt wohnt. Aber es ist praktisch unmöglich, alle dadurch in Frage kommenden Personen zu erfassen und zu kontrollieren, selbst wenn ein elektronischer Datenabgleich, z.B. mit der Einwohnerkontrolle und anderen Registraturen, zulässig ist. In derartigen Situationen rechtfertigt es sich, wenigstens den **wahrscheinlichen oder wahrscheinlichsten** Möglichkeiten nachzugehen, etwa nach dem alten Fahndungsgrundsatz, dass derjenige am verdächtigsten ist, welcher aus dem Verbrechen den größten Nutzen gezogen hat oder noch ziehen wird. Viele dieser Wahrscheinlichkeiten (heuristischen Regeln) basieren auf kriminologischen oder kriminalstatistischen Erkenntnissen.

Die meisten Tötungsdelikte sind Beziehungstaten. Es rechtfertigt sich deshalb, vorerst in erster Linie Beweise im Umfeld des Opfers zu erheben. Es entsteht allerdings das Problem, dass möglicherweise gerade kein Beziehungsdelikt vorliegt und die Beweise dafür flüchtiger sind als die Beweise einer Beziehungstat – der Zufallstäter kann eher untertauchen als der Beziehungstäter.

Die Frage nach der Wahrscheinlichkeit bringt auch statistische Daten ins Spiel, die bei der Beantwortung der Aufgabe helfen können, welche Hypothesen am naheliegendsten sind. So hat etwa *Stephan Harbort* geografische Verhaltensmuster bei Serien-Sexualmördern untersucht und herausgefunden, dass drei Viertel der Täter den Kontakt mit dem Opfer in einer Distanz von weniger als 20 Kilometern zu einem ihrer Ankerpunkte (Wohnort, ehemaliger Wohnort, Arbeitsort, Wohnort der Primärfamilie, allenfalls Ferienhaus) aufnehmen. Dagegen spielt eine Sicherheitszone um den Ankerpunkt entgegen landläufiger Meinung keine Rolle; die Täter schrecken also mehrheitlich nicht davor zurück, auch sehr nahe an einem Ankerpunkt Kontakt mit Opfern aufzunehmen. Im Weiteren konnte nachgewiesen werden, dass es im Bezug auf die Ankerpunkte erheblich stärker auf den Ort des Erstkontaktes mit dem Opfer ankommt als auf den Ort der Leichenablage.

9.7 Täterprofile

Im 3. Abschnitt ist gezeigt worden, wie auf breitester Basis – anhand von Tatsachen der Vorgeschichte, des Tatgeschehens, von Parallelereignissen und der Folgen einer Tat – Annahmen zur (noch unbekannten) Täterschaft oder ergänzende Vermutungen zum Tatablauf möglich sind. Mitunter werden auch weitere Straftaten in die Überlegungen mit einbezogen, die vom gleichen Täter stammen dürften.

Soweit eine noch unbekannte Täterschaft in Frage steht, sind in jüngerer Zeit besondere Anstrengungen unternommen worden, um aus Tatsachen und Beziehungen des ganzen Tatvorganges, anhand verschiedener Erkenntnisse, Mutmaßungen zur Person des Täters zu treffen und diese zu einem Täterprofil zusammenzustellen. Eine solche Charakterisierung soll die Fahndung erleichtern. Das Erstellen von **Täterprofilen** nennt man Profiling und denjenigen, der dies tut, Profiler. Täterprofile sind Hypothesen zur Frage, welche Eigenschaften der Täter aufweisen könnte.

Was geschieht bei der Erstellung eines Täterprofils? Der Profiler geht von Daten der bisherigen Ermittlungen nach dem unbekannten Täter aus und leitet aus ihnen aufgrund kriminologischer, psychiatrischer, psychologischer und statistischer Erkenntnisse, auch aufgrund ähnlicher Fälle (Strafakten und psychiatrische Gutachten) und eigener Erfahrungen (z.B. aus der Befragung überführter Straftäter) **Wahrheiten und Wahrscheinlichkeiten** ab, die er zu einem hypothetischen Täterbild zusammenfügt. Dieses steht in erster Linie den Ermittlungsbehörden zur Verfügung, welche dann eine Hypothese dazu haben, wen sie suchen und überprüfen müssen. Mitunter werden solche Profile auch bei der Kontrolle und Vernehmung verdächtiger Personen verwendet.

Caroline Meyer beschreibt die Methode zur Erstellung von Täterprofilen wie folgt:

- Man geht davon aus, dass die Wahl ihrer **Entscheidungen** für eine Person charakteristisch ist (*behavior reflects personality*).
- Es wird sodann unterschieden zwischen dem Verhalten, das für die Begehung der Tat erforderlich ist (*modus operandi*), und der bedürfnisorientierten **Handschrift** (*signature*). Es wird davon ausgegangen, dass der modus operandi veränderlich ist, weil der Täter dazu lernt, während die Handschrift gleich bleibt, weil sie den wahren Beweggrund der Tat repräsentiert.
- Schließlich wird zwischen kontrolliertem (*organized nonsocial offender*), unkontrolliertem (*disorganized asocial offender*) und gemischtem (*mixed*) **Täterverhalten** unterschieden.

Täterprofile sind nur dann nützlich, wenn sie die mögliche Täterschaft genug einschränken. Nach den Anschlägen vom 11. September 2001 galten zeitweise in den USA, aber zum Teil auch in Europa alle streng gläubigen Moslems aus Afghanistan, dem Iran und dem Irak grundsätzlich als verdächtig – die meisten von ihnen waren es offensichtlich nicht.

Tatsächlich sind in Fahndungsfällen Täterprofile erstellt und sogar publiziert worden, die für die Arbeit der Polizei und jedenfalls für die Mithilfe der Bevölkerung viel zu allgemein und daher praktisch nutzlos waren. Allgemein gehaltene Profile können in günstigen Fällen den Fahndungsorganen helfen, die Zahl der zu überprüfenden Personen zu verkleinern. Doch damit ist oft nicht gedient, weil immer noch viel zu viele mögliche Täter verbleiben. Auch ist es für die Polizei schwierig, Persönlichkeitsmerkmale, die nicht ohne weiteres bestimmbar sind, rasch zu verifizieren. Sind aber noch zusätzliche konkrete Merkmale des Täters bekannt, z.B. seine am Tatort gefundene DNA, dann kann der Einsatz eines Profils von Nutzen sein. Um von der Bevölkerung brauchbare Hinweise zu erhalten, darf ein Profil aber nicht zu allgemein sein. Es führt sonst leicht zu falschen Verdächtigungen und schafft so böses Blut.

Die Erkenntnisse, die im Zusammenhang mit der Erstellung von Täterprofilen anfallen, werden oft auch kriminalpolitisch bedeutsam: So wurde etwa in der Schweiz auf einen Deliktskatalog im DNA-Gesetz verzichtet, weil Kriminologen darauf hinwiesen, dass etwa Vergewaltiger sehr viel öfter wegen Vermögensdelikten vorbestraft sind als der Durchschnitt der Bevölkerung. Wolle man also eine DNA-Datenbank aufbauen, die für die Aufklärung von Sexualdelikten nützlich sei, dann sei es erforderlich, DNA-Proben auch den Vermögensdelinquenten abzunehmen.

Die andere Problematik besteht darin, Täterprofile viel zu konkret auszugestalten, so konkret und vielleicht falsch, dass man am wirklichen Täter vorbei mutmaßt. Man verfehlt dann nicht nur den Fahndungserfolg, sondern verstellt auch den Blick auf andere Fahndungsmöglichkeiten.

9.8 Beispiele für Hypothesen

Nach der abstrakten Darstellung über Wesen und Bedingungen der Hypothesenbildung soll dieses schwierige Thema **mit Beispielen** illustriert und verdeutlicht werden.

Wie bereits ausgeführt worden ist, besteht eine Form des Annehmens darin, gewisse vorhandene Daten als wahr anzusehen, bestimmte andere als falsch. In der kriminalistischen Praxis ist dieses Vorgehen gar nicht so selten. In allen Fällen, in denen es verschiedene, einander widersprechende Versionen über den Tathergang oder Hypothesen über die Täterschaft gibt, wird man versuchsweise einmal die eine Version als wahr setzen, dann die zweite u.s.w., um zu sehen, zu was jede führt.

Eine Zeugin behauptete lange nach der angeblichen Tat (als Tatortspuren nicht mehr zu sichern waren), von einem bestimmten Mann vergewaltigt worden zu sein. Der Mann bestritt das. In dieser Situation wird man sich überlegen: Angenommen, die Frau sagt die Wahrheit und der Mann lügt, was folgt daraus? Vielleicht kann die Frau über besondere Merkmale des Mannes Auskunft geben, die sie nur kennt, weil sie eben mit diesem Mann sexuelle Kontakte hatte. Man wird also unter der Annahme, die Version der Frau sei richtig, nach solchen Merkmalen des Täters fragen und allfällige Angaben beim Verdächtigen durch einen Arzt überprüfen lassen.

Es ist sodann auf eine weitere Form der Annahme hingewiesen worden, die darin besteht, zwischen vorhandenen als richtig angesehenen Daten bestimmte Beziehungen vorauszusetzen. Man kann dies auch **Kombinieren** nennen; die Fähigkeit, leicht Zusammenhänge zu finden, wäre dann die Kombinationsgabe.

Bei einem nächtlichen Einbruch wurde zum Abtransport der Beute ein Kleinlaster benützt. Ein solches Fahrzeug wurde jedenfalls zur kritischen Zeit in der Nähe des Tatortes gesehen. In den Tagen zuvor wurde ein Kleinlaster zum Gebrauch entwendet und nach dem Zeitpunkt der Tat anderswo stehen gelassen. Die Kombination (Annahme), dieser Wagen sei wahrscheinlich von dem Einbrecher entwendet und zum Abtransport der Beute verwendet worden, lag nahe, gehört zur Routine und bewahrheitete sich auch: Man fand im Wagen Mikrospuren der gestohlenen Gegenstände.

In einem Einfamilienhaus fand man die Leiche des erschossenen Eigentümers; als Tatort konnte das Schlafzimmer bestimmt werden. Die tschechische Ehefrau des Erschossenen befand sich angeblich zur Tatzeit in ihrer Heimat. Der Verstorbene hatte zwei Hunde, die immer bellten, wenn sich ein Fremder näherte. Zur Tatzeit hatte allerdings niemand die Hunde bellen gehört, obwohl jemand im Haus gewesen sein musste. Man konnte deshalb annehmen, die Hunde hätten den Täter gekannt. Es stellte sich schließlich heraus, dass die Ehefrau in der Heimat einen Mann angeheuert hatte, der ihren Mann umbringen sollte; sie war mit ihm an den Tatort gefahren und hatte die Hunde beruhigt, während er die Tat beging.

Auch eine negative Tatsache wie das fehlende Bellen des Hundes und anderes, das fehlt, kann also zu einer Kombination Anlass geben.

Ein typischer Fall des hypothetischen In-Beziehung-Setzens von (richtigen) Daten liegt auch der **Rasterfahndung** zugrunde, wie sie in Kapitel 8 beschrieben wurde. Aus verschiedenen Personen-Merkmalen, die Gegenstand getrennter Dateien sind, wird ein Merkmalskomplex (Raster) zusammengestellt, der zum möglichen Täter oder zu eine Gruppe möglicher Täter führen soll und all jene ausscheidet, welche diese Merkmale nicht aufweisen. Hängen bleibt der mutmaßliche Täter oder eine ganze Anzahl möglicher Täter, die näher überprüft werden müssen. Die Suche kann aber auch leer ausgehen. Die Erstellung eines Rasters erfordert einiges Geschick, besonders wenn der oder die Täter bisher vermutlich eher unauffällig gelebt haben und nur an wenigen amtlichen oder privaten Orten registriert worden sind. Gerade die Erfahrungen nach den Terroranschlägen vom 11. September haben aber gezeigt, dass solche Rasterfahndungen durchaus erfolgreich sein können, wenn nach genügend stark differenzierenden Kriterien gesucht werden kann.

Eine Annahme lässt sich ferner zur Vervollständigung bereits gegebener Tatsachen machen. Sie ist vor allem als Ergänzung des **fehlenden Gliedes** in der Kette der Ereignisse bekannt. Es gibt jedoch auch andere Fälle, in denen gegebene Daten durch Vermutungen geschickt vervollständigt werden können.

Ein Mann hatte eine exklusive Uhr ertrogen. Man machte zu Recht die nahe liegende, aber nicht zwingende Annahme, er werde die Uhr zu Geld machen wollen. Eine Überprüfungsmöglichkeit der Vermutung bestand darin, alle Uhrengeschäfte des in Frage kommenden Gebietes zu orientieren, damit sie berichten, wenn der Täter mit der betreffenden Uhr auftauchen sollte.

Im eben erwähnten Fall geht die Annahme von einem wahrscheinlichen Motiv des Täters aus, das, wenn es zutrifft, zu überprüfbaren Folgen führt. Es ist dies eine häufige und recht erfolgreiche Form des Mutmaßens. *Sherlock Holmes* sagte daher in einer seiner Geschichten: „Das am schwierigsten aufzudeckende Verbrechen ist dasjenige ohne Zweck." Die scheinbar **zweck- und motivlose Straftat** erschwert eben die Eruierung eines Verdächtigen. In Fällen vorsätzlicher Tötung beispielsweise, deren sofortige Aufklärung scheiterte, wird man daher immer wieder über das mögliche Täter-Motiv nachdenken müssen, gewisse Motive durchspielen und sehen, zu welchen Folgerungen und feststellbaren Folgen sie führen. Die Tötungsmotive sind dabei zahlreicher als man gemeinhin glaubt, und besonders schwer sind naturgemäß diejenigen zu erkennen, deren Zweck der Vernunft nicht zugänglich ist. Hier eine Liste von Varianten, die immer noch nicht vollständig ist:

Tötung des finanziellen Vorteils wegen: Raubmord, Mord in Verbindung mit Versicherungsbetrug, Mord zwecks Beförderung oder Änderung des Erbganges, Auftragsmord gegen Bezahlung. – Mord, um die Freiheit zu bewahren bzw. wieder zu erlangen: Tötung der lästig gewordenen schwangeren Geliebten, des gehassten Ehegatten, der neuen Liebe wegen, des unerwünschten Neugeborenen oder Kindes, des despotischen oder gewalttätigen Familiengenossen wegen. – Tötung aus Angst vor erpresserischen oder nötigenden Handlungen einer Person, Tötung, um einer Verhaftung zu entgehen oder um zu entweichen, Tötung aus Angst vor gesellschaftlicher Schande, aus Angst vor Verrat oder Anzeige, zur Beseitigung des Zeugen. – Tötung, um ein anderes Verbrechen zu verdecken (z.B. um eine schwere Veruntreuung zu tarnen, um den Verdacht auf den Getöteten zu lenken). – Tötung, um einen Gegenspieler zu vernichten (z.B. einen Konkurrenten im Drogenmilieu). – Tötung, um die nichtfinanzielle Lage zu verbessern (z.B. die Krankenpflegerin, welche greise Patienten tötet, weil sie ihr lästig sind). – Tötung aus Eifersucht (Tötung der geliebten Person oder des Rivalen). – Tötung aus tiefer, langer Feindschaft, aus Jähzorn, um sich zu rächen, aber auch bei einer tätlichen Auseinandersetzung, im Zweikampf – Tötung in Notwehr oder im Notstand. – Tötung aus politischem oder religiösem Fanatismus. – Tötung in Form der Euthanasie (Sterbehilfe), aus Mitleid, als erweiterter Selbstmord (Tötung der eigenen Kinder und Selbstmordversuch), Tötung auf Verlangen des Opfers. – Tötung aus perversen sexuellen Motiven: Lustmord, besondere sexuelle Praktiken. – Tötung, um

Macht zu demonstrieren und zu genießen. – Tötung aus pathologischen Motiven: aus Verfolgungswahn, aus Zwangsvorstellungen heraus, im Zustand einer Katatonie. – Gemeinsame Selbsttötung oder gegenseitige Tötung durch Personen, die sich in einschlägigen Foren im Internet kennen gelernt haben.

Gescheite Überlegungen, nämlich die Annahme, gewisse Daten seien wahr, bestimmte andere falsch, sowie die Vermutung noch unbekannter Tatsachen, wurden in folgender Untersuchung angestellt.

Ein Mann ist von einem Motorfahrzeug angefahren, verletzt und offenbar im Stiche gelassen worden. Ein Automobilist, der scheinbar kurz danach zur Unfallstelle gekommen ist, nahm sich des Verletzten an, brachte ihn zum nächsten Arzt und avisierte die Polizei. Der Täter blieb vorderhand unbekannt. Ein beigezogener Experte verlangte nun aber, dass am Auto des hilfsbereiten (!) Autofahrers ebenfalls nach etwaigen Unfallspuren gesucht werde. Und tatsächlich fand man solche. Das Verhalten des Hilfsbereiten, das ihn am Unfall unbeteiligt erscheinen ließ, war irreführend. Er selber hatte das unglückliche Opfer angefahren und sich daraufhin als barmherzigen Samariter zu tarnen versucht.

Oft zeigt sich, dass ursprünglich für wahr gehaltene Daten sich nicht miteinander vereinbaren lassen. Erst die genaue Analyse lässt dann die Lösung des Falles erkennen:

Es wurde in der Nacht in ein Kleidergeschäft eingebrochen. Ein Mann, der gegenüber wohnte und Geräusche gehört hatte, konnte den letzten Teil des Abtransportes der Beute beobachten; er stellte fest, wie zwei Männer Kleider in einen Kleintransporter verluden. Als die Beute sich im Auto befand, stieg einer der Männer nochmals aus und schlug die Ladentüre mit einem Hammer ein; anschließend fuhren die Täter weg. Der Inhaber des Kleidergeschäftes gab in der Folge an, es seien Kleider im Wert von Fr. 248 000,– gestohlen worden. Diese Deliktsgutliste schien angesichts der Größe des Ladens sehr lang. Es wurde deshalb ein typengleicher Kleintransporter beschafft; die Polizeibeamten begaben sich zum Laden, zählten zuerst die dort vorhandenen Kleider durch und luden dann probeweise einen Teil der Kleider ins Auto. Es stellte sich heraus, dass sich zum Zeitpunkt der Kontrolle gerade mal ein Viertel der Kleiderzahl, welche als gestohlen gemeldet worden war, im Laden befand; als man Kleider im Wert von Fr. 20 000,– ins Auto geladen hatte, sah man, dass es unmöglich war, in einer Fahrt Kleider im Wert von Fr. 248 000,– mit diesem Auto wegzutransportieren. Die Hypothese lag nahe, dass es sich um einen Auftrags-Einbruch mit Versicherungsbetrug handelte, was auch erklärte, warum der Täter die Ladentüre erst zuletzt eingeschlagen hatte. Es gelang später, den mutmaßlichen Täter zu verhaften, nachdem er versucht hatte, einen Teil der Beute in einem andern Kleidergeschäft zu verkaufen. Er war zu einem Geständnis bereit, nachdem man ihm die Deliktsgutliste des Geschädigten vorgelegt hatte: Er hatte vom Ladeninhaber den Schlüssel erhalten; es war ihm versprochen worden, dass er neben dem Deliktsgut auch die Hälfte der Entschädigung der Versicherung erhalten würde; der Ladeninhaber drückte sich dann allerdings um die Zahlung dieses Barbetrages und behauptete, die Versicherung habe ihre Leistungspflicht abgelehnt.

Mitunter kann die Annahme eines bestimmten **Motivs** zur Erklärungshypothese eines ganzen Falles werden, etwa dann, wenn man davon ausgeht, die Tötung sei in Wahrheit zur „Beschleunigung des Erbganges" geschehen, jedoch als Raubmord getarnt worden.

In anderen Fällen setzt man eine Vortat oder eine bestimmte **Tatsituation** voraus und versucht das Geschehen aus ihr heraus zu erklären, beispielsweise wenn man annimmt, der Räuber habe sehr wahrscheinlich gesehen, wie sein Opfer in der Bank einen größeren Geldbetrag eingesteckt hatte; man könnte dann Zeugen suchen, die schon in oder vor der Bank hilfreiche Beobachtungen machen konnten. Zu denken ist nicht nur an die Bankangestellten; weitere Zeugen könnten durch Auswertung der Videoüberwachung oder durch Nachfrage bei der Bank, welche Kunden sich zur gleichen Zeit wie das Opfer in der Bank befunden hätten, identifiziert werden.

Im 5. Band seines Werkes „Merkwürdige Criminalfälle" berichtete *Ludwig Pfister* von einer Strafsache, in welcher nach dem Tode einer Frau und im Zusammenhang mit einem Testament, das diese angeblich hinterließ, verschiedene merkwürdige Tatsachen bekannt wurden: Eheversprechen des Gatten der Verstorbenen an eine Nachbarin, und zwar noch zu Lebzeiten der Gattin; Drohungen der Nachbarin, als der Mann sein Versprechen nicht einlösen wollte; Auffälligkeiten im Testament der Verstorbenen u.s.w. All das konnte man nur so miteinander in einen sinnvollen Zusammenhang bringen, dass man annahm, der Mann und die Nachbarin hätten gemeinsame Sache gemacht.

Erklärungshypothesen zu finden, ist nicht immer leicht. Schwierigkeiten entstehen vor allem dann, wenn der Fall **vom Üblichen abzuweichen** scheint, sei es, dass er viel einfacher liegt, als man meint, sei es, dass die Ausgefallenheit verwirrt. Man darf aber davon ausgehen, dass es eine Erklärung geben muss. Man sucht mitunter nach ausgeklügelten Erklärungen (weil die bisherigen Fälle komplizierter waren), während die Dinge höchst einfach liegen. Man glaubt, **so dumm** könne der Täter doch nicht gewesen sein. Die Erfahrung zeigt, dass die Täter ab und zu wirklich so dumm sind, und es steckt nichts dahinter, das aufzudecken wäre. Die Tatausführung war einfach primitiv und plump.

Andererseits stößt man sich gelegentlich am **Ausgefallen-Sein** eines Begleitumstandes oder des ganzen Geschehens. Was tun? *Edgar Allan Poe* schrieb dazu: „Es scheint mir, dass diese mysteriöse Sache aus ein und demselben Grund als unlösbar betrachtet wird, aus welchem sie als leicht lösbar angesehen werden sollte. Ich meine damit ihre Außergewöhnlichkeit ...“ – „Sie sind in den groben, aber gewöhnlichen Fehler verfallen, das Außergewöhnliche mit dem Abstrusen zu verwechseln. Es ist aber gerade aufgrund dieser Abweichung vom Plan des Gewöhnlichen, dass die Vernunft auf der Suche nach der Wahrheit ihren Weg erfühlt.“ Ganz ähnlich äußert sich *Sir Conan Doyle:* „Je sonderbarer und grotesker ein Vorfall scheint, desto genauer muss er untersucht werden, denn gerade das, was einen Fall scheinbar verwirrt, stellt sich, wenn es näher betrachtet und wissenschaftlich beleuchtet wird, als das Stück heraus, das wesentlich zur Lösung des Rätsels beiträgt.“

Das Ausgefallensein einer Tatsituation oder von einzelnen Spuren ist nicht selten Anzeichen einer **missglückten Tat**, eines vom Täter während der Ausführung geänderten Planes, einer Störung, mit der der Täter nicht gerechnet hat.

9.9 Die Überprüfung von Hypothesen

Nimmt man etwas bloß an, so weiß man natürlich nicht oder nicht sicher, wie es um die Wahrheit der Annahme steht; die Annahme kann wahr oder falsch sein. Man setzt die Wahrheit des (vorläufig) Vermuteten einfach voraus. Früher oder später wird man daher die Vermutung, Annahme oder Hypothese **nachprüfen** müssen, sei es direkt durch entsprechende Feststellungen, sei es indirekt anhand von verifizierbaren Folgerungen, bei Täterprofilen durch den Fahndungserfolg (z.B. durch eine DNA-Identifikation).

Führt die Annahme zu einem positiven Resultat, kann man also neue und wahrscheinlich relevante Daten feststellen, die aus der Annahme hervorgehen, so hat man eine **möglicherweise richtige Annahme** gemacht. Ob sie aber die einzige sei, steht noch dahin. Denn eine **andere** Annahme könnte auch zu einem positiven Resultat führen. Es ist daher immer zu hinterfragen, welche Annahme die **einzig richtige** sei. Führt eine Annahme zu Folgerungen, welche einigen bereits vorliegenden gesicherten Daten widersprechen, so ist sie zu verwerfen. Leider gibt es auch noch eine dritte Möglichkeit: Die Annahme lässt sich weder verifizieren noch falsifizieren.

Die **Nachprüfung erfolgt** in zweierlei Hinsicht: Erstens wird direkt oder indirekt (d.h. über Folgerungen oder Berechnungen) überprüft, ob die Annahme mit den zusammengetragenen Daten im Einklang steht. Zweitens wird hinterfragt, ob die in Frage stehende Annahme wirklich die einzige ist, welche das Geschehen widerspruchsfrei erklärt.

Eine Annahme kann so einschlagen, dass man die eben erwähnte doppelte Prüfung nicht für nötig hält. Das kann gefährlich sein, denn auch das Sehr-Wahrscheinliche darf, wenn es um einen strikten Beweis geht, nicht ohne weiteres als bare Münze genommen werden.

Bei einem möglichen Tötungsdelikt muss gelegentlich mit drei sich ausschließenden Hypothesen gearbeitet werden: erstens **vorsätzliche Tötung**, d.h. Fremdtötung, zweitens **Selbstmord** oder drittens **Unfall** mit oder ohne Dritteinwirkung. Jede dieser Hypothesen führt zu anderen Nachprüfungen, und **eine** vielleicht zu einer Bestätigung. Bei der Annahme eines Tötungsdeliktes stellt sich vor allem die weitere Frage, ob es sich um ein Beziehungsdelikt handelt oder nicht. Bei Selbstmord ist nach Umständen zu suchen, die ein solches Verhalten erklären könnten, also danach, ob jemand von den Selbstmordgedanken Kenntnis gehabt oder den depressiven Zustand des Verstorbenen gekannt hat. Bei einem Unfall stellt sich die Frage, ob der Ablauf genau rekonstruiert werden kann, um Drittverschulden auszuschließen oder zu beweisen.

Lässt sich eine der Hypothesen vorerst nur als wahrscheinlich erkennen, dann ist meistens klar, welche Daten gewonnen werden müssen, um sie zu bestätigen oder zu widerlegen. Solche Daten werden dann zwar nur aufgrund der Hypothese gefunden; sie hängen aber nicht von der Annahme ab, sondern besitzen **selbstständigen Wert** wie alle anderen Daten. Es ist ja auch in aller Regel Zweck der Übung, durch eine Annahme neue, handfeste Daten zu gewinnen, welche die Vermutung bestätigen oder widerlegen. Es bleibt sonst alles Fantasieprodukt oder Konstruktion ohne festen Grund.

Eine besondere Art des Prüfens von Annahmen ist das **apagogische Verfahren**. Es besteht darin, eine Vermutung zu widerlegen. Man zeigt, dass eine bestimmte Annahme zu falschen oder widersinnigen Folgen führt. Es ist dies eine beliebte und mitunter durchschlagende

Argumentationsform der **Verteidigung**: „Wollte man annehmen, der Angeklagte hätte wirklich die Absicht gehabt, wie sie ihm die Anklage zur Last legt, dann hätte sich das doch in einem bestimmten Verhalten zeigen müssen. Sie werden aber vergeblich nach einem solchen Verhalten des Angeklagten suchen. Man kann also nicht annehmen, mein Klient habe jene Absicht gehegt." Auch der Ankläger gebraucht mitunter eine entsprechende Widerlegungsform, etwa nach der Entlastungsbehauptung des Verteidigers, ein anderer als der Angeklagte (der große Unbekannte) könnte die Tat verübt haben. Er macht geltend: Für einen anderen als den Angeklagten habe es keine Gelegenheit und keinen Grund gegeben, unbeobachtet in das Haus zu gelangen und die Straftat zu begehen. Beide Arten der Argumentation sind gründlich zu hinterfragen; insbesondere muss daran gedacht werden, dass Straftäter eben nicht immer besonders vernünftige Motive haben, sondern in der Regel sogar besonders unvernünftige (indem sie ja eine Straftat begehen); man darf also nicht davon ausgehen, dass sie dann wenigstens bei der Planung und Ausführung der Tat vernünftig sind.

Es muss nochmals darauf hingewiesen werden, dass selbst bei einer Bestätigung gewisser Konsequenzen eine Hypothese noch keineswegs eine gesicherte Wahrheit ist. Es gibt mitunter mehrere Hypothesen, die sich mit den vorhandenen Daten und gewissen Konsequenzen vertragen, vielleicht solche, die den Beschuldigten belasten, möglicherweise aber auch andere, die ihn entlasten. Eine **Hypothese** ist daher erst dann **gesichert**, wenn **alle anderen** Erklärungsmöglichkeiten **ausgeschlossen sind**.

Nachprüfungen von Annahmen können sich auf die Täterschaft und auf die Tatausführung beziehen. Dem Nachweis eines bestimmten **Tatherganges** dienen ein Geständnis, Aussagen von Zeugen, (echte) Urkunden, Spuren, Augenschein und (fehlerfreie) Rekonstruktionen sowie Gutachten. Geht es um die Nachprüfung der **Täterschaft**, so ist vor allem an die zahlreichen Möglichkeiten und Mittel zu denken, mit welchen die Kriminalpraxis arbeitet: Geständnis des Beschuldigten (wenn überprüfbar wahr), fehlendes Alibi (höchstens ein Indiz), entsprechende Zeugenaussagen (mit aller Vorsicht bei einer Identifikation, auch bei einer Wahlgegenüberstellung; der nur am Tatort Gesehene braucht im übrigen nicht unbedingt der Täter zu sein), Aussagen des Opfers oder von Zeugen über charakteristische körperliche oder psychische Merkmale des Täters, auch etwa über seine Kleidung, Identifikation durch Fingerabdruck- oder DNA-Vergleich (doch beweisen diese mitunter nur die Anwesenheit am Tatort vor, bei oder nach der Tat, nicht aber auch die Täterschaft), Fotografien einer Überwachungskamera, eine elektronische Stimmanalyse z.B. des anonym anrufenden Täters im Vergleich mit der Stimme des Verdächtigen, die Übertragung spezifischer Spuren des Opfers auf den Täter (Haar- und Faserspuren) oder umgekehrt oder beides. Hinweisende Spuren anderer Art, z.B. Schmutzspuren vom Tatort am Verdächtigen oder seine Schuhabdrücke am Tatort. Nur indiziell bedeutsam sind der Besitz von Tatplänen, Tatwerkzeugen, von Teilen der Beute oder die Flucht des Verdächtigen nach der Tat, falsche Ausweise, Lügen.

Die Daten, die in einem Kriminalfall angefallen oder zutage gefördert worden sind, können indessen so unvollständig sein, dass es auch dem besten Denker nicht gelingt, die kriminalistische Aufgabe zu lösen. Es muss auch eingeräumt werden, dass man aus praktischen Gründen nicht stets **allen Möglichkeiten** nachgehen kann, wenn die Straftat unbedeutend ist und eine weitere Suche nur mit großem und unangemessenem Aufwand möglich wäre. Es wird daher trotz aller Feinheiten kriminalistischen Denkens immer wieder unaufgeklärte Fälle geben. Mit der Erfolglosigkeit im einen oder anderen Fall muss sich der Kriminalist abfinden. Niemand kann berechtigte Kritik üben, wenn die vorhandenen Mittel kunstgerecht, in angemessenem Umfang, aber erfolglos eingesetzt worden sind.

Schließlich muss noch darauf hingewiesen werden, dass es bei der Überprüfung von Hypothesen zwei Gefahren gibt, die (wie *Mark Daniel Schweizer* nachgewiesen hat) wissenschaftlich breit untersucht und deshalb nicht theoretisch, sondern höchst real sind:

Zum einen haben viele Leute die Tendenz, **ambivalente Informationen** als **Bestätigung ihrer Hypothese** zu deuten; dies kommt wohl vorwiegend in der Form vor, dass ein bestimmtes Indiz als Bestätigung einer gewissen Hypothese angeschaut wird, obwohl es bei der Gegenhypothese fast ebenso häufig wäre: Wenn jemand aus einer gewalttätigen Demonstration als mutmaßlicher Randalierer festgenommen wird und darauf aggressiv reagiert, wird man dies als Indiz für seine Schuld werten; wahrscheinlich reagieren allerdings auch die meisten Mitläufer gleich aggressiv, wenn sie verhaftet werden.

Zum andern werden Beweismittel, die **für** die eigene Hypothese sprechen, **besser wahrgenommen** als Beweismittel, die ihr widersprechen. Man hat die Tendenz, konträre Beweise entweder zu ignorieren oder schlicht umzudeuten, um die Hypothese zu bestätigen. Diese Tendenz wird noch durch den Umstand verstärkt, dass man **früher** erhobene Beweise **stärker** gewichtet als spätere, und zwar oft unabhängig von ihrer tatsächlichen Beweiskraft. Deshalb liegen die Auffassungen von Staatsanwaltschaft und Verteidigung zur Beweislage und damit zu den Prozessrisiken in heiklen Fällen oft so weit auseinander – nicht, weil eine der beiden Seiten (oder beide) unredlich wäre, sondern weil jede Seite diejenigen Beweise besser wahrnimmt, die für ihre Variante sprechen, und weil die Staatsanwaltschaft in der Regel zuerst belastende Indizien wahrnimmt (sonst würde sie ja kein Verfahren eröffnen), der Verteidiger dagegen oft zuerst entlastende (weswegen er dann die Verteidigung übernimmt). Erst der deutliche Hinweis auf eine alternative Hypothese kann diese Effekte stoppen. Man ist also gut beraten, wenn man sich stets frühzeitig überlegt, ob es für Beweise, die nicht ins Bild der ursprünglichen Hypothese passen, eine alternative Hypothese gibt, die mit diesen Beweisen in Einklang steht.

Es gibt übrigens auch Studien, die auf den höheren Wert der späteren Beweismittel hindeuten; *Mark Daniel Schweizer* hat darauf hingewiesen, dass es sich dabei wohl in erster Linie um ein Gedächtnisphänomen handelt: Wer (wie zum Beispiel der Richter in der Hauptverhandlung) in rascher Folge zahlreiche Informationen bekommt, die er dann verarbeiten muss, der wird sich eher an die letzten Informationen erinnern (und seine Hypothese auf diese Informationen abstützen).

9.10 Die Überprüfung von zweifelhaften Daten

Hypothesen betreffen im Allgemeinen Unbekanntes. Ausnahmsweise werden Vermutungen auch über bereits vorhandene, nachgerade aber **zweifelhafte Daten** angestellt, indem man davon ausgeht, dass gewisse Daten nicht stimmen, sondern von etwas anderem auszugehen sei. Dies ist allerdings ein recht **gefährliches** Unterfangen. Man ist nämlich geneigt (und man erkennt das nicht immer rechtzeitig), einer Hypothese über den Tathergang zuliebe gewisse Daten anzuzweifeln und zurechtzubiegen oder durch Abweichendes zu ersetzen. Gedankenspiele solcher Art werden zur ernsten Gefahr, wenn man unkritisch an die Wahrheit der Vermutungen zu glauben beginnt und auf Nachprüfung verzichtet oder sogar die Prüfungsergebnisse entsprechend uminterpretiert.

Es gibt allerdings Fälle, in denen der Kunstgriff, gewisse Daten zu ersetzen, vollauf gerechtfertigt ist: Man denke an Daten, die allen Lösungsversuchen bisher hindernd im Wege gestanden haben und eben deshalb wahrscheinlich falsch sind. In solchen Fällen darf man sich durchaus fragen, wie denn die entsprechenden Daten verändert werden müssten, um doch noch zu einer Lösung zu kommen; denn auf diese Weise erkennt man möglicherweise auch, wo der Fehler bei der Erfassung der Daten lag. Dieser Fehler ist aber jedenfalls nachzuweisen, denn anders kann man die vorhandenen Widersprüche nicht beseitigen.

Wenn man noch **wenig Daten** besitzt, aber leicht weitere Feststellungen machen könnte, soll man nicht mutmaßen, und man soll (im Prinzip) nicht wild drauflos theoretisieren, bevor man die weiteren Daten erhoben hat. Es ist zwar mitunter ein gutes Geistestraining, früh mit Theorien über den Tathergang oder die Täterschaft zu beginnen; man muss jedoch bereit sein, die Vermutung rasch zu verwerfen, wenn sie sich aufgrund weiterer Daten nicht mehr halten lässt. *Sir Conan Doyle* warnte einmal: „Ich habe noch keine Daten. Es ist ein großer Fehler zu theoretisieren, bevor man Daten hat. Unbemerkt beginnt man Tatsachen zu ‚biegen‘, damit sie den Theorien genügen, anstatt die Theorien zu modifizieren, damit sie den Tatsachen gerecht werden.“

10. Der Zweifel

Wenn man glaubt, die Lösung eines Kriminalfalles gefunden zu haben, dann wäre der nächste Schritt, mit prozessualen Mitteln Tat und Täterschaft zu beweisen. Verantwortungsbewusster und kritischer ist es allerdings, die Lösung vorerst kritisch zu überprüfen. Irren ist menschlich, aber zweifeln ist, wie *Ernst Bloch* meint, menschlicher, weil es das Irren angeht, das ausruht. Eine Feststellung, an der nie gezweifelt wurde, kann nicht als unanfechtbar und gesichert angesehen werden. Auch die durch kriminalistisches Denken gefundene Lösung muss einmal bezweifelt worden sein. Geht sie dabei unter, so hat sie nichts anderes verdient, hält sie den Zweifeln stand, so ist sie wohl hieb- und stichfest.

Im kontradiktorischen Verfahren nach amerikanischer Tradition ist es Aufgabe der Verteidigung, die Feststellungen der Anklage anzuzweifeln. Man müsste gewisse Strafverfolger daran erinnern, dass in Westeuropa eine andere Tradition gilt: Die Strafverfolgungsbehörden sind der Objektivität verpflichtet, sie haben belastenden und entlastenden Umständen mit der gleichen Sorgfalt nachzugehen. Sie erfüllen also ihre Aufgabe nicht (werden aber von guten Verteidigern sofort daran erinnert), wenn sie nicht von sich aus das Beweisergebnis einer kritischen Würdigung unterziehen, bevor sie sich ihre definitive Meinung bilden.

10.1 Gegenstand des Zweifels

Es kann grundsätzlich alles angezweifelt werden, was zur Lösung geführt hat: die **Daten**, so insbesondere Aussagen bestimmter Personen, die **Erfahrungssätze**, die wissenschaftlichen oder experimentellen **Erkenntnisse**, die **Deduktionen**, die **Annahmen** mit ihren Nachprüfungen. Nur die Sätze der Logik sind unantastbar. Der methodisch angewandte Zweifel wird also nacheinander alle Daten verneinen, um sehen zu können, ob man wirklich verpflichtet ist, sie als wahr gelten zu lassen. Was, wenn gewisse Ausgangsdaten falsch waren? Was, wenn sich ein Zeuge geirrt oder wenn er gelogen hat? Was, wenn etwas unrichtig gemessen wurde? Was, wenn sich der Gutachter geirrt hat, weil er von einem falschen Sachverhalt ausging? Könnten die eigenen Schlüsse falsch sein? Sind es vielleicht die benützten experimentellen Erkenntnisse? Eine Lösung ist daher einige Male von neuem durchzudenken.

Ein nach einem außergewöhnlichen Todesfall in einem Spital im Jahr 1998 (dem berühmten Methylenblau-Fall – ein Arzt hatte einer Patientin mit Darmgeschwüren den Bauchraum mit Methylenblau gespült, um Verwachsungen zu verhindern; diese Anwendung war erst an Ratten erprobt) zugezogener Gerichtsmediziner verrechnete sich bei der Bestimmung der Methylenblau-Konzentration um eine Zehnerpotenz („Kommafehler"); der Fehler wäre bei kritischer Durchsicht des Gutachtens ohne weiteres erkennbar gewesen, auch der Mitautor dieses Buches hat die Berechnung allerdings nicht überprüft. Glücklicherweise wurden weitere Expertisen zugezogen, und ein anderer Arzt bemerkte den Rechnungsfehler.

Es ist schon früher darauf hingewiesen worden, dass man bei der Lösung der kriminalistischen Aufgabe nicht nur nach Beweisen suchen, sondern wenn möglich auch **Hilfstatsachen** erheben muss, die über die Güte eines Beweismittels Auskunft geben, z.B. über die Glaubhaftigkeit einer Zeugenaussage, über die Genauigkeit einer wissenschaftlichen Untersuchungsmethode. Nur so lässt sich einem später auftauchenden eigenen oder fremden Zweifel an der Güte eines Beweismittels begegnen. Wie notwendig der Zweifel ist, zeigt das folgende Beispiel:

Eine Frau wurde beschuldigt, die letzte von drei Empfangsbescheinigungen in einem Quittungsbüchlein gefälscht zu haben. Sie habe bei der beanstandeten Quittung nach Zahlung von Fr. 100,– und nach Unterzeichnung durch den Geschädigten, die „Fr. 100,–" in „Fr. 150,–" abgeändert, und dies auch in Worten auf der Quittung getan, indem das „hundert" mit „fünfzig 0/00" zu „hundertfünfzig 0/00" ergänzt worden sei. Der Geschädigte meinte, die Frau habe sich um die Zahlung der restlichen Fr. 50,– drücken wollen. – Die Untersuchung der Quittung ergab, dass die Zahl „Fr. 100,–" tatsächlich mit „Fr. 150,–" überschrieben worden war, während sich nicht entscheiden ließ, ob dem „hundert" ein „fünfzig 0/00" angefügt worden sei. Unmittelbar nach dem „hundert" war jedenfalls kein „0/00" ausradiert oder sonstwie ausgelöscht worden. Das „hundertfünfzig 0/00" schien in einem Zug geschrieben. Die Tatsache des mit „150,–" überschriebenen Betrages von „100,–" erklärte die Beschuldigte als reinen Verschrieb zur Zeit der Ausstellung der Urkunde.

Es musste daher in Anbetracht der sich zum Teil widersprechenden Daten an folgende Möglichkeiten gedacht werden:

- Das Überschreiben der „100.–" mit „150.–" habe nachträglich und widerrechtlich stattgefunden, und es sei wahrscheinlich gleichzeitig der ausgeschriebenen Zahl „hundert" genau so widerrechtlich ein „fünfzig 0/00 angefügt worden.
- Das Überschreiben der „100.–" mit „150.–" erfolgte nachträglich und widerrechtlich, während von Anfang an (im Widerspruch zur Zahl und zu den Tatsachen, aber in der Hoffnung, dies werde nicht entdeckt) in Worten ein „hundertfünfzig 0/00" geschrieben wurde.
- Das Überschreiben der „100.–" mit „150.–" sei wirklich nur ein sofort korrigierter Verschrieb gewesen und das Wort „hundertfünfzig 0/00" habe von Anfang an zu Recht in der Quittung gestanden.

Gegen die erste Möglichkeit sprach vor allem folgende Tatsache: Auch die früheren Quittungen zeigten nach dem ausgeschriebenen Betrag ein „0/00", was auf eine Gewohnheit der Schreiberin hinzuweisen schien. Da nun nach dem ausgeschriebenen „hundert" zweifellos nie ein „0/00" gestanden hatte, musste man, jene Schreibgewohnheit vorausgesetzt, zum Schluss kommen, dass die Quittung von Anfang an die Zeichenfolge „hundertfünfzig 0/00" aufwies. Der Anschein sprach also gegen die Möglichkeit a) und die Möglichkeit b) wirkte eher wenig wahrscheinlich. Vieles sprach also für die Schuldlosigkeit der Frau gemäß c). Nun setzte aber der Zweifel ein: Was, wenn das „...fünfzig

0/00“ später angehängt worden wäre? Zwei Folgerungen mussten dann gezogen werden: Die Schreiberin hatte gegen ihre Gewohnheit hinter dem „hundert“ ausnahmsweise kein „0/00“ angehängt. Der Weg zur ergänzenden Verfälschung war ihr also nicht versperrt. Oder: Die scheinbare Gewohnheit, nach einen ausgeschriebenen Betrag ein „0/00“ zu setzen, war nur vorgetäuscht. Die zweite, aus dem erwähnten Zweifel resultierende Annahme erwies sich als richtig. Eine genaue Prüfung der früheren Quittungen ergab, dass die „0/00“ jeweils mit einem anderen Schreibgerät geschrieben worden waren als der übrige Quittungstext. Ein solches „0/00“ hatte, offenbar noch feucht, an der Rückseite der vorausgehenden Quittung leicht abgeklatscht, während ein solcher Abdruck des nachfolgenden Textes auf dem gleichen Quittungsrücken nicht feststellbar war. Aller Wahrscheinlichkeit nach wurden also die „0/00“ an den früheren Quittungen nachträglich angefügt. Das Motiv war klar: Die Schreiberin wollte eine Gewohnheit vortäuschen. Und die Tatsache, dass auf der inkriminierten Quittung kein „0/00“ ausradiert oder sonstwie entfernt worden war, sollte beweisen, dass von Anfang an ein „hundertfünfzig „0/00“ stand. Es war nun leicht, die Verteidigungstaktik der Beschuldigten zu erraten. Tatsächlich berief sie sich bei ihrer Vernehmung auf ihre angebliche Gewohnheit, nach ausgeschriebenen Zahlen immer ein „0/00“ zu setzen, wenn ein runder Betrag in Frage stehe. Nachdem die Dame aber mit den oben dargestellten Überlegungen konfrontiert worden war, legte sie ein Geständnis ab.

10.2 Überwundene Zweifel

Ob ein Beweis als erbracht oder ob er als nicht erbracht anzusehen ist, ob also Zweifel nicht überwunden werden können, ist im Laufe der Geschichte auf zwei verschiedene Weisen festgelegt worden:

- durch Aufstellen **gesetzlicher Bestimmungen** darüber, was unter bestimmten Umständen als bewiesen betrachtet werden müsse, also durch den Erlass von **Beweisregeln**. Ein berühmtes Beispiel einer Beweisregel war die Bestimmung: „Aus zweier Zeugen Mund wird stets die Wahrheit kund“;
- durch die Anordnung, dass das als bewiesen anzusehen sei, von dem der Richter **in freier Würdigung der Beweise überzeugt** sei.

Die Schöpfer moderner Strafprozessordnungen haben sich aus praktischen Erwägungen für die zweite Lösung entschieden. Es ist nämlich unmöglich, Beweisregeln aufzustellen, die in jedem Fall zu einer gerechten Entscheidung führen. Man denke nur an die Feinheiten der Aussagepsychologie, die kaum in allgemeine Bewertungsregeln umzugießen sind. Es könnte sich ein Beweis als ganz unzureichend erweisen, der formal die Bedingungen eines vollgültigen Beweises erfüllen, also den gesetzlichen Beweisregeln entsprechen würde. Der Richter müsste dann gegen seine Überzeugung verurteilen. Zu einem wirklich gerechten Urteil kann er nur kommen, wenn er sein Urteil nach seiner freien, aus der ganzen Verhandlung geschöpften Überzeugung fällen darf und muss. Er hat zu verurteilen, wenn er vom Vorliegen aller für einen Schuldspruch notwendigen Voraussetzungen überzeugt ist; er hat freizusprechen, wenn er diese Überzeugung nicht gewinnen konnte.

Überzeugt sein heißt aber nichts anderes, als etwas für wahr halten, **ohne zu zweifeln,** oder nachdem vorhandene Zweifel mit guten Gründen überwundenen werden konnten. Wenn unüberwindbare Zweifel auftauchen, kann man nicht überzeugt sein, und ein Richter, der an der Schuld des Angeklagten zweifelt, muss mangels Überzeugung freisprechen: **in dubio pro reo**.

Mit Zweifeln im Sinne der gemachten Ausführungen sind aber nicht jene entfernten Möglichkeiten des Andersseins gemeint, an die ein extremer Skeptiker denkt oder die ein überverantwortungsbewusster Wissenschaftler erwägt. Die Zweifel, die in diesem Zusammenhang eine Rolle spielen, müssen im praktischen Leben ins Gewicht fallen. Sie müssen in jedem gesunden und kritischen Menschen auftauchen. Man hat daher immer wieder zu Recht erklärt, es gehe im Strafprozess nicht um den Nachweis absoluter Wahrheiten, es genüge, wenn etwas als **„über jeden vernünftigen Zweifel erhaben"** sei (Die in der amerikanischen Literatur verwendete Formulierung „beyond reasonnable doubt" scheint mir noch treffender). Man soll sich auch bewusst sein, dass die meisten strafprozessualen Beweise objektiv betrachtet nur sehr hohe Wahrscheinlichkeiten darstellen, ob es sich nun um direkte oder um Indizienbeweise handelt. Ein Geständnis und Zeugenaussagen können übereinstimmen und doch in sehr seltenen Fällen falsch sein, wenn sich die Befragten abgesprochen haben oder dem gleichen Irrtum unterliegen.

Dass der Indizienbeweis (im engeren Sinne) manchmal lediglich eine sehr hohe **Wahrscheinlichkeit** liefert, ist bereits ausgeführt worden. In günstig gelagerten Fällen kann man die Wahrscheinlichkeit sogar berechnen. Auch eine sehr hohe Wahrscheinlichkeit kann aber überzeugen, wenn sie im Leben als praktisch sichere Wahrheit betrachtet und verwendet wird, und genau so darf der Richter von etwas überzeugt sein und darauf sein Urteil gründen, wenn diesem Beweis streng genommen nur eine sehr hohe Wahrscheinlichkeit zukommt.

Das deutsche Reichsgericht hat das einmal wie folgt umschrieben (BGSt 61,206; siehe auch BGHSt 10,209):

„Ein absolut sicheres Wissen – demgegenüber das Vorliegen eines gegenteiligen Tatbestandes ‚absolut ausgeschlossen' wäre – ist der menschlichen Erkenntnis bei ihrer Unvollkommenheit überhaupt verschlossen. Wollte man eine Sicherheit so hohen Grades verlangen, so wäre eine Rechtsprechung so gut wie unmöglich. Wie es allgemein im Verkehr ist, so muss auch der Richter sich mit einem so hohen Grad von Wahrscheinlichkeit begnügen, wie er bei möglichst erschöpfender und gewissenhafter Anwendung der vorhandenen Mittel der Erkenntnis entsteht. Ein solcher Grad von Wahrscheinlichkeit gilt als Wahrheit, und das Bewusstsein des Erkennenden von dem Vorliegen einer so ermittelten hohen Wahrscheinlichkeit als Überzeugung von der Wahrheit."

Anwälte versuchen immer wieder, die Beweisführung der Anklage in einzelnen Punkten in **Zweifel** zu ziehen, und Gerichte beschäftigen sich dann mit diesen Zweifeln ausführlich, ohne sich die nahe liegende Frage zu stellen, welche **andere Variante** es denn gebe, wenn die Variante der Anklage tatsächlich falsch ist. Es ist erlaubt, diese Frage zu stellen, und wenn ein Gericht eine Sachverhaltsvariante verwirft, müsste es sich zumindest überlegen, ob eine andere Variante denkbar ist, die sich mit den vorhandenen Beweisen in Einklang bringen lässt. Oft ist es denn auch so, dass der Beschuldigte der Variante der Anklage keine eigene Variante entgegenhalten kann, die nicht bereits widerlegt wurde. Es widerspricht den Regeln des Argumentierens, wenn man diesen Umstand überhaupt nicht berücksichtigt; dem steht auch die Regel nicht entgegen, dass nicht der Beschuldigte seine Unschuld beweisen muss, sondern die Anklage seine Schuld – denn wenn es nur eine Variante des Tatablaufs gibt, die mit allen Beweisen in Einklang ist, dann ist das Argument, irgend ein untergeordnetes Mosaiksteinchen in der Beweisführung sei nicht mit jeder Sicherheit erwiesen, nicht zielführend.

Im bereits erwähnten Mordfall Zwahlen in Kehrsatz (Die Ehefrau wurde tot im Tiefkühler im Keller des eigenen Einfamilienhauses gefunden. Blutspuren im Ehebett deuteten darauf hin, dass sie dort getötet worden war. Der Ehemann hatte eine außereheliche Beziehung. Indizien deuteten darauf, dass er nach dem Tod der Ehefrau versuchte, Spuren zu beseitigen) konzentrierten sich die oberen Instanzen ausschließlich auf die Frage, ob vernünftige Zweifel an der Täterschaft des Ehemannes berechtigt waren; diese Frage wurde schließlich mit Blick auf Beweiserhebungen, deren Beweiswert nicht sicher war, verneint. Es finden sich in den Urteilen keine Erwägungen zur Frage, wer denn sonst ernsthaft als Täter in Frage komme.

Wenn nach dem Gesagten letztlich die Überzeugung des Richters maßgebend ist, ob ein Beweis erbracht sei oder nicht, so entzieht sich dieses Geschehen bis zu einem gewissen Grad der Nachprüfung. Ein Korrektiv besteht indessen darin, dass der Richter (von wenigen Ausnahmen abgesehen) verpflichtet ist, seine Überzeugung oder das Fehlen einer solchen zu **begründen**. Damit wird ihm eine Aufgabe überbunden, die derjenigen des Kriminalisten durchaus analog ist. In seiner Begründung soll sich der Richter nicht allein auf seine Subjektivität berufen. Es wäre willkürlich, wenn er bloß argumentieren würde, er halte den Angeklagten für schuldig, weil er ihm die Tat zutraue. Vielmehr müssen seine Argumente intersubjektiv, d.h. objektiv **nachprüfbar** sein. Er wird sagen müssen, welche Umstände ein bestimmtes Geschehen beweisen und welche Umstände die Täterschaft des Angeklagten belegen; er wird auch begründen müssen, wieso etwas anderes nach der vorhandenen Beweislage ausgeschlossen ist. Er wird also **alle Beweise** kritisch überprüfen müssen. Im umgekehrten Fall reicht es dagegen, nur **eine notwendige Voraussetzung** für die Verurteilung als nicht hinreichend bewiesen zu erklären; weil dies dazu führt, dass der Richter keine Überzeugung von der Schuld des Angeklagten mehr gewinnen kann, hat er ihn freizusprechen.

Dritter Teil: Das Ergebnis

11. Der strafprozessuale Beweis

11.1 Allgemeines, Differenzierungen und Überzeugungsbildung

In seiner „Wissenschaftslehre“ gibt *Bernhard Bolzano* folgende Definition: „Wir pflegen ... jedes beliebige Etwas, von dem wir uns vorstellen, dass jemand sich desselben bedienen könnte, um durch die Lenkung der Aufmerksamkeit eines denkenden Wesens auf dasselbe in dem Gemüte des Letzteren ein Urteil M zu erzeugen, das er bisher entweder noch gar nicht, oder doch nicht mit so hohem Grade der Zuversicht gefällt hätte, einen Beweis (im zweiten Fall besonders eine Bestätigung) des Satzes M zu nennen.“ In einem engeren, streng wissenschaftstheoretischen Sinne versteht man unter beweisen, aus der vorausgesetzten Wahrheit von (anerkannten) Ausgangssätzen, und nur aus diesen, nach Sätzen und Regeln der Logik die Wahrheit eines anderen Satzes (des Folgesatzes) darzutun. Der **strafprozessuale Beweis** steht zwischen diesen beiden Umschreibungen. Er beruht darauf, den Richter mit prozessualen Beweismitteln vom Vorliegen aller für seine Entscheidung **erheblichen Tatsachen** und Beziehungen zu überzeugen.

Was alles zu beweisen ist, wurde bereits dargestellt. Kurz wiederholt gilt es folgende Umstände zu belegen:

- den **Sachverhalt**, der den objektiven Tatbestand (in allen seinen Merkmalen) erfüllt,
- die **Täterschaft**,
- die Erfüllung der **subjektiven Tatbestandsmerkmale** durch den Täter,
- das Fehlen von **Rechtfertigungsgründen** (soweit sie überhaupt in Frage kommen),
- das Fehlen von **Schuldaufhebungsgründen** (soweit sie in Frage kommen),
- Tatsachen, welche die Schuld **erhöhen oder mindern**,
- eventuell gewisse **Hilfstatsachen** (welche z.B. die Güte eines Beweises beurteilen lassen).

In der Praxis des Strafprozesses kann man allerdings davon ausgehen, dass nicht alle diese Umstände zu beweisen sind, weil es Tatsachen gibt, für die eine **natürliche Vermutung** spricht; sie sind so lange nicht beweisbedürftig, als sie nicht in Zweifel gezogen werden. Daher ist oben bei gewissen Beweisthemen in Klammern angefügt worden, sie seien nur beweisbedürftig, soweit man sie in Frage gestellt habe und prüfen müsse. Solche natürlichen Vermutungen sind zwar – streng beweistechnisch gesehen – eher Schönheitsfehler. Man tut deshalb gut daran, auch bei Tatsachen, die im Moment noch nicht beweisbedürftig scheinen, an die Möglichkeiten entsprechender Beweisführung zu denken oder gar Beweise zur Hand zu haben, denn Zweifel können noch in einer späten Phase des Prozesses auftauchen, und die Beweisführung wird dann allenfalls erheblich schwieriger.

Kuriere, die Drogen im Auto eingebaut über die Grenze schmuggeln wollen und dabei erwischt werden, behaupten vorerst oft, die Drogen müssten ihnen unbemerkt ins Auto eingebaut worden sein, denn selbstverständlich käme es ihnen nie in den Sinn, sich wissentlich an einem Drogenschmuggel zu beteiligen. Zwar wird man sich in diesem Moment noch nicht auf die Frage konzentrieren, wie der Täter selbst den Unrechtsgehalt des Drogenschmuggels beurteile, sondern man wird vorerst den Nachweis zu erbringen suchen, dass der Kurier eben doch gewusst habe, was er transportiere. Man verpasst damit allerdings die einfache Beweisführung zur Frage, ob der Kurier die Schwere der Regelverletzung erkannt habe, denn der noch nicht geständige Kurier würde im ersten Moment auf Nachfrage freimütig erklären, dass er Drogenschmuggel für ein sehr schweres Delikt halte, wenn man ihn dazu befragen würde. Erst im Nachhinein wird er allenfalls behaupten, er habe ohnehin nicht gewusst, dass der Transport von Drogen strafbar sei.

11.2 Beweismittel

11.2.1 Formen von Beweismitteln

Strafprozessuale Beweise können nur mit **strafprozessualen Mitteln** geführt werden. Diese Mittel sind bekanntlich:

1. (überzeugende) **Geständnisse**,
2. (glaubhafte) **Zeugenaussagen**,
3. **Augenscheine**,
4. (unverdächtige) **Urkunden**,
5. **Beweisgegenstände**,

6. (überzeugende) **Gutachten**,
7. **Indizien**, die durch die Beweismittel 1-6 zu belegen sind,
8. **Erfahrungen** des Alltags,
9. **Sätze der Tatsachenwissenschaften**,
10. **experimentelle und statistische Wahrheiten, sowie**
11. **Sätze der Logik und der mathematischen Wissenszweige**.

11.2.2 Arten der Beweisführung

Die strafprozessualen Beweismittel können auf folgende Art eingeteilt werden: Nach der **Herkunft** der Beweismittel unterscheidet man die **Personalbeweise,** also die Beweisführung, die sich eines Menschen bedient (Aussagen von Zeugen und vom Beschuldigten, aber auch von Sachverständigen) und die **Sachbeweise,** also die Beweise mittels Spuren, etwa ein Geschoss mit spezifischen Spuren des Schusswaffen-Laufes, mittels Urkunden oder durch Augenschein. Sachbeweise werden allgemein als zuverlässiger eingestuft, weil sich ihre Richtigkeit eher objektiv überprüfen lässt, vor allem dann, wenn sich die Beweisabnahme wiederholen lässt, eine Blutprobe oder ein Geschoss also auch von einem zweiten Experten nochmals analysiert werden kann.

Nach der Beziehung zum Gegenstand des Beweises unterscheidet man Mittel des **direkten** und des **indirekten Beweises.** Ein direktes Beweismittel ist die Zeugenaussage, wonach der Beschuldigte seinem Opfer mit der Faust ins Gesicht geschlagen hat und dies nicht in Abwehr eines Angriffes des Opfers geschah. Als indirekter Beweis gilt in erster Linie der Indizienbeweis, eine Beweisführung, die erst aufgrund von Folgerungen oder Berechnungen das Vorliegen einer bestimmten, beweistechnisch bedeutsamen Tatsache ergibt. Indirekte Beweise sind nicht etwa unzuverlässiger als direkte, wenn die Folgerungen oder Berechnungen zuverlässig sind.

Es gibt kaum einen Kriminalfall, in welchem nur Mittel des **Sachbeweises** zur Anwendung gelangen. Mit einem Sachbeweis vermag man nämlich im günstigsten Fall etwa darzutun, dass jemand eine Schublade berührt, vielleicht auch, dass er sie geöffnet und ihr einen Gegenstand entnommen hat, kaum aber, dass er wissentlich und willentlich eine fremde Sache behändigt und dies in Aneignungsabsicht getan hat. Der subjektive Tatbestand lässt sich häufig nur (oder zumindest einfacher) durch Personalbeweise führen, in erster Linie durch Befragung des Beschuldigten. Äußerlich kann alles für einen Diebstahl sprechen; es ist jedoch (wenn man den subjektiven Sachverhalt kennt) von Fundunterschlagung auszugehen, weil der Täter irrig annahm, es handle sich um eine verlorene Sache, es bestehe also kein Gewahrsam mehr an ihr. Es kann jemand einen anderen zu einem Mord angestiftet haben; wenn er dies aber nicht schriftlich getan hat oder die Anstiftung beispielsweise im Rahmen einer Telefonüberwachung aufgezeichnet worden ist, kann der Anstifter durch einen Sachbeweis überhaupt nicht überführt werden. Es wird daher nie soweit kommen, dass der (im Allgemeinen vielleicht zuverlässigere) Sachbeweis den (nicht immer ganz zuverlässigen) **Personalbeweis** verdrängen könnte.

Bei nicht geständigen Beschuldigten tauchen in der Regel bezüglich der Erfüllung des **subjektiven Tatbestandes** Beweisschwierigkeiten auf. Bestreitet zum Beispiel der verdächtigte Schläger, dass er seinen Gegner verletzen wollte oder eine Verletzung in Kauf nahm, dann fehlt es vorerst an einem Beweis der Verwirklichung des betreffenden Merkmals. Zeuge des inneren Vorganges, seines allfälligen Wollens ist allein der Beschuldigte, und dieser bestreitet. Um trotzdem den Beweis erbringen zu können, der Beschuldigte habe verletzen wollen, bleibt nur der Weg, den Vorsatz aus darauf hinweisenden äußeren Umständen zu erschließen. Es ist möglich, dass der Täter trotz seiner Bestreitung vorher zu anderen gesagt hat, er werde das Opfer zusammenschlagen, bis es sich nicht mehr wehre. Vor allem aber wird die exakte Rekonstruktion des Sachverhaltes, insbesondere zur Heftigkeit der Schläge, zum Körperteil, auf den der Täter geschlagen hat und zur verwendeten Waffe, Rückschlüsse dazu ermöglichen, ob der Beschuldigte eine Verletzung in Kauf genommen haben muss. Schlägt beispielsweise jemand einen andern mit einem Baseball-Schläger so lange auf den Kopf, bis dieser regungslos liegen bleibt, so käme wohl niemand darum herum, die vorsätzliche Körperverletzung (wenn nicht sogar die versuchte vorsätzliche Tötung) als bewiesen anzusehen, selbst wenn der Beschuldigte diesen Vorsatz bestreitet. Eine solche Beweisführung aufgrund von hinweisenden Tatsachen nennt man Indizienbeweis.

Charakteristisch für einen **direkten Beweis** ist also, dass er das zu Beweisende (die Tatbestandsmerkmale) mit prozessualen Beweismitteln **unmittelbar belegt**. Die glaubhaften Aussagen eines Zeugen bekunden bei einem Diebstahl ohne weiteres die beobachtete und tatbeständlich erhebliche Wegnahme einer Sache, ohne zusätzlichen Gedankenprozess, ohne logische Ableitung aus vorausgehenden Tatsachen und Erfahrungen. Der **Beweis mittels Indizien** (anzeigender Tatsachen) belegt die tatbeständlich erhebliche Tatsache demgegenüber **nicht unmittelbar.** Die Verwirklichung des entscheidenden Tatbestandsmerkmales muss erst aus den hinweisenden Tatsachen und allgemeinen Erkenntnissen **gefolgert** werden: aus bereits erstellten Tatsachen, die nicht unmittelbar zur Verwirklichung des Tatbestandes gehören, etwa aus einer Äußerung des Beschuldigten, durch Diebstahl zu Geld kommen zu wollen, und der Tatsache, dass der Betreffende sich am Tatort aufgehalten hat, wo nachher Geld fehlte, das sich später in gleicher Stückelung beim Verdächtigen befand. Daraus darf man aufgrund allgemeiner Erfahrungen die Wegnahme der Sachen durch den Verdächtigen schließen.

Es gibt zwei Arten von Indizienbeweisen. Die einen beweisen **zwingend** einen bestimmten Umstand, die andern nur mit sehr hoher **Wahrscheinlichkeit.** Anhand von Kollisionsspuren (Verformungen, Glassplitter, Farbabrieb- und -übertragung u.s.w.) kann die Unfallbeteiligung eines Autos oft mit Sicherheit bewiesen werden. Und dieser Beweis hält in der Regel sogar einer widersprechenden Zeugenaussage stand. Auf Beweise, die nur mit sehr hoher Wahrscheinlichkeit eine Tatsache belegen, wurde schon eingegangen; wurde bei einem Diebstahl Geld in einer bestimmten Stückelung gestohlen und beim Verdächtigen Geld in der gleichen Stückelung gefunden, dann hängt die Beweiskraft von eben dieser Stückelung ab: Wurden z.B. neben Euro auch Schweizer Franken gestohlen, oder bestand die Beute aus Münzgeld aus einem Automaten, wird man, wenn beim Verdächtigen die gleiche Stückelung gefunden wird, mit hoher Wahrscheinlichkeit davon ausgehen können, das Geld stamme aus dem Diebstahl.

Schließlich kann unterschieden werden zwischen dem Beweis **innerer und äußerer Tatsachen**. Diese Unterscheidung ist vorwiegend im Zusammenhang mit dem Beweis des subjektiven Tatbestandes von Bedeutung. Wie erwähnt lassen sich innere Tatsachen nicht direkt beweisen, im Bestreitungsfall kann allerdings die sorgfältige Beweisführung zu den äußeren Tatsachen den Schluss zulassen, dass auch die inneren Tatsachen nachgewiesen sind.

11.3 Schritte der Beweisführung

Wenn man sich noch etwas eingehender der Beweisführung zuwenden will, dann sind vor allem folgende Schritte herauszuheben:

11.3.1 Die beweisformalistische Säuberung des Ausgangsmaterials

Strafprozessuale Beweise können nur mit strafprozessualen Mitteln geführt werden. Alles, was nicht durch justizförmig erhobene Beweismittel belegt ist, muss ausgeschieden oder durch solche Mittel noch belegt werden. Die Aussage einer Person muss entweder als Beschuldigten- oder Zeugenaussage erhoben sein oder noch als solche erhoben werden. Eine Feststellung, Folgerung oder Berechnung, die sachverständiges Wissen voraussetzt, ist in Form eines Gutachtens vorzulegen. Der Beweisformalismus im Hinblick auf gesetzliche Regeln der **Beweiswürdigung** ist zwar modernen Strafprozessordnungen fremd; dagegen müssen die gesetzlichen Regeln der **Beweiserhebung** unbedingt beachtet werden.

Die Entwicklung des modernen Strafprozessrechts hat es mit sich gebracht, dass im Bezug auf eine steigende Zahl von Beweismitteln strenge formalistische Beweisregeln gelten. Zum Beispiel ist Folgendes zu beachten:

- **Vernehmungen** müssen, wenn sie im Prozess verwertbar sein sollen, unter bestimmten Umständen zustande gekommen sein. Bloße Aktennotizen darüber, was eine Person beobachtet oder gesagt habe, reichen in der Regel nicht. Beschuldigter und Zeuge müssen vom zuständigen Beamten zu Protokoll einvernommen worden sein; der Vernehmung muss eine meist gesetzlich im Detail geregelte Belehrung über Rechte und Pflichten vorangestellt werden; insbesondere muss man den Beschuldigten auf das Schweigerecht und den Zeugen auf ein allfällig bestehendes Zeugnisverweigerungsrecht aufmerksam gemacht haben. Dem Beschuldigten muss Gelegenheit gegeben werden, jedem Belastungszeugen mindestens einmal Ergänzungsfragen zu stellen; die Wahrnehmung dieses Anspruchs setzt wiederum voraus, dass der Beschuldigte die Aussagen des Belastungszeugen vor der Konfrontation kennt.
- Bestimmte Beweise dürfen nur mit **richterlicher Zustimmung** erhoben werden. Das gilt etwa für die Überwachung des Fernmeldeverkehrs oder die verdeckte Ermittlung.

In einigen Fällen ist es möglich, ursprünglich **mangelhafte Beweise** nachträglich noch in zulässiger Form zu erheben; Aussagen von Zeugen, die nur in Aktennotizen niedergelegt oder nur polizeilich befragt wurden, können nachträglich noch durch formelle Vernehmung zum Beweismittel erhoben werden. In andern Fällen kann der ursprüngliche Mangel nachträglich nicht mehr geheilt werden; das gilt etwa für Telefonüberwachungen, für welche die Bewilligung nicht nachträglich eingeholt werden darf. Immer mehr diskutiert wird zudem die Frage, ob nicht nur unzulässig erhobene Beweise, sondern auch die auf sie aufbauenden, ihrerseits an sich korrekt erhobenen Beweise nicht verwertbar sind. Die unter dem Titel „**Fruit of the poisonous tree**" geführte Diskussion gründet darauf, dass den Strafverfolgungsbehörden nur dann wirkungsvoll vorgeschrieben werden kann, gewisse Beweise nur unter bestimmten Formalien zu erheben, wenn als Sanktion die ganze Beweisführung in sich zusammenfällt, die auf unzulässig erhobenen Beweisen basiert.

Nach Schweizerischem Recht sind Zufallsfunde aus Telefonüberwachungen (also Funde, die andere Delikte betreffen als diejenigen, die in der Anordnung der Überwachung genannt wurden) nur unter sehr einschränkenden Bedingungen verwertbar. Sind diese Bedingungen nicht erfüllt, dann sind nicht nur die Zufallsfunde nicht verwertbar, sondern auch alle Beweise, die auf ihnen basieren, beispielsweise also das Geständnis, das der Täter zu Protokoll gegeben hat, nachdem ihm ein ihn belastendes, aber als Zufallsfund nicht verwertbares Telefongespräch vorgespielt wurde.

11.3.2 Die materielle Säuberung des Ausgangsmaterials

Bei diesem zweiten Schritt gewinnen alle jene Regeln nochmals Bedeutung, die schon im 6. Kapitel zum Ordnen und kritische Sichten der Daten erläutert worden sind. Es geht vorerst um die **unmittelbar rechtserheblichen Tatsachen**, um die Tatsachen, welche Tatbestandsmerkmale erfüllen. Unrichtige und unerhebliche Daten sind **nicht** in die Beweisführung einzubeziehen. Daten von geringer Wahrscheinlichkeit können nur im Rahmen eines Indizienbeweises eine Rolle spielen. Wenn nötig sind **mittelbar rechtserhebliche Tatsachen** zu beweisen, so genannte Hilfstatsachen, etwa die Glaubhaftigkeit wichtiger Kinderaussagen in der Regel aufgrund eines aussagepsychologischen Gutachtens. Das Ausgangsmaterial muss hieb- und stichfest sein, sonst wird der Richter die für die Anklage tödlichen Zweifel haben müssen.

11.4 Beispiele von Beweisführungen

Es sei der Verdacht gegeben, jemand habe sich der „**Vernachlässigung von Unterhaltspflichten**" im Sinne von Art. 217 Abs. 1 (schweizerisches) StGB schuldig gemacht. Der genannte Artikel lautet:

„Wer seine familienrechtlichen Unterhalts- und Unterstützungspflichten nicht erfüllt, obschon er über die Mittel dazu verfügt oder verfügen könnte, wird, auf Antrag, mit Gefängnis bestraft."

Die entsprechende deutsche Strafbestimmung (§ 170 Abs. 1) lautet:

„Wer sich einer gesetzlichen Unterhaltspflicht entzieht, so dass der Lebensbedarf des Unterhaltsberechtigten gefährdet ist oder ohne die Hilfe anderer gefährdet wäre, wird mit Freiheitsstrafe bis zu drei Jahren oder mit Geldstrafe bestraft."

Es handelt sich bei der zitierten (schweizerischen) Strafbestimmung um einen Unterlassungs- und Vorsatztatbestand, der einfach scheint und leicht zu einer summarischen Betrachtung verleitet, in Wahrheit aber eine differenzierte Beweisführung erfordert. Eine genaue Anklage muss nämlich ganz allgemein folgende Punkte beweisen:

- Es ist bei Verdacht einer Handlung gemäß Art. 217 StGB als erstes zu zeigen, ob eine Unterstützungsberechtigte Person **lebt**, gegenüber welcher der Beschuldigte gemäß Urteil des Gerichtes zu monatlichen **Zahlungen** in bestimmter Höhe verpflichtet ist, beginnend an einem bestimmten Datum; der Beweis kann mit einem Zivilurteil geführt werden, an das der Richter im Strafverfahren gebunden ist. Allenfalls ist der Umfang der Unterstützungspflicht vom Richter selbst zu bestimmen, falls der Zivilrichter noch gar nicht eingeschaltet wurde, weil beispielsweise die eheliche Gemeinschaft noch besteht.
- Es ist weiter darzutun, dass der **Beschuldigte** bzw. Angeklagte (und kein anderer) dieser Alimentationspflicht **nachkommen sollte**; das bereits erwähnte Urteil wird auch dies belegen.
- Es ist ferner zu beweisen, dass der Beschuldigte bzw. Angeklagte dieser Pflicht nicht oder **nicht voll nachgekommen ist**; das geschieht etwa durch das Zeugnis der berechtigten Person oder durch die Bestätigung der Vormundschaftsbehörde. Nachdem es sich um den Beweis einer negativen Tatsache handelt, ist dieses Beweisergebnis naturgemäß provisorisch; der Beschuldigte wird

durch Vorlage von Urkunden den Gegenbeweis antreten können, er ist deshalb dazu einzuvernehmen, ob er die Zahlungen geleistet hat oder nicht.

- Sodann ist zu belegen, dass der Unterlassende die Macht und die **Möglichkeit gehabt** hätte, seiner **Pflicht nachzukommen**, indem dargetan wird,
  - was er in der kritischen Zeit **verdient** hat und über welches Vermögen er allenfalls verfügt,
  - was er in der kritischen Zeit für seinen **Lebensunterhalt** (und allenfalls für andere unterhaltsberechtigte Angehörige) unumgänglich ausgeben musste,
  - dass ein **Aktivenüberschuss** entstand, den er der berechtigten Person hätte zukommen lassen können (oder dass er sich sogar einen Eingriff in sein Existenzminimum gefallen lassen muss, weil dieser Eingriff bei der berechtigten Person noch höher ausfällt),
  - eventuell, dass er der Pflicht zur **hinreichenden Nutzung seiner Arbeitskraft** nicht nachgekommen ist,
  - schließlich muss klar gemacht werden, dass der Unterlassende die pflichtbegründende Situation **kannte** oder vermutete und
  - sich der mangelnden Pflichterfüllung **bewusst** war oder sie in Kauf nahm.
- Schließlich ist nach Schweizer Recht darzutun, dass ein **Strafantrag** der berechtigten Person (oder der Vormundschaftsbehörde, Art. 217 Abs. 2 StGB) vorliegt.
- Nach deutschem Recht wäre zusätzlich zu beweisen, dass der **Lebensbedarf** der berechtigten Person **gefährdet** ist oder ohne Hilfe anderer, insbesondere ohne öffentliche Hilfe, gefährdet wäre.

Wie gerade dieses Beispiel zeigt, bestimmt auch das Verhalten des Beschuldigten, was vernünftigerweise zu beweisen ist und was nicht. Der Beschuldigte könnte zum Beispiel einwenden,

- das (ausländische) Urteil verstoße gegen den inländischen Ordre public; dann wären vertiefte Abklärungen zu dieser Frage nötig; oder
- er könnte behaupten, er habe die Unterhaltszahlungen in bar geleistet, ohne sich Quittungen geben zu lassen; dann wäre Beweis darüber zu führen, ob dies zutrifft, insbesondere indem nachgeprüft würde, ob er über die behaupteten Barmittel überhaupt verfügte und woher sie kamen; oder

- er könnte geltend machen, er sei aufgrund seiner eigenen Lebenshaltungskosten gar nicht in der Lage gewesen, die Zahlungen zu leisten, was eine vertiefte Beschäftigung mit der Art seiner Mittelverwendung zur Folge haben würde.

Unter Umständen lässt sich in einem Fall nicht genau feststellen, was vorgefallen ist, aber es lässt sich vielleicht beweisen, dass nur **zwei** (oder drei) **Möglichkeiten** des Herganges denkbar sind und beide (bzw. alle drei) Straftatbestände erfüllen. Was dann?

In Zusammenhang mit der Sicherstellung eines gestohlenen Laptops erzählte der Verdächtige (wenig glaubhaft), er habe das betreffende Gerät, das er benützte, nicht gestohlen, sondern von einem Unbekannten am Hauptbahnhof für 400 € gekauft. Nachdem auf dem Laptop Programme installiert waren, die auf eine andere Person registriert waren, und nachdem er auch fremde Daten enthielt, musste der Käufer den Verdacht haben, der Unbekannte habe den Laptop gestohlen. Weder der eine noch der andere Sachverhalt war jedoch sicher beweisbar, wohl aber, dass entweder ein Diebstahl oder eine Hehlerei vorliege.

Das genügt bei vergleichbaren Straftaten: Das Gericht fällt ein **Alternativurteil**, ein Urteil mit einer **Wahlfeststellung**. Steht jedoch beispielsweise fest, dass der Täter entweder einen Abtreibungseingriff vorgenommen oder der Frau einen solchen nur vorgetäuscht hat, um zu Geld zu kommen, so kann kein Alternativurteil ergehen. Die beiden Straftaten, Abtreibung (oder Versuch dazu) und Betrug sind zu verschieden.

Innerhalb desselben Tatbestandes können zwei Sachverhaltsvarianten möglich sein. Ein Autofahrer hatte nachts einen Fußgänger, der korrekt am Straßenrand marschierte, angefahren und verletzt. Stoppspuren fehlten. Durch die Untersuchung ließ sich nicht klären, ob (a) der Fahrer (er hatte kurz vor der Kollision die Lichter seines Fahrzeuges abblenden müssen) zu rasch gefahren war, sodass er, als sein Opfer im abgeblendeten Licht auftauchte, nicht mehr rechtzeitig ausweichen oder bremsen konnte, oder ob (b) er zwar eine angemessene Geschwindigkeit eingehalten hatte, jedoch unaufmerksam war und den Fußgänger übersah. So oder so hat der Fahrzeuglenker jedoch fahrlässig gehandelt, und das genügt für seine Verurteilung.

Beweisführungen, die dem einen zwingend scheinen, brauchen einen anderen nicht unbedingt zu überzeugen. Erfahrene Kriminalisten wissen gewöhnlich von haarsträubenden Freisprüchen zu berichten, von Freisprüchen gegenüber Angeklagten, die zweifellos schuldig gewesen seien. Genau besehen liegt das Problem allerdings in solchen Fällen in der Regel im Umstand begründet, dass es nicht gelang, sämtliche Zweifel des Richters zu zerstreuen, und dies kann nur zwei Gründe haben: Entweder ist es der Anklage nicht gelungen, mit den zur Verfügung stehenden Mitteln nachzuweisen, dass Zweifel nicht angebracht sind; oder die Zweifel sind eben doch berechtigt, weil sie sich auf Umstände beziehen, welche für die Frage der Schuld von Bedeutung sind. Tatsächlich erlebt man immer wieder Überraschungen, auch in Fällen, die scheinbar eindeutig liegen. Man tut daher gut daran, nicht nur **einen** Beweis zu erbringen, sondern, wenn dies geht, die Tat gewissermaßen von zwei Seiten her zu beweisen. Beweisstützend sind mitunter Darlegungen über die **Motive** des Täters, die ja nicht immer zum Tatbestand gehören, dessen Erfüllung bewiesen werden muss. Man sollte daher in entsprechenden Fällen versuchen, auch die Triebfedern des Täters ausführlich und eindeutig darzulegen. Ebenso stärkt eine genaue **zeitliche** und **räumliche Einordnung** der Tat in andere Ereignisse den Beweis.

11.5 Der Indizienbeweis im Besonderen

Der Indizienbeweis ist, wie bereits dargetan, ein **indirekter Beweis**. Aus bestimmten sicheren oder wahrscheinlichen Tatsachen, die nicht unmittelbar rechtserheblich sind, wird das zu Beweisende **gefolgert**, also logisch abgeleitet oder berechnet. Das Resultat kann dabei sicher sein, wie etwa die physikalische Berechnung der Geschwindigkeiten zweier Autos unmittelbar vor einem Frontalzusammenstoss, wenn alle erheblichen Daten berücksichtigt wurden. Das Ergebnis kann aber auch (nur) höchst wahrscheinlich sein, wie etwa bei der wahrscheinlichkeitstheoretischen Bewertung einer Anzahl Indizien. Nachdem der sichere Indizienbeweis bereits erörtert und mit Beispielen veranschaulicht worden ist, soll im Folgenden nur noch vom Indizienbeweis im engeren Sinne, vom Beweis mit mehreren Indizien, Anzeichen, Hinweisen die Rede sein.

Ein Beweis, der sich nur auf Indizien stützt, scheint auf den ersten Blick in jedem Falle schwächer zu sein als ein direkter Beweis, ein Beweis aufgrund eines Geständnisses des Beschuldigten oder mittels Zeugenaussagen. Dieser Schein trügt allerdings.

Die Tatsachen, von denen man im Indizienbeweis ausgeht, sind nicht unmittelbar rechtserheblich, beweisen also nicht direkt Tatbestandsmerkmale. Es sind Fakten anderer Art, die jedoch auf rechtserhebliche Tatsachen hinweisen, mit ihnen zusammenhängen. **Indizien** sind Dinge, Eigenschaften, Umstände und Ereignisse, die häufig mit anderen Dingen, Eigenschaften, Umständen und Ereignissen zusammenhängen und deshalb, wenn sie vorliegen, **auf diese anderen hinweisen.** Sie können die Tat, deren Einzelheiten oder die Täterschaft betreffen.

Indizien gehören zum **täglichen Leben.** So pflegt man aus der Tatsache, dass ein Kollege die Türe zu seinem Büro zuknallt, aus Erfahrung auf seine schlechte Laune zu schließen (wenn ein bloßer Luft-Durchzug und ein versehentliches Verlieren der Türklinke außer Betracht fallen). Oder: Man kommt ins Büro und es heißt, ein Herr habe vorgesprochen, sei aber wieder gegangen, ohne seinen Namen zu nennen oder eine Nachricht zu hinterlassen. Die Frage, wie er ausgesehen habe, ja schon wenige Merkmale erlauben dann vielleicht die sichere Feststellung, um wen es sich gehandelt hat. Beim berühmten King of Pop, der sich seine Haut bleichen und die Nase operieren ließ, handelt es sich offensichtlich um Michael Jackson. Damit ist gezeigt, dass man ein Ding, eine Person u.s.w. durch Aufzählung einiger Merkmale eindeutig bestimmen kann. Jeder kennt die Fragespiele der Radio- und Fernsehanstalten, in denen es darum geht, durch Erfragen von Eigenschaften und Beziehungen mit zehn Fragen eine bestimmte Person, einen Gegenstand, einen Beruf herauszufinden. In der Bestimmung **einer Person oder eines Vorganges** durch mehrere Tatsachen, Merkmale, Beziehungen, kurz durch Anzeichen oder **Hinweise** liegt das Wesen des Indizienbeweises.

Aus Tatsachen allein folgt (logisch) jedoch nichts. Zu den Tatsachen müssen **allgemeine Erkenntnisse**, z.B. Lebenserfahrung oder allgemeines Wissen **hinzukommen**, damit Tatsachen zu Indizien werden. Das knurrende Gebell eines Hundes sagt für sich betrachtet kaum etwas. Erst die Erfahrung, dass er auf diese Weise in aller Regel einen ihm fremden Vorgang meldet, macht seinen Lärm zum Indiz. Die Dinge liegen gleich wie beim Verdacht: Tatsachen sind erst dann verdächtig, wenn mit ihnen allgemeine kriminalistische Erkenntnisse verbunden werden können.

11.5.1 Belastungsindizien

Was sind nun **strafrechtlich bedeutsame Belastungsindizien?**

Die **Ankündigung** einer Person, eine bestimmte Gewalttat begehen zu wollen, ist dann ein (erheblicher) Hinweis auf ihre Täterschaft, wenn in der Folge ein solches Verbrechen verübt wird. Warum? Weil eine Äußerung dieser Art, wenn ernst gemeint, erfahrungsgemäß mitunter vom späteren Täter gemacht wird, von einem Unschuldigen jedoch kaum. Kratzspuren am Beschuldigten und zerrissene Kleider einer Geschädigten sind Indiz für einen nicht einverständlichen Geschlechtsverkehr; das ist verbreitete Erfahrung. **Fehlende** Schmauchspuren an den Kleidern des Opfers (nahe der Einschussstelle) können darauf hinweisen, dass der tödliche Schuss nicht im Handgemenge und in Notwehr gefallen ist, wie das vielleicht behauptet wird. Ein Schuss aus geringer Distanz hinterlässt nach kriminalistischer Erkenntnis Schmauchspuren am Opfer. Die Tatsache, dass der Verdächtige unmittelbar nach einem blutigen Mord seine Kleider und sein Auto eigenhändig wusch, während er die Kleider sonst in die Reinigung und das Auto in die Waschanlage brachte, ist ein Indiz dafür, dass er wohl **Spuren beseitigen** wollte. Der Besitz von Diebesgut, über dessen Herkunft der Beschuldigte keine Auskunft geben will, weist daraufhin, er könnte Dieb oder Hehler der Sachen sein; ehrliche Besitzer sagen, woher ihr Besitz stammt. Die **Flucht** vor den Polizeiorganen anlässlich einer nächtlichen Straßenkontrolle deutet an, dass der Betreffende etwas verbergen will, möglicherweise die Tatsache, dass er eine Straftat verübt hat.

Ein **Modus operandi** weist auf die Täterschaft einer bestimmten Person hin, wenn diese nach der entsprechenden Datei der Polizei so vorzugehen pflegte. Der Versuch des Verdächtigen, einen Zeugen zu einer falschen Aussage zu veranlassen, zeigt Angst vor der Wahrheit an, denn ein Unschuldiger tut das in der Regel nicht, es sei denn, er wolle einen andern Tatbestand oder ein moralisch verwerfliches Verhalten verdecken.

Ein Motorradhalter, dessen Motorrad nachts mit weit überhöhter Geschwindigkeit in eine Radarfalle geraten war, versuchte anschließend, einen Kollegen zu veranlassen, der Polizei zu erzählen, er habe das Motorrad am Vortag ausgeliehen und dann irrtümlich den Zündungsschlüssel stecken lassen. Damit sollte erklärt werden, ein Unbekannter habe das Motorrad zur Tatzeit zum Gebrauch entwendet und dann wieder zurück gestellt. Das Gericht ging zu Recht davon aus, wer so vorgehe, setze sich dem Verdacht aus, die eigene Täterschaft verdecken zu wollen. Im Weiteren sei es praktisch ausgeschlossen, dass jemand, der aus einer privaten Tiefgarage ein Motorrad entwende und dann in einen Radar gerate (was er zumindest nachts bemerke, weil mit Blitzlicht fotografiert werde), das Motorrad anschließend wieder dorthin zurück stelle, wo er es genommen habe.

11.5.2 Entlastungsindizien

Neben Belastungs- gibt es auch **Entlastungsindizien.** So ist jegliches Fehlen eines plausiblen Motivs oft entlastend, da erfahrungsgemäß aus einfühlbaren Triebfedern heraus gehandelt wird, vor allem bei Verübung eines Verbrechens. Die Tatsache sodann, dass eine Straftatserie mit gleichem Modus operandi fortgesetzt wird, obwohl der vermeintliche Täter inzwischen verhaftet worden ist, spricht gegen die Täterschaft des Verhafteten (auch) in den früheren Fällen. Immerhin könnte aber ein noch nicht verhafteter Mittäter seinen Freund durch die neue Tat entlasten wollen, oder ein anderer hat die inzwischen bekannt gewordene Art des Vorgehens übernommen. Die Aufzählung von entlastenden Fakten ließe sich beliebig fortsetzen.

Entlastungsindizien werden mitunter raffiniert gefälscht:

Ein Täter steckte den Schlagring, den er im Raufhandel verwendet hatte, beim Herannahen der Polizei heimlich einem Beteiligten in die Tasche. Er schuf so in Bezug auf den anderen ein falsches Belastungsindiz und für sich einen Entlastungshinweis.

Ein Händler mit falschen (nachgeprägten) Goldstücken suchte eine Bank auf und fragte am Schalter, ob die betreffenden Goldstücke echt seien. Der Bankangestellte sah sich die Münzen genau an und verneinte die Frage. Der Händler ging daher zu weiteren Banken, bis er einen Dummen fand, der seine Frage nach der Echtheit bejahte. Daraufhin verkaufte der Schwindler die Goldstücke einem Privaten, und als dieser schließlich erkannte, betrogen worden zu sein und Strafanzeige erstattete, berief sich der Täter auf die Auskunft des letzten Bankangestellten und natürlich nur auf diesen.

11.5.3 Die Beweiskraft von Indizien

Wenn Kriminalisten von Indizien sprechen, dann meinen sie häufig Umstände, die bei der zu beweisenden Tatsache immer und sonst nie vorkommen. Die Schmauchspur auf den Kleidern des Opfers ist ein Indiz für einen Nahschuss, weil Nahschüsse immer Schmauchspuren beim Opfer hinterlassen und Schüsse aus einer Distanz von einigen Metern nie. Solche Indizien gibt es vor allem im Bereich der Spurenkunde, wenn es gelingt, einem Merkmal eine ganz bestimmte Wirkung zuzuordnen.

Die Wirklichkeit ist allerdings nicht so einfach. Man hat es häufig mit Indizien zu tun, die mit großer **Wahrscheinlichkeit** auf eine bestimmte Tatsache hinweisen, allerdings nicht mit Sicherheit. Man sollte sich deshalb im Zusammenhang mit Indizien immer zwei Fragen stellen:

(1) Wie häufig kommt das Indiz bei der zu beweisenden Tatsache vor?

(2) Wie häufig kommt das Indiz vor, wenn die Tatsache nicht vorliegt?

Wenn man die Frage 1 mit „immer“ und die Frage 2 mit „nie“ beantworten kann, dann befindet man sich auf der sicheren Seite, denn man kann sagen, das Indiz beweise die Tatsache.

Dass immer dann, wenn man die Frage 2 überhaupt nicht beantworten kann, ein Indiz **wertlos** ist, hat *Mark Daniel Schweizer* ausführlich dargestellt. Er zeigt dies anhand von Umständen im Zusammenhang mit missbrauchten Kindern: Rötungen im Genitalbereich, Bettnässen und Verstopfungen sind zwar bei missbrauchten Kindern häufig, bei nicht missbrauchten Kindern allerdings ebenso. Das Indiz taugt also für die Unterscheidung von missbrauchten und nicht missbrauchten Kindern gerade nicht. *Schweizer* hat darauf hingewiesen, dass das Problem bei der Beweiswürdigung von Kindermissbrauch darin liege, dass häufig Experten befragt würden, die ausschließlich (oder fast ausschließlich) mit missbrauchten Kindern zu tun hatten. Sie sagen häufig aufgrund ihrer Erfahrung zu den Merkmalen missbrauchter Kinder aus, ohne allerdings genau zu wissen, wie häufig diese Merkmale bei nicht missbrauchten Kindern sind. Als Indizien für oder gegen Missbrauch taugen eben nur Symptome, deren Häufigkeit bei nicht missbrauchten Kindern man ebenfalls kennt und die dort signifikant tiefer liegt.

Man darf allerdings Indizien nicht nur beachten, wenn sie nur bei der zu beweisenden Tat vorkommen und sonst nicht. Die Wahrscheinlichkeit, dass eine Hypothese zutrifft, wenn ein bestimmtes Indiz zutrifft, lässt sich nach der Formel von *Thomas Bayes* nämlich berechnen:

Die Wahrscheinlichkeit [P], dass eine Hypothese bei Vorliegen eines Indizes zutrifft [also P(H|I)], berechnet sich aus der Wahrscheinlichkeit, dass die Hypothese zutrifft [P(H)], multipliziert mit der Wahrscheinlichkeit, dass das Indiz vorliegt, wenn die Hypothese zutrifft [P(I|H), geteilt durch die Wahrscheinlichkeit, dass das Indiz (unabhängig von der Hypothese) überhaupt vorliegt [P(I)]. Die Formel lautet also:

$$P(H|I)= P(H) \times P(I|H) / P(I)$$

Der Beweiswert von Indizien ist umso höher, je häufiger das Indiz zusammen mit der Hypothese vorkommt also ohne sie. Man bezeichnet diese Verhältniszahl P(I|H) / P(I) auch als den Likelihood-Quotienten. Am konkreten Beispiel: Findet man im Urin einer Verdächtigen Spuren der Abbauprodukte von Morphin, dann ist die Wahrscheinlichkeit groß, dass sie Heroin konsumiert hat; sie könnte allerdings auch codeinhaltigen Hustensaft getrunken haben, die Wahrscheinlichkeit dafür ist aber etwa 1000 mal tiefer. Der Fund der Abbauprodukte ist also für den Verdacht des Heroinskonsums **sehr belastend**. Lässt sich im gleichen Urin dagegen eine Schwangerschaft nachweisen, dann ist die Wahrscheinlichkeit, dass die Person Heroin konsumiert hat, wohl etwas tiefer als die Wahrscheinlichkeit, dass sie kein Heroin konsumiert hat (weil der Anteil der Heroinsüchtigen bei den werdenden Müttern zum Glück etwas tiefer ist als bei den Nichtschwangeren); der Nachweis der Schwangerschaft ist also ein **leicht entlastendes** Indiz für Heroinkonsum.

Bender/Nack haben den Beweiswert von Indizien anhand des Likelihood-Quotienten wie folgt beschrieben:

1:3	gering belastend
1:4-9	belastend
1:10-25	stark belastend
1:50-100	sehr stark belastend
1:1000 und höher	außerordentlich stark belastend

Die Kenntnis der Bayes'schen Formel und die damit zusammenhängenden Überlegungen sind für Juristen besonders wichtig, weil die Formel zum Teil Ergebnisse liefert, die einer vorläufigen Beurteilung durch Laien widersprechen. Das kann man an folgendem (von *Andreas Lindenberg* und *Irmgard Wagner* stammenden) Beispiel zeigen:

Aus einer Reihe von Verdächtigen bleiben 12 übrig, unter denen der Täter ist. Weil die übrigen Beweiserhebungen ausgeschöpft sind, wird ein Lügendetektortest vorgeschlagen. Dieser Test erkennt den Schuldigen mit einer Verlässlichkeit von 92 % und den Unschuldigen mit einer Verlässlichkeit von 98 %. Macht es Sinn, den Test durchzuführen? Prima vista würde man die Frage bejahen, der Statistiker käme allerdings zu folgendem Schluss: Nach der Bayes'schen Formel beträgt die Wahrscheinlichkeit, dass eine Person schuldig ist, wenn der Lügendetektor ausschlägt, nur 0,806 oder knapp 81 % – das genügt jedenfalls nicht zum Beweis der Schuld und bedeutet, dass ungefähr jeder fünfte, der vom Lügendetektor als schuldig erklärt wird, in Wirklichkeit unschuldig ist. Woran liegt das? Die Ursache dafür ist nicht etwa die Unzuverlässigkeit des Verfahrens bei Unschuldigen, sondern die Unzuverlässigkeit bei Schuldigen (obwohl sie in absoluten Zahlen geringer ist) – denn wenn es deutlich mehr Unschuldige als Schuldige gibt, wird aus der hohen Verlässlichkeit bezogen auf das Individuum eine kleine Verlässlichkeit bezogen auf die ganze Population.

Statistische Zahlen sagen für den Einzelfall oft nichts aus, wenn die Wahrscheinlichkeiten nicht sehr hoch sind – sie zeigen aber allenfalls auf, welche Hypothesen sich abzuklären lohnen, weil sie besonders wahrscheinlich sind – sie helfen also bei der Arbeitsorganisation.

Indizien sind, wie mehrfach betont, nicht bloße Fakten, sondern Tatsachen, die mit allgemeinem Wissen in Verbindung stehen und erst dadurch hinweisenden Charakter erhalten. Die **gleichen** Tatsachen, mit einem bestimmten Wissen verbunden, können auf etwas kriminalistisch Belastendes hinweisen, mit anderen Erkenntnissen vereinigt, auf etwas ganz anderes. Daher können sie je nach dem verwendeten allgemeinen Wissen den Beschuldigten belasten oder entlasten. Hat man etwa beim Verdächtigen Schuhe mit einer Profilsohle entdeckt, wie sie am Tatort als Abdruck gesichert worden ist, so leitet der Ankläger daraus ein Belastungsindiz ab, denn nicht jeder besitzt Schuhe mit diesem Sohlenmuster. Der Verteidiger weist auf die gleichen Tatsachen hin und erklärt, sein Mandant sei intelligent genug, Schuhe, die solche Spuren verursacht haben könnten, verschwinden zu lassen; geschickte Verbrecher täten dies, wie die Erfahrung lehre. Dass die Schuhe noch vorhanden seien, sei ein Indiz dafür, dass der Beschuldigte keine Straftat habe verschleiern wollen und müssen.

Bisher wurde von Indizien gesprochen, die in einem Fall gegeben seien, jedoch nicht näher untersucht, **wie** sie gegeben sein können. Wenn Indizien Tatsachen sind, welche aufgrund bestimmten allgemeinen Wissens mit Wahrscheinlichkeit auf andere Tatsachen hinweisen, so müssen vorerst die Ausgangstatsachen feststehen. Die

Äußerung des Beschuldigten, jemanden eine Tracht Prügel zu verabreichen, wird z.B. durch eine glaubhafte Zeugenaussage erhärtet. Die DNA-Spur muss entdeckt und gesichert werden, damit sie später zum Abgleich zur Verfügung steht.

Ist die hinweisende Tatsache selbst **nur wahrscheinlich**, dann muss dies beachtet werden. Es gibt denn auch Indizienbeweise für Indizien. Kann man aufgrund von Spuren am Tatort lediglich mit einer Wahrscheinlichkeit von $^9/_{10}$ sagen, das Täterfahrzeug sei ein Opel gewesen, dann ist die Tatsache, dass ein Zeuge mit einer Sicherheit von ebenfalls nur $^9/_{10}$ behaupten kann, der Verdächtige sei am kritischen Tage einen Opel gefahren, natürlich nicht so indizierend, wie wenn beide Umstände sicher wären.

Es ist deshalb wichtig zu wissen oder abzuschätzen, mit welchem **Gewicht** ein Indiz das zu Beweisende, die Täterschaft, ein Verhalten oder einen Umstand anzeigt. Es weist, wenn es ein kriminalistisch bedeutsames Belastungsindiz ist, zusammen mit bestimmtem Wissen **mit kleinerer oder größerer** Wahrscheinlichkeit auf die Täterschaft, den Tatvorgang oder einen Tatumstand hin. Die Bremsspur eines Autos ist im Zusammenhang mit der entsprechenden physikalischen Formel und unter Berücksichtigung weiterer Faktoren (z.B. trockene, ebene Asphaltstraße, Qualität der Bremsen u.s.w.) ein sehr gewichtiges Indiz für die vor dem Stopp des Fahrzeuges innegehabte (und z.B. übersetzte) Geschwindigkeit (die Formel dazu findet sich z.B. unter *www.internetratgeber-recht.de/Verkehrsrecht/Rechner/ rechner-bremsweg.htm)*.

Der indizielle Wert einer (einzelnen) Tatsache im Zusammenhang mit allgemeinen Erkenntnissen oder Erfahrung ist jedoch nicht immer einfach zu berechnen oder zu schätzen. Gelegentlich muss man auf **Statistiken** zurückgreifen oder sie ad hoc erstellen. So lässt sich ohne Kenntnis der Verbreitung der verschiedenen Blutgruppen in der Bevölkerung nicht ausmachen, wie indizierend es ist, wenn am Tatort Blut der Gruppe 0 gefunden wurde und ein verletzter Verdächtiger der gleichen Gruppe angehört. Unter 100 Personen sind es (in der Schweiz) ca. 42, welche zur Gruppe 0 zählen. Der indizielle Wert der Tatortspur „Blutgruppe 0" ist also gering, nur etwa 1:2. Dagegen würde eine DNA-Untersuchung des Blutes praktische Gewissheit liefern, die Wahrscheinlichkeit läge bei etwa 1:15 000 000.

Viele Indizien sind sehr schwierig zu bewerten. Welche Bedeutung hat es für seine Täterschaft in einem konkreten Fall, wenn der Verdächtige angesichts einer polizeilichen Kontrolle die **Flucht** ergriffen hat? Es ließe sich vermutlich statistisch erfassen, wie viele Unschuldige bzw. Schuldige in dieser Situation fliehen, was aber wohl nicht weiter hilft, weil es in solchen Konstellationen auf die Umstände des konkreten Täters ankommt und nicht darauf, wie ein „Durchschnittsmensch" reagiert. Der Kriminalist muss sich deshalb mit einer eher gefühlsmäßigen Bewertung begnügen. Das gilt in zahlreichen Konstellationen: Wie viel spricht für die Täterschaft eines Ehemannes, der ein Jahr vor dem gewaltsamen Tode seiner Frau diese hoch versichern ließ? Man weiß es nicht. Ferner: Um wie viel belastet es den Ehemann wenn seine Frau vorsätzlich getötet worden ist und ein Raubmord und ein Sexualdelikt außer Betracht fallen? Über 80 % der Morde an Frauen werden, wenn kein Raub- oder Sexualdelikt gegeben ist, von Angehörigen des Opfers oder näheren Bekannten verübt, vor allem vom Ehemann oder vom jetzigen bzw. früheren Geliebten der Frau. Es soll sich dabei um eine recht konstante Statistik handeln, und es ist allemal eine gute Fahndungsregel, im Fall einer ermordeten Ehefrau im Gatten (oder Geliebten) einen wahrscheinlichen Täter zu sehen. Leider fehlen genauere und zuverlässige statistische Arbeiten über die engeren und weiteren Umstände solcher Taten, über die Vorgeschichte solcher Morde, über das nachdeliktische Verhalten der Täter und der sich so ergebenden Indizien.

Wie stark belastet einen des Diebstahls Beschuldigten der Umstand, dass er in den letzten zehn Jahren bereits einmal wegen Diebstahls verurteilt werden musste? Um wie viel ist seine Täterschaft (bei entsprechendem Verdacht) in einem neuen Fall wahrscheinlicher? Es gibt darüber statistische Erkenntnisse. Die Wahrscheinlichkeit ist über siebenmal so groß wie bei einer nicht vorbestraften Person. Das hilft aber nur weiter, wenn es um die Frage geht, wo der Täter gesucht werden soll; für die Belastung eines konkreten Verdächtigen sind solche Überlegungen vorerst nutzlos. Selbstverständlich wird niemand wegen Mordes bzw. Diebstahls verurteilt, weil er Ehemann der Ermordeten bzw. wegen Diebstahls **vorbestraft** ist. Kommen aber weitere, sehr belastende Indizien hinzu, dann wird die Angelegenheit ernst.

Es ist sodann zu beachten, dass sich die Gewichte einiger Indizien, die wesentlich auf (statistischen) Feststellungen über bestimmte Merkmalsverteilungen in der Bevölkerung beruhen, im Laufe der Zeit **ändern** können. Spezifisch gefärbte Textilfasern, die ursprünglich Seltenheitswert besessen haben, sind plötzlich bei entsprechendem Modetrend fast überall zu finden. Statistiken, die in einem **räumlich begrenzten Bereich** aufgenommen worden sind, dürfen nicht ohne weiteres auf andere Gebiete übertragen werden.

Die in Westeuropa übliche Altersbestimmung durch Röntgen der Handwurzelknochen (die es ermöglicht zu beurteilen, wie alt eine Person ist, die sich noch in der Wachstumsphase befindet) basiert auf einer Statistik, die anhand von Zahlenmaterial aus Westeuropa erstellt wurde. Ob sie auch für Personen aus Zentralafrika gleich zuverlässig ist (auf die sie in der Schweiz üblicherweise angewendet wird), ist statistisch bisher nicht zweifelsfrei gezeigt worden.

Besonders wichtig bei der Berechnung der Beweiskraft von Indizien ist die Beachtung der sich gegenseitig beeinflussenden Wahrscheinlichkeiten. Worum es geht, hat Mark Daniel Schweizer an einem einleuchtenden Beispiel erklärt:

Im Prozess gegen O.J. Simpson, der verdächtigt wurde, seine Frau umgebracht zu haben, argumentierte der Harvard-Professor *Alan M. Dershowitz* als Verteidiger wie folgt: Nur etwa 0,1 Prozent der Männer, welche ihre Ehefrau geschlagen hätten, hätten sie auch getötet. Der Umstand, dass O.J. Simpson seine Frau geschlagen habe, sei also kein belastendes Indiz dafür, dass er sie auch getötet habe. Der Statistiker *Irving J. Good* wies in der Folge nach, dass diese Überlegung nicht zielführend ist: Man würde sich besser die Frage stellen, wie hoch die Wahrscheinlichkeit ist, dass eine getötete Frau von ihrem schlagenden Ehemann umgebracht wurde. Er stellt dazu folgende Überlegung an: Das Risiko, überhaupt getötet zu werden, ist auch in den USA heutzutage noch sehr gering (nämlich nur, aber immerhin 1:10 000 pro Jahr, weil von 250 Mio. Amerikanern pro Jahr etwa 25 000 von Dritten vorsätzlich getötet werden). Wenn die Wahrscheinlichkeit, dass ein schlagender Ehemann seine Frau auch tötet, insgesamt etwa 1:1000 beträgt, dann könnte man abschätzen, dass sie pro Jahr ungefähr 1:10 000 beträgt. Rechnet man nach dem soeben erwähnten Bayes-Theorem die Wahrscheinlichkeit aus, dass eine in den USA ermordete Frau, die von ihrem Mann geschlagen wurde, auch von ihm (und nicht von einem Dritten) getötet wurde, dann ergibt sich eine Wahrscheinlichkeit von 50 % – also doch ein höchst belastendes Indiz. Diese komplexe Rechnung mit der Bayes'schen Formel kann auch etwas vereinfacht und einleuchtender dargestellt werden, wie *Gerd Gigerenzer* gezeigt hat: Man stelle sich 10 000 geschlagene amerikanische Frauen vor – eine davon wird nach *Dershowitz* von ihrem Mann getötet, es bleiben 9999. Von diesen Frauen wird durchschnittlich eine von einem Dritten getötet (von 250 Mio. etwa 250 000). Mit anderen Worten ist die Wahrscheinlichkeit, dass der schlagende Ehemann der Täter eines der beiden Tötungsdelikte ist, eben 50 %.

11.5.4 Von den Indizien zum Beweis

Alle Indizien der Art, wie sie eben aufgezählt worden sind, weisen also für sich genommen nur mit geringerer oder größerer Wahrscheinlichkeit auf eine bestimmte andere Tatsache hin. Beweisen tun sie diese anderen Fakten in aller Regel nicht. Wie kann aber unter solchen Umständen überhaupt etwas Sicheres, ein Beweis, entstehen, der den Richter zu überzeugen vermag?

In einem Kriminalfall **treffen** (zum Glück des Kriminalisten) meistens **mehrere Indizien zusammen**, die einen weisen auf die Täterschaft hin, andere auf den Tatvorgang, wieder andere auf andere Tatsachen. Indizien, die auf dasselbe hinweisen, darf man nun, wie die Wahrscheinlichkeitstheorie lehrt, miteinander auf bestimmte Weise in Beziehung setzen, wenn sie **voneinander unabhängig** sind. Sie weisen zusammen nämlich mit größerem Gewicht auf das Angezeigte hin, dieses wird wahrscheinlicher. Dabei spielt nicht nur die Anzahl der zusammentreffenden Indizien eine Rolle, sondern auch ihr unterschiedliches Gewicht. Die theoretischen Grundlagen dieser mathematischen Methode wurden weiter vorn (in Kapitel 3) bereits entwickelt.

Bekannt ist das Vorgehen der Polizei bei **Unfallflucht** im Straßenverkehr. Die Fahnder sammeln Spuren am Tatort, z.B. Scherben von Scheinwerfern des Täterautos. Finden sie in der Folge ein beschädigtes Fahrzeug, so werden sie versuchen, die Scherben in die zerbrochenen Gläser einzusetzen, die noch am Auto haften. Passen sie genau, so besteht kein Zweifel: Das ist das Tatfahrzeug. Unzählige Merkmale kommen zusammen, damit ein Bruch zu einem anderen passt, und die Wahrscheinlichkeit, die Scherben könnten auch anderswo passen, ist in aller Regel praktisch bei Null. Sie liegt je nach Größe des Bruchstückes (oder deren Teile) bei eins zu vielen Milliarden. Die Beweiskraft von Werkzeugspuren am Tatort im Vergleich zum Werkzeug im Besitz des Täters, von Geschossen im Körper des Opfers und solchen, die aus der Waffe des Verdächtigen verfeuert worden sind, wird ähnlich berechnet. Spezifische Spuren, Rissspuren, entstehen auch an einem Abfallsack, wenn er von der Rolle getrennt wird, von Streichhölzern, die aus einem Heftchen gebrochen werden u.s.w. Das heißt, dass man feststellen kann, woher das abgetrennte Stück stammt. Selbst Verbrecher glauben an diese eindeutige Zuordnung, wenn sie eine Banknote zerreißen und einem Beteiligten davon eine Hälfte geben. Der Berechtigte oder Bevollmächtigte weist sich später mit der genau passenden Hälfte aus, wenn es ums Geldabholen bei solchen geht, die ihn nicht kennen.

Der Fingerabdruck ist ein instruktives Beispiel, wie die **Zahl der gefundenen Merkmale die Beweiskraft erhöht**. Legt man über einen Fingerabdruck ein Netz von 100 Quadrätchen, so tauchen in vielen folgende Merkmale auf: Endung einer Papillarlinie nach oben, Endung nach unten, Gabelung nach oben, Gabelung nach unten (und andere Besonderheiten). Die genannten Merkmale sind etwa gleich häufig und von einander unabhängig. Die Wahrscheinlichkeit des Auftretens eines Merkmales in einem Quadrätchen beträgt ca. $^{1}/_{4}$. Man darf daher ihre Werte miteinander multiplizieren. Das geschieht nach dem gleichen System wie beim Würfeln: Ist die Wahrscheinlichkeit, mit einem Würfel eine Sechs zu werfen, $^{1}/_{6}$, dann ist die Wahrscheinlichkeit, mit zwei Würfeln zwei Sechsen zu werfen, $^{1}/_{6} \times {}^{1}/_{6}$ oder $^{1}/_{36}$. Bei Feststellung von zwei übereinstimmenden Merkmalen (etwa eine Endung der Papillarlinie nach oben und eine Gabelung nach unten) in bestimmten Quadrätchen erhält man eine Wahrscheinlichkeit von $^{1}/_{16}$ ($^{1}/_{4} \times {}^{1}/_{4}$). Im Durchschnitt zeigt also noch jeder 16. Finger die beiden Merkmale an den betreffenden Stellen. Bei 12 Merkmalen gibt es unter 16-17 Millionen Fingern nur noch etwa **einen** mit dieser Merkmalskombination. (Auf der Welt gibt es aber fast 7 Milliarden Menschen mit je zehn Fingern.) In der kriminalistischen Praxis in Deutschland und der Schweiz gelten (minimal) 12 Merkmale im Allgemeinen als hinreichender Identitätsbeweis. Ein Abdruck mit entsprechend vielen Merkmalen beweist, wenn echt, aber nur, dass höchstwahrscheinlich ein ganz bestimmter Mensch den Abdruck auf dem Gegenstand hinterlassen hat. Er beweist nicht ohne weiteres die Täterschaft beim Delikt; Letztere muss durch zusätzliche Feststellungen erhärtet werden, z.B. durch den Beweis, dass der Fingerabdruck zur Tatzeit, nicht vorher und nicht nachher, entstanden ist.

Wie steht es mit einem ganzen **„Bündel"** von einander **unabhängiger Indizien**?

Es ist in eine Wohnung eines Mehrfamilien-Hauses in einer Schweizer Stadt (500 000 Einwohner) eingebrochen worden. Die Mieter der betreffenden Wohnung weilten in den Ferien und kamen erst zwei Tage später zurück. Dem Täter gelang es, mit bloßer Körpergewalt die Wohnungstüre einzudrücken. Dann wuchtete er im Wohnzimmer eine Schublade mit einem in der Wohnungsküche behändigten großen Messer auf. Der Schublade entnahm er zwei Hundertfranken-Banknoten (Schweizer Währung) sowie 12 € in Münzgeld. Fingerabdrücke wurden vorerst keine gefunden. Der Täter scheint all das, was er berührt hat, fein säuberlich blank gewischt zu haben. Erst eine zweite Inspektion ergab ein Fingerabdruck-Fragment, offenbar vom linken Daumen des Täters am Sekretär, auf den sich der Dieb beim Aufwuchten des Möbels abgestützt haben dürfte. Der Abdruck wurde beim Sauberwischen des Möbels durch den Täter nur teilweise erfasst. Sieben Merkmale des Abdruckes waren erkennbar. Auf dem Parkettboden der Wohnung konnte ferner der Abdruck eines Schuhes mit bestimmter Profilsohle (ohne individuelle Merkmale) gefunden werden, ein Abdruck, den der Täter hinterlassen haben musste, denn die Bewohner der Wohnung besitzen keine Schuhe mit solchen Sohlen. – Der mutmaßliche Täter wurde vier Tage später gestellt und verhaftet, als er nachts mit seinem Fahrrad ohne Licht in der fraglichen Stadt fuhr und sich einer polizeilichen Kontrolle entziehen wollte. Er hatte eine Hundertfranken-Note, Schweizer Münzgeld in der Höhe von Fr. 8,– und € 12,– Münzgeld auf sich; ferner trug er Schuhe mit der gleichen Profilsohle, wie sie im erstgenannten Fall als Spur gesichert worden war. Sein linker Daumen zeigte die nämlichen sieben Merkmale wie das am Sekretär gefundene Fragment. „Wie viel" spricht dafür, dass er den oben geschilderten, von ihm aber bestrittenen Einbruch und Diebstahl begangen hat?

Betrachtet man das Fingerabdruck-Fragment mit den sieben Merkmalen, so errechnet sich die Wahrscheinlichkeit, dass eine Person am (linken) Daumen diese sieben Merkmale besitze auf 1 : 4 hoch 7 = ca. 1 : 16 000, d.h. im Durchschnitt zeigt also nur jeder 16 000. (linke) Daumen eine solche Merkmalskombination. Für eine Verurteilung würde das, wenn nichts anderes hinzukommt, natürlich nicht ausreichen. Doch es gibt noch weitere Fakten: Der indizielle Wert des Schuhabdruckes ist ohne „kleine Statistik" über die Verteilung des fraglicher Sohlenprofils in der Bevölkerung kaum abzuschätzen. Geht man aber zurückhaltend davon aus, dass nur jede dreißigste Person Schuhe mit dem festgestellten Profil (in dieser Größe) benütze, so kann die Rechnung weitergeführt werden. Die Wahrscheinlichkeiten von Fragment und Profilsohle lassen sich nämlich, da sie voneinander unabhängig sind, miteinander multiplizieren: $^1/_{16\,000} \times {}^1/_{30}$ = knapp $^1/_{500\,000}$. Weiter ist zu berücksichtigen, dass der Verdächtige Geld in spezifischer Stückelung bei sich trug. Vor allem das Euro-Münzgeld ist bei einem Diebstahl in der Schweiz mit ihrer Frankenwährung sehr indizierend. Man darf – ganz vorsichtig geschätzt – davon ausgehen, dass bestenfalls jede hundertste Person eine solche Stückelung (genau 12 €) auf sich trägt. Das ergibt $^1/_{50\,000} \times {}^1/_{100} = {}^1/_{50\,000\,000}$. Mit anderen Worten: Nur noch bei jedem Fünfzigmillionsten (im Durchschnitt) würde man die betreffenden Indizien zusammen vorfinden. Diese Indizien und die Tatsache, dass der Täter in einem Vorort der Stadt wohnt, dürften genügen, den Beschuldigten zu verurteilen. (Die Tatsache, dass sich der Verdächtige einer Polizeikontrolle entziehen wollte, bleibt außer Betracht.)

Man kann die Rechnung auch in umgekehrter Richtung durchführen, was vielleicht besser zu durchschauen ist. Geht man von 50 Millionen „möglichen Tätern" aus (warum man das tun darf, ist noch zu erörtern) und berücksichtigt man zuerst den indiziellen Wert des Schuhsohlen-Abdruckes ($^1/_{30}$), so fallen sofort ca. 48 400 000 Personen außer Betracht, weil sie keine solchen Schuhe besitzen. Es bleiben aber immerhin rund 1 600 000 mit solchen Schuhen. Von denen hat nur jeder 16 000. die sieben Merkmale am linken Daumen, d.h. es bleiben noch hundert Verdächtige. Da sodann von den verbleibenden 100 Personen durchschnittlich nur jede Hundertste die entsprechende Geldstückelung in der Tasche hat, gibt es nur noch eine Person, die sowohl die Schuhe mit den betreffenden Profilsohlen, die Daumen-Merkmale und die € 12,– besitzt – „eben der Täter".

Es ist möglich, dass diese Rechnung einem Richter als Verurteilungsgrundlage genügt. Immerhin gelangt man zum Ergebnis, dass im Durchschnitt nur bei jedem 50 Millionsten Menschen die in Frage stehende Merkmalskombination zu finden ist. Doch da liegt der Hund begraben. Wenn wir nämlich am Anfang von einer Bevölkerung von 100 Millionen möglichen Tätern ausgegangen wären, dann gäbe es im Durchschnitt **zwei** Personen, die diese Merkmale aufweisen. Bei zusätzlicher Erweiterung der „Population möglicher Täter", z.B. auf eine Milliarde, zwanzig Personen mit der in Frage stehenden Merkmalskombination. Darf man da trotzdem verurteilen, oder von welchem Bevölkerungskreis ist auszugehen?

Bleiben wir bei einer Beurteilung der Täterschaft! **Je weiter weg vom Tatort** sich ein Mensch um die Tatzeit herum aufgehalten hat, seinen Beruf ausübt oder einfach dort lebt, desto weniger kommt er als Täter in Frage. (Wir lassen dabei ferne Anstifter, Täter anderer Distanzdelikte, angereiste Auftragskiller, international tätige Banden außer Betracht.) Die begründete Annahme, dass der ernstlich in Frage Kommende in einer gewissen Tatortnähe lebte und lebt, darf zu einer Einschränkung in Bezug auf den Kreis der möglichen Täter führen. Diese Tatortnähe bestimmt sich nach Art, Bedeutung und Ausführung der Straftat, nach der Bevölkerungsdichte der Gegend, die schweren oder leichten Verkehrswege zum Tatort, allgemein bekannte Kenntnisse in Bezug auf den Tatort. Weit weg Lebende kommen kaum als Täter in Frage; sie hätten Alibis en masse. Große Bevölkerungsdichte muss andererseits die Zahl der in Betracht zu Ziehenden erhöhen. Die Annahme einer Population von 50 Millionen möglichen Tätern bei einer Stadt von 500 000 Einwohnern und einem größeren Einzugsgebiet, wie bei dem geschilderten Einbruchdiebstahl und Rechenbeispiel, ist daher durchaus begründet, und man ist damit auf der sicheren Seite, wenn man Annahmen trifft, die gegenüber der Realität eher zu Gunsten des Täters sind.

Neben den Belastungsindizien sollte man natürlich auch den **Entlastungsindizien** nachgehen. Solche können sich daraus ergeben, dass bestimmte Tatsachen, die bereits beim Belastungsbeweis verwendet worden sind, mit anderen allgemeinen Wahrheiten, durchaus entlastend sein können. Vor allem aber gibt es andere, noch nicht berücksichtigte Tatsachen, die den Täter entlasten dürften: Der Verdächtige erklärt etwa, er habe es nicht nötig zu stehlen; sein reicher Onkel gebe ihm immer Geld, wenn er es nötig habe. Das kann den Verdächtigen entlasten, wenn der Onkel dies bestätigt. Auch die Bestreitung der Tat (etwa des geschilderten Einbruches) enthält regelmäßig eine Alibi-Behauptung, die, wenn sie nicht widerlegt werden kann, ein Entlastungsindiz darstellt. Es muss also jedes nicht widerlegte Entlastungsindiz berücksichtigt werden. Und es ist zu prüfen, zu welchem Ergebnis das ganze Bündel der Entlastungshinweise führt. Schließlich muss eine Gegenüberstellung des Belastungs- und des Entlastungsbeweises Klarheit schaffen.

Selbstverständlich gibt es keine zahlenmäßig festgesetzte Belastungsbzw. Entlastungswahrscheinlichkeit, bei welcher ein Richter zu verurteilen hat oder nicht überzeugt sein darf und freisprechen muss. Ein und derselbe Indizienbeweis könnte in der Praxis von verschiedenen Gerichten verschieden beurteilt werden. Mitunter hängt dies von durchaus beweisfremden Umständen ab, etwa davon, wie schwarz ein Verteidiger die Gefahren eines falschen Indizienbeweises ausmalen konnte. Die richterliche Überzeugungsbildung kann auch dadurch beeinflusst werden, dass es vor dem Urteil eine öffentliche Polemik des Inhalts gegeben hat, es werde zu häufig und zu leicht verurteilt oder freigesprochen.

Verteidiger brechen bisweilen geschickt einzelne Indizien aus der Beweisführung der Anklage heraus; sie argumentieren etwa, man könne ihrem Klienten den Diebstahl nicht anlasten, weil er Schuhe mit einer bestimmten Profilsohle besitze, weil dies auf Tausende anderer Menschen auch zutreffe. Indizien sind aber eben nur **zusammen** beweisend; einzeln betrachtet lassen sie andere Schlüsse offen.

Auch das Argument, wenn ein bestimmtes Indiz nicht sicher feststehe oder wegfalle, sei die Kette der Beweisführung unterbrochen, stimmt in der Regel nicht. Indizien (von bedingten abgesehen) bilden **keine Kette**, sondern weisen meistens parallel und unabhängig voneinander auf das zu Beweisende hin. In einem reich dotierten Indizienbeweis können sehr wohl Indizien ohne Schaden für die Beweisführung entfallen, wenn der Rest noch genügend Gewicht besitzt.

Es ist in Fällen eines Indizienbeweises mit vielen Indizien unterschiedlichen Charakters und Wertes immer nützlich, die Beweisführung, soweit möglich, **wahrscheinlichkeitstheoretisch** zu durchdenken. Dazu gehört,

- die Beweisthemen oder Hinweise der einzelnen Indizien zu bestimmen und sie entsprechend zu **gruppieren**. Welche Tatsachen und welche allgemeinen Erkenntnisse führen zu den betreffenden Indizien? Auf was weist jedes Indiz hin? Auf die Täterschaft des Verdächtigen? Auf die Erfüllung eines bestimmten Tatbestandsmerkmales? Auf etwas anderes, z.B. auf ein anderes Indiz? (Ein Indiz kann übrigens auf die Erfüllung eines bestimmten Tatbestandes und auf die Täterschaft hinweisen, z.B. das Indiz aufgrund des Modus operandi.)
- Sodann sind die einzelnen Indizien in ihrem **Gewicht** zu **bewerten**. Das ist leider nicht immer genau möglich, doch sollte man mindestens eine (zurückhaltende) Schätzung versuchen. Vielleicht gibt es geeignete Statistiken, welche dies erleichtern.
- Zur Konstituierung des Beweises oder seiner Analyse gehört ferner die Prüfung, ob die einzelnen Indizien einer Gruppe gegenseitig **unabhängig** sind, denn je nachdem ist die Berechnung des ganzen Beweises eine andere. (Das, was der Verdächtige unseres Beispiels an Münzgeld mit sich führte, ist unabhängig davon, welche Schuhe mit welchen Sohlen er trug. Ein Abdruck der rechten Profilsohle und ein gleichartiger der linken sind jedoch extrem voneinander abhängig; man trägt normalerweise rechts und links Schuhsohlen vom gleichen Muster, die nur spiegelbildlich verschieden sind.
- Dann ist eine **Gesamtberechnung der** in einer Gruppe zusammengefassten **Indizien** vorzunehmen, um auszumachen, was der Beweis wert ist, ob sein Wert wenigstens in die Nähe anderer errechneter und als überzeugend geltender Indizienbeweise herankomme.

- Entscheidend ist schließlich, von welcher **Grundgesamtheit** (z.B. Bevölkerungskreis „möglicher Täter“ bzw. Tatvorgängen) man ausgehen darf oder muss.

Selbstredend soll eine Anklage- oder Urteilsbegründung nicht zur bloßen Rechenübung werden, anderseits sind richtig durchgeführte Wahrscheinlichkeitsrechnungen unumstößlich, auch wenn sie von Gerichten bisweilen nicht durchschaut werden; dann ist notfalls eine Expertise durch einen Mathematiker erforderlich. Es gehört jedenfalls zur kriminalistischen Sorgfalt, die erwähnte Konstitution bzw. Analyse des Beweises zumindest für sich vorzunehmen. Bei manchen Indizienbeweisen ist dies schwierig, wenn kaum verwertbare Indizien mitspielen. Dennoch wird ein solches Verfahren, auch wenn das eine oder andere Indiz auf einer bloßen, aber zurückhaltenden Schätzung beruht, häufig zu einer besseren Anklage- bzw. Urteilsbegründung führen, und zu einer rationalen, nachvollziehbaren Begründung seiner erreichten oder nicht erreichten Überzeugung sind der Kriminalist und der Richter ja allemal verpflichtet. Auch der Beschuldigte, der die Tat bisher bestritten hat, kann oft den ihn belastenden Indizienbeweis beurteilen und wird dann vielleicht einsichtig ein glaubhaftes Geständnis ablegen.

Vierter Teil: Schlussgedanken

12. Fehler beim kriminalistischen Arbeiten und abschließende Bemerkungen

Wenn abschließend von Fehlern beim kriminalistischen Arbeiten, insbesondere von Denkfehlern die Rede ist, so werden zum Teil Themen berührt, die schon früher, allerdings nicht unter dem Gesichtspunkt der Unrichtigkeit, behandelt worden sind.

12.1 Unkenntnis über das anwendbare Recht

Einer der häufigsten Fehler besteht darin, dass sich der kriminalistisch Tätige über die zu **lösende Aufgabe** nicht ganz im Klaren ist. Er weiß nicht, worauf es ankommt, weil er sich weder die in Frage kommende Gesetzesbestimmung vergegenwärtigt noch die einzelnen Verbrechenselemente (z.B. bei einem fahrlässigen, unechten Unterlassungsdelikt) prüft.

In der Schweiz, wo zur Verurteilung wegen Betruges nicht nur erforderlich ist, dass dem Täter nachgewiesen wird, er habe das Opfer getäuscht, sondern zusätzlich verlangt wird, dass diese Täuschung **arglistig** gewesen sein muss, kommt es leider oft vor, dass in größeren Betrugsverfahren die äußeren Umstände mit großem Aufwand bis in die Details ermittelt wurden, am Schluss aber die Arglist nicht nachgewiesen werden kann. In Geldwäschereiverfahren ist nicht nur nachzuweisen, wer wann welche Summen auf welche Weise verschoben hat, sondern es geht immer auch um den Nachweis der strafbaren Vortat, der meistens sehr viel schwieriger zu erbringen ist.

Um Fehler dieser Art zu vermeiden, kann schon zu Beginn der Untersuchung mit einem Bearbeitungsschema gearbeitet werden, das auf den betreffenden gesetzlichen Tatbestand und die Deliktsart zugeschnitten ist: Es gilt, das **Programm** der zu beweisenden Umstände zu formulieren.

12.2 Unkenntnis über die kriminalistischen Mittel

Es ist weiter ein großer Fehler, die **Mittel** nicht gründlich zu kennen, die zur Lösung der Aufgabe zur Verfügung stehen. Kriminalistisches Denken setzt Allgemeinbildung voraus. Der Kriminalist ist nicht nur Polizeibeamter oder Jurist; er soll sich auch mit neuen Erkenntnissen der Physik, Chemie, Biologie, Medizin, Psychologie, Kriminologie, Logik und so weiter beschäftigen, soweit sie für die Forensik von Belang sind. Er muss nicht Sachverständiger sein, aber wissen oder ahnen, wann ein Sachverständiger helfen kann und beizuziehen ist.

Der Mitverfasser dieser Arbeit hatte ein großes Betrugs- und Veruntreuungsverfahren zu untersuchen, in dem es unter anderem um die Frage ging, ob Drittunterschriften eines Unbeteiligten vom Täter gefälscht worden waren. Weil die fragliche Unterschrift auf den ersten Blick wenig individuell war (sie bestand lediglich aus sechs Auf- und Abstrichen), ging ich davon aus, dass eine Schriftanalyse nicht weiter helfen werde – zu Unrecht, wie sich nach Einsicht in das Gutachten ergab, denn dem Schriftexperten gelang es, eine ganze Reihe von Individualisierungsmerkmalen zu identifizieren, die mir nicht geläufig waren.

Die Kriminaltechnik macht große Fortschritte; es ist daran zu denken, dass bei schweren Fällen nach einer gewissen Frist überprüft wird, ob es neue Möglichkeiten der Beweisführung gibt, die zum Zeitpunkt der Beweiserhebung noch nicht zur Verfügung standen.

Einen Quantensprung bedeutete die Entwicklung der DNA-Analyse, die auch zur Aufklärung weit zurück liegender Verbrechen beitrug: So wurde im Dezember 1984 am Ufer eines Teiches bei Hannover die Leiche von Brigitte K. aufgefunden. Spermaspuren am Opfer wurden damals tiefgekühlt und im Jahr 2000 wieder aufgetaut; die DNA-Analyse führte zur Festnahme und Verurteilung des Verursachers dieser Spuren.

12.3 Übersehen einer Straftat

Das größte Missgeschick unterläuft einem Kriminalisten wohl dann, wenn er ahnungslos an einem schweren **Verbrechen** oder an einem großen Verbrecher **vorbeispaziert**. Dabei ist es sehr wohl möglich, dass man dem Beamten gerechterweise keinen Vorwurf machen kann; ein solches Versehen sollte trotzdem unbedingt vermieden werden. Öffentlichkeit und Medien erklären in derartigen, nachträglich aufgedeckten Fällen fast immer, es sei unverständlich, warum man keinen Verdacht geschöpft habe. Wäre nur halb so viel Energie investiert worden wie bei der Verteilung von Parkbussen, dann hätten die Umstände als verdächtig auffallen müssen. Dabei wird übersehen, dass das rechtsstaatlich wichtige Institut des Anfangsverdachtes nicht zur Disposition steht und auch nicht je nach Art des Falles unterschiedliche Maßstäbe angelegt werden dürfen.

Viele Hinweise aus der Bevölkerung betreffen den Kleinhandel mit Betäubungsmitteln in Städten. Für Nachbarn kann es rasch auffällig sein, wenn drogenkranke Menschen plötzlich in einer gewissen Wohnung ein und aus gehen; bei der heutigen Polizeidichte kann allerdings nicht erwartet werden, dass auch die Polizei sofort auf solche Umtriebe aufmerksam wird.

12.4 Fehlende oder fehlerhafte Daten

Scheinbar sichere **Daten können fehlerhaft sein und irreführen**. Fremde „Feststellungen“ (und eigene) sind gelegentlich unzutreffend. In die Sinnesdaten und in die Aussagen darüber sind Verkürzungen oder Folgerungen eingegangen, die zu etwas Unrichtigem führten. Gefühle verändern die Sinnesdaten in ihrer Auswahl und Interpretation in die eine oder andere Richtung. Es ist daher mitunter zu hinterfragen, wie neutral der Aussagende die Sache betrachtet hat.

In vielen Ermittlungen wird bei weitem **nicht allen Informationsquellen nachgegangen**, aus denen vielleicht etwas zu holen gewesen wäre. Man muss zwar eine Ermittlung oder Untersuchung auch einmal abschließen, und das zwingt oft zu einer etwas summarischen Behandlung von Teilen der Sache, besonders wenn sie nicht allzu schwer wiegen. Doch auch bei Kapitalverbrechen gibt es immer wieder Fahndungslücken, und es darf behauptet werden, dass wahrscheinlich diese oder jene schwere Straftat hätte geklärt werden können, wenn man pedantisch allen, wirklich allen Informationsquellen nachgegangen wäre, die sich direkt oder indirekt aus bereits erhobenen Daten oder aus Dateien öffentlicher oder privater Dienste und Unternehmungen ergeben hätten.

Ein weiterer typischer Fehler besteht darin, am Anfang einer Untersuchung **zu wenig Daten** zu erheben, weil der Fall klar scheint, der Beschuldigte allenfalls sogar schon gestanden hat. Man sollte aber auch in klaren Fällen genügend Fakten sammeln, insbesondere solche, die später nicht mehr oder nicht mehr genau festgestellt werden können; eine gründliche Spurensicherung ist also auch nötig, wenn der Täter in flagranti erwischt wird und sofort gesteht, denn in Geständnisfällen ist immer daran zu denken, dass der Beschuldigte sein Geständnis widerrufen könnte. Es ist aber auch bei vagem Tatverdacht ein böser Fehler, die Gelegenheit zu verpassen, etwas Relevantes festzustellen, wenn es noch feststellbar ist. Eine nicht angeordnete Blutentnahme des an einem Unfall Beteiligten, der unter Alkoholeinfluss gestanden haben kann, bleibt verpasst. Hinter einem außergewöhnlichen Todesfall steckt möglicherweise ein Verbrechen; kommt diese Erkenntnis nur fünf Tage zu spät, hat man den Verstorbenen allenfalls schon kremiert. Wenn nach einem Vorfall die Beteiligten nicht sofort getrennt und eingehend einvernommen wurden, geben sie vielleicht ein paar Tage später alle die gleiche harmlose Version zu Protokoll, die sich nicht widerlegen lässt.

Besonders wichtig ist die **Sicherung von Daten**, die sich nachträglich nicht mehr erheben lassen, weil sie entweder ihrer Natur nach flüchtig sind oder aus bestimmten Gründen nur während einer gewissen Zeit aufbewahrt werden. Es kommt leider immer wieder vor, dass man bei Ermittlungen gegen eine Gruppe von Drogenhändlern zwar von einzelnen Beteiligten die Übernamen und die Mobiltelefonnummer kennt, sie aber noch nicht identifizieren kann. Unterlässt man es bei dieser Konstellation, die Verkehrsdaten über den vergangenen Telefonverkehr der verdächtigen Nummern einzuholen, und identifiziert man einen Beteiligten acht Monate später, dann sind die Daten nicht mehr verfügbar (weil sie von den Fernmelde-Dienstanbietern nur während sechs Monaten aufbewahrt werden müssen).

12.5 Unzulängliche Vernehmungen

Wenn ein **Verdächtiger** mit seiner Befragung einverstanden ist, dann sollte man diese Möglichkeit **gut ausnützen**. In der Praxis sieht man leider häufig Vernehmungen, die sehr viel weniger eingehend durchgeführt wurden, als es eigentlich nötig gewesen wäre. Damit ist nicht gemeint, dass man mit mehr Druck, durch Belügen oder auf andere unanständige und unzulässige Weise vorgehen sollte, im Gegenteil. Es steht zwar oft nicht viel Zeit zur Verfügung, um die Vernehmung gründlich vorzubereiten und dann entsprechend gründlich zu befragen; es gibt aber Fälle, die für eine eingehende Befragung wichtig genug sind. Zeitnot ist in solchen Situationen keine Entschuldigung. Einen besonders krassen Kunstfehler begeht derjenige, der die Befragung eines neuerdings Geständigen aus Zeitdruck abbricht; wer sich einmal zu einem Geständnis durchgerungen hat, wird alle Details der Tat bekannt geben, wenn man ihn sofort danach fragt. Tut er dies nicht, ist dies ein Hinweis darauf, dass das Geständnis falsch sein könnte. Verzichtet man darauf, dann könnte der Befragte schon am nächsten Morgen darauf gekommen sein, dass ihm ein Geständnis doch eher schadet, und die Tat wieder bestreiten.

Nicht nur der Verdächtige, sondern auch die übrigen Beteiligten sollten sorgfältig einvernommen werden. Besonders heikel sind Vernehmungen von kindlichen Opfern von Straftaten, insbesondere von Sexualdelikten, weil diese Vernehmungen nicht beliebig oft wiederholt werden können (um eine Traumatisierung des Opfers durch das Verfahren zu verhindern) und weil das Kind durch die Befragung selbst allenfalls beeinflusst wird und die Tendenz hat, dem Befrager das zu bestätigen, was er aus Sicht des Kindes hören will.

Es gilt mittlerweile als Kunstfehler, wenn ein kindliches Opfer eines Sexualdeliktes am Ende der Befragung gelobt wird, weil es die unangenehmen Fragen so ausführlich beantwortet habe. Früher war dies gang und gäbe; heute weiß man, dass Kinder durch solche Bemerkungen veranlasst werden, sich auch beim nächsten Mal wieder nach den Erwartungen der Erwachsenen zu verhalten, was dazu führen kann, dass sie die Erlebnisse etwas ausschmücken, um dem Erwachsenen das zu bieten, was er offenbar gerne hört.

12.6 Mangelnde Ordnung und Sichtung von Daten

Daten ungeordnet zu lassen und sie auch **nicht kritisch zu sichten**, ist fehlerhaft. Gerade wenn eine große Zahl von Daten vorliegt, wären Lösungen der kriminalistischen Aufgabe oft in den Akten enthalten, ohne dass man dies erkennt.

Es gehört zu den Standardmethoden der Polizei, die Kunden eines gefassten mutmaßlichen Drogenhändlers zu ermitteln, indem man die rückwirkenden Verbindungsdaten des bei ihm gefundenen Mobiltelefons einholt und die Gesprächspartner dann identifiziert. Leider gehört es nicht zu den Standardmethoden, diesen Gesprächspartnern dann bei der Befragung auch Anzahl, Zeitpunkte und Dauer der Gespräche vorzuhalten, obwohl sich daraus zumindest eine grobe Zahl der Treffen zwischen Drogenhändler und Abnehmer abschätzen ließe. Man liest in Befragungen immer wieder, dass solche Abnehmer behaupten, sie hätten z.B. innert drei Monaten lediglich fünfmal Heroin vom Händler bezogen, obwohl aufgrund der Verbindungsdaten feststeht, dass sie fast täglich zwei bis drei mal in gleichen zeitlichen Abständen mit ihm telefoniert haben.

Von besonderer Bedeutung ist die rasche Erkenntnis, welche Daten falsch oder unerheblich sind. Man beachte: Gewisse Daten haben, obwohl sie vielleicht falsch oder irrelevant sind, gelegentlich eine faszinierende Wirkung. Man sinnt dann ständig über sie nach, ohne sie mit den übrigen Fakten in einen sinnvollen Zusammenhang bringen zu können. Ist das der Fall, so soll man sie einfach für eine bestimmte Zeit ausblenden; man kommt dann in der Untersuchung vielleicht weiter. Das Endergebnis muss dann allerdings besonders sorgfältig überprüft werden, gerade auch im Hinblick auf die ursprünglich als falsch ausgeschiedenen Daten.

Ob die vorhandenen **Daten** zur Lösung der kriminalistischen Aufgabe **unzureichend** sind, kann man nur sagen, wenn man sich die zu suchenden und zu beweisenden Dinge immer wieder vergegenwärtigt. Das wird fehlerhaft oft zu wenig getan. Dabei wäre es das Patentrezept, die Ermittlungen gezielt voranzutreiben und allfällige Lücken zu schließen.

12.7 Fehlende Übersicht über die Beweislage

Nicht immer besteht Klarheit darüber, **was bewiesen** ist **und was nicht**. Einer der schlimmsten Beweisfehler ist der **Beweis aus der Lüge**. Ein Beschuldigter bestreitet, zur kritischen Zeit am Tatort gewesen zu sein. Nun gelingt es zu belegen, dass er sich damals doch in unmittelbarer Nähe des Tatortes aufgehalten hat. Die Alibi-Behauptung ist widerlegt und der Beschuldigte als Lügner überführt. Selbst ein Richter ist nun leicht geneigt, nicht nur die Anwesenheit des Angeklagten am Tatort als bewiesen anzusehen, sondern auch dessen Täterschaft, was er natürlich nicht ohne weiteres tun dürfte. Eine Lüge kann zwar auf die Täterschaft des Lügners hinweisen; sie ist aber noch lange nicht der Beweis dafür. Es wird aus den verschiedensten Gründen gelogen, nicht immer, weil man schuldig ist. Typisch ist die Überlegung des Unschuldigen, wenn er zugebe, sich in der kritischen Zeit in unmittelbarer Nähe des Tatortes aufgehalten zu haben, dann werde man glauben, er sei der Täter; diese Überlegung ist denn auch in vielen Fällen zutreffend und gibt einen guten Grund dafür, wieso der Unschuldige in diesem Punkt lügt. Man könnte dies aus der Sicht des Strafverfolgers zwar als **falsche Verteidigung** bezeichnen; sie ist aber gar nicht so selten. Die Lüge des Angeklagten über Tatumstände darf daher allein nie zu einem Schuldspruch Anlass geben.

12.8 Ermittlungsfehler

Bei Ermittlungen und Untersuchungen wird es immer wieder **Fehler** geben. Sie **offen zuzugeben und aktenkundig** zu machen, braucht manchmal Mut. Sie zu vertuschen, ist nicht nur unzulässig, sondern auch taktisch kurzsichtig und dumm, denn sie können später zur vernichtenden Bombe für das ganze Verfahren werden.

Im bereits mehrfach erwähnten Mordfall Zwahlen in Kehrsatz (die Ehefrau des Verdächtigen war tot in der Tiefkühltruhe des Einfamilienhauses gefunden worden) untersuchte man den Mageninhalt der Verstorbenen und machte in diesem Zusammenhang auch Experimente mit Assistenten, welche die mutmaßlich letzte Mahlzeit der Verstorbenen essen und nach einer bestimmten Zeit erbrechen mussten, um die Konsistenz der betreffenden Nahrungsmittel nach einer bestimmten Dauer der Verdauung experimentell dokumentieren zu können. Offenbar war zu einem gewissen Zeitpunkt nicht mehr klar, bei welchem Asservat es sich wirklich um den Mageninhalt der Verstorbenen handelte.

Im Mordfall Ferrari wurde in den 80er Jahren bei einem mutmaßlichen Opfer ein Schamhaar gefunden, das man dem Täter zuordnete, aber vorerst asservierte, weil die DNA-Analyse noch nicht bekannt war. Später schickte man dieses Haar nach Amerika, als dort erste Labors in der Lage waren, DNA-Analysen durchzuführen. Während einiger Zeit war das Haar dann verschwunden, tauchte aber plötzlich wieder auf, wobei nicht mehr ganz klar war, ob es sich wirklich noch um das ursprünglich beim Opfer gesicherte Haar handelte.

Nachdem der Zollbeamte in der Stoßstange eines Autos eingebaute Heroinpakete entdeckt hatte, demontierte man die Stoßstange und baute die Pakete sauber aus, um sie dann erkennungsdienstlich zu behandeln. Man fand keine Fingerabdrücke. Erst Monate später schaute sich der Staatsanwalt die Photos an, welche die Zollbehörden vor der Demontage der Stossstange erstellt hatten; auf dieser Stoßstange waren deutliche Fingerabdrücke zu erkennen, die der Kurier, als er den Stoff eingebaut hatte, mit seinen schmutzigen Fingern wohl auf der Stoßstange hinterlassen hatte. Mittlerweile war das fragliche Fahrzeug allerdings bereits nicht mehr für eine Nachanalyse verfügbar.

12.9 Fehlende Berücksichtigung von Wahrscheinlichkeiten

Nicht selten stößt man auf die irrige Meinung, Fakten, welche lediglich mit einer gewissen Wahrscheinlichkeit auf etwas Rechtserhebliches hinweisen, etwa Mutmaßungen aufgrund kriminalpsychologischer Überlegungen, seien in einem Strafverfahren nicht zu berücksichtigen, denn in einem solchen gehe es darum, etwas als sicher, nicht bloß als wahrscheinlich darzutun. Bei einer solchen Meinung bleiben aber wichtigste **heuristische Mittel** (Mittel der Fahndung, des Mutmaßens, der Kombination), wie sie dargestellt worden sind, auf der Strecke, zum Schaden einer erfolgreichen kriminalistischen Arbeit. Erst vor Gericht (in Wahrheit deshalb auch schon in der Untersuchung) sind **syllogistische** Mittel (Mittel der Beweisführung) gefragt, dann aber auch ausschließlich, vom Indizienbeweis abgesehen.

Der mutmaßliche Einbrecher war von einer Zeugin im Treppenhaus gesehen und relativ gut beschrieben worden; insbesondere beschrieb sie Kleider, welche der Verdächtige bei der Verhaftung zwei Tage nach dem Einbruch tatsächlich trug. Es gelang ihm die Flucht aus der Untersuchungshaft, und erst zwei Jahre später konnte eine Wahlgegenüberstellung durchgeführt werden, in welcher die Zeugin den Verdächtigen nicht mehr erkannte. Das am Tatort gesicherte Fragment eines Fingerabdrucks wies nur 8 statt 12 Übereinstimmungen mit dem Verdächtigen auf. Beide Beweismittel genügten also nicht, um die Täterschaft des Verdächtigen sicher zu beweisen, sodass er freigesprochen wurde. Hätte man die Regeln der Wahrscheinlichkeitsrechnung angewandt, hätte das Resultat anders ausfallen müssen.

12.10 Ratlosigkeit über das weitere Vorgehen

Nicht selten ist die **Ratlosigkeit** darüber, was man in einem bestimmten Ermittlungsverfahren noch tun könnte, wenn erst wenige, einfachste Feststellungen getroffen worden sind. Was sollte der Ratlose tun? Er sollte zunächst die Akten nochmals genau lesen und sich überlegen, ob er den mutmaßlichen Tatablauf wirklich genau durchdacht hat und ob bei diesem Ablauf nicht doch noch ermittelbare

Spuren vorhanden wären. Er sollte dann die Akten einem Kollegen geben, der als unbefangener Beobachter möglicherweise andere Überlegungen anstellen wird. Er könnte die Akten ähnlicher gelöster Fälle durchgehen und sich fragen, wieso dort der Täter überführt werden konnte und ob die maßgeblichen Beweismittel in seinem Fall vorhanden sind oder noch erhoben werden könnten.

Nachdenken verlangt **Ruhe,** die in der heutigen Kriminalpraxis meistens fehlt. Man sollte sich zumindest bei der Lösung schwieriger Kriminalfälle nicht drängen lassen, anderseits aber auch nicht wild drauflos ermitteln. Die Versuchung ist groß, eine einleuchtende Vermutung sofort nachzuprüfen. Es besteht allerdings die Gefahr, durch die Nachforschung den Täter zu warnen, sodass er rechtzeitig fliehen oder Beweisstücke beseitigen kann. Vor jeder Nachprüfung, insbesondere vor jeder Befragung, sollte man sich daher überlegen, was man dadurch über den Stand der Ermittlungen verraten wird und ob nicht vorher andere Beweiserhebungen günstig wären, die für den späteren Beweis notwendig sind, durch die geplante Beweiserhebung aber gefährdet werden könnten.

Man kann sich mit **allzu wilden Annahmen**, Kombinationen und Hypothesen nicht nur versteigen; man kann sich mit ihnen auch blamieren. In der Strafverfolgung sind Kolleginnen und Kollegen untereinander häufig gnadenlos. Immerhin sollte man sich immer wieder vor Augen führen, dass Überlegungen dazu, was der Täter vernünftigerweise getan haben könnte und was nicht, manchmal im Ansatz falsch sind, weil man es gerade nicht mit einem vernünftigen Täter zu tun hat; Hypothesen dürfen in diesem Sinn deshalb ohne weiteres auch abwegig sein.

Wenn man zehn **Möglichkeiten** des Tatherganges oder der Täterschaft sieht, dann sollte man alle zehn, nicht nur die naheliegendsten oder bequemsten prüfen; es kann gerade die letzte, die hätte kontrolliert werden sollen, zur Lösung führen. Und wenn bei der siebenten der Eifer zu erlahmen droht, dann sollte man sich daran erinnern, dass in Blackburn (England) einmal 50 000 Personen daktyloskopiert werden mussten, um einen Kindesmörder zu finden – und man fand ihn auf diesem Wege.

Nichts ist gefährlicher als der Wunsch, die **Lösung** eines Kriminalfalles möchte doch in einer **bestimmten Richtung** ausfallen; es liegt zum Beispiel auf der Hand, dass sich die Ermittler, die in vier Brandfällen den immer gleichen Verdächtigen überprüft haben, allerdings nicht genügend Beweise fanden, auch beim fünften Brandfall wünschen, die Beweislage sei nun endlich eindeutig; vielleicht ist die Beweislage allerdings objektiv noch schlechter als in den ersten vier Fällen, was man gerne ausblendet, weil man den Erfolg sucht. Der gute Kriminalist sollte sich nur insofern affektiv beteiligen, als man innerlich wünscht, die richtige (nicht die erwünschte) Lösung zu finden.

Zwar braucht es wie gesagt Ruhe, um einen schwierigen Fall zu lösen; es wäre aber trotzdem falsch, die richtige Lösung durch unablässiges **Nachdenken erzwingen** zu wollen. Man fährt sich nur fest. Es kann durchaus richtig sein (wenn dies prozessual zulässig ist), die Akte nach einer gewissen erfolglosen Zeit beiseite zu legen und später mit neuen Gedanken wieder anzuschauen. Das ist Erfolg versprechender.

Nicht alle Kriminalisten können an **eigenen Lösungen zweifeln**. Man sollte es aber tun, und letztlich ist es nur Übungssache. Als erfolgreicher Ermittler wird man sich zum Beispiel vorstellen, wie man sich als skrupelloser Angeklagter verteidigen würde. Man kann dann genau diese Fluchtwege durch die Ermittlungen noch verbauen.

12.11 Schlussbetrachtung

Damit endet die Darstellung des kriminalistischen Denkens; sie war hier als grobe Übersicht geplant und hat deshalb Wichtiges nur knapp behandelt oder ganz ausgelassen. Gründlicher befassen könnte man sich zum Beispiel mit der Tatortarbeit oder mit der Fahndung nach identifizierten Tätern; dazu gibt es allerdings Spezialliteratur, und Kriminalisten, also Leute, die sich mit der Aufklärung von Straftaten und der Überführung von Tätern von A bis Z zu befassen haben, werden diese Aufgaben ohnehin den Spezialisten von den forensisch-naturwissenschaftlichen Diensten (wie die Spurensicherung neuerdings heißt) und der Spezialfahndung überlassen.

Wie gezeigt wurde, gibt es zwar einige methodische Hinweise, die zur Lösung eines schwierigen Kriminalfalles beitragen können, entscheidend ist aber neben sauberer Beweiserhebung und -auswertung die Erfahrung des Kriminalisten, die es ihm ermöglicht, die Besonderheiten des Einzelfalles zu erkennen, zu den richtigen Hypothesen und darauf aufbauend zu den wichtigen Beweisen zu kommen, weil er auf genügend Modelle, also auf Erkenntnisse aus früheren Verfahren, zurückgreifen kann. Zwar ist im EDV-Zeitalter das Fachwissen über Spezialgebiete einfacher erschließbar, es ist aber wegen der raschen Entwicklung der kriminalistischen Spezialdisziplinen trotzdem nicht einfacher geworden, den Überblick zu behalten (und ein umfassendes Werk über kriminalistisches Denken vorlegen zu können). In dieser Situation gibt es nur einen Erfolg versprechenden Tipp zur Aufklärung ungelöster Straftaten: Ein eingespieltes Team von Leuten mit unterschiedlichem Hintergrund – zusammengesetzt aus Frauen und Männern, aus Fachspezialisten der unterschiedlichen Richtungen und aus Generalisten, aus forschen Aktivisten und umsichtigen Schaffern, aus älteren Personen mit großer Erfahrung und aus Leuten frisch aus der Ausbildung, welche die neusten Trends kennen – wird allemal rascher zum Ziel kommen als ein Einzelkämpfer. Das Ziel der vorliegenden Neuauflage des Werkes ist erreicht, wenn sich die Leser vermehrt zu dieser Arbeitsweise verleiten lassen.

Stichwortverzeichnis